高等院校经济管理类主干课程教材
国家自然科学基金面上项目
上海理工大学科技发展项目
上海市哲学社会科学规划一般课题

数智化成本会计

主　编◎孙亚琴　何建佳
副主编◎李文卿　于谦龙　沙一心

图书在版编目(CIP)数据

数智化成本会计 / 孙亚琴, 何建佳主编. -- 上海:
立信会计出版社, 2025.6. -- ISBN 978-7-5429-7799-1
Ⅰ. F234.2
中国国家版本馆 CIP 数据核字第 2025TN7495 号

策划编辑　　方士华
责任编辑　　孙　勇
助理编辑　　战小雨
美术编辑　　北京任燕飞工作室

数智化成本会计
SHUZHIHUA CHENGBEN KUAIJI

出版发行	立信会计出版社			
地　　址	上海市中山西路 2230 号	邮政编码	200235	
电　　话	(021)64411389	传　真	(021)64411325	
网　　址	www.lixinaph.com	电子邮箱	lixinaph2019@126.com	
网上书店	http://lixin.jd.com	http://lxkjcbs.tmall.com		
经　　销	各地新华书店			
印　　刷	常熟市人民印刷有限公司			
开　　本	787 毫米×1092 毫米	1/16		
印　　张	19.25			
字　　数	456 千字			
版　　次	2025 年 6 月第 1 版			
印　　次	2025 年 6 月第 1 次			
书　　号	ISBN 978-7-5429-7799-1/F			
定　　价	49.00 元			

如有印订差错,请与本社联系调换

前 言
FOREWORD

随着云计算、大数据、物联网等技术的发展,智能制造正在加速推进实体经济与虚拟世界的融合。制造业成本构成日趋复杂,我们不仅要考虑传统的原材料、备品配件、包装运输等直接成本,以及产品设计、试验检验、维护维修等其他成本,还要考虑智能产线、车间改造、设备切换、配套升级等成本。因而,成本会计理论与实务在内容和核算方法上也发生了一定的变化,同时会计教学也面临新的挑战。为顺应"互联网+制造"技术在企业中深入发展的趋势,我们组织了一批具有实战经验的应用型本科财会专业教师,共同编写了本书。

本书以成本费用归集与分配为主线,构建了成本核算从基础理论到实务操作的知识框架。前七章重点解析生产费用要素的归集分配原理,涵盖辅助生产费用要素的归集分配、制造费用归集分配以及完工产品与在产品之间分配的原理;后九章通过理论阐述与案例演示相结合,详述品种法、分批法、分步法等基本核算方法,并延伸至分类法、定额法等辅助核算方法及成本预测、决策、计划等成本管理理论及方法。

党的二十大报告指出,要坚持把发展经济的着力点放在实体经济上,而大力推进降低实体经济企业成本管理工作是经营主体发展的重中之重。本书侧重于成本核算这一职能的实现和任务的完成,兼顾了成本管理中的成本预测、成本决策和成本分析,力求既把成本理论分析到位,又将有关成本核算操作方法讲清、讲透。本书强调理论联系实际,让学生不仅知其然,更知其所以然,掌握成本核算实质所在。

本书主要具有以下几个特点:

(1) 教材内容新。本书以现行的会计准则等为依据,结合最新修订的税法和其他经济法规编写。

（2）应用性强。本书提供了复习思考题，促使学生多方位思考成本会计的基本理论和方法，并提供同步测试题（二维码形式），包含大量的单项选择题、多项选择题、判断题和计算分析题等练习资料，使学生及时掌握成本会计的基本概念、计算方法和操作步骤。

（3）案例完整。每种基本方法引用一个企业案例，从费用归集开始，辅助费用分配、制造费用分配、直接人工分配、完工产品与在产品分配、产品完工入库各个核算步骤，再现完整的品种法、分批法和分步法，以利于学生掌握整个计算过程。

（4）采用Excel软件实现数智化成本核算与管理。Excel成本管理核算系统和全自动成本核算表格，可以大大提高工作效率和准确性。这些系统通常包含预置的公式和模板，能够自动进行成本核算和分析，减少手动计算的错误和时间成本。

本书获国家自然科学基金面上项目（71871144）产业互联"智造"供需网的结构、演化及其动力学研究，上海理工大学科技发展项目（2020KJFZ046）基于供需网的产业互联"智造"协同方法及其合作优化研究，上海市哲学社会科学规划一般课题（2023BGL009）产业互联趋势下场景驱动的超大城市减污降碳协同机制与路径研究等项目的资助，在此表示由衷的感谢！

本书由孙亚琴和何建佳担任主编，负责拟定大纲、组织撰写、审阅、修改和定稿；李文卿、于谦龙、沙一心担任副主编，沈莉参与编写。本书共分为16章，各章编写分工如下：第一章由沈莉编写；第二章由李文卿编写；第三章由沙一心编写；第四章由于谦龙编写；第五章至第十一章由孙亚琴编写；第十二章至第十六章由何建佳编写。本教材适用于会计学、财务管理等专业教学，兼顾企业财务人员实务参考需求。

在编写本书的过程中，我们参阅了许多国内的优秀教材和著作，在此向这些教材和著作的作者表示衷心感谢。本书作为一部教材，坚持与时俱进，持续完善内容是极为重要的，广泛吸纳广大读者的意见和建议是不可或缺的。虽然编者做了不少努力，但水平有限，本书若有疏漏、不足之处，恳请读者批评指正，以便改正和提高。

编 者
2025 年 6 月

目录 CONTENTS

第一章　成本会计概论　1
- 第一节　成本的经济实质和作用 …………………………………… 1
- 第二节　成本会计的对象 …………………………………………… 4
- 第三节　成本会计的职能和任务 …………………………………… 5
- 第四节　成本会计工作组织 ………………………………………… 7
- 第五节　数智化成本会计专题拓展 ………………………………… 10

第二章　成本核算的原理　13
- 第一节　成本核算的原则 …………………………………………… 13
- 第二节　成本核算的要求 …………………………………………… 15
- 第三节　费用分类 …………………………………………………… 19
- 第四节　成本核算的账户与程序 …………………………………… 22

第三章　要素费用的核算　26
- 第一节　要素费用概述 ……………………………………………… 26
- 第二节　材料费用的归集与分配 …………………………………… 27
- 第三节　外购动力费用的归集与分配 ……………………………… 44
- 第四节　人工费用的归集与分配 …………………………………… 47
- 第五节　折旧费用及其他费用的归集与分配 ……………………… 61

第四章　辅助生产费用的核算　65
- 第一节　辅助生产费用的归集 ……………………………………… 65
- 第二节　辅助生产费用的分配 ……………………………………… 67

第五章　制造费用的核算　78
- 第一节　制造费用的归集 …………………………………………… 78
- 第二节　制造费用的分配 …………………………………………… 80

目录

第六章　生产损失的核算　85

第一节　生产损失概述 …………………………………………… 85
第二节　废品损失的归集与分配 ………………………………… 86
第三节　停工损失的归集与分配 ………………………………… 91

第七章　生产费用的归集与分配　94

第一节　产品与产品成本 ………………………………………… 94
第二节　生产费用在完工产品与在产品之间分配的方法 ……… 97
第三节　完工产品成本的结转 …………………………………… 113

第八章　产品成本计算方法概述　116

第一节　生产类型及管理要求对成本计算方法的影响 ………… 116
第二节　产品成本计算的基本方法和辅助方法 ………………… 119

第九章　品种法　123

第一节　品种法概述 ……………………………………………… 123
第二节　品种法的运用 …………………………………………… 124

第十章　分批法　144

第一节　分批法概述 ……………………………………………… 144
第二节　简化分批法 ……………………………………………… 150

第十一章　分步法　157

第一节　分步法概述 ……………………………………………… 157
第二节　逐步结转分步法 ………………………………………… 159
第三节　平行结转分步法 ………………………………………… 179

第十二章　产品成本计算的辅助方法　195

第一节　分类法 …………………………………………………… 195
第二节　定额法 …………………………………………………… 210

第十三章　作业成本法　224

第一节　作业成本法概述 ………………………………………… 224
第二节　作业成本法的基本原理及应用 ………………………… 228

第十四章　成本预测与成本决策　237

第一节　成本预测 …………………………………………… 237
第二节　成本决策 …………………………………………… 243

第十五章　成本计划、控制及考核　248

第一节　成本计划 …………………………………………… 248
第二节　成本控制 …………………………………………… 256
第三节　成本考核 …………………………………………… 266

第十六章　成本报表与成本分析　270

第一节　成本报表 …………………………………………… 270
第二节　成本分析 …………………………………………… 282

第一章 CHAPTER 1

成本会计概论

> **学习目的**
>
> - 了解成本会计的任务和成本会计工作组织的内容。
> - 理解成本信息的作用。
> - 掌握成本的概念,产品成本与支出、费用的关系,成本会计的对象、职能。

第一节 成本的经济实质和作用

一、成本的含义

马克思主义政治经济学以劳动价值理论和剩余价值理论为基础论述了商品成本的构成及实质。马克思认为按照资本主义方式生产的每一个商品的价值 W,用公式来表示是:$W=C+V+M$。如果从这个商品价值中减去剩余价值 M,那么,在商品中剩下的只是在生产要素上耗费的资本价值"$C+V$"的等价物或补偿价值。这部分商品价值就是补偿所消耗的生产资料价格和所使用的劳动力价格的部分,只是补偿商品在生产过程中资本家自身耗费的东西,所以对资本家来说,这就是商品的成本价格。马克思从耗费和补偿两方面对成本进行阐述。从耗费的角度看,成本是商品生产中所消耗的物化劳动和活劳动中必要劳动的价值,即"$C+V$"部分,它是成本的基本经济内涵;从补偿的角度看,成本是补偿商品生产中资本消耗的价值尺度,即成本价格,它是成本最直接的表现形式,成本是已耗费而又必须在价值或实物上得以补偿的支出。

理论上,"$C+V$"部分构成了成本的经济内涵,是对成本的一种高度理论抽象和概括。因此,成本是企业生产经营过程中所发生的物化劳动和活劳动的耗费。该概念强调生产经营组织为生产商品、提供劳务等发生的资源耗费——全部成本。

美国财务会计准则委员会(Financial Accounting Standards Board,FASB)对成本的定义是:成本是经济活动中发生的价值牺牲,即为了消费、储蓄、交换、生产等活动所放弃或失去的价值。

美国会计学会(American Accounting Association,AAA)所属的成本与标准委员会对成本的定义是:成本是为达到特定目的而发生或未发生的价值牺牲,它可用货币单位加

以衡量。这个定义可从以下三个方面来理解:

(1) 成本是一种价值牺牲。成本是一种价值牺牲,是对资源耗费的一种计量。它既是货币的消耗,也是物资的消耗、劳动的消耗等。例如,制造有形商品或提供劳务,外购原材料、机器设备都要耗费一定的资源。

(2) 成本以货币形式进行计量。一个单位所发生的经济活动,必然要耗费一定数量的人力、物力和财力。这些耗费的计量单位不同,因此无法确定耗费的总量。例如,耗费的钱财用价值量单位计量,耗费的原材料用实物量单位计量,耗费的人力用劳动量单位计量。货币作为价值尺度能够衡量不同计量单位资源的耗费。成本的计量就是运用货币单位进行度量,将实物量单位、劳动量单位、价值量单位统一起来以确定耗费的总量。

(3) 成本是为了一定目的的价值牺牲。从这个意义上说,成本是与经营目的有关的活动所消耗的价值。美国会计学会所述成本含义的外延非常宽泛,只要是与经营目的有关的活动所发生的价值牺牲都属于成本范畴。有的是为了经营而取得资产,如取得存货、取得固定资产、取得股票和债券所发生的价值牺牲;有的是为了经营而生产商品、提供劳务所发生的价值牺牲。

因此,成本是能以货币计量,为达到特定目的而发生或未发生的各项资源耗费。该概念不但强调生产经营组织为生产商品、提供劳务而发生的全部资源耗费——全部成本,而且强调为经营目的取得资产而发生的资源耗费。

综上所述,广义成本是指企业为经营目的取得资产、生产制造商品、提供劳务所发生的各项资源耗费;狭义成本即产品成本,仅指与产品生产制造过程有直接联系的各项生产资源耗费总和,不包括与商品生产制造过程没有直接联系的资源耗费。

二、成本信息的作用

(一) 产品成本是补偿企业生产耗费的基本尺度

在市场经济环境下,企业在生产中的耗费必须从自己的产品销售收入中得到补偿,补偿多少取决于产品成本的多少。企业的销售收入至少要补偿产品成本,这是企业简单再生产的基本前提。准确核算产品成本,有利于企业正确评价经营业绩,正确处理各种经济利益关系。

(二) 产品成本是反映企业经营管理水平的重要指标

产品成本是企业生产耗费的综合反映,企业劳动生产率的高低、固定资产利用的好坏、材料费用的合理利用和节约程度、费用开支的节约和浪费、产品产量的多少和质量好坏、管理工作和生产组织的水平等,最终都会通过成本指标直接或间接地反映。因此,企业要在激烈的市场竞争中取胜,必须加强成本管理,努力降低成本。

(三) 产品成本是制定产品价格的重要依据

产品的价格是产品价值的货币表现,产品价格的制定要体现价值规律的要求,大体要符合产品价值,同时要考虑价格和市场的供求关系。虽然产品定价方法有很多种,但以成本为基础还是最基本的定价方法。因此,产品成本成为制定价格的一个重要依据。

(四) 产品成本是进行经营预测、决策和分析的重要基础

在市场经济条件下,市场竞争日益激烈。面对激烈的竞争环境,企业需要以销定产,准确地进行市场预测,包括预测销售量、销售价格、产品成本和产品利润等,从而为企业经

营决策的制定、财务预算的编制等提供真实、合理的数据资料。

三、产品成本与支出、费用

（一）支出

支出是指企业在经济活动中发生的一切开支与耗费。企业的支出可分为资本性支出、收益性支出、所得税支出、营业外支出和利润分配性支出等。

1. 资本性支出

资本性支出是指一项支出的发生不仅与本期收益的取得有关，还与其他会计期间的收入有关，而且主要是为以后各期的收入取得而发生的支出，如企业购建固定资产、无形资产和其他资产的支出，以及对外投资支出等。

2. 收益性支出

收益性支出是指一项支出的发生仅与本期收益的取得有关，这种支出通常由本期的收益来弥补。一般来说，收益性支出是用于产品生产和销售、组织和管理生产的经营活动发生的各项支出，以及用于筹集生产经营资金发生的手续费及利息支出。收益性支出包括购买原材料、发生职工薪酬、购买办公用品、固定资产日常维修、手续费及利息，以及企业生产经营活动应负担的相关税费[①]等支出。

3. 所得税支出

所得税支出是指企业在取得经营所得与其他所得的情况下，按国家税法规定向政府缴纳的税金支出。所得税支出作为企业的一项费用，直接冲减当期收益。

4. 营业外支出

营业外支出是指与企业的生产经营活动没有直接联系的支出，如企业支付的罚款、违约金、滞纳金、赞助费及存货非常损失(生产经营过程中因火灾、地震、水灾等自然灾害，意外事故等不可抗力因素而造成的损失)、固定资产报废损失、自然灾害引起的停工损失等。虽然，这些支出与企业生产经营活动没有直接联系，但它们与其收入的取得有关联，因而也把这些支出作为当期损益扣减。

5. 利润分配性支出

利润分配性支出是指在利润分配过程中形成的开支，如支付股利等。

（二）费用

费用是指企业在销售商品或提供劳务等日常活动中为获取收入对企业拥有或控制的资源的耗费。

1. 生产费用

生产费用是指企业在一定时期为生产产品而发生的与产品生产相关的经济耗费，如生产产品而消耗的材料、支付的生产工人工资和车间组织生产产品耗费机器设备折旧等。

2. 期间费用

期间费用是指企业在一定时期内为生产经营的正常进行而发生的与销售、经营和管理活动相关的经济耗费，如管理费用、销售费用和财务费用等。期间费用在发生当期与当

---

① 企业生产经营应单独核算消费税、城市维护建设税、资源税、教育费附加、房产税、车船税、城镇土地使用税、印花税等相关税费(税金及附加)。

期收入进行配比,直接冲减当期损益,期间费用也称为期间成本。

(三)产品成本与支出、费用的关系

产品成本与支出、费用是企业耗费的三个概念,具有一定的层次性和交叉性。产品成本是对象化的生产费用,支出是经济活动中所有的耗费,费用是与生产经营活动相关的支出。三者之间的关系如图1-1所示。

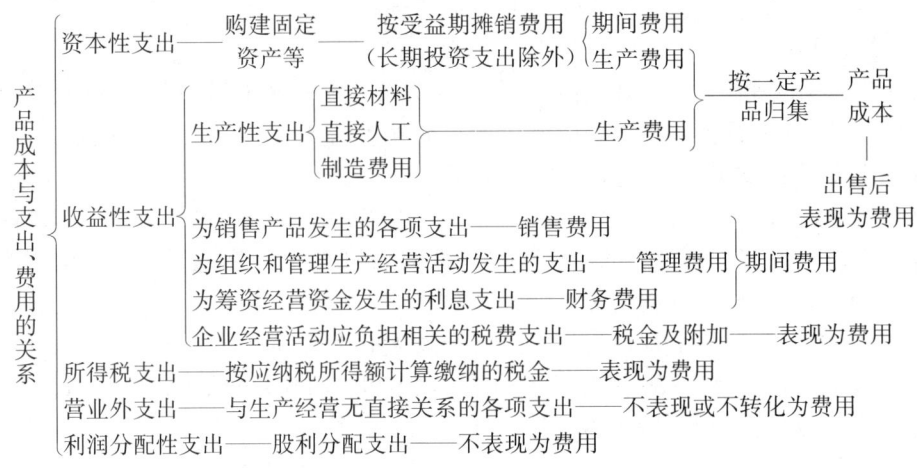

图 1-1 产品成本与支出、费用的关系

第二节 成本会计的对象

成本会计的对象是指成本会计核算和监督的内容。从理论上讲,成本包括的内容就是成本会计应该核算和监督的内容。下面以工业企业为例加以说明。

工业企业的基本经营活动是生产和销售工业产品。在产品的生产过程中,一方面,要制造出产品;另一方面,要发生各种各样的生产耗费,包括劳动对象的耗费、劳动手段的耗费和活劳动的耗费。其中,房屋、机器设备等固定资产为劳动手段,在生产过程中长期发挥作用,直至报废而不改变实物形态,但其价值随着固定资产的磨损,通过计提折旧的方式,逐渐地、部分地转移到制造的产品中,构成产品生产成本的一部分;原材料及主要材料、辅助材料、燃料等劳动对象,在生产过程中或者被消耗掉,或者改变其实物形态,其价值也随之一次性转移到新产品中,构成产品生产成本的一部分;生产过程是劳动者借助劳动工具对劳动对象进行加工、制造产品的过程,通过劳动者对劳动对象的加工,才能改变原有劳动对象的使用价值,并且创造出新的价值。其中劳动者为自己劳动所创造的那部分价值,以工资的形式支付给劳动者,用于个人消费,因此这部分工资也构成产品生产成本的一部分。

在产品制造过程中发生的各种生产耗费,包括原材料及主要材料、辅助材料、燃料等支出,生产单位(如分厂、车间)固定资产的折旧,直接生产人员和生产单位管理人员的工资及其他货币性支出等。这些支出构成了企业在产品生产过程中的全部生产费用,而为生产一定种类、一定数量产品发生的各种生产费用支出的总和,就构成了产品的生产成本。上述产品制造过程中各种生产费用的支出和产品生产成本的形成,是成本会计核算

和监督的主要内容。

在产品的销售过程中,企业为了销售产品也会发生各种各样的费用支出,如运输费、装卸费、包装费、保险费、展览费、差旅费、广告费和业务费,以及为销售本企业产品而专设销售机构的职工薪酬等。这些为销售本企业产品而发生的费用,构成了企业的销售费用。销售费用是企业在生产经营过程中发生的一项重要费用,它的支出及归集过程也应成为成本会计核算和监督的内容。

企业的行政管理部门为组织和管理生产经营活动也会发生各种费用,如行政管理部门人员的薪酬、固定资产折旧费、工会经费、业务招待费、董事会费、聘请中介机构费、咨询费和研究开发费等,这些费用统称为管理费用。管理费用是企业在生产经营过程中发生的一项重要费用,它的支出及归集过程也应成为成本会计核算和监督的内容。

企业为筹集生产经营所需资金也会发生一些费用,如利息净支出、汇兑净损失、金融机构手续费、现金折扣等,这些费用统称为财务费用。财务费用是企业在生产经营过程中发生的费用,它的支出及归集过程也应成为成本会计核算和监督的内容。

销售费用、管理费用和财务费用的发生与产品生产没有直接联系,但与会计期间相关,因而应按发生的期间归集,直接计入当期损益,构成企业的期间费用。综上所述,工业企业成本会计的对象,可概括为企业生产经营过程中发生的产品生产成本和期间费用。

商品流通企业、交通运输企业、施工企业、旅游企业、农业企业等企业的生产经营过程各有特点,但根据《企业会计准则》的有关规定,它们在生产经过程中发生的各种费用,应部分构成企业生产经营业务成本,部分作为期间费用计入当期损益。

因此,从《企业会计准则》的有关规定出发,可以把成本会计的对象概括为企业生产经营过程中发生的生产费用和期间费用。

第三节 成本会计的职能和任务

一、成本会计的职能

成本会计的职能是指成本会计在经济管理中的功能。成本会计的职能随着成本会计的发展而不断完善。由于成本会计的内容不断扩大,成本会计的职能也相应地得到丰富与发展。从成本会计职能的发展来看,最初的成本会计只是进行成本核算。随着企业经营管理要求的提高,成本会计在成本核算的基础上进行成本分析。随着管理科学的发展,成本会计与管理科学相结合,成本会计的职能逐步发展为成本的预测、决策、计划、核算、控制、分析和考核等。

(一) 成本预测

成本预测是根据成本的有关数据,可能发生的企业内外环境变化和可能采取的各项措施,运用一定的技术方法对未来的成本水平及其发展趋势所作的科学估计。企业通过成本预测,可以减少生产经营管理的盲目性,提高成本管理的科学性与预见性。

(二) 成本决策

成本决策是在成本预测的基础上,根据其他有关资料,在若干个与生产经营和成本有关的方案中,选择最优方案以确定目标成本。作出最优化的成本决策是编制成本计划的前提,也是提高经济效益的途径。

(三) 成本计划

成本计划是根据成本决策所确定的目标,依据计划期的生产任务、降低成本的要求及相关资料,通过一定的程序,运用一定方法,以货币计量形式具体规定计划期内产品生产耗费和各种产品的成本水平,并且提出达到规定成本水平应采取的措施。

企业通过编制成本计划,可以进一步挖掘企业的潜力,降低成本,从而为企业的成本控制、成本分析和成本考核提供依据。

(四) 成本核算

成本核算是根据企业确定的成本计算对象,采用适当的成本计算方法,按规定的成本项目,通过各项费用要素的归集和分配,计算出各成本计算对象的总成本和单位成本。成本核算既是对生产经营过程中发生的生产耗费如实反映的过程,又是反馈和控制的过程。

(五) 成本控制

成本控制是在企业根据成本计划,对生产经营过程中将要发生或实际发生的成本进行审核、监督和调节,及时纠正发生的偏差,并采取相应措施,将其控制在成本计划内,以保证降低产品成本目标的实现。成本控制包括事前控制和事中控制。

(六) 成本分析

成本分析是利用成本核算等资料与本期计划成本、上年同期实际成本、本企业历史先进成本及国内外同类产品先进成本进行比较,用以揭示产品成本差异,并分析产生差异的原因,以便采取相应措施,改进管理,降低耗费,提高经济效益。

(七) 成本考核

成本考核是在企业成本分析的基础上,定期对成本计划及其有关指标实际完成情况进行总结和评价,以监督和促使企业加强成本管理责任制,履行经济责任,提高成本管理水平。成本考核一般与奖惩制度结合,以调动各责任人努力实现目标成本的积极性。

成本会计的各项职能是相互联系、相互依存的。要充分发挥成本会计在现代企业管理中的重要作用,必须充分利用各项职能的联合作用。成本核算是最基本的职能,离开了成本核算,成本的预测、决策、计划、控制、分析和考核就无法进行。

成本预测是成本决策的前提;成本决策是成本预测的结果,也是制订成本计划的依据;成本计划是成本决策所确定目标的具体化;成本核算是对决策目标是否实现的最后检验;成本控制对成本计划的实施进行监督,以保证决策目标的实现;运用成本核算资料和成本计划资料的对比结果进行成本分析,才能对成本决策的正确性作出判断;将成本决策目标进行层层分解、落实责任,认真组织成本考核,正确评价成本工作业绩,才能调动各部门和职工完成成本决策目标的积极性,这是实现决策目标的重要手段。

因此,上述七项职能是相互联系、互为条件的,任何一项职能被削弱,都不利于现代成本会计职能的发挥。

二、成本会计的任务

成本会计作为会计的一个重要分支,是企业经济管理的重要组成部分,但成本会计不能全面地满足企业经营管理各个方面的要求。因此,成本会计的任务是在成本会计对象和职能的范围内,为企业经营管理提供所需的信息资料,并参与经营管理,以达到降低成本、费用的目的。

(一) 正确计算产品成本,及时提供成本信息

及时核算产品成本,正确计算产品成本,提供真实、可靠的成本信息是成本会计的基本任务。企业只有正确计算与核算产品成本,及时提供成本信息,才能保证盈亏计算和存货计价的正确性,有效地考核成本计划的完成情况,为成本的预测、决策,成本目标的规划及财务报表的编制提供成本信息。为此,企业要严格遵守成本开支范围规定,依据企业会计准则、会计制度、财务通则和成本管理规定的有关要求,根据企业生产特点采用相应的成本计算方法,正确、及时地计算产品成本,这也是做好成本会计工作的基本要求。

(二) 开展成本预测,进行成本决策

开展成本预测,应根据历史成本资料、市场调查情况及其他有关方面(如生产、技术、财务等)的资料,采取科学的方法来预测成本水平及发展趋势;不仅要在生产过程中进行成本预测,而且要在产品投产前进行预测。

进行成本决策,应在成本预测的基础上,根据充分的信息资料,通过经济评价,合理判断,作出正确决策。决策的结果必须是在经济上合理、在技术上先进、在资料上充足,并有具体行动规划作保证。

(三) 制定目标成本,加强成本控制

目标成本是企业在一定时期内为保证实现目标利润而预先制定的成本控制目标。目标成本是进行成本控制的依据,直接影响成本控制的有效性。因此,目标成本的制定必须以可靠的数据为依据。这样既能激发员工积极性,又能通过主观努力实现,使其制定的目标成本能真正发挥成本控制的作用。成本控制是在目标成本分解的基础上进行的,是目标成本的实施过程。加强成本控制,必须对目标成本的指标进行归口分组控制,以产品成本形成的全过程为对象,结合生产经营各阶段的特点进行有效控制,从人力、物力和财力的使用效果出发,立足于成本效益的提高。

(四) 做好成本分析,严格成本考核

成本分析是在成本核算的基础上进行的。将实际成本与基数(如计划成本、定额成本、上期实际成本、本企业历史先进成本等)进行对比,确定其差异及差异产生的原因,以便采取措施,消除不利差异,从而降低成本。成本考核是落实成本责任制的有力保证。企业通过成本考核可以分清责任,正确评价各责任单位工作业绩,揭示成本工作中存在的问题,从而促使各责任单位(或人员)改善成本管理。

第四节 成本会计工作组织

企业进行成本核算,必须高效地组织成本会计工作。成本会计工作组织一般包括成本会计机构设置、成本会计人员配置及成本会计制度制定等。

一、成本会计机构设置

企业的成本会计机构是在企业直接从事成本会计工作的机构。成本会计工作是会计

工作的一部分,因而企业的成本会计机构一般是企业会计机构的一个组成部分。设置成本会计机构时,主要考虑是否单独成立成本会计机构及成本会计机构内部组织分工形式两方面。

(一)是否单独成立成本会计机构

在大中型企业,一般在企业总部或厂部财务部单独设立一个成本核算科室。在小型企业,通常在财务部中设置成本核算组或专职成本核算人员负责成本部会计工作,无须单独设立一个成本核算科室。

企业总部或厂部成本会计机构是企业成本会计的综合部门,负责组织企业成本的集中统一管理,为企业管理当局提供必要的成本信息;进行成本预测和成本决策;编制成本计划,并将成本计划分解下达给各责任部门;实行日常成本控制,监督生产费用的支出;正确地核算企业产品成本及有关费用;检查各项成本计划的执行结果,分析成本变动的原因;考核各责任部门和个人的成本责任完成情况;组织车间成本核算和管理,加强对班组成本核算的指导和帮助;制定企业成本会计制度,配备必要的成本会计人员。

(二)成本会计机构内部组织分工形式

企业内部各级成本会计机构之间的组织分工形式,有集中工作和分散工作两种方式。

1. 集中工作方式

集中工作方式是指成本会计工作中的核算、分析等方面的工作,主要由厂部成本会计机构集中进行,车间等其他单位中的成本会计机构或人员只负责登记原始记录和填制原始凭证,并对它们进行初步的审核、整理和汇总,为厂部进一步工作提供资料的分工方式。在这种方式下,车间等其他单位大多只配备专职或兼职的成本会计或核算人员。

优点:可以使厂部成本会计机构比较及时地掌握企业与成本相关的全面信息,便于集中使用电子计算机进行成本数据处理,还可以减少成本会计机构的层次和成本会计人员的数量。

缺点:不便于实行责任成本核算,不便于直接从事生产经营活动的各单位和职工及时掌握本单位的成本信息,因此不利于调动他们自行控制成本和费用,提高经济效益的积极性。

适用范围:经营规模不大、业务简单、内部管理对成本信息要求相对较低的小型企业。

2. 分散工作方式

分散工作方式是指成本会计工作中的核算和分析等方面的工作,分散由车间等其他单位的成本会计机构或人员分别进行,厂部成本会计机构负责对各下级成本会计机构或人员进行业务上的指导和监督,对全厂成本进行综合地核算、分析等工作的分工方式。

优点:相对来说,各业务部门的成本会计机构可以根据本部门的情况灵活安排其成本计算工作,不必受其他部门的影响。

缺点:不同业务部门之间可能因缺乏沟通产生相似的经济业务却采用不同的会计处理方式,从而导致会计信息产生不可比现象;另外,容易在总部(或厂部)与下属业务部门之间产生信息不对称问题。

适用范围:经营规模较大、业务较复杂、内部管理对成本信息的要求相对较高的大中型企业。

综上所述,企业在确定成本会计内部组织工作形式时,应以企业经营规模、业务处理的繁简和内部有关单位管理的要求为依据,充分发挥成本会计工作的职能作用,提高成本会计工作效率。经营规模越大,业务越复杂,企业内部管理对成本信息的要求越高,越适合采用分散工作方式。

此外,成本会计机构内部组织可以按成本会计的职能进行分工,如将厂部成本会计科分为成本核算和成本分析等小组;也可以按成本会计的对象进行分工,如分为产品成本和经营管理费用等小组。为了科学地组织成本会计工作,还应该按照分工建立成本会计岗位责任制,使每一项成本会计工作都有人负责,每一个成本会计人员都明确自己的责任。

二、成本会计人员配置

在企业的成本会计机构中,配备适当数量的合格的成本会计人员,是做好成本会计工作的关键因素。

(一)成本会计人员的职责

成本会计人员应该通过参与成本会计各个环节的工作,充分挖掘企业的潜力,促使企业不断降低成本、费用;应该参与制定企业生产经营决策,提出改进企业生产经营管理的建议,当好企业负责人的参谋。

(二)成本会计人员的权限

成本会计人员有权要求企业有关单位和职工认真执行成本计划,严格遵守有关法规和制度;有权参与制订企业生产经营计划和各项定额,参加有关生产经营管理的会议;有权督促检查企业内部各部门对成本计划、有关法规和制度的执行情况。

(三)成本会计人员应有的素质

成本会计人员必须熟悉国家的有关政策、法规和制度,熟悉成本、费用的发生过程和规律,熟悉成本会计的各个环节和有关方法,懂管理,具备电子计算机技能。成本会计人员要善于思考,刻苦钻研业务,能够胜任成本会计的各项工作。成本会计人员必须深入生产车间调查研究,发现成本管理中的问题和弱点,总结基层成本管理中的经验,通过成本管理各项工作的开展,增强企业成本意识。

三、成本会计制度制定

成本会计制度是指对企业成本会计工作所作的规定,它指导成本会计工作的全过程。企业应根据基本会计准则、有关具体准则、行业会计制度、企业内部管理的需要和生产经营的特点制定其成本会计制度,同时应考虑生产条件和经营情况的变化、管理水平的提高等因素,对成本会计制度不断进行改进和完善。

从内容上来说,企业的成本会计制度主要包括以下几个方面:

(1) 成本会计工作的组织分工及职责权限。
(2) 成本核算的原始记录和凭证传递流程。
(3) 成本定额、成本预算和计划的编制方法。
(4) 成本计算的规定,包括成本计算对象和成本计算方法的确定、成本核算账户和成本项目的设置、生产费用归集与分配的方法、在产品计价方法等。
(5) 存货的收发、领退和盘存制度。
(6) 企业内部劳务、半成品、材料转移价格的制定和转账结算的方法。

（7）成本控制制度，包括有关原始凭证的审核办法、有关费用的开支标准和审批权限、成本差异的计算与分析、差异信息的反馈程序与时间限制、控制成本业绩的考核与奖惩办法等。

（8）成本报告制度，包括成本报表的种类、格式、编制方法，成本分析指标的种类和计算口径，成本报告的传递程序和报送日期等。

第五节 数智化成本会计专题拓展

一、数智时代成本会计面临的挑战

在数字经济蓬勃发展的当下，企业对成本控制和精细化管理的要求日益提高，成本会计工作正面临前所未有的挑战。

（1）数据爆炸式增长。随着企业业务规模的扩大和数智化进程的加速，成本数据量呈现爆炸式增长，传统的成本核算方式难以应对海量数据，导致效率低下、准确性难以保证。

（2）流程复杂化。成本核算流程日益复杂，涉及多个环节和部门，如采购、生产、销售、研发等，人工操作容易出现错误和延误，影响成本控制的精准性。

（3）决策需求升级。企业对成本管理的精细化程度要求越来越高，需要更及时、准确、全面的数据支持，以应对市场竞争和风险挑战。传统的成本核算方法难以满足企业对成本预测、成本分析和成本控制等方面的需求。

二、数智化成本会计的应用

随着数据分析技术的不断发展，成本会计对数据分析技术的应用越来越广泛。数据分析能够帮助企业从大量成本数据中提取有价值的信息，进行成本趋势预测、成本结构优化和成本效益分析，从而为管理层提供更加精准的决策支持。

（一）Excel 在成本会计中的应用

编制 Excel 成本核算管理系统和全自动成本核算表格，可以大大提高工作效率和准确性。这些系统通常包含预置的公式和模板，能够自动进行成本核算和分析，减少手动计算的错误。

具体来说，成本核算管理系统包括多个模块，如材料维护、物料清单、成本计算表等，这些模块中的红色选框区域自带公式，可以自动计算并生成相关数据。此外，全自动成本核算表格可以应用于各个行业，包括产成品成本核算、商品成本核算等，输入基础数据后，系统会自动生成各种报表和分析结果。对于制造业来说，成本核算管理系统还包括成本登记表、成本分析表等，能够自动分析、汇总成本并进行费用分摊。这些系统还提供了可视化成本核算表格，输入数据后可自动计算，非常方便。

使用成本核算管理系统和全自动成本核算表格的好处在于它们能够显著提高工作效率，减少人为错误，同时提供实时的成本分析，帮助企业更好地控制成本和做出决策。例如，产成品成本核算表可以根据生产成本自动核算；模具冲压模成本核算模板则适用于特定行业，提供标准化的成本核算流程；制造业成本会计核算系统则特别适用于登记直接成本和间接成本,并自动分配成本到完工产品和在产品。这些功能共同构成了数智化成本会计的核心,使成本管理更加智能化和高效化。

(二) 机器人流程自动化在成本会计中的应用

机器人流程自动化(robotic process automation,RPA)是一种可代替人工处理大量基于明确规则的重复性任务的软件技术。它以"模拟人"的方式进行业务操作,能够像人类员工一样操作计算机上的各种应用程序,如打开文件、输入数据、点击按钮、复制粘贴等。RPA技术的出现,为企业提供了一种高效、准确且低成本的业务流程自动化解决方案,帮助企业应对日益增长的业务处理需求和不断上升的人力成本。

利用RPA技术自动化处理成本数据,并进行成本分析和预测,提升成本会计效率和准确性,为企业成本控制提供保障。RPA可以自动监控和分析企业的各项成本,并生成相应的报告和警报;可以帮助财务人员及时发现和解决成本异常的问题,从而提高成本控制的效率和准确性。

(三) 大数据技术在成本会计中的应用

大数据技术在成本会计工作中的应用表现为,运用信息技术和人工智能对扁平化的海量数据进行优化处理,并利用数据挖掘、数据清洗、大数据仓库、数据可视化技术等,将前端数据转化为有效信息,有效支持企业工作人员及时对成本数据进行查询和分析,帮助企业实现对经济业务的实时监测和把控,从而提升企业管理水平。同时,各项成本数据、行业指标的重复计算都交由计算机完成,不仅能提高数据处理的速度和准确率,减少人为因素造成的潜在成本计算错误,而且能整合经济组织内外环境的大数据,提供更具参考价值的信息。

1. 数据获取和整理

数据获取是大数据财务分析工作的起点,利用大数据技术所开发的数据收集系统能够实时抓取企业内外部数据。内部数据不仅来自财务及会计核算系统,而且涵盖业务层面的采购、销售和生产等数据;外部数据则包括政策、市场、行业、竞争对手等信息。大数据技术将数据源中杂乱无章的各类数据进行整理,以不同的数据存储结构和形式汇集到数据库中,为后期的数据加工、清洗、分析和可视化等工作提供有效的基础和保障。

2. 数据加工和处理

由于大数据具备海量的规模、高速的流转、多样的类型和低价值密度等特征,在获取数据后,需要将大量杂乱、抽象的数据源转换为对财务分析目标有用的信息。大数据财务分析中的数据清洗利用智能系统可以实现将数据库中分散、凌乱、非标准化的各项数据进行分类、筛选、剔除、合并、计算、排序、转换、检索等加工和整理。在完成数据清洗环节以后,经过数据加工和处理后的数据会被加载到数据仓库中,以供后续财务分析工作使用。

3. 数据挖掘和分析

在完成数据加工和处理后,为了从收集的数据中挖掘出有价值和意义的信息,需要用全样思维、容错思维、相关思维等大数据思维进行数据挖掘和分析,其中常用的方法包括分组聚合、回归分析、关联规则、特征分析和偏差分析等。数据分析工作主要利用数据挖掘和联机分析处理两类分析工具。前者为预测型分析工具,帮助提取出隐含在海量数据中可能有价值的信息;后者为验证型分析工具,支持企业人员从不同角度对数据进行复杂查询或多维分析处理,并以直观、简明的形式予以展示。

4. 数据可视化展示

为实现财务分析的最终目的,需要将大数据分析的结果以图表的形式进行展现,供企业管理决策人员使用。以图像处理技术为基础的可视化技术能够将晦涩冗杂的数据转换为图像形式,以可视和交互的方式展现给企业内外的信息使用者,根据不同需求匹配与之相对应的可视化展示方式或路径,全面展示业务、财务及税务的相关指标,形象、直观地表达数据分析结果的内涵和规律,帮助企业更高效、便捷地开展经营管理、投资决策、风险预警和成本管控等工作。

复习思考题

1. 成本的含义是什么?
2. 企业的支出、费用和产品成本之间的关系如何?
3. 如何理解成本会计对象?
4. 请简述成本会计的职能和任务。
5. 企业成本会计的工作组织形式有哪些?请简要说明特点。

同步测试题

请扫描二维码,完成本章同步测试题。

第一章同步测试题

第二章 CHAPTER 2
成本核算的原理

学习目的

- 了解费用分类的作用。
- 理解成本核算原则在成本核算中的重要性。
- 掌握成本核算的要求。
- 掌握生产企业费用要素的内容及产品成本的构成项目。
- 掌握产品成本核算的基本程序。

第一节 成本核算的原则

企业进行成本核算的目的是提供真实可靠的成本信息。为了保证成本信息的质量,充分发挥成本管理的作用,企业在成本核算的过程中应遵循以下原则。

一、实际成本计价原则

企业在进行成本核算时,可以采用计划成本、定额成本、标准成本等不同的计价方法,但在最后计算产品成本时,必须将其调整为实际成本,这是成本核算的基本原则。因为只有按实际成本核算,才能减少成本计算的随意性,才能使成本信息保持其客观性与可验证性,才能正确地计算企业当期的盈利水平。

实际成本计价原则对于成本核算有三个方面的意义。

1. 某项成本发生时应按实际成本确认

企业在产品生产时耗用的原材料、燃料和动力都要按其实际消耗量和购进时的实际单位成本计算入账。由于原材料品种、规格繁多,为便于核算和管理,在日常核算时也可以采用计划成本计价,但在计入产品成本时,必须分配材料成本差异,将计入产品原材料的计划成本调整为实际成本。对固定资产折旧要按其原始价值和确定的使用寿命计算入账。

2. 完工入库产品成本按实际成本计价

完工产品的成本是通过一系列的费用归集和分配,采用一定的成本计算方法计算出来的。无论企业对生产费用的归集和分配的程序怎样设计,也无论采用哪一种成本计算方法,最终计算出来的完工产品成本必须按实际成本计价。如果"库存商品"账户按计划成本计价,则应另行设置"库存商品成本差异"账户,以反映实际成本与计划成本之间的差异。

3. 由当期损益负担的产品销售成本按实际成本结转

企业结转产品销售成本时,必须按照实际成本计价,如果库存商品是按照计划成本计价的,在结转产品销售成本时,应按产品的存销比分摊产品成本差异,将其调整为实际成本,以确保产品资产的真实性和利润的准确性。

二、权责发生制原则

权责发生制原则是指成本费用的确认应当以成本费用的实际发生为确认计量的标准。凡是当期已经发生或应负担的成本费用,不论是否支付,都应作为当期的成本费用处理;凡是不属于当期的成本费用,即使已经在当期支付,也不能作为当期的成本费用。权责发生制是从时间上规定会计确认的基础,其核心是根据权责关系的实际发生期间来确认成本和费用。

三、一贯性原则

一贯性原则是指成本核算采用的方法前后各期应该保持一致,不得随意变更,使提供的成本信息具有可比性。

一贯性原则对于成本核算有三个方面的含义。

1. 发生生产耗费时的计算方法前后各期应保持一致

企业计算生产产品耗用原材料实际成本采用的方法有加权平均法、先进先出法等。固定资产折旧的方法有年限平均法、年数总和法、双倍余额递减法等,企业前后各期采用的方法应保持一致。

2. 成本计算过程中费用分配的方法及在产品的计价方法前后各期应保持一致

企业在产品成本计算过程中,会涉及多种费用在不同对象之间进行分配,以及生产费用在完工产品与在产品之间进行分配,如人工费用、辅助生产费用及制造费用等,均应选择合适的方法进行分配,前后各期应保持一致。

3. 产品成本的计算方法前后各期应保持一致

产品成本有品种法、分批法、分步法等计算方法,企业应根据生产经营的特点和成本管理的要求选用合适的方法。方法一经确定,前后各期应保持一致,不得随意变更。

在成本核算中应遵循一贯性原则,以保持前后各期成本信息的可比性,提高成本信息的利用程度。如果因特殊情况,确实需要变更原有的成本核算方法,则必须在成本报表中将方法变更对成本水平的影响予以披露。

四、合法性原则

合法性原则是指计入产品成本的费用必须符合国家的法律、法规和制度对于成本开支范围和成本开支标准的规定。成本开支范围是指哪些费用可以计入成本,哪些费用不可以计入成本。例如,购建固定资产而发生的资本性支出,不能直接计入产品成本;发生的销售费用、管理费用只能作为期间费用,也不能直接计入产品成本。成本开支标准是指可以计入成本范围的数额限制。例如,固定资产生产产品损耗的价值应该按照一定的折旧率计提折旧。在成本核算中遵循合法性原则,有助于确保成本信息的合法性和有用性。

五、重要性原则

重要性原则是指为了充分发挥成本信息对于经营管理的作用,在进行成本核算时,所采用的成本计算步骤、费用分配方法、成本计算方法等,都是根据每一家企业的具体情况进行选择的。对于一些主要的产品、费用,应单独设立项目,采用比较详细的方法进行计算、分配;而对于一些次要的产品、费用,则可采用简化的方法进行合并计算和分配。例如,对于构成产品实体的原材料及主要材料、生产工人的人工费等重要费用,应设置"直接材料"和"直接人工"等成本项目单独进行核算;而对于一般性的消耗材料、生产车间辅助工人的人工费用等次要费用,则合并在"制造费用"成本项目中综合反映。在成本核算中遵循重要性原则,在满足成本管理要求的前提下,能减轻成本核算的工作量,提高核算效率。

六、效益性原则

效益性原则是指在成本核算时应进行成本效益分析。从企业领导层的角度来看,成本计算得越精确,提供成本的信息越多,就越有利于成本的管理与控制,越有利于降低产品成本和提高企业的经济效益,但成本核算工作也要讲求效益。企业可以将提供成本信息需要的费用与由此而产生的效益进行对比,来确定提供各种成本信息的详细或简略的程度。

第二节 成本核算的要求

成本核算过程,既是对生产经营过程中发生的各种耗费进行归类反映的过程,又是为满足企业管理要求进行信息反馈的过程。为了能正确地核算产品成本,充分发挥成本核算的作用,不断改善生产经营管理,在进行成本核算时,除了要遵循成本核算原则,还要符合以下要求。

一、正确划分各种费用的界限

企业的经济活动是多方面的,费用的用途也是多种多样的。为了正确地计算产品成本和归集期间费用,必须划清以下几个方面的费用界限。

(一)正确划分支出是否计入产品成本或期间费用的界限

企业经济活动的广泛性决定了发生的支出也是多方面的。

收益性支出是指企业为了取得当期收益而发生的支出。一般来说,收益性支出是指用于产品生产和销售、组织和管理生产的经营活动发生的各项支出,以及用于筹集生产经营资金发生的手续费及利息支出。收益性支出包括购买原材料、发生职工薪酬、购买办公用品、固定资产日常维修、手续费及利息,以及企业生产经营活动应负担的相关税费等支出。企业生产经营活动应负担的相关税费单独核算,其余收益性支出应当列入当期的产品成本或期间费用。

资本性支出是指企业为了取得多个会计年度的收益而发生的支出。因此,对于购建固定资产、无形资产等对内资本性支出应予以资本化,不能直接计入产品成本或期间费用。

划清收益性支出与资本性支出的界限,是为了正确计算资产的价值和各期损益。如果把资本性支出列为收益性支出,则会少计资产价值,多计当期成本或费用,从而少计本年利润;反之,则可能多计资产价值,少计当期成本或费用,导致本年利润的虚增。

营业外支出是指企业发生的与生产经营业务无直接关系的各项支出。因此,对于罚款、税收滞纳金、捐赠、赞助费、固定资产盘亏和报废清理损失,存货非常损失(生产经营过程中因火灾、地震、水灾等自然灾害,意外事故等不可抗力因素而造成的损失),自然灾害引起的停工损失等各种营业外支出与生产经营无关,也不能计入产品成本或期间费用。

划清收益性支出与营业外支出的界限,是为了正确核算产品成本和营业利润。如果将营业外支出列入收益性支出,则会多计产品成本或期间费用,从而少计营业利润;反之,则可能少计产品成本或期间费用,导致营业利润的虚增。

因此,在成本会计的核算中,要划清各种支出的界限,防范出现多计成本或费用或者少计成本或费用的现象,导致提供的会计信息不能反映客观事实,不利于企业成本管理工作的进行。

(二)正确划分产品成本和期间费用界限

在产品制造业中,生产一定种类和数量的产品而发生的材料耗费、工资等与生产制造过程有关的支出,都计入产品成本。为销售产品而发生的销售费用、为管理和组织企业生产经营活动而发生的管理费用,以及为筹集资金而发生的财务费用均是在经营过程中发生的,与一定的期间相联系,与产品生产制造过程无直接关系,因而应作为期间费用,直接计入当期损益。为了正确地计算产品成本,必须分清哪些支出属于产品的成本,哪些支出应作为期间费用,防范混淆两者的界限,将某些期间费用计入产品成本,或者将产品的制造成本计入期间费用,借以调节各期产品成本和各期损益的现象发生。

(三)正确划分各会计期间的产品成本和期间费用界限

成本核算是建立在权责发生制基础上的。因此,为了正确地计算产品成本,在正确划分上述产品成本、期间费用界限的基础上,还应划清发生的产品成本和期间费用在不同期间的界限。划分的基本要求是:凡属于本期发生的产品成本、费用都应在本期入账,计入本期的产品成本和期间费用;凡不属于本期发生的产品成本、费用,一律不得列入本期的产品成本和期间费用。

根据这项要求,在成本核算过程中,凡属于本期发生的产品成本、费用,都要在本期入账,既不允许将其延至下期记账,也不得提前入账;另外,资本性支出要根据其受益期限,分别摊销到本期和以后期间的产品成本或期间费用,以便正确地反映各期的产品成本或期间费用水平。正确划分不同期间的产品成本或期间费用界限是准确计算各期产品成本和期间费用的基础。应该防范人为调节各会计期间的产品成本或期间费用,从而人为调节各期损益的现象发生。

(四)正确划分各种产品的生产费用界限

企业往往生产多种产品,要分析和考核各种产品成本计划、定额标准的执行情况,加强成本管理,就必须正确核算各种产品的成本。

对于生产两种及两种以上产品的生产企业,需要对计入当期产品成本的生产费用在各有关产品之间进行划分,以便分析和考核各种产品成本计划或成本定额的执行情况。这种划分的基本要求是:属于某种产品单独发生、能够单独计入该种产品的生产费用,应该直接计入该种产品的成本;属于几种产品共同发生、不能直接计入某种产品成本的生产费用,则应采取适当的分配方法,分配计入这几种产品的成本。要如实反映各种产品的耗费,不能人为地在不同产品之间,特别是在亏损产品与盈利产品、可比产品与不可比产品之间任意转移生产费用。要防范以盈补亏、掩盖亏损产品亏损额,或者虚报产品成本、掩盖利润的现象发生。

(五)正确划分完工产品和期末在产品的生产费用界限

通过以上几种成本界限的划分,确定了各产品本期应负担的生产费用。计入各种产品的生产费用,期末会出现三种情况:一是某种产品已经全部完工,这种情况下,该产品各项成本之和就是其完工成本;二是某种产品全部未完工,这种情况下,该产品各项成本之和就是其期末未完工产品成本;三是某种产品部分完工、部分未完工,这种情况下,需要采用适当的分配方法,将该产品应负担的生产费用在完工产品与期末在产品之间进行分配,分别计算出该产品的完工成本与未完工产品成本。

上述前五个方面的费用界限划分过程,也是企业生产经营过程中生产费用和期间费用的归集过程,期末将当期生产费用在完工产品与未完工产品之间进行分配后,就形成了产品成本核算和计算的过程。

以上五个方面成本界限的划分都应贯彻受益原则,即谁受益谁负担成本,何时受益、何时负担成本,负担成本多少应与受益程度大小成正比。

二、正确确定财产物资计价和价值结转的方法

工业企业拥有的财产物资绝大部分是生产资料,价值会随着财产物资在生产经营过程中的耗用而转移到产品成本和期间费用中。因此,这些财产物资的计价和价值结转的方法也会影响产品成本和期间费用。

财产物资计价和价值结转的方法主要包括:固定资产原值组成内容、折旧方法、折旧率的种类和高低等;材料价值(成本)的组成内容,材料按实际成本进行核算时发出材料单位成本的计算方法,材料按计划成本进行核算时材料成本差异率的计算方法等;固定资产与低值易耗品的划分标准,低值易耗品的摊销方法,摊销期限的长短和摊销率的高低等。

为了正确、及时地计算产品成本和期间费用,对于这些财产物资的计价和价值结转方法都应既合理又简便,国家有统一规定的,应采用国家统一规定的方法。要防范任意改变财产物资计价和价值结转的方法,借此人为调节产品成本和期间费用的现象发生。

三、做好各项成本核算的基础工作

成本会计的基础工作是进行成本会计核算的首要条件。一般来说,成本会计的基础工作应包括以下内容。

(一)建立健全科学的定额管理制度

定额是指企业在生产经营活动中,对经济活动在数量和质量上应达到的水平规定的

目标和限额。科学先进的定额标准,是企业制定定额成本、编制成本计划的直接依据,也是进行成本控制和分析,进而评价企业经营业绩的客观标准。因而,健全的定额管理制度,对于企业降低劳动耗费、简化成本核算、强化成本控制有重大意义。

与成本有关的定额一般包括以下几个方面:一是物资消耗定额,如单位产品材料消耗定额、单位产品燃料动力消耗定额、材料利用率定额、材料损耗率定额等;二是固定资产利用定额,如单位产品设备台时定额、设备工时利用率定额、设备台时产量定额等;三是劳动生产定额,如生产批量定额、劳动人员定额、出勤定额、单位产品生产工时定额、单位时间产量定额、单位台时产量定额等;四是耗费定额,如期间费用开支定额等;五是质量定额,如产品合格率、等级品率、废品率、返修率等。

定额有计划定额、现行定额和经验统计定额之分。计划定额是反映计划期内应达到的平均水平定额(一般以1年为一个时间区间),依此计算的是计划成本;现行定额是反映当前应达到的水平定额(一般以1个月为一个时间区间),依此计算的是定额成本;经验统计定额是根据统计资料和经验而制定的定额。

(二)建立健全原始记录和凭证

原始记录和凭证是指按照规定的格式和要求,对企业生产经营活动的具体事实所做的最初书面记载。数据可靠、内容齐全的原始记录和凭证是保证成本核算工作质量,提供可靠成本信息的原始依据。原始记录和凭证的设置既要满足管理的各种需要,又要简便易行。成本核算有关的原始记录和凭证主要包括以下内容:

(1)材料收发的原始记录和凭证,如收料单、领料单、限额领料单、领料登记表、委托加工材料领料单、退料单、材料切割核算单、废料回收单和材料盈亏报告单等。

(2)劳动消耗的原始记录和凭证,如考勤卡或考勤簿、劳动工时记录、职工调离通知书、事假单、病假单、加班加点记录单、工资结算单和工资分配表等。

(3)费用开支的原始记录和凭证,如发票、收据等。

(4)固定资产的原始记录和凭证,如固定资产竣工验收单、机器设备检验单、设备利用数、产品使用的台时记录、设备报废单和设备清理单等。

(5)产品生产和产出的原始记录和凭证,如工作通知单、工序进程单、工作班产量记录、废品通知单、停工通知单、废品交库单、半成品入库单、产成品入库单、出库单和销售结算记录等。

企业成本核算部门应会同计划统计、生产技术、材料供应、劳动工资、设备动力等有关职能部门,根据成本核算和有关职能部门管理的需要,建立健全原始记录和凭证,并规范各种原始记录和凭证的格式、填写要求、传递程序和保管,加强对原始记录和凭证内容的审核,以保证原始记录和凭证的真实、准确。

(三)建立健全存货的计量、验收、领退和清查制度

产品成本的计算是以实物计量为基础的。为了正确计算产品成本,企业必须建立健全存货的计量、验收、领退、转移、保管和盘点制度,这些制度是正确计算产品成本的重要前提,也是成本控制的基本条件。

(1)在原材料、低值易耗品、半成品和产成品等存货入库时,应采用科学的计量和检测手段,准确、完善的检测设施和健全的计量及检测制度进行验收,以保证存货计量的准确性和质量的可靠性。

(2) 对原材料、低值易耗品、半成品和产成品等存货的发出和退库,以及在产品、半成品的内部转移等活动都要进行严格的计量和验收,并及时办好发货或退货凭证的手续。

(3) 对库存的原材料、低值易耗品、半成品和产成品,以及各生产车间的在产品和半成品应定期进行清查盘点,若发现溢缺,应及时查明原因,以确保期末存货的真实性和产品成本、期间费用核算的准确性,有利于保护企业财产的安全。

(四) 建立企业内部的结算制度和结算价格

内部结算制度是指企业内部各部门、各车间相互提供材料、半成品、产成品和劳务,进行收付结算的制度。企业在生产经营活动过程中,各部门、各车间之间往往会相互提供原材料、产品和劳务,为了保证成本核算的正确性,简化成本核算工作,并便于开展部门、车间的内部考核工作,明确经济责任,需要制定合理的内部结算价格,建立一套完整的内部结算制度。企业对原材料、燃料、动力、工具、在产品、半成品、产成品和劳务都应制定合理的内部结算价格。

内部结算价格应根据管理的要求,区别不同情况确定。其通常有以下三种方式:一是以计划成本作为内部结算价格;二是以计划成本加上一定的内部利润作为内部结算价格;三是由供需双方协商确定的内部结算价格。企业制定的内部结算价格,应由管理层统一公布,并保持相对的稳定,通常 1 年内不作变更。

四、选用合适的成本计算方法

产品成本是在生产过程中形成的,各企业产品生产的特点不同,管理要求也不同,因此成本计算的方法也不同。

产品生产的特点主要体现在产品的生产工艺过程和生产组织方式两个方面。从生产工艺过程的特点来看,有单步骤生产和多步骤生产。多步骤生产又可分为连续加工式生产和装配式生产;从生产组织方式的特点来看,有大量生产、成批生产和单件生产。管理的要求主要表现为对主要产品要求提供详细的成本信息,对次要产品可以提供简要的成本信息,详略要适当。企业应根据产品生产的特点和管理的要求选用合适的成本计算方法。

第三节 费用分类

一、费用按经济内容分类

工业企业发生的各种费用按其经济内容划分,主要有劳动对象方面的费用、劳动手段方面的费用和活劳动方面的费用三大类。其中,劳动对象、劳动手段为物化劳动耗费,即物质消耗;活劳动耗费为非物质消耗。这三大类构成工业企业费用的三大要素。为了具体地反映工业企业各种费用的构成和水平,还可在此基础上进一步划分为以下七个费用要素[①](把费用按经济内容分类的项目称为费用要素)。

---

① 2016 年 5 月 1 日营改增后,印花税、房产税、车船税和城镇土地使用税不再记入"管理费用"账户,记入"税金及附加"账户。

1. 外购材料

外购材料是指企业耗用的一切从外部购进的原料及主要材料、半成品、辅助材料、包装物、修理用备件和低值易耗品等。

2. 外购燃料

外购燃料是指企业耗用的一切从外部购进的各种燃料,包括固体、液体、气体燃料等。从理论上说,外购燃料应该包括在外购材料中,但如果燃料是重要能源,需要单独考核,要单独列作一个要素进行核算。

3. 外购动力

外购动力是指企业耗用的从外部购进的各种动力,包括电力和蒸汽等。

4. 职工薪酬

职工薪酬是指企业为获取员工提供服务而给予的职工工资、非货币性福利、"五险一金"、职工福利费、工会经费及职工教育经费等应付职工薪酬。

5. 折旧费

折旧费是指企业按照规定计算的固定资产折旧费用。

6. 利息费用

利息费用是指企业的借款利息费用减去利息收入后的净额。

7. 其他费用

其他费用是指不属于以上要素的费用,如修理费、邮电费、差旅费、保险费、邮电通信费、租赁费和外部加工费、残保金等。

二、费用按经济用途分类

工业企业各种费用按其经济用途,可分为计入产品成本的生产费用和不计入产品成本的期间费用。

(一) 生产费用

生产费用是指与产品生产制造过程有直接联系的资源耗费。生产费用按其经济用途不同,可进一步划分为若干个项目,这些项目作为产品成本的构成内容,在会计上被称为成本项目。在实际工作中根据生产特点和管理要求,企业一般可简化设立以下成本项目。

1. 直接材料

直接材料是指直接用于产品生产,构成产品实体的原料(包括水)、主要材料、燃料(在产品成本中比重小,不单独反映)及有助于产品形成的辅助材料等。

2. 直接人工

直接人工是指直接从事产品生产工人的工资,以及按比例计算的"五险一金"、非货币性福利、职工福利费、工会经费和职工教育经费等薪酬费用。

3. 制造费用

制作费用是指各生产车间为组织和管理生产所发生的各项间接生产费用,以及虽然直接用于产品生产,但不便于直接计入产品成本或管理上不需要予以单独反映的生产费用。制造费用包括:①间接用于产品生产的费用。例如,生产部门管理人员人工费用,生产部门用房屋及建筑物的折旧费,生产车间的照明费、取暖费、机物料消耗、租赁费(不包括融资租赁费)、办公费、保险费、差旅费和劳动保护费等费用,以及因季节性生产停工而造成的损失等。②虽然直接用于产品生产,但难以直接计入产品成本或管理上不需要予以单独反映的生产费用。例如,机器设备的折旧费、低值易耗品摊销费(生产工具摊销)、设计制图费和试验检验费等。

为了使成本项目更好地适应管理要求,企业可对上述成本项目进行适当调整,对管理上需要单独反映、控制考核的费用,以及产品成本中比重较大的项目,应专设成本项目。

如果工艺上耗用燃料及动力在产品成本中所占比重较大,可以增设"燃料及动力"成本项目,"燃料及动力"是指直接用于产品生产的各种燃料和动力费用;如果"废品损失"及"停工损失"项目在产品成本中所占比重较大,在管理上也需要对其进行重点控制和考核,可以单独设立"废品损失"及"停工损失"成本项目。

企业设立的成本项目一经确定,就不应经常变动,以便对不同时期的成本资料进行比较和分析。

(二)期间费用

企业的期间费用是指与产品生产制造过程没有直接联系的资源耗费。期间费用按其经济用途,可分为管理费用、销售费用和财务费用。

1. 管理费用

管理费用是指企业为组织和管理企业生产经营所发生的各项费用,包括企业的董事会和行政管理部门在企业经营管理过程中发生的或者应该由企业统一负担的公司经费(包括行政管理部门员工工资,以及按比例计算的"五险一金"、非货币性福利、职工福利费、工会经费和职工教育经费等薪酬费用,办公费和差旅费等)、董事会费(包括董事会会员津贴、会议费和差旅费等)、聘请中介机构费、咨询费(含顾问费)、诉讼费、业务招待费、技术转让费、无形资产摊销、研究开发费、残保金,以及行政管理部门等发生的固定资产日常修理费等。

2. 销售费用

销售费用是指企业产品销售过程中发生的费用,以及为销售本企业产品而专设的销售机构的各项经费。销售费用主要包括运输费、装卸费、包装费、保险费、展览费和广告费等,以及为销售本企业产品而专设的销售机构(含销售网点、售后服务网点等)的职工工资及按比例计算的"五险一金"、非货币性福利、职工福利费、工会经费和职工教育经费等薪酬费用、固定资产折旧费、日常修理费等销售环节发生的费用。

3. 财务费用

财务费用是指企业为筹集生产经营所需资金而发生的各项费用。财务费用主要包括利息支出(减利息收入)、汇兑损益,以及金融机构相关手续费、企业按实际利率法分摊的未确认融资费用或分配的未实现融资收益等。

工业企业的生产费用、销售费用、管理费用、财务费用,总称为生产运营费用。费用按经济用途分类,有利于反映产品生产成本的具体构成,以及产品消耗定额和费用预算的执行情况,便于进行成本分析和挖掘降低成本的潜力。

三、生产费用的其他分类

(一)按生产费用计入产品成本的方法分类

生产费用按计入产品成本的方法分类,可以分为直接计入费用和间接计入费用。直接计入费用是指为某种特定产品耗用,可以直接计入某种产品成本中的费用,如直接用于制造某种产品的原材料或燃料、生产工人工资薪酬等。间接计入费用是指为几种产品共同耗用,不能直接计入产品成本,需要采用适当标准分配计入某种产品成本中的费用,如机物料消耗、厂房折旧费等。

(二) 按生产费用与生产工艺的关系分类

生产费用按其与生产工艺的关系分类,可以分为直接生产费用和间接生产费用。直接生产费用是指由生产工艺引起的,直接用于产品生产的各项费用,如直接用于该产品生产的材料、人工费用和机器设备的折旧费用、低值易耗品的摊销、设计制图费和试验检验费等。间接生产费用是指与生产工艺没有关系的费用,如厂房的折旧费、车间办公用品费用、车间发生的水电费用、车间管理人员人工费用、车间机物料消耗费用等。

注意:直接生产费用大多是直接计入费用,如原材料费用大多数能直接计入某种产品的成本;间接生产费用大多是间接计入费用,如机物料消耗大多数只能按一定标准分配计入有关产品成本。但也不都是如此。例如,在只生产一种产品的生产单位中,直接生产费用和间接生产费用都可以直接计入该种产品成本,因而都是直接计入费用;而在用同一种材料同时生产多种产品的联产品生产单位中,直接生产费用和间接生产费用都不能直接计入某种产品成本,因而都是间接计入费用。

(三) 按生产费用与产品产量的关系分类

生产费用按其与产品产量的关系分类,可以分为变动费用和固定费用。变动费用是指费用总额随产量的变动而成正比例变动的费用,如原材料费用、生产工人计件工资等。变动费用产品的单位成本是固定的。固定费用是指在一定业务量内,费用总额相对固定,即不随产量的变动而变动的费用,如生产单位管理人员的工资、房屋折旧费。但单位固定费用随产量的变动而变动。

第四节 成本核算的账户与程序

一、成本核算的基本账户

工业企业为了核算和监督产品生产过程中发生的各项费用,正确计算产品成本,加强产品成本的管理,需要设置"生产成本"账户和"制造费用"账户。

(一)"生产成本"账户

"生产成本"账户是成本类账户,它被用于核算企业进行工业性生产时发生的各项生产费用,包括生产各种产品、自制半成品、自制材料、自制工具和自制设备等。企业的生产分为基本生产和辅助生产,因此在"生产成本"账户下,一般应设置"基本生产成本"和"辅助生产成本"两个明细账户。企业可以根据核算和管理的需要,将这两个明细账户提升为一级账户即总账账户。本书采用后者。

1. "基本生产成本"账户

基本生产成本是指为完成企业主要生产目的而进行的产品生产、自制工具、自制设备等发生的各项费用。企业生产中发生的直接材料、直接人工等直接费用,直接记入"基本生产成本"账户的借方及相关明细账户。

各生产车间为组织和管理生产所发生的各项间接生产费用,以及虽然直接用于产品生产,但不便于直接计入产品成本或者管理上不需要予以单独反映,又不专设成本项目的各项生产费用,应先通过"制造费用——基本生产车间"账户归集,月末按一定标准分配,记入"基本生产成本"账户的借方及相关明细账户。已完工并验收入库的产成品、自制半成品,应从"基本生产成本"总账的贷方转入"库存商品""自制半成品"等账户的借方。"基本生产成本"总账的月末余额,就是基本生产车间在产品的成本,即基本生产车间在产品占用的资金。该账户应按产品品种等成本计算对象分设基本生产成本明细账,其也称产品成本明细账。明细账中应按成本项目分设专栏或专行,登记各产品、各成本项目的月初在产品成本、本月发生的生产费用、本月完工产品成本和月末在产品成本。

2."辅助生产成本"账户

辅助生产是指为基本生产服务而进行的产品生产和劳务供应。"辅助生产成本"账户核算为基本生产车间及其他部门提供产品、劳务所发生的各项费用。属于辅助生产的直接材料、直接人工应直接记入"辅助生产成本"账户及相关明细账户。辅助生产车间发生的制造费用可以先通过"制造费用——辅助生产车间"账户归集,然后再分配转入"辅助生产成本"账户的借方,或者直接记入"辅助生产成本"账户的借方。月末,完工验收入库产品的成本或分配转出的劳务费用,记入"辅助生产成本"账户的贷方,并按各受益部门应负担的费用记入有关账户的借方。该账户月末一般没有余额,如果有余额,就是辅助生产车间在产品的成本,即辅助生产车间在产品占用的资金。该账户应按辅助生产车间和生产的产品、劳务分设辅助生产成本明细账。

(二)"制造费用"账户

"制造费用"账户用来核算各生产车间为组织和管理生产所发生的各项间接生产费用,以及虽然直接用于产品生产,但不便于直接计入产品成本或者管理上不需要予以单独反映的生产费用。

费用发生时,记入"制造费用"账户的借方及相关明细账户。月末根据企业成本核算办法的规定,按一定标准分配计入有关成本计算对象,从"制造费用"账户的贷方转入"生产成本——基本生产成本"账户的借方及相关明细账户。"制造费用"账户应按不同车间、部门设置明细账。除采用年度计划分配率分配法分配制造费用外,"制造费用"账户期末应无余额。

二、产品成本核算的基本程序

产品成本核算的基本程序是指按照成本核算的基本要求,对企业生产经营过程中发生的各项生产费用进行分类核算,并按成本项目进行归类,直到计算出完工产品成本的基本工作过程。

(一)确定成本计算对象

成本计算对象是确定分配和归集生产费用的具体对象,即生产费用承担的客体,是设立成本明细账户、分配和归集生产费用以及正确计算成本的前提。成本计算对象表现在两个方面:一是成本计算实体,表现为产成品或半成品;二是成本计算空间,表现为生产步骤或整个生产过程。

成本计算对象的确定取决于企业的生产特点和管理要求。由于企业的生产特点和管理要求不同,各企业的成本计算对象可能不同。企业成本计算的对象主要有产品品种、产品生产批别(或订单)和产品生产步骤三种。由于成本计算对象不同,形成了不同的成本计算方法:以产品品种作为成本计算对象的成本计算方法称为品种法;以产品生产批别(或订单)作为成本计算对象的成本计算方法称为分批法;以各步骤半成品或生产步骤与最终产成品作为成本计算对象的成本计算方法称为分步法。

(二)确定成本项目

成本项目是指生产费用要素按照经济用途而划分的若干项目,通过成本项目可以反映成本的经济构成,以及产品生产过程中不同的资源耗费情况。因此,企业为了满足成本管理的需要,可以在"直接材料""直接人工""制造费用"三个成本项目的基础上进行必要的调整,如"燃料及动力""废品损失""停工损失"等成本项目。

(三)确定成本计算期

成本计算期是指每次计算产品成本的期间。计算产品成本的期间并不完全与产品的生产周期或会计报告期一致。产品成本计算期与会计报告期有时一致,有时不一致,但与产品的生产周期一致。影响成本计算期的主要因素是生产类型的特点。

(1)在大量大批单步骤或多步骤生产的企业里,在月内一般都有大量完工产品,产品的生产周期较短,随时有完工产品,因此不能在产品完工时计算它的成本,而是定期地在月末进行计算。这时,产品的成本计算期与会计报告期一致,但与产品的生产周期不一致。

(2)在单件小批生产的企业里,当每一订单产品或每批产品未完工时,全部是在产品的成本,只有产品全部完工时,才能计算完工产品的成本,故其成本计算期是不固定的,与产品的生产周期一致,但与会计报告期不一致。需要指出的是,尽管在单件小批生产的企业中,要在产品完工时才能计算完工产品的成本,但对各项费用的归集与分配等与成本计算有关的经济业务都应按月进行,并按月结账,据以考核企业内部各单位产品成本的发生情况。

(四)审核和控制生产费用

企业应对各项支出进行严格的审核和控制,按照国家有关法律、法规和规章制度,审核和控制生产运营费用开支,以确定应计入本期产品成本的生产费用数额和期间费用数额,即企业应正确划分各种支出的界限、各期费用成本的界限及产品成本和期间费用的界限。

(五)归集和分配生产费用

归集和分配生产费用是指将应计入本月产品成本的各种要素费用在各有关产品之间,按照成本项目进行归集和分配。归集和分配的原则为:产品生产直接发生的生产费用直接作为产品成本的构成内容,直接计入该产品成本;为产品生产发生的制造费用,可先按发生地点和用途进行归集汇总,然后分配计入各受益产品成本。产品成本计算的过程,也是生产费用的分配和汇总过程。

(六)计算完工产品和月末在产品成本

对于既有完工产品又有月末在产品的产品,应将其计入该产品的生产费用,在其完工产品和月末在产品之间,采用适当的方法进行分配,求得完工产品和在产品的成本。

综上所述,归纳产品成本账务处理程序如图 2-1 所示。

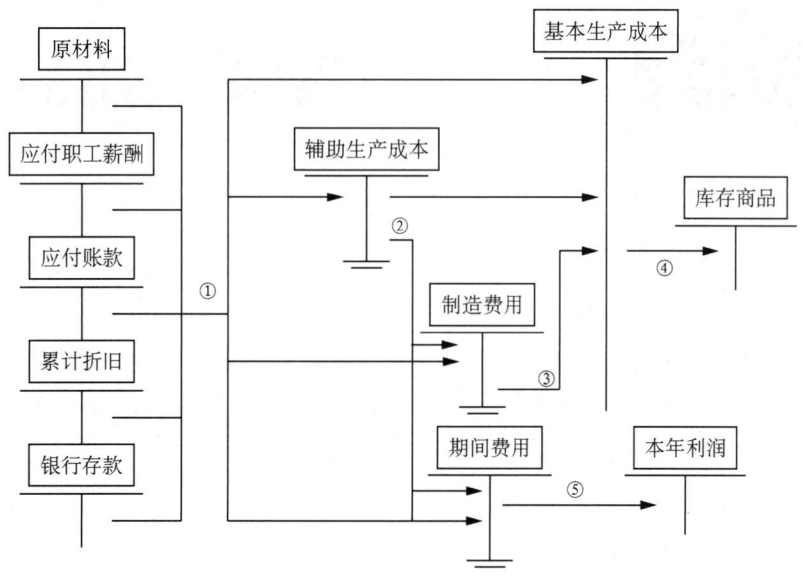

图 2-1　产品成本账务处理程序

说明:①各要素费用分配。②分配辅助生产费用。③分配制造费用。④结转完工产品成本。⑤结转各项期间费用。

复习思考题

1. 产品成本核算应遵循哪些原则?
2. 如何划分各种费用界限?应注意避免哪些现象的发生?
3. 请简述产品成本核算的基本程序。
4. 产品成本核算主要设置哪些账户?它们具体反映什么内容?
5. 请简述费用按经济内容分类的项目内容。
6. 请简述费用按经济用途分类的项目内容。

同步测试题

请扫描二维码,完成本章同步测试题。

第二章同步测试题

第三章 CHAPTER 3

要素费用的核算

学习目的

- 了解要素费用的概念及要素费用分配的基本原则。
- 掌握材料费用、外购动力费用、职工薪酬、折旧费用及其他费用在各种产品之间归集与分配的内容及方法。

第一节 要素费用概述

一、要素费用分配的基本原则

各项要素费用应按其用途和发生的地点进行分配和归集。在进行分配时,应按照有关制度规定计入成本费用和其他支出中,具体按以下原则处理:

(1) 对于基本生产车间直接用于产品生产,且专设成本项目的各项费用,如构成产品实体的原材料费用、车间生产工人的薪酬费用等,应记入"基本生产成本"总账,并直接记入或分配记入有关产品成本明细账的"直接材料"成本项目。凡是能够根据原始凭证直接认定是某种产品消耗的费用,直接记入该种产品成本明细账的相关成本项目;凡是几种产品共同耗用,不能直接确定该产品消耗数额的费用,则应采用适当的方法,在各产品之间进行分配,根据分配结果登记有关产品成本明细账的相关成本项目。

(2) 各基本生产车间为组织和管理生产所发生的各项间接生产费用,以及虽然直接用于产品生产,但不便于直接计入产品成本或管理上不需要予以单独反映的各项生产费用,应先通过"制造费用——基本生产车间"账户归集。月末通过一定的分配程序,转入或分配转入"基本生产成本"总账及其所属明细账的"制造费用"成本项目。

(3) 对于用于辅助生产的费用,应分不同情况进行处理:

第一,若辅助生产车间设有"制造费用——辅助生产车间"明细账,则其费用处理可以参考上述基本生产车间生产费用处理方法。

第二,若辅助生产车间未设"制造费用——辅助生产车间"明细账,则对于直接或间接用于辅助生产车间的各项费用,均记入"辅助生产成本"总账及所属明细账的相关费用项目。期末按照其受益对象,采用一定方法进行分配。

(4) 在生产经营过程中发生的用于产品销售的费用、行政管理部门的费用,以及筹集资金过程中发生的费用等各项期间费用不计入产品成本,而应分别记入"销售费用""管理费用""财务费用"的总账及所属明细账的相关费用项目,然后转入"本年利润"账户,计入当期损益。

各要素费用的分配是通过编制各种费用分配表进行的,根据费用分配表登记各种产品成本、费用总账及所属明细账。

二、要素费用分配的基本方法

企业应选择适当方法分配各项间接计入费用。分配方法适当是指分配所依据的标准与分配对象有比较密切的关系,使其分配结果比较合理,且分配标准的资料也比较容易取得。

分配间接计入费用的基本计算公式如下:

$$费用分配率 = \frac{待分配费用}{分配标准总额}$$

$$某分配对象应分配的费用 = 该对象的分配标准额 \times 费用分配率$$

其中,待分配费用是指涉及的间接计入费用,如几种产品共同消耗材料费用,其待分配费用就是材料费用;分配标准总额是指所选择的分配标准之和。分配间接计入费用的标准通常有以下几种:

(1) 成果类,如产品重量、体积、产量、产值等。

(2) 消耗类,如生产工时、生产工人工资、机器工时、原材料消耗量或原材料消耗费用等。

(3) 定额类,如定额消耗量、定额费用、定额工时等。

第二节 材料费用的归集与分配

材料是企业产品生产过程中的劳动对象,是生产中必不可少的物质资料。材料在生产过程中的作用是不同的,有的材料经过加工后构成了产品的实体,有的材料有助于产品的形成,有的材料在生产过程中被劳动工具消耗。

材料费用是指企业在生产过程中耗用材料的价值表现,包括耗用的原料及主要材料、辅助材料、燃料、外购半成品、修理用备件、包装物、低值易耗品等。

企业通常设置"原材料""燃料""周转材料"等账户对材料进行核算。其中,"原材料"账户通常核算原料及主要材料、辅助材料、修理用备件、外购半成品等材料的增加、减少和结存情况。"周转材料"账户通常核算包装物及低值易耗品的增加、减少或结存情况。

耗用材料是发生材料费用的直接原因,其主要标志是材料领用(或发出)。企业生产过程中领用的材料品种、数量很多,为明确各单位的经济责任,便于分配材料费用,降低材料的消耗,在领用材料时,应办理必要的领料手续,并经有关人员审核签字后,才能办理领料。领料凭证一般有领料单、限额领料单和领料登记表等。

一、材料费用的原始凭证

材料费用是工业企业在生产经营过程中耗费最多的费用。工业企业为了有效地控制材料费用,必须建立和健全领料、退料凭证制度。材料领料、退料的凭证主要有领料单、限额领料单、领料登记表和退料单等。

(一)领料单

领料单是指由领料部门按用途填制的一次性使用的领发材料凭证。领料单一式三联,领料部门在领料时填制,并据此向仓库领料。经收料、发料双方签章后仓库据以发料,并留下一联,作为仓库发料的凭证。另外两联,一联送交财会部门作为入账的依据,另一联交还领料部门作为其领料的凭证。领料单如表3-1所示。

表3-1 领料单　　　　　　　　　　　　　　　编号:005

领料部门:产品车间

用途:生产A产品　　　　20××年6月5日　　　　发料仓库:钢材仓库

材料类别	材料编号	材料名称	规格	计量单位	请领数量	实发数量	单价(元/千克)	金额(元)
型 钢	♯101	圆钢	6厘米	千克	100	102	20	2 040

生产部门负责人:王芳　　　　　　领料人:王来　　　　　　发料人:张强

(二)限额领料单

限额领料单是指在当月或一定的时期内,按照规定的限额,可以多次使用的领发材料凭证。限额领料单一式三联,由供应部门或生产计划部门在月初根据生产计划和产品消耗定额等有关资料,按车间、部门或工作令号填明需要的材料品种和限额,经供应部门或生产计划部门负责人签章后,除一联留存备查外,另外两联,一联送交用料车间或部门,另一联送交仓库,分别作为当月领料、发料的依据。限额领料单如表3-2所示。

表3-2 限额领料单　　　　　　　　　　　　　编号:008

产品名称:B产品

领料部门:金工车间　　　　　　　　　　　　计划产量:1 000

发料仓库:钢材仓库　　　　20××年6月　　　单位产品消耗定额:9千克

材料类别	材料编号	材料名称	规格	计量单位	全月领用限额	全月实领数量	单价(元/千克)	金额(元)	备注
型 钢	♯103	圆钢	8厘米	千克	1 000	960	25	24 000	

领料日期	请领数量	实发数量	限额结余数量	领料人签章	发料人签章
5月5日	400	402	598	周力	张强
5月19日	360	352	246	周力	张强
5月25日	200	206	40	周力	张强

供应部门负责人:赵明　　　　　　　　　　　　　　　　　　生产部门负责人:王芳

限额领料单上列明的全月领用限额是领料部门本月可领用材料的最高限额。领料部门可以根据生产的需要,在规定的限额内一次或分次领用。如果超过限额领料范围,需要另行填制领料单的,经有关部门审核批准后,可以办理领发材料手续。

限额领料单可以有效地监督材料消耗定额的执行,以控制材料的耗费,促使领料部门合理、节约地使用材料,降低产品的材料费用,也便于仓库主动备料。

限额领料单可以一单一料,在配套发料的情况下,也可以一单多料。它适用于经常领用,并已制定消耗定额材料的领发业务。

(三) 领料登记表

领料登记表是指在当月或一定时期内可多次使用的领发材料的凭证。领料登记表一式两联,平时存于仓库。领料时,由领料人在领料登记表上签收,月末汇总后,仓库自留一联,另一联转交财会部门入账。领料登记表如表3-3所示。

表3-3 领料登记表

领料部门:基本生产车间　　　　　20××年6月　　　　　发料仓库:油库

材料类别	材料编号	材料名称	规格	计量单位
油　料	♯202	润滑油	♯7号	升
日　期	领用数量	累计领用数量	领料人	发料人
5月5日	20	20	吴起	李菲
5月9日	30	50	周力	李菲
5月17日	10	60	王来	李菲
5月28日	35	95	吴起	李菲
材料单价(元/升)	7.20		合计金额(元)	684

领料登记表通常一料一单,它适用于领用频繁、数量零星、价值低的辅助材料。设置领料登记表,可以简化平时领发材料的手续,也便于月末对耗用材料的汇总。

(四) 退料单

退料单是指领料部门将已领未用的多余材料退回仓库的凭证。退料单一式三联,由退料部门退料时填制。退料后,退料部门留下一联,作为退料的依据;仓库留下一联,作为收料的依据;一联送交财会部门入账。退料单如表3-4所示。

表3-4 退料单

退料部门:基本生产车间　　　　　20××年6月30日　　　　　收料仓库:钢材仓库

材料类别	材料编号	材料名称	规格	计量单位	数量	单价(元/千克)	金额(元)
型　钢	♯105	圆钢	6厘米	千克	25	20	500
退料原因	生产A产品余料						

生产部门负责人:王芳　　　　　退料人:王来　　　　　收料人:张强

在月末,为了正确反映材料的价值和计算产品成本,生产车间对于已领未用的材料必须填制退料单,办理退料手续。对于不再使用的材料,应将其退回仓库;对于下月仍需继续使用的材料,应办理假退料手续,在填制退料单的同时,填制下月的领料单,材料不必退回仓库。

二、材料费用的归集

直接材料费用的归集就是计算本期耗用材料的总成本,进行材料发出的核算。归集材料成本要求正确计算产品生产过程中材料消耗的数量和价格。正确计量各种材料的发出数量及发出材料的单位成本是保证材料费用归集顺利进行的基础。

(一) 材料数量的计算

材料数量的计算有两种方法:一是永续盘存制;二是实地盘存制。

1. 永续盘存制

永续盘存制是指每次收入、发出材料时,都根据有关收料、发料凭证的数量记入材料明细账,在材料明细账中能够随时计算出材料结存数量的方法。

2. 实地盘存制

实地盘存制下,每次材料发出时都不做记录,材料发出(消耗)数量是根据期末实地盘点确定结存数量后倒挤出来的。材料消耗量的计算公式为:

本期材料消耗量＝期初结存材料数量＋本期收入材料数量－期末结存材料数量

(二) 材料价格的计算

在实际工作中,材料的日常收发有按实际成本计价和按计划成本计价两种核算方式。因此,各期发出材料成本的归集计算分为以下两种情况。

1. 按实际成本计价发出材料的核算

材料日常收发核算按实际成本计价时,发出材料的成本与入库材料成本一样,都应按材料的实际成本计价,其实际成本即材料的采购成本或自制完工入库材料的生产成本。如果同一种材料由于采购地点、采购数量、生产批次不同等原因而导致实际单位成本不一致,此时,发出材料的实际单位成本可采用先进先出法、加权平均法、个别计价法等方法加以确定。

企业对于性质和用途相似的材料,应当采用相同的成本计算方法确定发出材料的成本。发出材料成本的计算方法一经确定,不得随意变更;如需变更,应当按照规定履行相关批准和备案手续。企业确定发出材料成本时采用的方法,应当在会计报表附注中披露。

2. 按计划成本计价发出材料的核算

企业采用计划成本进行材料核算时,消耗材料的成本应当是实际成本。这时,应单独核算材料实际成本与计划成本之间的差异,正确计算发出材料应负担的材料成本差异,将消耗材料的计划成本调整为实际成本。材料实际成本等于计划成本加上应分摊的成本差异。其相关计算公式如下:

$$材料成本差异率 = \frac{月初结存材料成本差异 + 本月增加材料成本差异}{月初结存材料计划成本 + 本月增加材料计划成本}$$

发出材料应负担的材料成本差异＝发出材料的计划成本×材料成本差异率

三、原材料费用的分配

原材料费用分配主要解决企业在生产经营过程中消耗的原材料其价值由谁来承担以

及承担多少的问题。

（一）原材料费用分配对象的确定

原材料是指企业通过采购或其他方式取得的用于制造产品并构成产品实体的物品，以及取得的供生产耗用，但不构成产品实体的辅助材料等。这些材料或同种材料在生产经营活动中有不同的用途，如有的用于产品生产、有的用于组织和管理生产等。这些材料费用发生后应由谁负担，各负担多少，是成本会计要解决的重要问题之一。

通常情况下，原材料费用是按用途、部门和受益对象来分配的。

（1）基本生产车间领用直接用于生产产品的，构成产品实体或有助于产品形成的原料及主要材料、辅助材料、燃料（在产品成本中比重小，不单独反映）等，应直接归集在"基本生产成本"总账及所属明细账"直接材料"成本项目。

（2）辅助生产车间为生产辅助产品或劳务而领用的各种材料，直接归集在"辅助生产成本"总账及所属明细账"直接材料"成本项目。

（3）基本生产车间领用的一般耗用材料、行政管理部门和产品销售部门等领用的材料，则应分别列入"制造费用——基本生产车间""管理费用"和"销售费用"等成本费用账户。

总之，原材料费用的分配对象，要视企业的生产特点和管理要求而定，不能随意确定。

（二）原材料费用分配方法

原材料费用的分配方法是指材料费用计入各承担对象的方法。一般而言，凡能辨清原材料费用承担对象的，应直接计入该分配对象。属于几种产品共同耗用的材料费用，即间接计入材料费用，应采用适当的分配方法，分配计入各有关产品成本。在这种情况下，分配方法的选择对成本核算的正确性有一定影响。在生产过程中，原料和主要材料的消耗量一般与产品的重量、体积有关，因而原料和主要材料费用一般可以按产品的重量比例分配。企业有原料及主要材料消耗定额且比较准确的，也可以按照材料的定额消耗量或定额费用比例分配。对于生产系列产品的企业，也可以将各种产品的产量按系数折合成标准产量，再以标准产量的比例分配原材料费用。原材料费用分配方法主要有以下几种。

1. 定额消耗量比例法

定额消耗量比例法是指以各受益产品的原材料定额消耗量为标准分配原材料费用的方法。该方法适用于原材料消耗比较单一，单位产品消耗量比较准确的产品。其计算步骤如下：

（1）计算各种产品的原材料定额消耗量。

某种产品原材料定额消耗量＝该种产品的实际产量×单位产品原材料消耗量定额

（2）计算原材料的消耗量分配率。

$$原材料消耗量分配率=\frac{待分配的原材料实际消耗总量}{各种产品原材料定额消耗量之和}$$

（3）计算各种产品的原材料实际消耗量。

某种产品原材料实际消耗量＝该种产品原材料定额消耗量×原材料消耗量分配率

(4) 计算各种产品应分配的原材料费用。

某种产品应分配的材料费用＝该种产品原材料实际消耗量×材料单价

【例3-1】 兴盛制造厂20××年6月生产A、B两种产品,产量分别为100件、200件,共同耗用甲材料2 200千克。该甲材料的单位实际成本为每千克9元,单位产品材料消耗量定额:A、B产品分别为每件8千克和6千克。分配计算如下:

$$A 产品材料定额消耗量 = 100 \times 8 = 800（千克）$$

$$B 产品材料定额消耗量 = 200 \times 6 = 1\,200（千克）$$

$$材料消耗量分配率 = \frac{2\,200}{800 + 1\,200} = 1.1$$

$$A 产品材料实际消耗量 = 800 \times 1.1 = 880（千克）$$

$$B 产品材料实际消耗量 = 1\,200 \times 1.1 = 1\,320（千克）$$

$$A 产品应分配的材料费用 = 880 \times 9 = 7\,920（元）$$

$$B 产品应分配的材料费用 = 1\,320 \times 9 = 11\,880（元）$$

材料费用分配如表3-5所示。

表3-5 材料费用分配表

材料名称:甲材料　　　　　　　　20××年6月

产品名称	投产量（件）	单位产品材料消耗量定额（千克）	定额消耗量（千克）	消耗量分配率	实际耗用总量（千克）	材料单价（元/千克）	材料费用（元）
A产品	100	8	800	1.1	880	9	7 920
B产品	200	6	1 200	1.1	1 320	9	11 880
合计	—	—	2 000	—	2 200	—	19 800

定额消耗量比例法不仅可以反映各种产品应分配的原材料费用,而且可以反映原材料的实际耗用情况,还可以考核原材料的消耗定额的执行情况,有利于进行材料消耗的实物管理,但分配计算工作量较大。

为了简化分配计算工作量,也可以按定额消耗量比例法直接分配原材料费用。其计算步骤如下:

(1) 计算各种产品的原材料定额消耗量。

某种产品原材料定额消耗量＝该种产品的实际产量×单位产品原材料消耗量定额

(2) 计算原材料费用分配率。

$$原材料费用分配率 = \frac{待分配的原材料费用总额}{各种产品原材料定额消耗量之和}$$

(3) 计算各种产品应分配的原材料费用。

某种产品应分配的原材料费用＝该种产品原材料定额消耗量×原材料费用分配率

【例3-2】 兴盛制造厂20××年6月生产A、B两种产品,产量分别为100件、200件,共同耗用甲材料2 200千克。该甲材料的单位实际成本为每千克9元,单位产品材料消耗量定额:A、B产品分别为每件8千克和6千克。分配计算如下:

$$甲材料费用分配率 = \frac{2\,200 \times 9}{800 + 1\,200} = 9.9$$

$$A产品应分配的甲材料费用 = 800 \times 9.9 = 7\,920(元)$$

$$B产品应分配的甲材料费用 = 1\,200 \times 9.9 = 11\,880(元)$$

材料费用分配如表3-6所示。

表3-6 材料费用分配表

材料名称:甲材料　　　　　　　　　　20××年6月

产品名称	投产量（件）	单位产品原材料消耗量定额（千克）	定额消耗量（千克）	费用分配率	原材料费用（元）
A产品	100	8	800	9.9	7 920
B产品	200	6	1 200	9.9	11 880
合计	—	—	2 000	—	19 800

这种计算方法不能提供各种产品的材料实际消耗总量,不利于加强材料消耗的实物管理。

2. 定额费用比例法

定额费用比例法是按照材料定额费用分配原材料费用的方法,其适用于产品生产过程中共同耗用原材料种类较多,且有比较合理的材料费用定额的产品。计算步骤如下:

(1) 计算各种产品的材料定额费用。

　　某种产品原材料定额费用 = 该种产品的实际产量 × 单位产品原材料费用定额

$$单位产品原材料费用定额 = \sum_{i=1}^{n} 单位产品第i种原材料消耗量定额 \times 第i种原材料计划单件$$

(2) 计算原材料的费用分配率。

$$原材料费用分配率 = \frac{待分配的原材料费用总额}{各种产品材料定额费用之和}$$

(3) 计算出各种产品应分配的原材料费用。

　　某种产品应分配的原材料费用 = 该种产品材料定额费用 × 原材料费用分配率

【例3-3】 旺盛制造厂生产C、D两种产品,共同耗用甲、乙、丙三种材料,20××年8月实际消耗材料费用共计12 420元,其中甲材料耗用1 670元,乙材料耗用6 270元,丙材料耗用4 480元。本月各产品产量、耗用材料定额及材料计划单价资料如表3-7所示。

表 3-7 各产品产量、耗用材料定额及材料计划单价资料

20××年8月

产品名称	实际产量（件）	材料名称	单位产品材料消耗量定额（千克）	材料计划单价（元/千克）
C产品	200	甲材料	2	1
		乙材料	4	3
		丙材料	5	2
D产品	300	甲材料	3	1
		乙材料	5	3
		丙材料	6	2

C产品材料定额费用=200×(2×1+4×3+5×2)=4 800(元)

D产品材料定额费用=300×(3×1+5×3+6×2)=9 000(元)

$$材料费用分配率=\frac{1\,670+6\,270+4\,480}{4\,800+9\,000}=0.9$$

C产品应分配的材料费用=4 800×0.9=4 320(元)

D产品应分配的材料费用=9 000×0.9=8 100(元)

在各种产品共同消耗原材料种类较多的情况下，采用定额费用比例法分配材料费用可以简化分配计算工作，但不能同时考核原材料消耗量定额的执行情况。

3. 产品实际产量比例法

有些企业所生产的产品，其耗用原材料的多少与产品的实际产量成正比。对于这些产品所耗用的原材料费用，可按产品实际产量比例进行分配。其计算公式如下：

$$原材料费用分配率=\frac{待分配的原材料费用总额}{各种产品的实际产量之和}$$

某种产品应分配的原材料费用=该种产品的实际产量×原材料费用分配率

【例3-4】 明畅制造厂20××年6月生产U、V两种产品，产量分别为100件和200件，共耗用丁材料费用19 800元。按产品自然产量比例法分配原材料费用，分配结果如下：

$$材料费用分配率=\frac{19\,800}{100+200}=66$$

U产品应分配的材料费用=100×66=6 600(元)

V产品应分配的材料费用=200×66=13 200(元)

4. 产品标准产量比例法

采用产品标准产量比例法，可以在企业生产的几种产品中，确定一种主要产品作为标准产品，然后将其他产品的自然产量按一定标准（如消耗定额、实际重量、体积、面积等）折合成标准产品产量，再以各种产品的标准产量作为分配标准分配原材料费用。其计算步骤如下：

(1) 假设单位标准产品的系数为1,其他产品均按一定的比例换算成标准产品的系数(系数确定后,可以在定额、售价等不变的情况下长期使用)。

(2) 按各种产品的总系数来计算原材料费用分配率。

$$原材料费用分配率=\frac{待分配的原材料费用总额}{各种产品折合标准产品产量之和(或各种产品折合的总系数)}$$

(3) 计算各产品应分配的原材料费用。

某种产品应分配的原材料费用＝该种产品的折合标准产品产量×原材料费用分配率

【例3-5】 宝胜制造厂生产H-101、H-102、H-103三种产品,20××年4月共耗用原材料费用59 000元,各产品产量及单位产品原材料费用定额资料如表3-8所示。

表3-8 各产品产量及单位产品原材料费用定额资料

20××年4月　　　　　　　　　　　　　　　　　金额单位:元

产品名称	实际产量(件)	单位产品原材料费用定额
H-101	1 000	12
H-102	2 000	10
H-103	3 000	9
合计	6 000	—

用产品标准产量比例法分配原材料费用,分配结果如表3-9所示。

表3-9 标准产量计算表

20××年4月　　　　　　　　　　　　　　　　　金额单位:元

产品名称	实际产量(件)	单位产品原材料费用定额	折合标准产品系数	折合标准产品产量(件)
H-101	1 000	12	12÷10=1.2	1 200
H-102	2 000	10	1.0	2 000
H-103	3 000	9	9÷10=0.9	2 700
合计	6 000	—	—	5 900

$$原材料费用分配率=\frac{59\ 000}{1\ 200+2\ 000+2\ 700}=10$$

H-101产品应分配原材料费用＝1 200×10＝12 000(元)

H-102产品应分配原材料费用＝2 000×10＝20 000(元)

H-103产品应分配原材料费用＝2 700×10＝27 000(元)

实际工作中,原材料费用的分配是通过原材料费用分配表进行的。原材料费用分配表应根据领料、退料凭证和有关资料编制。

(三) 原材料费用按照实际成本分配的核算

【例3-6】 申海制造厂生产甲、乙两种产品,材料发出按实际成本核算。20××年

5月各产品实际产量及单位产品H材料消耗量定额资料如表3-10所示。

表3-10 各产品实际产量及单位产品H材料消耗量定额资料

20××年5月

产品名称	实际产量(件)	单位产品H材料消耗量定额(千克)
甲产品	1 600	30
乙产品	1 400	32
合计	3 000	—

各部门领用原材料按相应的原始凭证汇总如表3-11所示。

表3-11 原材料发出汇总明细表

20××年5月 单位:元

领料用途	耗用K材料实际成本	耗用H材料实际成本
甲产品	8 800	153 120
乙产品	7 130	
供水车间		14 300
锅炉车间		16 200
基本生产车间一般耗用		24 200
行政管理部门	2 530	3 870
销售部门	3 700	2 100

甲、乙产品共同耗用H材料费用153 120元,共同耗用H材料按定额消耗量分配,其分配结果如下:

$$H材料费用分配率 = \frac{153\ 120}{1\ 600 \times 30 + 1\ 400 \times 32} = 1.65$$

甲产品应分配的H材料费用 = 1 600 × 30 × 1.65 = 79 200(元)

乙产品应分配的H材料费用 = 1 400 × 32 × 1.65 = 73 920(元)

20××年5月编制材料费用分配表,如表3-12所示。

表3-12 材料费用分配表(按实际成本计价)

20××年5月 金额单位:元

应借账户		成本或费用项目	直接计入	分配计入			原材料费用合计
				定额消耗量(千克)	分配率	分配金额	
基本生产成本	甲产品	直接材料	8 800	48 000	1.65	79 200	88 000
	乙产品	直接材料	7 130	44 800	1.65	73 920	81 050
	小计		15 930	92 800	—	153 120	169 050

(续表)

应借账户		成本或费用项目	直接计入	分配计入			原材料费用合计
				定额消耗量（千克）	分配率	分配金额	
辅助生产成本	供水车间	直接材料	14 300				14 300
	锅炉车间	直接材料	16 200				16 200
制造费用	基本生产车间	机物料消耗	24 200				24 200
管理费用		其他	6 400				6 400
销售费用		其他	5 800				5 800
合计		—	82 830	—	—	153 120	235 950

根据表3-12编制会计分录如下：

借：基本生产成本——甲产品（直接材料）　　　　　　　　88 000
　　　　　　　　——乙产品（直接材料）　　　　　　　　81 050
　　辅助生产成本——供水车间　　　　　　　　　　　　14 300
　　　　　　　　——锅炉车间　　　　　　　　　　　　16 200
　　制造费用——基本生产车间　　　　　　　　　　　　24 200
　　管理费用　　　　　　　　　　　　　　　　　　　　6 400
　　销售费用　　　　　　　　　　　　　　　　　　　　5 800
　　贷：原材料　　　　　　　　　　　　　　　　　　　235 950

（四）原材料费用按照计划成本分配的核算

原材料按照计划成本计价时，材料费用分配表里除了要设置"计划成本"栏，还要设"差异率"和"差异额"栏。在编制材料费用归集汇总表时，先根据领料凭证上的计划成本加总后，直接填入或分配后填入相关的"计划成本"栏内，然后根据本月各种材料的成本差异率，计算应负担的差异，并填入"差异额"栏内。

【例3-7】 东升制造厂生产M、N两种产品，材料发出按计划成本计价。20××年7月材料成本差异率为1.2%，各产品实际产量及单位产品丁材料消耗量定额资料如表3-13所示。

表3-13　各产品实际产量及单位产品丁材料消耗量定额资料

20××年7月

产品名称	实际产量（件）	单位产品丁材料消耗量定额（千克）
M产品	8 000	2.0
N产品	6 400	1.5
合计	14 400	—

各部门领用原材料按相应的原始凭证汇总如表3-14所示。

表 3-14　材料发出汇总明细表

20××年 7 月　　　　　　　　　　　　　　　　　　　　　　　　　　　单位:元

领料用途	耗用丙材料计划成本	耗用丁材料计划成本
M 产品	46 400	76 800
N 产品	27 600	
运输车间	—	14 400
供水车间	—	8 800
基本生产车间一般耗用	5 680	2 000
销售部门	360	1 800
行政管理部门	2 480	560

M、N 产品共同耗用丁材料计划成本 76 800 元,共同耗用丁材料按定额消耗量分配,其分配结果如下:

$$丁材料费用分配率 = \frac{76\ 800}{8\ 000 \times 2.0 + 6\ 400 \times 1.5} = 3$$

M 产品应分配的丁材料费用 = 8 000 × 2 × 3 = 48 000(元)

N 产品应分配的丁材料费用 = 6 400 × 1.5 × 3 = 28 800(元)

20××年 7 月编制原材料费用分配表,如表 3-15 所示。

表 3-15　原材料费用分配表(按计划成本计价)

20××年 7 月　　　　　　　　　　　　　　　　　　　　　　　　　　金额单位:元

应借账户		成本项目	直接计入计划成本	分配计入计划成本			计划成本合计	差异率	差异额	实际成本
				定额消耗量（千克）	分配率	分配金额				
1		2	3	4	5	6=4×5	7=3+6	8	9=7×8	10=7+9
基本生产成本	M 产品	直接材料	46 400	16 000	3	48 000	94 400	1.2%	1 132.80	95 532.80
	N 产品	直接材料	27 600	9 600	3	28 800	56 400	1.2%	676.80	57 076.80
	小计	—	74 000	25 600	—	76 800	150 800	—	1 809.60	152 609.60
辅助生产成本	运输车间	直接材料	14 400				14 400	1.2%	172.80	14 572.80
	供水车间	直接材料	8 800				8 800	1.2%	105.60	8 905.60
	小计	—	23 200				23 200	—	278.40	23 478.40
制造费用	基本生产车间	机物料消耗	7 680				7 680	1.2%	92.16	7 772.16
销售费用		销售机构经费	2 160				2 160	1.2%	25.92	2 185.92
管理费用		公司经费	3 040				3 040	1.2%	36.48	3 076.48
合计		—	110 080	—		76 800	186 880		2 242.56	189 122.56

根据表 3-15 编制会计分录如下：
(1) 分配各部门耗用材料的计划成本：

借：基本生产成本——M 产品(直接材料)　　　　　94 400
　　　　　　　　——N 产品(直接材料)　　　　　56 400
　　辅助生产成本——运输车间　　　　　　　　　14 400
　　　　　　　　——供水车间　　　　　　　　　 8 800
　　制造费用——基本生产车间　　　　　　　　　 7 680
　　销售费用　　　　　　　　　　　　　　　　　 2 160
　　管理费用　　　　　　　　　　　　　　　　　 3 040
　　　贷：原材料　　　　　　　　　　　　　　　186 880

(2) 调整发出的原材料成本差异：

借：基本生产成本——M 产品(直接材料)　　　　　1 132.80
　　　　　　　　——N 产品(直接材料)　　　　　 676.80
　　辅助生产成本——运输车间　　　　　　　　　 172.80
　　　　　　　　——供水车间　　　　　　　　　 105.60
　　制造费用——基本生产车间　　　　　　　　　 92.16
　　销售费用　　　　　　　　　　　　　　　　　 25.92
　　管理费用　　　　　　　　　　　　　　　　　 36.48
　　　贷：材料成本差异　　　　　　　　　　　　 2 242.56

四、燃料费用的分配

燃料主要包括固体燃料(如煤)、液体燃料(如汽油)和其他燃料(如液化气、煤气、天然气等)。燃料实际上也是材料，所以燃料费用分配及账务处理方法与上述材料费用分配及账务处理的方法相同。通常情况下，燃料费用可以并入原材料费用统一核算，对发生的燃料费用连同原材料费用分配后一并计入有关的产品成本项目或期间费用明细账。如果企业的燃料费用比重比较大，为了加强管理，可单独设置"燃料"账户对燃料进行核算。对于发生的燃料费用可以将其与动力费用一起，在"基本生产成本"明细账中单设"燃料及动力"成本项目予以反映。

燃料费用的分配是指对于车间、部门领用并消耗的燃料，根据燃料的去向和用途计入成本、费用的过程。

(1) 对直接用于产品生产的燃料，其在产品成本中所占比重高：①如果分产品领用，根据领料凭证直接记入各产品"基本生产成本"总账及所属明细账的"燃料及动力"成本项目。②如果不能分产品领用，则应采用适当分配方法，分配记入各产品"基本生产成本"总账及所属明细账的"燃料及动力"成本项目。分配标准一般有产品的重量、体积、所耗原材料的数量或费用，以及燃料的定额消耗量或定额费用等。

(2) 辅助生产车间所耗用的燃料费用归集在"辅助生产成本"账户及其所属明细账的相关成本项目。

(3) 基本生产车间消耗的燃料费用、行政管理部门和产品销售部门等领用的燃料，则应分别记入"制造费用——基本生产车间""管理费用"和"销售费用"等成本费用账户。

3-2 燃料费用分配Excel智能核算

【例3-8】申海制造厂生产甲、乙两种产品,燃料费用消耗较大,在成本项目中设置"燃料及动力"项目。20××年5月各产品实际产量及单位产品燃料费用定额资料如表3-16所示。

表3-16 各产品实际产量及单位产品燃料费用定额资料

20××年5月

产品名称	实际产量(件)	单位产品燃料费用定额(元)
甲产品	1 600	7.0
乙产品	1 400	7.6
合计	3 000	—

各部门领用燃料按相应的原始凭证汇总如表3-17所示。

表3-17 燃料发出汇总明细表

20××年5月　　　　　　　　　　　　　　　　　　　　　　　　单位:元

领料用途	耗用C燃料	耗用D燃料
甲产品	8 212	43 680
乙产品	6 855	
供水车间	2 100	6 200
锅炉车间		8 200
基本生产车间一般耗用		14 648
行政管理部门		2 680

甲、乙产品共消耗D燃料费用43 680元,共同耗用的D燃料按定额费用比例分配燃料费用,其分配结果如下:

$$D燃料费用分配率=\frac{43\,680}{1\,600\times 7+1\,400\times 7.6}=2$$

甲产品应分配的D燃料费用=1 600×7×2=22 400(元)

乙产品应分配的D燃料费用=1 400×7.6×2=21 280(元)

20××年5月编制燃料费用分配表,如表3-18所示。

表3-18 燃料费用分配表

20××年5月　　　　　　　　　　　　　　　　　　　　　　　　金额单位:元

应借账户		成本或费用项目	直接计入	分配计入			燃料费用合计
				定额费用	分配率	分配金额	
基本生产成本	甲产品	燃料及动力	8 212	11 200	2	22 400	30 612
	乙产品	燃料及动力	6 855	10 640	2	21 280	28 135
	小计	—	15 067	21 840	—	43 680	58 747

(续表)

应借账户		成本或费用项目	直接计入	分配计入			燃料费用合计
				定额费用	分配率	分配金额	
辅助生产成本	供水车间	燃料及动力	8 300				8 300
	锅炉车间	燃料及动力	8 200				8 200
制造费用	基本生产车间	机物料消耗	14 648				14 648
管理费用		其他	2 680				2 680
合计		—	48 895	—		43 680	92 575

根据表 3-18 编制会计分录如下：

借：基本生产成本——甲产品（燃料及动力）　　　　　　　30 612
　　　　　　　　——乙产品（燃料及动力）　　　　　　　28 135
　　辅助生产成本——供水车间　　　　　　　　　　　　　 8 300
　　　　　　　　——锅炉车间　　　　　　　　　　　　　 8 200
　　制造费用——基本生产车间　　　　　　　　　　　　　14 648
　　管理费用　　　　　　　　　　　　　　　　　　　　　 2 680
　　贷：燃料　　　　　　　　　　　　　　　　　　　　　92 575

五、周转材料费用的分配

（一）低值易耗品费用的分配

低值易耗品是指使用寿命在 1 年内，或者单位价值较低的，不作为固定资产的各种工具、用具等资产。它包括一般工具、专用工具、替换设备、管理用具和玻璃器皿等。

低值易耗品在使用过程中其价值会逐渐减少。该减少的价值理应在其受益期内采用计提的方法计入产品成本，但由于低值易耗品的价值较低或易损耗，使用时间也较短，因此采用摊销的方法将其计入产品成本。低值易耗品的摊销方法主要有以下三种。

1. 一次摊销法

一次摊销法是指在领用低值易耗品时，将其全部价值一次摊销的方法。这种方法最为简便，但由于在领用时就注销了其账面价值，不利于实物的管理与控制，容易使实物散失。这种方法适用于单位价值低或使用期限短的工具、用具等。

2. 分次摊销法

分次摊销法是指低值易耗品的价值按照其使用期限分月摊入成本、费用的摊销方法。这种方法克服了一次摊销法的不足。

低值易耗品报废时，收回的残料价值作为当月低值易耗品摊销额的减少，冲减有关的成本、费用，即借记"原材料"账户，贷记"制造费用"或"管理费用"账户。

采用分次摊销法时，各月成本、费用负担比较合理，但核算工作量较大。分次摊销法一般适用于一些单位价值较高、使用期限较长又不易损坏的低值易耗品，如可以多次反复使用的专用工具等。

3. 五五摊销法

五五摊销法是指低值易耗品在领用时摊销50%,报销时再摊销50%的方法。这种方法有利于实物的管理与控制,但核算较复杂。五五摊销法适用于单位价值较高、使用期限较长的低值易耗品。

低值易耗品损耗的价值要按不同的领用部门进行分配。

(1) 基本生产车间领用的产品专用低值易耗品,归集在"基本生产成本"总账及所属明细账的"直接材料"成本项目。

(2) 辅助生产车间领用的低值易耗品,归集在"辅助生产成本"总账及所属明细账的相关成本项目。

(3) 基本生产车间领用的非产品专用低值易耗品、行政管理部门领用的低值易耗品、销售部门领用的低值易耗品,则应分别记入"制造费用——基本生产车间""管理费用"和"销售费用"等成本费用账户。

【例3-9】 申海制造厂20××年5月各部门领用低值易耗品按原始凭证汇总如表3-19所示。

3-3 低值易耗品费用分配Excel智能核算

表3-19 低值易耗品领用明细表

20××年5月 单位:元

领用部门	采购成本	用途	摊销方法	残料入库计价
基本生产车间	1 000	甲产品专用工具	一次摊销	
	690	通用生产工具	一次摊销	
	3 200	通用管理工具	五五摊销(本月报废)	200
供水车间	570	劳保用品	一次摊销	
锅炉车间	400	劳保用品	一次摊销	

20××年5月编制低值易耗品费用分配表,如表3-20所示。

表3-20 低值易耗品费用分配表

20××年5月 单位:元

应借账户		成本或费用项目	摊销方法	采购成本	报废额	残值	摊销额
基本生产成本	甲产品	直接材料	一次摊销法	1 000			1 000
制造费用	基本生产车间	机物料消耗	一次摊销法	690			690
		低值易耗品摊销	五五摊销法	3 200	1 600	200	1 400
	小计						2 090
辅助生产成本	供水车间	机物料消耗	一次摊销法	570			570
	锅炉车间	机物料消耗	一次摊销法	400			400
合计							4 060

根据表 3-20 编制会计分录如下：

借：基本生产成本——甲产品（直接材料）　　　　　　　　　　1 000
　　辅助生产成本——供水车间　　　　　　　　　　　　　　　　570
　　　　　　　　——锅炉车间　　　　　　　　　　　　　　　　400
　　制造费用——基本生产车间　　　　　　　　　　　　　　　　690
　　贷：周转材料——低值易耗品（专用工具）　　　　　　　　1 000
　　　　　　　　——低值易耗品（劳保用品）　　　　　　　　　 970
　　　　　　　　——低值易耗品（生产工具）　　　　　　　　　 690
借：制造费用——基本生产车间　　　　　　　　　　　　　　　1 400
　　原材料　　　　　　　　　　　　　　　　　　　　　　　　　200
　　贷：周转材料——低值易耗品（通用管理工具摊销）　　　　1 600

（二）包装物费用的分配

包装物是指为了包装本企业产品而储备的各种包装容器，如桶、箱、瓶、坛、袋等。包装物属于材料，虽然包装物的领发手续和管理与其他材料相同，但在核算上有一定的特殊性，需要单独阐述。

包装物的摊销方法主要有三种：一次摊销法、分次摊销法和五五摊销法。

企业发生的包装费用，应根据领料单列明的领用包装物的部门和用途，通过编制包装物领用明细表和包装物费用分配表进行归集和分配。

（1）对于基本生产车间领用的用于包装产品成为产品组成部分的包装物，应将其作为产品成本的组成部分，记入"基本生产成本"总账及所属明细账的"直接材料"成本项目。

（2）对于销售部门领用的随同产品出售而不单独计价的包装物，因为它是为产品销售而发生的费用，应记入"销售费用"账户。

（3）对于销售部门领用的随同产品出售而单独计价的包装物，应同材料的销售相一致，其销售收入记入"其他业务收入"账户，其成本则记入"其他业务成本"账户。

（4）对于出租的包装物，其租金收入记入"其他业务收入"账户，其成本在新包装物第一次领用时，记入"其他业务成本"账户。

（5）对于出借的包装物，因为它是为产品销售服务的，则其成本在新包装物第一次领用时，记入"销售费用"账户。

【例 3-10】　申海制造厂包装物费用按照计划成本计价，20××年 5 月包装物的成本差异率为 −2%，各部门领用包装物按原始凭证汇总如表 3-21 所示。

表 3-21　包装物领用明细表

20××年 5 月　　　　　　　　　　　　　　　　　　　　　　　　　　　单位：元

领用部门	用途	计划成本
基本生产车间	甲产品	10 000
	乙产品	5 000
销售部门	随同产品出售不单独计价	4 000
	随同产品出售单独计价	6 000
合计	—	25 000

20××年5月编制包装物费用分配表,如表3-22所示。

表3-22 包装物费用分配表

20××年5月　　　　　　　　　　　　　　　　　　　　金额单位:元

应借账户		成本或费用项目	计划成本	差异率	差异额	实际成本
基本生产成本	甲产品	直接材料	10 000	−2%	−200	9 800
	乙产品	直接材料	5 000	−2%	−100	4 900
	小计	—	15 000	—	−300	14 700
销售费用		包装费	4 000	−2%	−80	3 920
其他业务成本		出售包装物成本	6 000	−2%	−120	5 880
合计		—	25 000	—	−500	24 500

根据表3-22编制会计分录如下:
(1) 分配各部门耗用包装物的计划成本:

借:基本生产成本——甲产品(直接材料)　　　　　　　　　　　　10 000
　　　　　　　　——乙产品(直接材料)　　　　　　　　　　　　 5 000
　　销售费用　　　　　　　　　　　　　　　　　　　　　　　　　 4 000
　　其他业务成本　　　　　　　　　　　　　　　　　　　　　　　 6 000
　　贷:周转材料——包装物　　　　　　　　　　　　　　　　　　25 000

(2) 调整发出包装物的差异:

借:材料成本差异　　　　　　　　　　　　　　　　　　　　　　　　500
　　贷:基本生产成本——甲产品(直接材料)　　　　　　　　　　　　200
　　　　　　　　　——乙产品(直接材料)　　　　　　　　　　　　100
　　　　销售费用　　　　　　　　　　　　　　　　　　　　　　　　 80
　　　　其他业务成本　　　　　　　　　　　　　　　　　　　　　　120

第三节 | 外购动力费用的归集与分配

一、外购动力费用的归集

外购动力费用是指企业向外单位购买电、蒸汽等动力支付的费用。外购动力费用是由动力供应单位派遣抄表员,根据抄表员抄录计量仪表上反映耗用动力的数量和计价标准,开列账单向企业收取的。动力费用是先用后付的,也就是说本月发生的动力费用要到次月才支付,而企业进行成本计算的会计期间是以月份为基础的。因此,根据权责发生制的要求,企业必须在月末自行派抄表员抄录计量仪表上反映耗用动力的数量,以确认各期发生的动力费用。

外购动力费用应按耗用部门和用途进行归集。为加强对能源的核算和管理,动力与燃料耗费较大的企业,将生产工艺用动力与生产工艺用燃料合设一个"燃料及动力"成本项目。

（1）外购动力费用直接用于产品生产的，如基本生产车间用电，应归集在"基本生产成本"总账及所属明细账的"燃料及动力"成本项目。

（2）外购动力费用间接用于产品生产的，如基本生产车间照明、调节温度用电等支付的费用，应归集在"制造费用"账户。

（3）各辅助生产车间耗用的外购动力费用，应归集在"辅助生产成本"总账及所属明细账的相关成本项目。

（4）用于产品销售的外购动力费用，如销售部门耗用的外购动力费用，应归集在"销售费用"账户。

（5）行政管理部门耗用的外购动力费用，应归集在"管理费用"账户。

为便于归集各部门不同用途的外购动力费用，企业可以根据具体需要，在各部门安装计量仪表。企业将各部门耗用的动力数量乘以外购动力费用单价，即可确定各账户应归集的金额。

需要说明的是，如果动力费用和燃料费用没有在"基本生产成本"明细账中专设"燃料及动力"成本项目，则将动力费用记入"基本生产成本"明细账中"制造费用"成本项目。

二、外购动力费用的分配

外购动力可以通过计量仪表来确认、归集，然而基本生产车间的同一设备往往生产多种产品，难以为每一种产品安装计量仪表。因此，基本生产车间直接用于生产产品的外购动力费用，应通过适当的标准，在生产的各种产品之间进行分配。分配的标准有生产工时比例、机器功率时数比例、定额消耗量比例等。外购动力分配的计算公式如下：

$$动力费用分配率 = \frac{各种产品耗用的外购动力费用}{各种产品的分配标准数额之和}$$

$$某产品应分配的外购动力费用 = 该产品的分配标准数额 \times 动力费用分配率$$

【例3-11】 广泰制造厂20××年5月基本生产车间生产A、B两种产品，共耗用外购电力36 000度，每度1元，共计36 000元。生产A产品耗用15 000小时，生产B产品耗用5 000小时，按生产工时分配动力费用如下：

$$动力费用分配率 = \frac{36\ 000}{15\ 000 + 5\ 000} = 1.8$$

A产品应分配的外购动力费用 = 15 000×1.8 = 27 000（元）
B产品应分配的外购动力费用 = 5 000×1.8 = 9 000（元）

三、外购动力费用的核算

企业在实际工作中是通过编制外购动力费用归集分配表进行外购动力费用归集和分配，然后进行核算的。

【例3-12】 申海制造厂20××年5月按计量仪表记录的各部门电力耗用情况汇总如表3-23所示。

3-5 外购动力费用分配 Excel 智能核算

表 3-23 外购动力明细表

20××年 5 月 　　　　　　　　　　　　　　　　　　　金额单位:元

部门		生产工时(小时)	动力费用
基本生产车间	甲产品	6 200	78 000
	乙产品	3 800	
辅助生产车间	供水车间		6 870
	锅炉车间		6 400
基本生产车间			19 838
销售部门			2 620
行政管理部门			4 920
合计		—	118 648

甲、乙产品共同耗用动力费用 78 000 元,基本生产车间直接用于产品的动力费用按生产工时分配,分配结果如下:

$$动力费用分配率 = \frac{78\,000}{6\,200 + 3\,800} = 7.8$$

甲产品应分配的外购动力费用 = 6 200 × 7.8 = 48 360(元)
乙产品应分配的外购动力费用 = 3 800 × 7.8 = 29 640(元)

20××年 5 月编制外购动力费用分配表,如表 3-24 所示。

表 3-24 外购动力费用分配表

20××年 5 月 　　　　　　　　　　　　　　　　　　　金额单位:元

应借账户		成本或费用项目	分配标准 (生产工时/小时)	分配率	分配额
基本生产成本	甲产品	燃料及动力	6 200	7.8	48 360
	乙产品	燃料及动力	3 800	7.8	29 640
	小计	—	10 000	—	78 000
辅助生产成本	供水车间	燃料及动力			6 870
	锅炉车间	燃料及动力			6 400
	小计	—	—	—	13 270
制造费用	基本生产车间	电费			19 838
销售费用		电费			2 620
管理费用		电费			4 920
合计		—	—	—	118 648

根据表 3-24 编制会计分录如下：

借：基本生产成本——甲产品（燃料及动力）　　　　48 360
　　　　　　　　——乙产品（燃料及动力）　　　　29 640
　　辅助生产成本——供水车间　　　　　　　　　　6 870
　　　　　　　　——锅炉车间　　　　　　　　　　6 400
　　制造费用——基本生产车间　　　　　　　　　　19 838
　　销售费用　　　　　　　　　　　　　　　　　　2 620
　　管理费用　　　　　　　　　　　　　　　　　　4 920
　　贷：应付账款　　　　　　　　　　　　　　　　118 648

第四节　人工费用的归集与分配

一、职工薪酬概述

职工薪酬是指企业为获得职工提供的服务或解除劳动关系而给予的各种形式的报酬或补偿。职工薪酬包括短期薪酬、离职后福利、辞退福利和其他长期职工福利。企业提供给职工配偶、子女、受赡养人、已故员工遗属及其他受益人等的福利，也属于职工薪酬。

这里所称的"职工"，包括三类人员：一是与企业订立劳动合同的所有人员，含全职、兼职和临时职工；二是未与企业订立劳动合同，但由企业正式任命的人员；三是未与企业订立劳动合同或未由企业正式任命，但向企业所提供服务与职工所提供服务类似的人员，包括通过企业与劳务中介公司签订用工合同而向企业提供服务的人员。职工薪酬主要包括以下内容。

（一）短期薪酬

短期薪酬是指企业在职工提供相关服务的年度报告期间结束后 12 个月内需要全部予以支付的职工薪酬，因解除与职工的劳动关系给予的补偿除外。短期薪酬具体包括：

（1）职工工资、奖金、津贴和补贴，是指按照构成工资总额的计时工资、计件工资、支付给职工的超额劳动报酬和增收节支的劳动报酬、为补偿职工特殊或额外的劳动消耗和因其他特殊原因支付给职工的津贴，以及为保证职工工资水平不受物价影响支付给职工的物价补贴等。

（2）职工福利费，是指企业为职工提供的生活困难补助、丧葬补助费、抚恤费、职工异地安家费、职工供养直系亲属医疗补贴、符合国家有关财务规定的供暖费补贴、防暑降温费以及集体福利部门各项支出等。

（3）社会保险费，是指企业按照国家规定的基准和比例计算，向社会保险经办机构缴纳的养老保险费、医疗保险费、失业保险费、工伤保险费和生育保险费。

（4）住房公积金，是指企业按照国家规定的基准和比例计算，向住房公积金管理机构缴存的住房公积金。

（5）工会经费和职工教育经费，是指企业为了改善职工文化生活、为职工学习先进技术和提高文化水平和业务素质,用于开展工会活动和职工教育及职业技能培训等相关支出。

(6) 短期带薪缺勤,是指职工虽然缺勤但企业仍需向其支付的报酬,包括年休假、病假、婚假、产假、丧假、探亲假等。长期带薪缺勤属于其他长期职工福利。

(7) 短期利润分享计划,是指因职工提供服务而与职工达成的基于利润或其他经营成果提供薪酬的协议。长期利润分享计划属于其他长期职工福利。

(8) 非货币性福利,是指企业将自产或外购商品发给职工作为福利,将拥有的房屋、轿车等资产无偿提供给职工使用,为职工无偿提供医疗保健服务等。

(9) 其他短期薪酬,是指除上述薪酬外的其他为获得职工提供的服务而给予的短期薪酬。

(二) 离职后福利

离职后福利是指企业为获得职工提供的服务而在职工退休或与企业解除劳动关系后,提供的各种形式的报酬和福利,短期薪酬和辞退福利除外。企业应当将离职后福利计划分类为设定提存计划和设定受益计划。

(三) 辞退福利

辞退福利是指企业在职工劳动合同到期之前解除与职工的劳动关系,或者为鼓励职工自愿接受裁减而给予职工的补偿。

(四) 其他长期职工福利

其他长期职工福利是指除短期薪酬、离职后福利、辞退福利之外所有的职工薪酬,包括长期带薪缺勤、长期残疾福利、长期利润分享计划等。

二、工资费用的构成内容

工资费用是指企业为获得职工提供的服务而给予各种形式的报酬及其他相关支出。其中,直接支付给职工个人的部分,构成了工资总额;不直接支付给职工个人的部分,构成了其他相关支出。

(一) 工资总额

为了保证国家对工资进行统一的统计核算工作,加强工资的管理,工资总额的组成内容是由国家统一规定的。根据国家统计局的规定,工资总额包括以下内容:

(1) 计时工资和计件工资。

(2) 奖金,是指支付给职工的超额劳动报酬和增收节支的劳动报酬,包括生产奖、节约奖、劳动竞赛奖等。

(3) 津贴和补贴,是指为了补偿职工特殊或额外的劳动消耗和因其他特殊原因支付给职工的津贴,以及为了保证职工工资水平不受物价影响支付给职工的物价补贴。津贴包括补偿职工特殊或额外劳动消耗的津贴,保健性津贴,技术性津贴等;补贴主要包括副食品价格补贴、粮食价格补贴和煤价补贴等。

(4) 加班加点工资,是指按规定对职工在法定工作时间以外从事的劳动所支付给职工的加班工资和加点工资。

(5) 特殊情况下支付的工资,是指根据国家法律、法规和政策规定,如病假、工伤假、产假、计划生育假、婚丧假、事假、探亲假、定期休假、停工学习、执行国家或社会义务等期间支付给职工的工资,以及支付给职工的保留工资等。

工资总额不包括以下内容:①根据国家有关规定颁发的发明创造奖金;②有关劳动保险和职工福利方面的各项费用;③有关离休、退休、退职人员待遇的各项支出、劳保支出;④出差伙食补助费;⑤支付给承租人的风险性补偿收入;⑥购买本企业股票和债券所得的股息收入和利息收入等。

(二) 其他相关支出

其他相关支出是指除了直接支付给职工个人,以工资或员工人数为基础计算的相关支出,具体包括以下内容:

(1) 社会保险费,是指企业按照国家规定的基准和比例计算,向社会保险经办机构缴纳的养老保险费、医疗保险费、失业保险费、工伤保险费和生育保险费。其中,养老保险费包括基本养老保险费、补充养老保险费和商业养老保险费等。基本养老保险费是指企业根据国家规定的基准和比例计算的向社会保险经办机构缴纳的养老保险;补充养老保险费是指企业根据《企业年金办法》《企业年金基金管理办法》等相关规定向有关单位缴纳的养老保险;商业养老保险费是指企业以商业保险形式提供给职工的各种保险待遇。

(2) 住房公积金,是指企业按照《住房公积金管理条例》规定的基准和比例计算,并向住房公积金管理机构缴存的住房公积金。

(3) 职工福利费[①],是指企业为职工提供的除职工工资、奖金、津贴、纳入工资总额管理的补贴、职工教育经费、社会保险费和补充养老保险费(年金)、补充医疗保险费及住房公积金以外的福利待遇支出,包括发放给职工或为职工支付的以下各项现金补贴和非货币性集体福利:

第一,为职工卫生保健、生活等发放或支付的各项现金补贴和非货币性福利,包括职工因公外地就医费用、暂未实行医疗统筹企业职工医疗费用、职工供养直系亲属医疗补贴、职工疗养费用、自办职工食堂经费补贴或未办职工食堂统一供应午餐支出、符合国家有关规定的供暖费补贴、防暑降温费等。

第二,企业尚未分离的内设集体福利部门所发生的设备、设施和人员费用,包括职工食堂、职工浴室、理发室、医务所、托儿所、疗养院、集体宿舍等集体福利部门设备、设施的折旧、维修保养费用以及集体福利部门工作人员的工资薪金、社会保险费、住房公积金、劳务费等人工费用。

第三,职工困难补助,或者企业统筹建立和管理的专门用于帮助、救济困难职工的基金支出。

第四,离退休人员(不包括重组涉及的)统筹外费用,包括离休人员的医疗费及离退休人员其他统筹外费用。

第五,按规定发生的其他职工福利费,包括丧葬补助费、抚恤费、职工异地安家费、探亲假路费,以及符合企业职工福利费定义但没有包括在《财政部关于企业加强职工福利费财务管理的通知》各条款项目中的其他支出。

根据企业会计准则和修订后的《企业财务通则》的有关规定,对职工福利费的提取取

---

① 《财政部关于企业加强职工福利费财务管理的通知》(财企〔2009〕242号)。

消了"按工资总额14%"的规定,由企业自主决定提取福利费或据实列支。企业可以根据实际情况采用先提取后使用的方法,但提取比例由企业根据自身实际情况合理确定。年末,当年提取的福利费大于支用数的,应予冲回;反之,应当补提,同时修订下一年度福利费的提取比例;也可以按福利费实际发生额据实列支,直接计入当期损益或相关资产成本。

(4) 工会经费和职工教育经费,是指企业为了改善职工文化生活、提高职工业务素质,用于开展工会活动和职工教育及职业技能培训,根据国家规定的基准和比例,从成本费用中提取的资金。

《企业会计准则第9号——职工薪酬》第七条规定,企业为职工缴纳的医疗保险费、工伤保险费、生育保险费等社会保险费和住房公积金,以及按规定提取的工会经费和职工教育经费[①],应当在职工为其提供服务的会计期间,根据规定的计提基础和计提比例计算确定相应的职工薪酬金额,并确认相应负债,计入当期损益或相关资产成本。

(5) 非货币性福利,是指企业将自产或外购商品发给职工作为福利,将拥有的房屋、轿车等资产无偿提供给职工使用,为职工无偿提供医疗保健服务等。

三、应付职工薪酬的计算

应付职工薪酬的计算是企业职工工资归集和分配的基础,也是企业与职工之间进行工资结算的依据。

(一) 计时工资的计算

计时工资是企业按照每位职工规定工资标准和考勤记录计算的。计时工资的计算方法一般分为月薪制与日薪制两种。

1. 月薪制

月薪制是指根据每位职工的月工资标准和出勤情况,计算计时工资的方法。采用月薪制时,无论各月节假日是多少,职工只要出满勤,都可以取得全月的工资。如果职工发生缺勤,应按照月工资标准扣除缺勤日的工资。这就需要将月工资标准计算成日工资标准。

日工资标准有按日历天数计算和按法定工作日计算两种。

1) 日工资标准按日历天数计算

日工资标准按日历天数计算时,全年总日数按国家统计口径360天计算,则平均每月工作天数为30天。其计算公式如下:

$$日工资标准 = \frac{月工资标准}{30}$$

采用这种方法计算日工资标准时,双休日和法定节假日照付工资(缺勤期间的双休日

---

① 工会经费按照国家规定比例提取并拨缴工会。《中华人民共和国工会法》第四十三条规定,建立工会组织的用人单位按每月全部职工工资总额的2%向工会拨缴。《中国工会章程》第三十八条规定,未成立工会的企业、事业单位、机关、社会组织,按工资总额的2%向上级工会拨缴工会建会筹备金。2019年4月财政部发布《关于加强企业职工教育经费财务管理的通知(征求意见稿)》,拟规定企业职工教育经费年度提取比例在1.5%~8%内确定,且不得随意变更。

和法定节假日也算缺勤,照扣工资)。

2)日工资标准按法定工作日计算

日工资标准按法定工作日计算时,双休日和法定节假日都不计算工资,只有法定工作日计算工资。其计算公式如下:

$$日工资标准 = \frac{月工资标准}{平均每月工作天数}$$

$$平均每月工作天数 = \frac{全年工作天数}{12}$$

即:

$$平均每月工作天数 = \frac{365 - 52 \times 2 - 13}{12} \approx 20.67(天)$$

采用这种方法计算日工资标准时,双休日和法定节假日不付工资(缺勤期间的双休日和法定节假日不算缺勤,不扣工资)。

按照最新修订的《全国年节及纪念日放假办法》,自2025年1月1日起,中国全体公民法定节假日总天数为13天。

3)日工资标准按月计薪天数计算

日工资标准按月计薪天数计算时,双休日都不计算工资,法定节假日计算工资。计算公式如下:

$$日工资标准 = \frac{月工资标准}{平均每月计薪天数}$$

$$平均每月工作天数 = \frac{全年工作天数}{12}$$

即:

$$平均月工作天数 = \frac{365 - 52 \times 2}{12} = 21.75(天)$$

依据《中华人民共和国劳动法》第五十一条,在法定节假日期间,用人单位应当依法支付劳动者工资。

采用这种方法计算日工资标准时,双休日不付工资,法定节假日付工资(缺勤期间的双休日和法定节假日不算缺勤,不扣工资)。

计算出日工资标准后,再计算缺勤应扣工资。缺勤应扣工资分为事假、旷工应扣工资及病假应扣工资。其计算公式如下:

$$事假、旷工应扣工资 = 日工资标准 \times 事假、旷工天数$$
$$病假应扣工资 = 日工资标准 \times 病假天数 \times 病假扣款率$$

【例3-13】 兴盛制造厂职工李莉是厂部行政人员,月工资标准为12 000元。1月考勤记录,事假3天(法定节假日1天),病假5天,周末休假8天,实际出勤15天,其病假扣款率为10%。请采用月薪制计算李莉的计时工资。

(1)按日历天数计算计时工资:

$$日工资标准 = \frac{12\,000}{30} = 400(元)$$

$$应付工资 = 12\,000 - 3 \times 400 - 400 \times 5 \times 10\% = 10\,600(元)$$

(2) 按法定工作日计算计时工资：

$$日工资标准 = \frac{12\,000}{20.67} = 580.55(元)$$

$$应付工资 = 12\,000 - 2 \times 580.55 - 5 \times 580.55 \times 10\% = 10\,548.625(元)$$

(3) 按计薪天数计算计时工资：

$$日工资标准 = \frac{12\,000}{21.75} = 551.72(元)$$

$$应付工资 = 12\,000 - 2 \times 551.72 - 5 \times 551.72 \times 10\% = 10\,620.7(元)$$

采用月薪制计算计时工资时，是根据缺勤扣款的方法计算的，由于多数职工是出满勤的，计算起来比较方便。

2. 日薪制

日薪制是指根据每位职工的日工资标准和出勤情况计算计时工资的方法。其计算公式如下：

$$应付工资 = 日工资标准 \times 出勤天数$$

【例 3-14】 承[例 3-13]，请采用日薪制计算李莉的计时工资。

(1) 按照日历天数计算计时工资：

$$日工资标准 = \frac{12\,000}{30} = 400(元)$$

$$应付工资 = (15+8) \times 400 + 5 \times 400 \times 90\% = 11\,000(元)$$

(2) 按照法定工作日计算计时工资：

$$日工资标准 = \frac{12\,000}{20.67} = 580.55(元)$$

$$应付工资 = 15 \times 580.55 + 5 \times 580.55 \times 90\% = 11\,320.725(元)$$

(3) 按照计薪天数计算计时工资：

$$日工资标准 = \frac{12\,000}{21.75} = 551.72(元)$$

$$应付工资 = (15+1) \times 551.72 + 5 \times 551.72 \times 90\% = 11\,310.26(元)$$

采用日薪制计算计时工资时，各月份实际天数不同，职工的出勤天数也不同，因此每个月份都要计算，工作量较大。日薪制通常适用于计算临时工的工资。

(二) 计件工资的计算

计件工资是根据工作产量记录或工作通知单登记的产量，乘以规定的计件单价计算的工资。产品既有合格品又有废品，因此需要对不合格品进行分析，判断废品该不该支付计件工资。废品有料废和工废两种。

料废是指因原材料不合格所产生的废品。料废是客观原因造成的,因此对于加工完毕后,在检验时发现的料废,可以将其与合格品一样计算计件工资;对于加工过程中发现的料废,则应根据生产工人完成的定额工时,计算其计件工资。

工废是指因人工操作不当等原因所产生的废品。工废是主观原因造成的,因此不但不能计算计件工资,还需要根据具体情况对当事人处以罚款。

计件单价是根据加工单位产品的定额工时,乘以该加工产品的加工等级计算的小时工资标准而取得的。计件工资有个人计件工资和集体计件工资两种。

1. 个人计件工资的计算

个人计价工资是指根据每个职工完成的产量和规定的计件单价计算的工资。

【例3-15】 职工李峰5月加工完成A零件125个。其中合格品108个,料废7个,工废10个,该零件的计件单价为9元,则:

$$应付计件工资=(108+7)\times 9=1\,035(元)$$

2. 集体计件工资的计算

先根据生产集体完成的产量和规定的计件单价计算生产集体应得的计件工资,再将生产集体应得的计件工资在生产集体内各成员之间根据每人的工资标准和工作时间进行分配。其计算公式如下:

$$应付班组计件工资总额=\sum_{1}^{n}(该班组加工某种产品合格品与料废产量之和\times 该产品的计件单价)$$

$$应付某工人的计件工资=该工人按工作时间计算的工资\times 集体计件工资分配率$$

$$集体计件工资分配率=\frac{应付班组计件工资总额}{班组成员按工作时间计算的工资总额}$$

【例3-16】 兴盛制造厂第一车间第二生产小组加工♯105型号部件,小组成员、计件工资标准及实际工时资料如表3-25所示。

表3-25 小组成员、计件工资标准及实际工时资料

20××年2月

组员	计件工资标准(元/小时)	实际工时(小时)
王明	20	10
李强	28	12
张宇	36	8

20××年2月第一车间第二生产小组加工完成♯105型号部件200件,其中合格品为195件,料废为5件,该部件计件单价为61.8元。则应付王明、李强、张宇三人的计件工资计算如下:

$$应付班组计件工资总额=200\times 61.8=12\,360(元)$$

$$集体计件工资分配率=\frac{12\,360}{10\times20+12\times28+8\times36}=15$$

$$应付王明的计件工资=10\times20\times15=3\,000(元)$$
$$应付李强的计件工资=12\times28\times15=5\,040(元)$$
$$应付张宇的计件工资=8\times36\times15=4\,320(元)$$

编制计件工资计算表,如表3-26所示。

表3-26 计件工资计算表

班组:第一车间第二小组　　　　20××年2月　　　　金额单位:元

组员	计件工资标准(元/小时)	实际工时(小时)	分配率	分配金额
王明	20	10	—	3 000
李强	28	12	—	5 040
张宇	36	8	—	4 320
合计	—	—	15	12 360

四、职工薪酬的归集与分配

(一)职工工资、奖金、津贴和补贴的归集与分配

1. 职工工资、奖金、津贴和补贴的结算

企业分别计算应付每个职工的计时工资或计件工资后,根据已确定的每个职工的奖金、津贴和补贴等,计算每个职工的薪酬。其计算公式如下:

$$应付职工薪酬=应付计时工资及计件工资+奖金+津贴和补贴$$

企业向职工支付薪酬时,还要扣除职工应交的住房公积金、养老保险费、医疗保险费和失业保险费等社会保险费,以及个人所得税等代扣款项,因此工资费用的计算就是企业与职工之间进行工资费用与代扣款项的结算。在结算时应将应发薪酬减去代扣款项计算职工薪酬的实发金额。

在实际工作中,企业通过编制工资结算单来结算职工薪酬。企业的工资结算单是按车间或部门编制的,一式三联。一联裁成"工资条"连同实发金额一并发给职工,便于其进行核对;一联作为职工薪酬结算和发放的原始凭证,由财会部门入账;一联由劳动工资部门留存,以作为进行劳动工资统计的依据。工资结算单如表3-27所示。

2. 职工工资、奖金、津贴和补贴的归集

为了全面反映企业职工工资、奖金、津贴和补贴的结算情况,便于进行会计核算,需要将它们进行归集。归集时将按各车间或部门编制的工资结算单进行汇总,编制工资结算汇总表,如表3-28所示。

企业的职工工资、奖金、津贴和补贴归集后,根据工资结算汇总表中"应付职工薪酬"栏的金额借记"应付职工薪酬"账户;根据"代扣款项"中的"住房公积金"和"养老保险"等社会保险费栏的金额,贷记"其他应付款"账户;根据"个人所得税"栏的金额,贷记"应交税费"账户。

表 3-27 工资结算单

部门：基本生产车间　　　　　　　　　　　　　　　　20××年5月　　　　　　　　　　　　　　　　金额单位：元

编号	姓名	日工资率	计件工资			奖金		补贴		津贴	计时工资					应付职工薪酬	代扣款项					实发职工薪酬
			甲产品	乙产品		综合奖	单项奖	副补	粮贴	夜班津贴	工资	缺勤应扣工资			应发计时工资		养老保险	医疗保险	失业保险	住房公积金	个人所得税	
												事假 天数(天)	病假 天数(天)	金额								
101	李明	120				400		250	120	80	3 605	1		120	12	3 473	4 323	345.84	86.46	43.23	302.61	0	3 544.86
102	王超	140				400		265	140	80	4 201	1		140		4 061	4 946	395.68	98.92	49.46	346.22	0	4 055.72
103	李中	135		7 706			300	250	150	80							8 486	678.88	169.72	84.86	594.02	104.58	6 853.94
……																							
合计	—	—	6 000	14 000		12 050	5 500	4 500	3 500	1 600	80 000	6	3	960	190	78 850	126 000	10 080	2 520	1 260	8 820	3 865.84	99 454.16

表 3-28 工资结算汇总表

20××年5月　　　　　　　　　　　　　　　　金额单位：元

车间及部门	计件工资		奖金	补贴	津贴	应发计时工资	应付职工薪酬	代扣款项					实发职工薪酬
	甲产品	乙产品						养老保险	医疗保险	失业保险	住房公积金	个人所得税	
基本生产车间 产品生产工人	6 000	14 000	17 550	8 000	1 600	78 850	126 000	10 080	2 520	1 260	8 820	3 865.84	99 454.16
车间管理人员			1 290	600		11 910	13 800	1 104	276	138	966	465.48	10 850.52
辅助生产车间 供水车间			4 100	1 800		29 800	35 700	2 856	714	357	2 499	1 085.22	28 188.78
锅炉车间			1 310	200		29 990	31 500	2 520	630	315	2 205	975.43	24 854.57
专设销售部门			1 040	560		58 000	59 600	4 768	1 192	596	4 172	1 795.65	47 076.35
企业管理部门			1 440	960		60 000	62 400	4 992	1 248	624	4 368	1 895.58	49 272.42
合计	6 000	14 000	26 730	12 120	1 600	268 550	329 000	26 320	6 580	3 290	23 030	10 083.20	259 696.80

3. 职工工资、奖金、津贴和补贴的分配

企业财会部门应根据计算的职工工资编制工资结算单,作为与职工进行工资结算的依据。根据工资结算单,按照车间、部门及不同的人员编制工资结算汇总表,作为工资费用归集与分配的依据。

职工薪酬费用分配对象的确定与材料费用的分配基本相同,即按谁受益谁负担的原则进行分配。

(1) 直接进行产品生产的生产工人的职工薪酬费用,应记入"基本生产成本"总账及所属明细账的"直接人工"成本项目。

(2) 辅助生产车间工人的职工薪酬费用,应记入"辅助生产成本"总账及所属明细账的"直接人工"成本项目。

(3) 分厂或车间等管理人员的职工薪酬费用,应记入"制造费用"账户。

(4) 企业各职能部门管理人员的职工薪酬费用、专设销售机构人员的薪酬费用及在建工程人员的职工薪酬费用,应分别记入"管理费用""销售费用""在建工程"账户。

计件工资属于直接计入费用,应根据工资结算凭证,直接记入"基本生产成本"明细账的"直接人工"成本项目。如果企业只生产一种产品,则计时工资、奖金、津贴和补贴,以及特殊情况下支付的工资等属于直接计入费用,应直接记入"基本生产成本"明细账的"直接人工"成本项目;如果生产多种产品,则计时工资、奖金、津贴和补贴,以及特殊情况下支付的工资等均属于间接计入费用,则需采用既合理又简便的分配方法,分配记入各产品"基本生产成本"明细账的"直接人工"成本项目。最常用的分配方法是按实际工时比例或定额工时比例分配。其计算公式如下:

$$直接人工费用分配率 = \frac{待分配的直接人工费用}{各种产品实际(或定额)工时之和}$$

某产品应分配的直接人工费用 = 该产品的实际(或定额)工时 × 直接人工费用分配率

(二) 其他相关支出的归集与分配

1. "五险一金"、职工福利费、工会经费及职工教育经费的归集与分配

企业为职工缴纳的医疗保险费、工伤保险费、生育保险费等社会保险费和住房公积金,以及按规定提取的工会经费和职工教育经费,应当在职工为其提供服务的会计期间,根据规定的计提基础和计提比例计算确定相应的职工薪酬金额。

3-6 工资薪酬费用分配 Excel 智能核算

【例 3-17】 申海制造厂生产甲、乙两种产品,20××年 5 月生产工人工资共计 126 000 元,其中直接计入甲、乙产品的工资分别为 6 000 元和 14 000 元;应发的计时工资、奖金、津贴和补贴等属于间接计入工资费用,按照工时比例法分配。甲、乙产品的工时分别为 6 200 小时和 3 800 小时。

根据当地政府规定,医疗保险的职工工资总额计提比例为 10%、养老保险为 20%、失业保险为 1.5%、工伤保险为 0.5%、生育保险为 1%;按职工工资总额的 7% 计提住房公积金;职工福利费的职工工资总额计提比例为 14%、工会经费为 2%、职工教育经费为 8%。

根据表 3-28,计算应分配计入甲产品和乙产品的工资:

$$工资分配率 = \frac{126\,000 - 20\,000}{6\,200 + 3\,800} = 10.6$$

甲产品应分配的工资费用＝6 200×10.6＝65 720(元)
乙产品应分配的工资费用＝3 800×10.6＝40 280(元)

5月五险计算表如表3-29所示。

表3-29　五险计算表

20××年5月　　　　　　　　　　　　　　　　　　　　　　　　　　　　单位:元

人员类别			工资总额	医疗保险(10%)	养老保险(20%)	失业保险(1.5%)	工伤保险(0.5%)	生育保险(1%)	五险合计
基本生产车间	甲产品	直接计入	6 000.00	600.00	1 200.00	90.00	30.00	60.00	1 980.00
		分配计入	65 720.00	6 572.00	13 144.00	985.80	328.60	657.20	21 687.60
		小计	71 720.00	7 172.00	14 344.00	1 075.80	358.60	717.20	23 667.60
	乙产品	直接计入	14 000.00	1 400.00	2 800.00	210.00	70.00	140.00	4 620.00
		分配计入	40 280.00	4 028.00	8 056.00	604.20	201.40	402.80	13 292.40
		小计	54 280.00	5 428.00	10 856.00	814.20	271.40	542.80	17 912.40
	车间管理人员		13 800.00	1 380.00	2 760.00	207.00	69.00	138.00	4 554.00
辅助生产车间	供水车间		35 700.00	3 570.00	7 140.00	535.50	178.50	357.00	11 781.00
	锅炉车间		31 500.00	3 150.00	6 300.00	472.50	157.50	315.00	10 395.00
	小计		67 200.00	6 720.00	13 440.00	1 008.00	336.00	672.00	22 176.00
销售部门人员			59 600.00	5 960.00	11 920.00	894.00	298.00	596.00	19 668.00
行政管理人员			62 400.00	6 240.00	12 480.00	936.00	312.00	624.00	20 592.00
合计			329 000.00	32 900.00	65 800.00	4 935.00	1 645.00	3 290.00	108 570.00

5月职工福利费、工会经费、职工教育经费及住房公积金计算表,如表3-30所示。

表3-30　职工福利费、工会经费、职工教育经费及住房公积金计算表

20××年5月　　　　　　　　　　　　　　　　　　　　　　　　　　　　单位:元

人员类别			工资总额	职工福利费(14%)	工会经费(2%)	职工教育经费(8%)	住房公积金(7%)
基本生产车间	甲产品	直接计入	6 000.00	840.00	120.00	480.00	420.00
		分配计入	65 720.00	9 200.80	1 314.40	5 257.60	4 600.40
		小计	71 720.00	10 040.80	1 434.40	5 737.60	5 020.40
	乙产品	直接计入	14 000.00	1 960.00	280.00	1 120.00	980.00
		分配计入	40 280.00	5 639.20	805.60	3 222.40	2 819.60
		小计	54 280.00	7 599.20	1 085.60	4 342.40	3 799.60
	车间管理人员		13 800.00	1 932.00	276.00	1 104.00	966.00
辅助生产车间	供水车间		35 700.00	4 998.00	714.00	2 856.00	2 499.00
	锅炉车间		31 500.00	4 410.00	630.00	2 520.00	2 205.00
	小计		67 200.00	9 408.00	1 344.00	5 376.00	4 704.00

(续表)

人员类别	工资总额	职工福利费(14%)	工会经费(2%)	职工教育经费(8%)	住房公积金(7%)
销售部门人员	59 600.00	8 344.00	1 192.00	4 768.00	4 172.00
行政管理人员	62 400.00	8 736.00	1 248.00	4 992.00	4 368.00
合计	329 000.00	46 060.00	6 580.00	26 320.00	23 030.00

根据表 3-29 及表 3-30 编制应付职工薪酬汇总表,如表 3-31 所示。

表 3-31 应付职工薪酬汇总表

20××年5月　　　　　　　　　　　　　　　　　　　　　单位:元

人员类别			工资总额	职工福利费	工会经费	职工教育经费	住房公积金	社会保险费	合计
基本生产车间	甲产品	直接计入	6 000.00	840.00	120.00	480.00	420.00	1 980.00	9 840.00
		分配计入	65 720.00	9 200.80	1 314.40	5 257.60	4 600.40	21 687.60	107 780.80
		小计	71 720.00	10 040.80	1 434.40	5 737.60	5 020.40	23 667.60	117 620.80
	乙产品	直接计入	14 000.00	1 960.00	280.00	1 120.00	980.00	4 620.00	22 960.00
		分配计入	40 280.00	5 639.20	805.60	3 222.40	2 819.60	13 292.40	66 059.20
		小计	54 280.00	7 599.20	1 085.60	4 342.40	3 799.60	17 912.40	89 019.20
	车间管理人员		13 800.00	1 932.00	276.00	1 104.00	966.00	4 554.00	22 632.00
辅助生产车间	供水车间		35 700.00	4 998.00	714.00	2 856.00	2 499.00	11 781.00	58 548.00
	锅炉车间		31 500.00	4 410.00	630.00	2 520.00	2 205.00	10 395.00	51 660.00
	小计		67 200.00	9 408.00	1 344.00	5 376.00	4 704.00	22 176.00	110 208.00
销售部门人员			59 600.00	8 344.00	1 192.00	4 768.00	4 172.00	19 668.00	97 744.00
行政管理部门人员			62 400.00	8 736.00	1 248.00	4 992.00	4 368.00	20 592.00	102 336.00
合计			329 000.00	46 060.00	6 580.00	26 320.00	23 030.00	108 570.00	539 560.00

根据表 3-31 编制职工薪酬费用分配表,如表 3-32 所示。

表 3-32 职工薪酬费用分配表

20××年5月　　　　　　　　　　　　　　　　　　　　金额单位:元

借方账户		成本或费用项目	直接计入	分配计入			合计
				生产工时(小时)	分配率	分配金额	
基本生产成本	甲产品	直接人工	9 840	6 200	17.384	107 780.80	117 620.80
	乙产品	直接人工	22 960	3 800	17.384	66 059.20	89 019.20
	小计		32 800	10 000	—	173 840.00	206 640.00

(续表)

借方账户		成本或费用项目	直接计入	分配计入			合计
				生产工时（小时）	分配率	分配金额	
辅助生产成本	供水车间	直接人工	58 548				58 548.00
	锅炉车间	直接人工	51 660				51 660.00
	小计		110 208				110 208.00
制造费用	基本生产车间	薪酬费用	22 632				22 632.00
销售费用		薪酬费用	97 744				97 744.00
管理费用		薪酬费用	102 336				102 336.00
合计			365 720			173 840.00	539 560.00

根据表 3-29 及表 3-32 编制会计分录如下：

借：基本生产成本——甲产品（直接人工）　　　　　117 620.80
　　　　　　　　——乙产品（直接人工）　　　　　 89 019.20
　　辅助生产成本——供水车间　　　　　　　　　　 58 548.00
　　　　　　　　——锅炉车间　　　　　　　　　　 51 660.00
　　制造费用——基本生产车间　　　　　　　　　　 22 632.00
　　销售费用　　　　　　　　　　　　　　　　　　 97 744.00
　　管理费用　　　　　　　　　　　　　　　　　　102 336.00
　　贷：应付职工薪酬——工资　　　　　　　　　　329 000.00
　　　　　　　　　　——社会保险费（医疗保险费） 32 900.00
　　　　　　　　　　——社会保险费（养老保险费） 65 800.00
　　　　　　　　　　——社会保险费（失业保险费） 4 935.00
　　　　　　　　　　——社会保险费（工伤保险费） 1 645.00
　　　　　　　　　　——社会保险费（生育保险费） 3 290.00
　　　　　　　　　　——住房公积金　　　　　　　 23 030.00
　　　　　　　　　　——职工福利费　　　　　　　 46 060.00
　　　　　　　　　　——工会经费　　　　　　　　 6 580.00
　　　　　　　　　　——职工教育经费　　　　　　 26 320.00

2. 非货币性福利的归集与分配

企业以非货币性资产作为福利提供给职工的，应根据非货币性资产的不同性质进行相应的账务处理。

（1）企业以自产的产品作为非货币性福利提供给职工的，应当按照该产品的公允价值和相关税费确定职工薪酬金额，并计入当期损益或相关资产成本。相关收入的确认、销售成本的结转及相关税费的处理，与企业正常商品销售的会计处理相同。

企业以外购的商品作为非货币性福利提供给职工的，应当按照该商品的公允价值和相关税费确定职工薪酬的金额，并计入当期损益或相关资产成本。

【例3-18】 达通有限公司为生产肉制品增值税一般纳税人，主要生产牛肉制品和猪肉制品，职工人数分布如表3-33所示。

表3-33 职工人数分布

20××年8月　　　　　　　　　　　　　　　　　　　　单位：人

各部门职工	生产产品工人	基本生产车间管理人员	发电辅助生产车间人员	销售部门人员	厂部管理人员
人数	80	10	15	25	20

20××年8月5日，公司决定以其生产的牛肉制品作为福利发放给职工。牛肉制品单位成本为80元，平均售价为113元/包(含税)，增值税税率为13%。

8月5日发放牛肉制品，编制会计分录如下：

应交增值税销项税额＝150×100×13%＝1 950(元)

借：应付职工薪酬——非货币性福利　　　　　　　　　　　16 950
　　贷：主营业务收入　　　　　　　　　　　　　　　　　　　15 000
　　　　应交税费——应交增值税(销项税额)　　　　　　　　　1 950

同时，结转发放牛肉制品成本，编制会计分录如下：

借：主营业务成本　　　　　　　　　　　　　　　　　　　12 000
　　贷：库存商品——牛肉制品　　　　　　　　　　　　　　　12 000

月末根据牛肉制品库存商品出库单等原始凭证编制职工薪酬费用(非货币性福利)分配表，如表3-34所示。

表3-34 职工薪酬费用(非货币性福利)分配表

20××年8月　　　　　　　　　　　　　　　　　　　　金额单位：元

借方账户	成本或费用项目	直接计入	分配计入			合计
			生产工时(小时)	分配率	分配金额	
基本生产成本	猪肉制品	直接人工		2 510	2	5 020	5 020
	牛肉制品	直接人工		2 010	2	4 020	4 020
	小计			4 520	—	9 040	9 040
辅助生产成本	供电车间	直接人工	1 695				1 695
制造费用	基本生产车间	薪酬费用	1 130				1 130
销售费用		薪酬费用	2 825				2 825
管理费用		薪酬费用	2 260				2 260
合计			7 910			9 040	16 950

根据表3-34编制会计分录如下：

借：基本生产成本——猪肉制品(直接人工)　　　　　　　　5 020
　　　　　　　　——牛肉制品(直接人工)　　　　　　　　4 020
　　辅助生产成本——供电车间　　　　　　　　　　　　　　1 695

制造费用——基本生产车间	1 130
销售费用	2 825
管理费用	2 260
贷：应付职工薪酬——非货币性福利	16 950

（2）企业将拥有的房屋、轿车等资产无偿提供给职工使用的，应当根据受益对象，将该住房、轿车每期应计提的折旧计入相关资产成本或当期损益，同时确认应付职工薪酬。

【例3-19】 20××年8月20日，顺达有限公司购进轿车，配给单位的高层管理人员专用，轿车成本为200 000元，预计残值为2 000元，预计使用10年。该公司采用直线法对轿车计提折旧。

　　　　　　轿车每月折旧额＝[(200 000－2 000)÷10]÷12＝1 650(元)

20××年9月至12月，每月月末编制会计分录如下：

借：管理费用	1 650
贷：应付职工薪酬——非货币性福利	1 650
借：应付职工薪酬——非货币性福利	1 650
贷：累计折旧	1 650

（3）企业租赁住房等资产供职工无偿使用的，应当根据受益对象，将每期应付的租金计入相关资产成本或当期损益，并确认应付职工薪酬。

【例3-20】 20××年1月1日，同盛有限公司租赁一处住房提供给单位的厂部管理人员居住，并于年初预付上半年的租金共计30 000元。

20××年1月1日，预付租金时编制会计分录如下：

借：预付账款	30 000
贷：银行存款	30 000

1—6月，每月月末编制会计分录如下：

借：管理费用	5 000
贷：应付职工薪酬——非货币性福利	5 000
借：应付职工薪酬——非货币性福利	5 000
贷：预付账款	5 000

第五节　折旧费用及其他费用的归集与分配

对于一般生产企业来说，材料和工资费用是产品成本的主要构成内容，但产品生产的特点决定了在生产过程中除了耗费劳动对象和劳动力，还要耗费一定的劳动手段，并发生与产品生产有关的其他支出。

一、折旧费用的核算

（一）折旧费用概述

折旧费用是指固定资产由于损耗而转移到产品成本或费用中的价值。企业计提固定资产折旧的方法主要有平均年限法、工作量法、双倍余额递减法和年数总和法等。折旧方法一经选定，不得随意调整。

按照《企业会计准则第4号——固定资产》第十四条规定，除了下列情况，企业应对所有固定资产计提折旧：①已提足折旧仍继续使用的固定资产；②单独计价入账的土地。

在确定计提折旧的范围时应注意以下几点：

(1) 固定资产应当按月计提折旧。当月增加的固定资产，当月不计提折旧，从下月起计提折旧；当月减少的固定资产，当月仍计提折旧，从下月起不计提折旧。

(2) 固定资产提足折旧后，无论能否继续使用，均不再计提折旧，提前报废的固定资产也不再补提折旧。提足折旧是指已经提足该项固定资产的应计折旧额。

(3) 已达到预定可使用状态但尚未办理竣工决算的固定资产，应当按照估计价值确定其成本，并计提折旧；待办理竣工决算后再按实际成本调整原来的暂估价值，但不需要调整原已计提的折旧额。

(4) 处于更新改造过程停止使用的固定资产，不计提折旧。

为了简化折旧的计算工作，月份内开始使用的固定资产，当月不计算折旧，从下月起计算折旧；月份内减少的固定资产，当月仍计算折旧，从下月起停止计算折旧。这就是说，每月折旧额按月初的固定资产原值和规定的折旧率计算。

（二）折旧费用的归集与分配

一种产品的生产往往需要使用多种机器设备，而每种机器设备又可能生产多种产品。因此，机器设备的折旧费用虽然是直接用于产品生产的费用，但一般属于分配工作比较复杂的间接计入费用，为了简化产品成本的计算工作，没有专门设立成本项目，而是将其直接计入制造费用。企业行政管理部门固定资产的折旧费用，用于其他经营业务的固定资产折旧费用，则应分别计入管理费用和其他业务成本。这就是说，折旧费用应该按照固定资产使用的车间、部门和用途，分别记入"制造费用""管理费用"和"其他业务成本"等总账账户及所属明细账户的借方，固定资产折旧总额应记入"累计折旧"账户的贷方。

企业每个月都要计算、分配折旧费用，因而当月的折旧额可以在上月固定资产折旧额的基础上加、减调整计算，即企业本月的折后额和折旧费用，可以在上月固定资产折旧额的基础上，加上上月增加的固定资产的折旧额，减去上月减少的固定资产的折旧额计算求出。

【例3-21】 申海制造厂20××年5月各部门固定资产折旧费用分配表，如表3-35所示。

表3-35　固定资产折旧费用分配表

20××年5月　　　　　　　　　　　　　　　　　　单位：元

3-7 固定资产折旧费分配Excel智能核算

应借账户	使用车间或部门	上月固定资产折旧额	上月增加固定资产的折旧额	上月减少固定资产折旧额	本月固定资产折旧额
制造费用	基本生产车间	22 720	8 200	1 320	29 600
辅助生产成本	供水车间	2 300		506	1 794
	锅炉车间	2 230		420	1 810
管理费用	行政管理部门	8 200	3 230	750	10 680
合计		35 450	11 430	2 996	43 884

根据表 3-35 编制会计分录如下：

借：制造费用——基本生产车间　　　　　　　　　　　　　　29 600
　　辅助生产成本——供水车间　　　　　　　　　　　　　　 1 794
　　　　　　　　——锅炉车间　　　　　　　　　　　　　　 1 810
　　管理费用　　　　　　　　　　　　　　　　　　　　　　10 680
　　贷：累计折旧　　　　　　　　　　　　　　　　　　　　43 884

二、其他费用的核算

其他费用是指除本章以上各节所述的各成本费用外的要素费用，具体包括邮电费、租赁费、印刷费、图书报刊资料费、办公用品费、试验检验费、排污费、差旅费、保险费、交通补助费、误餐补贴费、职工技术补助费、修理费及利息等。这些费用发生时，应根据有关付款凭证或转账凭证，按照其用途和发生地点归集记入"制造费用""管理费用""销售费用""财务费用"等账户及其明细账户，分配计入产品成本或直接列入当期损益。

其中，日常修理是为确保固定资产的正常工作状况，通常具备更换配件频次高以及金额小的特点。财政部等《关于严格执行企业会计准则 切实做好企业 2022 年年报工作的通知》（财会〔2022〕32 号）规定，企业应当按照《企业会计准则第 1 号——存货》（财会〔2006〕3 号）及《企业会计准则第 4 号——固定资产》（财会〔2006〕3 号）等相关规定，将不符合固定资产资本化后续支出条件的固定资产日常修理费用，在发生时按照受益对象计入当期损益或计入相关资产的成本。与存货的生产和加工相关的固定资产日常修理费用按照存货成本确定原则进行处理，行政管理部门、企业专设的销售机构等发生的固定资产日常修理费用按照功能分类计入管理费用或销售费用。

【例 3-22】 申海制造厂 20××年 5 月以银行存款支付的办公费、邮电费、差旅费等各项费用支出，经归类汇总编制其他费用支出分配表，如表 3-36 所示。

表 3-36　其他费用支出分配表

20××年 5 月　　　　　　　　　　　　　　　　　　　　　单位：元

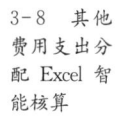

3-8 其他费用支出分配 Excel 智能核算

应借账户	车间部门	其他费用项目						合计
		办公费	邮电费	差旅费	广告费	印刷费	其他	
辅助生产成本	供水车间	500	260				658	1 418
	锅炉车间	600	300				830	1 730
	小计	1 100	560				1 488	3 148
制造费用	基本生产车间	4 200	4 000	3 800			6 838	18 838
管理费用	厂部	2 600	3 450	7 390		900	2 580	16 920
销售费用	销售	800	400	1 800	9 500		800	13 300
合计		8 700	8 410	12 990	9 500	900	11 706	52 206

根据表 3-36 编制会计分录如下：

借：辅助生产成本——供水车间　　　　　　　　　　　　　　1 418
　　　　　　　——锅炉车间　　　　　　　　　　　　　　1 730
　　制造费用——基本生产成本　　　　　　　　　　　　　18 838
　　管理费用　　　　　　　　　　　　　　　　　　　　　16 920
　　销售费用　　　　　　　　　　　　　　　　　　　　　13 300
　贷：银行存款　　　　　　　　　　　　　　　　　　　　52 206

复习思考题

1. 要素费用分配的一般原则是什么？
2. 要素费用分配的标准有哪些？如何选择？
3. 采用定额消耗量比例分配法分配材料费用的优缺点是什么？
4. 采用定额费用比例分配法分配材料费用的优缺点是什么？
5. 分配低值易耗品有哪些方法？这些方法各适用于什么环境？
6. 如何通过会计账户核算外购动力费用？外购动力费用核算的特点及分配原则是什么？
7. 职工薪酬包含哪些内容？
8. 工资费用的核算方式有哪些？各需要注意什么问题？

同步测试题

请扫描二维码，完成本章同步测试题。

第三章同步测试题

第四章 CHAPTER 4
辅助生产费用的核算

学习目的

- 了解辅助生产费用的概念及核算的内容。
- 掌握直接分配法、顺序分配法、交互分配法、代数分配法和计划成本分配法等辅助生产费用分配方法。
- 掌握辅助生产成本各分配方法的适用范围。

第一节 辅助生产费用的归集

一、辅助生产的概念

辅助生产主要是为基本生产车间、企业行政管理等部门提供劳务或产品生产。根据辅助生产的生产性质和任务不同,可将辅助生产部门分为以下两类:

(1) 提供产品的辅助生产部门。这类辅助生产部门的主要任务是为基本生产车间及有关部门提供生产工具、模具、修理用备用件等产品。

(2) 提供劳务的辅助生产部门。这类辅助生产部门的任务是为基本生产车间及有关管理部门提供水、电、蒸汽、维修、运输等劳务。

二、辅助生产费用核算的内容

企业辅助生产部门在产品生产和劳务提供过程中发生的各种耗费,构成了这些产品或劳务的成本。但对于耗用这些产品或劳务的基本生产车间等部门来说,其产品或劳务的成本又是一种费用,即辅助生产费用。辅助生产费用在发生时已经通过前面各节费用要素分配与归集到"辅助生产成本"总账及其有关的明细账户,如表4-1、表4-2所示,辅助生产费用归集和分配的程序取决于辅助生产部门的生产特点。

在只生产一种产品或提供单一劳务的辅助生产部门中,发生的费用都属于直接费用,因而在发生时,可直接计入该产品或劳务的有关成本项目,其成本归集的程序比较简单。

在同时提供多品种产品或劳务的辅助生产部门中,发生的费用需由两个或两个以上的产品或劳务负担,需将共同费用在不同的受益对象间进行分配。

一般来说,企业如果辅助生产车间的规模较大,制造费用较多,或者对外提供水、电、蒸汽、维修、运输等劳务或工具、模具、修理用备用件等产品,可以单独设"制造费用——辅助生产车间"账户来归集辅助生产过程中发生的制造费用;如果辅助生产车间的规模小、制造费用少,又不对外提供产品或劳务,则可以不单独设"制造费用——辅助生产车间"账户,而将辅助生产过程中发生的制造费用直接记入"辅助生产成本"账户。

本书案例中辅助生产劳务仅为企业内部提供,规模较小,制造费用极少,不单独为辅助生产车间设"制造费用——辅助生产车间"账户。

表 4-1① 辅助生产成本明细账

明细账户:供水车间　　　　　　　　　　　　　　　　　　　　　　　　　单位:元

20××年		凭证号数	摘要	直接材料	燃料及动力	直接人工	折旧费	低值易耗品摊销	办公费	邮电费	其他	合计
月	日											
5	31	略	材料费用分配	14 300								14 300
	31		燃料费用分配		8 300							8 300
	31		低值易耗品费用分配					570				570
	31		动力费用分配		6 870							6 870
			职工薪酬费用分配			58 548						58 548
			折旧费用分配				1 794					1 794
			其他费用分配						500	260	658	1 418
5	31		本月合计	14 300	15 170	58 548	1 794	570	500	260	658	91 800
5	31		分配转出	14 300	15 170	58 548	1 794	570	500	260	658	91 800

注:① 表 4-1 根据表 3-12、表 3-18、表 3-20、表 3-24、表 3-32、表 3-35、表 3-36 等登记。

表 4-2① 辅助生产成本明细账

明细账户:锅炉车间　　　　　　　　　　　　　　　　　　　　　　　　　单位:元

20××年		凭证号数	摘要	直接材料	燃料及动力	直接人工	折旧费	低值易耗品摊销	办公费	邮电费	其他	合计
月	日											
5	31	略	材料费用分配	16 200								16 200
	31		燃料费用分配		8 200							8 200
	31		低值易耗品费用分配					400				400
	31		动力费用分配		6 400							6 400
			职工薪酬费用分配			51 660						51 660
			折旧费用分配				1 810					1 810
			其他费用分配						600	300	830	1 730
5	31		本月合计	16 200	14 600	51 660	1 810	400	600	300	830	86 400
5	31		分配转出	16 200	14 600	51 660	1 810	400	600	300	830	86 400

注:① 表 4-2 根据表 3-12、表 3-18、表 3-20、表 3-24、表 3-32、表 3-35、表 3-36 等登记。

第二节 辅助生产费用的分配

一、辅助生产费用分配的内容

辅助生产费用分配是指将辅助生产成本各明细账上所归集的费用,采用一定的方法计算出产品或劳务的总成本和单位成本,并按受益对象耗用的数量计入基本生产成本或期间费用的过程。

(1) 辅助生产车间提供水,水构成产品主要实体的,期末结转直接记入"基本生产成本"总账及所属明细账的"直接材料"成本项目;辅助生产车间提供电、蒸汽等直接用于产品生产,期末结转直接记入"基本生产成本"总账及所属明细账的"燃料及动力"成本项目;辅助生产车间提供的水、电、蒸汽等用于基本车间一般耗用,期末结转记入"制造费用——基本生产车间"账户。

(2) 企业产品生产成本明细账内不设"燃料及动力"成本项目时,辅助生产车间提供的电、蒸汽等直接用于产品生产及基本车间一般耗用,期末结转记入"制造费用——基本生产车间"账户。

(3) 辅助生产车间提供运输劳务,与存货的生产和加工相关的固定资产日常维修服务,期末结转记入"制造费用——基本生产车间"账户。

(4) 辅助生产车间提供的水、电、蒸汽及运输劳务和日常维修服务等用于行政管理部门、销售部门,期末结转分别记入"管理费用""销售费用"账户。

如果企业只有一个辅助生产车间,则其生产费用的分配比较简单,通常按照各受益对象耗用该辅助生产车间提供的产品或劳务数量的比例,在各受益对象之间进行分配。

如果企业拥有两个或两个以上的辅助生产车间,则该企业辅助生产费用的分配通常就较为复杂。这是因为辅助生产车间不仅对企业各生产及管理部门提供产品或劳务,而且各辅助生产车间之间往往也相互提供产品或劳务。因此,为了正确地计算基本生产产品成本,在辅助生产费用分配时,还应在各辅助生产部门之间进行费用的相互分配。

二、辅助生产费用分配的方法

辅助生产费用的分配是一个较为复杂的过程。为了使分配结果更加客观,在分配时要根据企业各辅助生产部门生产产品或劳务的特点,以及向受益单位提供服务的情况,结合企业管理的条件和要求来选用适当的分配方法。分配辅助生产费用的方法有很多,包括直接分配法、顺序分配法、交互分配法、代数分配法和计划成本分配法等。

(一)直接分配法

直接分配法是指将辅助生产部门发生的产品或劳务成本全部直接分配给辅助生产部门以外各受益对象的一种方法。

特点:辅助生产部门之间相互提供产品或劳务的成本全部由辅助生产部门以外的部门承担。它的分配计算公式如下:

$$某辅助生产车间费用分配率 = \frac{该辅助生产车间费用总额}{对外分配劳务量之和}$$

某受益对象应负担的费用＝该受益对象接受的该辅助生产车间提供的服务量×费用分配率

【例4-1】 广通制造厂两个辅助生产车间，5月供电车间发生的辅助生产费用78 000元，供水车间发生的辅助生产费用66 340元，向各受益对象提供产品和劳务的资料，如表4-3所示，其中供水车间用于A产品和B产品的水属于两种产品生产中的主要原料。

表4-3 辅助生产车间劳务供应汇总表

20××年5月

受益对象	供电量（度）	供水量（吨）
供电车间	—	500
供水车间	2 000	—
A产品	40 000	21 500
B产品	48 000	15 000
基本生产车间	22 000	10 000
行政管理部门	10 000	7 000
合计	122 000	54 000

用直接分配法分配供电车间和供水车间的辅助生产费用，计算过程如下：

供电车间费用分配率＝78 000÷(122 000－2 000)＝0.65

供水车间费用分配率＝66 340÷(54 000－500)＝1.24

分配结果如表4-4所示。

表4-4 辅助生产费用分配表（直接分配法）

20××年5月　　　　　　　　　　　　　　　　　　　　　金额单位：元

项目		供电车间	供水车间	合计
辅助生产费用		78 000	66 340	144 340
产品或劳务的供应量		120 000	53 500	
分配率		0.65	1.24	—
A产品	耗用数量	40 000	21 500	
	分配金额	26 000	26 660	52 660
B产品	耗用数量	48 000	15 000	
	分配金额	31 200	18 600	49 800
基本生产车间	耗用数量	22 000	10 000	
	分配金额	14 300	12 400	26 700
行政管理部门	耗用数量	10 000	7 000	
	分配金额	6 500	8 680	15 180
合计		78 000	66 340	144 340

根据表 4-4 编制会计分录如下：

借：基本生产成本——A 产品（燃料及动力） 26 000
　　　　　　　——A 产品（直接材料） 26 660
　　　　　　　——B 产品（燃料及动力） 31 200
　　　　　　　——B 产品（直接材料） 18 600
　　制造费用——基本生产车间 26 700
　　管理费用 15 180
　　贷：辅助生产成本——供电车间 78 000
　　　　　　　　　——供水车间 66 340

优点：直接分配法计算最简便。

缺点：由于没有考虑各辅助生产车间内部相互提供产品或劳务的因素，辅助生产车间对外分配产品或劳务的成本与实际有偏差，分配结果不准确。

直接分配法适用于辅助生产内部相互提供的产品或劳务不多、不进行交互分配对辅助生产成本和基本生产成本影响不大的情况。

（二）顺序分配法

顺序分配法是指按照辅助生产车间受益多少的顺序排列，受益少的辅助生产车间排在前面，先进行分配；受益多的辅助生产车间排在后面，后进行分配的方法。

特点：排在前面的辅助生产车间将其发生的生产费用分配给排在后面的辅助生产车间，而排在后面的辅助生产车间发生的费用却不再分配给排在前面的辅助生产车间；排在后面的辅助生产车间的生产费用再进行分配时，应在原来归集的生产费用的基础上，加上排在前面的辅助生产费用转入的数额一并进行分配。

【例 4-2】 乐吉制造厂有供电车间和运输车间两个辅助生产车间，20××年9月供电车间发生的辅助生产费用为 37 500 元，运输车间发生的辅助生产费用为 27 900 元，向各受益对象提供产品和劳务的资料如表 4-5 所示。

表 4-5 辅助生产车间劳务供应汇总表

20××年9月

受益对象	供电量（度）	运输距离（里①）
供电车间	—	200
运输车间	14 000	—
C 产品	20 000	
D 产品	12 000	
基本生产车间	2 400	5 200
行政管理部门	1 600	800
合计	50 000	6 200

① 1 里=500 米。

用顺序分配法分配供电车间和运输车间的辅助生产费用,计算过程如下:
供电车间分给运输车间:37 500÷50 000×14 000=10 500(元)
运输车间分给供电车间:27 900÷6 200×200=900(元)

从计算结果可以看出运输车间分给供电车间的少,则供电车间受益少,运输车间不分给供电车间对计算结果影响不大,先分供电车间费用,后分运输车间费用。

则：　　　　　供电车间费用分配率＝37 500÷50 000＝0.75
供电车间分给运输车间:14 000×0.75＝10 500(元)
　　　　运输车间费用分配率＝(27 900＋10 500)÷(6 200－200)＝6.4
辅助生产费用分配结果如表4-6所示。

表4-6　辅助生产费用分配表(顺序分配法)

20××年5月　　　　　　　　　　　　　　　　　　　金额单位:元

项目		供电车间	运输车间	合计
待分配辅助生产费用		37 500	38 400 (27 900＋10 500)	—
产品或劳务的供应量		50 000	6 000 (6 200－200)	
计量标准		度	里	
分配率		0.75	6.4	
运输车间	耗用数量	14 000	—	
	分配金额	10 500		10 500
C产品	耗用数量	20 000		
	分配金额	15 000		15 000
D产品	耗用数量	12 000		
	分配金额	9 000		9 000
基本生产车间	耗用数量	2 400	5 200	
	分配金额	1 800	33 280	35 080
行政管理部门	耗用数量	1 600	800	
	分配金额	1 200	5 120	6 320
合计		37 500	38 400	—

根据表4-6编制会计分录如下:
(1)供电车间分配:
借:辅助生产成本——运输车间　　　　　　　　　　　　　　10 500
　　基本生产成本——C产品(燃料及动力)　　　　　　　　　15 000
　　　　　　　　——D产品(燃料及动力)　　　　　　　　　9 000
　　制造费用——基本生产车间　　　　　　　　　　　　　　1 800
　　管理费用　　　　　　　　　　　　　　　　　　　　　　1 200
　　贷:辅助生产成本——供电车间　　　　　　　　　　　　　37 500

(2) 运输车间分配：
借：制造费用——基本生产车间　　　　　　　　　33 280
　　管理费用　　　　　　　　　　　　　　　　　　5 120
　　贷：辅助生产成本——运输车间　　　　　　　　　　38 400

优点：顺序分配法较简便，并且能够有重点地反映辅助生产车间交互服务的关系，比直接分配法前进了一步。

缺点：采用这种方法，排在前面的辅助生产车间不负担排在后面的辅助生产车间的费用，导致排在前面的辅助生产车间费用归集不完整，不能全面反映辅助生产车间之间相互提供产品或劳务的关系，影响了分配结果的准确性。

顺序分配法适用于各辅助生产车间之间相互受益金额具有明显的大小差异，在分配时能明显分出顺序的企业。

（三）交互分配法

交互分配法是指辅助生产车间之间先对相互提供的产品或劳务进行一次相互分配，然后再将各辅助生产部门交互分配后的费用分配给辅助生产部门以外各受益单位的一种分配方法。

交互分配法的特点是进行两次分配：

第一次分配：将各辅助生产车间之间相互提供的生产或劳务费用进行交互分配。

$$辅助生产车间之间交互分配率 = \frac{某辅助生产车间发生的总费用}{该辅助生产车间提供的总服务量}$$

$$\begin{matrix}某辅助生产车间耗用其他\\辅助生产车间的服务费用\end{matrix} = \begin{matrix}该辅助生产车间耗用其他\\辅助生产车间的服务量\end{matrix} \times \begin{matrix}辅助生产车间之\\间交互分配率\end{matrix}$$

第二次分配：将各辅助生产部门交互分配后的实际费用（交互分配前的费用加上交互分配转入的费用减去交互分配转出的费用）再按向辅助生产部门以外各受益单位提供的劳务量进行分配。

【例4-3】 申海制造厂有供水车间和锅炉车间两个辅助生产车间，20××年5月供水车间发生的辅助生产费用为91 800元，锅炉车间发生的辅助生产费用为86 400元，向各受益对象提供产品和劳务的资料如表4-7所示，其中供水车间用于甲产品和乙产品的水属于两种产品生产中的主要原料。

表4-7　辅助生产车间劳务供应汇总表

20××年5月

受益对象	供水量（吨）	蒸汽量（立方米）
供水车间	—	4 000
锅炉车间	8 000	—
甲产品	35 000	24 000
乙产品	25 000	16 000
基本生产车间	23 000	15 000
销售部门	8 000	6 000

4-2 辅助生产费用分配Excel智能核算

(续表)

受益对象	供水量(吨)	蒸汽量(立方米)
行政管理部门	9 000	7 000
合计	108 000	72 000

用交互分配法分配供水车间和锅炉车间的辅助生产费用,计算过程如下:

供水车间费用分配率=91 800÷108 000=0.850

锅炉车间费用分配率=86 400÷72 000=1.2

(1) 第一次辅助生产车间之间的交互分配:

供水车间分给锅炉车间:8 000×0.85=6 800(元)

锅炉车间分给供水车间:4 000×1.2=4 800(元)

(2) 第二次对外分配:

供水车间待分配金额:91 800+4 800−6 800=89 800(元)

锅炉车间待分配金额:86 400+6 800−4 800=88 400(元)

供水车间费用对外分配率=89 800÷(108 000−8 000)=0.898

锅炉车间费用对外分配率=88 400÷(72 000−4 000)=1.3

辅助生产费用分配结果如表4-8所示。

表4-8 辅助生产费用分配表(交互分配法)

20××年5月　　　　　　　　　　　　　　　　　　　　　　金额单位:元

项目		供水车间			锅炉车间			合计
		数量(吨)	单位成本(分配率)	分配金额	数量(立方米)	单位成本(分配率)	分配金额	
待分配辅助生产费用		108 000	0.850	91 800	72 000	1.2	86 400	178 200
交互分配	供水车间			+4 800	−4 000		−4 800	
	锅炉车间	−8 000		−6 800			+6 800	
对外分配辅助生产费用		100 000	0.898	89 800	68 000	1.3	88 400	178 200
对外分配	甲产品	35 000		31 430	24 000		31 200	62 630
	乙产品	25 000		22 450	16 000		20 800	43 250
	基本生产车间	23 000		20 654	15 000		19 500	40 154
	销售部门	8 000		7 184	6 000		7 800	14 984
	行政管理部门	9 000		8 082	7 000		9 100	17 182

根据表4-8编制会计分录如下:

(1) 交互分配:

借:辅助生产成本——供水车间　　　　　　　　　　　　　　　　4 800

　　贷:辅助生产成本——锅炉车间　　　　　　　　　　　　　　　　4 800

```
借：辅助生产成本——锅炉车间                    6 800
    贷：辅助生产成本——供水车间                    6 800
```
（2）对外分配：
```
借：基本生产成本——甲产品（燃料及动力）          31 200
              ——甲产品（直接材料）            31 430
              ——乙产品（燃料及动力）           20 800
              ——乙产品（直接材料）            22 450
    制造费用——基本生产车间                   40 154
    销售费用                              14 984
    管理费用                              17 182
    贷：辅助生产成本——供水车间                   89 800
              ——锅炉车间                    88 400
```

优点：辅助生产部门内部进行了交互分配，克服了直接分配法和顺序分配法的不足，提高了分配结果的客观性和正确性。

缺点：要进行交互和对外两次分配，增加了计算工作量。

交互分配法适用于各辅助生产车间之间相互提供产品和劳务较多，而提供的数量却不平衡的企业。

（四）代数分配法

代数分配法是指运用代数中多元一次联立方程组的原理，先计算确定辅助生产车间产品或劳务的单位成本，再按照各受益车间、部门的实际耗用数量分配辅助生产费用的方法。

特点：首先，将各辅助生产车间提供的产品或劳务的单位成本设为未知数，并根据辅助生产车间之间相互提供产品或劳务的关系，建立多元一次方程组；其次，通过解多元一次方程组，计算各辅助生产车间产品或劳务的单位成本，即计算辅助生产费用分配率；最后，根据各受益对象（包括辅助生产车间）耗用产品或劳务的数量和相应的辅助生产费用分配率，分配辅助生产费用。

【例4-4】 永信制造厂有供电车间和维修车间两个辅助生产车间，20××年5月供电车间发生的辅助生产费用为96 600元，维修车间发生的辅助生产费用为106 400元，向各受益对象提供产品和劳务的资料如表4-9所示。

表4-9 辅助生产车间劳务供应汇总表

20××年5月

受益对象	供电量（度）	维修量（小时）
供电车间	—	2 000
维修车间	8 000	—
丙产品	10 000	—
丁产品	20 000	—
基本生产车间	6 000	8 200
行政管理部门	4 000	1 800
合计	48 000	12 000

用代数分配法分配供电车间和维修车间的辅助生产费用,计算过程如下:

设 X 为每度电的成本,Y 为小时维修的成本,则可以列出二元一次联立方程式:

$$\begin{cases} 96\,600 + 2\,000Y = 48\,000X \\ 106\,400 + 8\,000X = 12\,000Y \end{cases}$$

则:$X = 2.45 \qquad Y = 10.5$

辅助生产费用分配结果如表 4-10 所示。

表 4-10　辅助生产费用分配表(代数分配法)

20××年5月　　　　　　　　　　　　　　　　　　金额单位:元

项目		供电车间	维修车间	合 计
产品或劳务供应量		48 000	12 000	
计量单位		度	小时	
单位成本(分配率)		2.45	10.50	
供电车间	耗用数量		2 000	
	分配金额		21 000	21 000
维修车间	耗用数量	8 000		
	分配金额	19 600		19 600
丙产品	耗用数量	10 000	—	
	分配金额	24 500		24 500
丁产品	耗用数量	20 000	—	
	分配金额	49 000		49 000
基本生产车间	耗用数量	6 000	8 200	
	分配金额	14 700	86 100	100 800
行政管理部门	耗用数量	4 000	1 800	
	分配金额	9 800	18 900	28 700
合计		117 600 (96 600+21 000)	126 000 (106 400+19 600)	243 600

根据表 4-10 编制会计分录如下:

(1) 分配供电车间:

借:辅助生产成本——维修车间　　　　　　　　　　　　　　　　　19 600
　　基本生产成本——丙产品(燃料及动力)　　　　　　　　　　　24 500
　　　　　　　　——丁产品(燃料及动力)　　　　　　　　　　　49 000
　　制造费用——基本生产车间　　　　　　　　　　　　　　　　　14 700
　　管理费用　　　　　　　　　　　　　　　　　　　　　　　　　 9 800
　　贷:辅助生产成本——供电车间　　　　　　　　　　　　　　　117 600

(2) 分配维修车间费用:

借：辅助生产成本——供电车间　　　　　　　　　　　　21 000
　　　制造费用——基本生产车间　　　　　　　　　　　86 100
　　　管理费用　　　　　　　　　　　　　　　　　　　18 900
　　贷：辅助生产成本——维修车间　　　　　　　　　　　　126 000

优点：代数分配法是用数学方法同时计算各辅助生产车间生产的产品或劳务的单位成本，因此计算的结果最为准确。

缺点：辅助生产车间越多，相应的未知数越多，建立的方程组中的方程越多，计算的工作量越大。

代数分配法适用于辅助生产车间不多的企业或已经实现会计电算化的企业。

（五）计划成本分配法

计划成本分配法是指先将辅助生产费用按各辅助生产车间提供的产品或劳务以计划单位成本作为分配率，向各受益对象进行分配，再将按计划成本确定的分配额与实际生产费用的差额进行调整的方法。

特点：计划分配法也需要进行两次分配。

第一次分配：根据受益对象（包括其他辅助生产部门）接受产品或劳务的数量，将其乘以计划单位成本（分配率），计算各受益对象应分配的费用数额。

第二次分配：各辅助生产车间在计划成本分配之前发生的生产费用，加上按计划成本分配时转入的费用，构成了辅助生产车间实际发生的费用，将其与各辅助生产车间按计划成本分配转出的费用相比较，其差额为辅助生产车间的产品或劳务的实际成本与计划成本之间的差异，对这部分差异应进行再分配。

再分配的方法有两种：一种是将差异按辅助生产车间以外各受益对象的受益比例进行分配；另一种是将差异全部记入"管理费用"账户。大多数企业选择第二种方法，这种方法既简化计算手续，又有利于对基本生产车间业绩进行评价和考核；但缺点是将应作为产品成本的金额计入期间费用，影响了产品成本的正确性。

【例4-5】　富凯制造厂有供电车间和锅炉车间两个辅助生产车间，20××年5月供电车间发生的辅助生产费用为85 988元，锅炉车间发生的辅助生产费用为110 000元，每度电计划单价为1.2元，每立方米蒸汽计划单价为3.0元，向各受益对象提供产品和劳务的资料如表4-11所示。

表4-11　辅助生产车间劳务供应汇总表

20××年5月

受益对象	供电量（度）	蒸汽量（立方米）
供电车间	—	800
锅炉车间	1 000	—
M产品	22 000	16 000
N产品	20 000	12 000
基本生产车间	9 600	6 500
行政管理部门	8 400	5 500
合计	61 000	40 800

用计划成本分配法分配供电车间和锅炉车间的辅助生产费用,计算过程如下:
(1) 各辅助生产车间按计划成本进行第一次分配:

$$锅炉车间分给供电车间费用=800\times3=2\ 400(元)$$
$$供电车间实际成本=85\ 900+2\ 400=88\ 300(元)$$
$$供电车间分给锅炉车间费用=1\ 000\times1.2=1\ 200(元)$$
$$锅炉车间实际成本=110\ 000+1\ 200=111\ 200(元)$$

(2) 各辅助生产车间按实际成本与计划成本差异调整进行第二次分配:

$$供电车间实际成本与计划成本差异=88\ 300-73\ 200=15\ 100(元)$$
$$锅炉车间实际成本与计划成本差异=111\ 200-122\ 400=-11\ 200(元)$$
$$供电车间费用差异对外分配率=15\ 100\div(61\ 000-1\ 000)\approx0.25$$
$$锅炉车间费用差异对外分配率=-11\ 200\div(40\ 800-800)=-0.28$$

辅助生产费用分配结果如表4-12所示。

表4-12 辅助生产费用分配表(计划成本分配法)

20××年5月　　　　　　　　　　　　　　　　　金额单位:元

项目		计划成本分配			调整分配			合计
		供电车间	锅炉车间	小计	供电车间	锅炉车间	小计	
待分配辅助生产费用		85 800	110 000	195 800	+15 100	-11 200	+3 900	
产品或劳务供应量		61 000	40 800		60 000	40 000		
计量标准		度	立方米		度	立方米		
单位成本(分配率)		1.2	3.0		+0.25*	-0.28		
供电车间	耗用数量		800					
	分配金额		2 400	2 400				2 400
锅炉车间	耗用数量	1 000						
	分配金额	1 200		1 200				1 200
M产品	耗用数量	22 000	16 000		22 000	16 000		
	分配金额	26 400	48 000	74 400	+5 500	-4 480	1 020	75 420
N产品	耗用数量	20 000	12 000		20 000	12 000		
	分配金额	24 000	36 000	60 000	+5 000	-3 360	1 640	61 640
基本生产车间	耗用数量	9 600	6 500		9 600	6 500		
	分配金额	11 520	19 500	31 020	+2 400	-1 820	580	31 600
行政管理部门	耗用数量	8 400	5 500		8 400	5 500		
	分配金额	10 080	16 500	26 580	+2 200*	-1 540	660	27 240
计划成本合计		73 200	122 400	195 600				195 600
实际成本		88 300	111 200	199 500				199 500
差异		+15 100	-11 200	+3 900				+3 900

*分配率四舍五入,保留2位小数,尾差计入管理费用。

根据表 4-12 编制会计分录如下：

(1) 按计划成本分配：

借：辅助生产成本——供电车间	2 400
——锅炉车间	1 200
基本生产成本——M 产品（燃料及动力）	74 400
——N 产品（燃料及动力）	60 000
制造费用——基本生产车间	31 020
管理费用	26 580
贷：辅助生产成本——供电车间	73 200
——锅炉车间	122 400

(2) 结转辅助生产成本差异：

借：基本生产成本——M 产品（燃料及动力）	1 020
——N 产品（燃料及动力）	1 640
制造费用——基本生产车间	580
管理费用	660
贷：辅助生产成本——供电车间	15 100
——锅炉车间	11 200

需要说明的是，辅助生产成本差异还有一种处理办法①，即可以直接记入"管理费用"账户，则会计处理如下：

借：管理费用	3 900
贷：辅助生产成本——供电车间	15 100
——锅炉车间	11 200

优点：计划成本分配法以事先制定的计划单位成本作为分配率，既简化了计算工作，又能加快分配速度。将计划成本与实际成本相比较，便于对辅助生产车间的业绩进行评价和考核，有利于分析和考核各受益产品的成本和各受益部门的经济责任。

缺点：计划单位成本偏离实际成本，产生较大差异时，会影响分配结果的正确性。

计划成本分配法适用于辅助生产产品或劳务的计划成本比较准确，且实际成本比较稳定的企业。

1. 如何开设辅助生产费用账户进行会计核算？
2. 辅助生产费用分配方法有哪几种？各方法优缺点及适用范围是什么？

请扫描二维码，完成本章同步测试题。

① 实务中，当差异很小时，可不将差异分配到各受益单位，直接将差异结转到"管理费用"账户。

第四章同步测试题

第五章 CHAPTER 5
制造费用的核算

学习目的

- 了解制造费用的概念及核算的内容。
- 掌握制造费用分配方法及适用范围。

第一节 制造费用的归集

一、制造费用概述

制造费用是指各生产车间为组织和管理生产而发生的各项间接生产费用,以及虽然直接用于产品生产,但不便于直接计入产品成本或管理上不需要予以单独反映的各项生产费用。

制造费用包括:①间接用于产品生产的费用。例如,生产部门管理人员人工费用;生产部门用房屋及建筑物的折旧费;生产车间的照明费、取暖费、机物料费、租赁费(不包括融资租赁费)、办公费、保险费、差旅费和劳动保护费等费用,以及因季节性生产停工而造成的损失等。②虽然直接用于产品生产,但难以直接计入产品成本或管理上不需要予以单独反映的生产费用。例如,机器设备的折旧费、低值易耗品摊销费、设计制图费和试验检验费等。

由此可见,制造费用范围较广,其在产品成本中往往占较大的比重,故节约制造费用是降低产品成本的重要环节。

二、制造费用的明细项目

为了对制造费用进行有效的监督和控制,以分析和考核各生产车间制造费用预算的执行情况,在"制造费用"明细账中,应根据企业的特点和管理的需要,按明细项目设置专栏进行核算。制造费用通常有下列 17 个明细项目:

(1) 人工费用。人工费用是指支付给各生产车间除生产工人外的管理人员、工程技术人员和其他生产人员各种形式的报酬,以及计提的其他相关支出。

（2）折旧费。折旧费是指各生产车间使用的房屋、建筑物、机器设备等固定资产按规定提取的折旧费用。

（3）租赁费。租赁费是指各生产车间租入的固定资产和低值易耗品而发生的租赁费，但不包括融资租入固定资产的租赁费。

（4）劳动保护费。劳动保护费是指各生产车间为保护职工劳动安全发生的各种劳动保护用品费用，如购置安全装置、卫生设备、通风设备、工作服等产生的支出。

（5）机物料消耗。机物料消耗是指各生产车间在维护生产设备等管理上消耗的各种材料。

（6）低值易耗品摊销。低值易耗品摊销是指各生产车间使用低值易耗品所负担的摊销费。

（7）取暖费。取暖费是指各生产车间为了保证冬季生产活动能正常进行而发生的取暖费用。

（8）水电费。水电费是指各生产车间管理上耗用水、电（照明、通风等）而发生的费用，但不包括生产工艺耗用的水、电费用。

（9）办公费。办公费是指各生产车间耗用文具、印刷、邮电、办公用品等产生的费用。

（10）差旅费。差旅费是指各生产车间职工因公外出而发生的住宿费、交通费、伙食补助等费用，以及按国家规定准予报销的探亲交通费用。

（11）运输费。运输费是指各生产车间应负担的厂内运输部门和厂外运输单位所提供的运输劳务费用。

（12）保险费。保险费是指各生产车间为使用和存放财产物资投保应负担的保险费用。

（13）设计制图费。设计制图费是指各生产车间设计部门的日常经费，包括购置图纸和制图用品等产生的费用，以及委托外单位设计图纸所支付的费用等。

（14）试验检验费。试验检验费是指各生产车间对材料、在产品、产成品进行试验或进行化验、分析、检验所发生的费用。

（15）季节性停工损失。季节性停工损失是指从事季节性产品生产的车间在非生产季节的停工损失。

（16）修理费。修理费是指与存货的生产和加工相关的固定资产日常修理费用。

（17）其他制造费用。其他制造费用是指各生产车间发生的上述项目以外的其他制造费用。

三、制造费用的归集过程

制造费用的归集是通过设置"制造费用"账户进行的。"制造费用"账户应按照不同的生产车间、部门设立明细账，账户内再按照费用项目设立专栏分别反映各生产部门各项制造费用的发生情况。其登记依据是有关的付款凭证、转账凭证和前述各种费用分配表。"制造费用"作为集合分配账户，借方归集某会计期间生产过程中发生的各项制造费用，贷方登记在会计报告期末分配计入各种产品成本的制造费用，期末一般无余额。制造费用明细账如表5-1所示。

表 5-1① 制造费用明细账

明细账户：基本生产车间　　　　　20××年5月　　　　　　　　　　　　　　　单位：元

20××年		凭证号数	摘要	机物料消耗	自制水及蒸汽动力费	电费	职工薪酬	折旧费	低值易耗品摊销	办公费	邮电费	差旅费	其他	合计
月	日													
5	31	略	原材料费用分配	24 200										24 200
5	31		燃料费用分配	14 648										14 648
5	31		低值易耗品费用分配	690					1 400					2 090
5	31		动力费用分配			19 838								19 838
5	31		职工薪酬费用分配				22 632							22 632
5	31		辅助生产成本分配		40 154									40 154
5	31		折旧费分配					29 600						29 600
5	31		其他费用分配							4 200	4 000	3 800	6 838	18 838
5	31		本月合计	39 538	40 154	19 838	22 632	29 600	1 400	4 200	4 000	3 800	6 838	172 000
5	31		分配转出	39 538	40 154	19 838	22 632	29 600	1 400	4 200	4 000	3 800	6 838	172 000

注：① 表 5-1 根据表 3-12、表 3-18、表 3-20、表 3-24、表 3-32、表 3-35、表 3-36 及表 4-8 等登记。

第二节 制造费用的分配

通过制造费用的归集，企业在某一会计期间发生的制造费用都已归集到制造费用的明细账内。在会计期末时，为了正确计算产品的生产成本，还要将制造费用合理地分配到相关产品成本中。

一、制造费用的分配程序及分配标准

（一）制造费用的分配程序

企业将制造费用按照生产部门归集后，制造费用应由各生产部门的全部产品或劳务来承担。通过"制造费用"账户核算的企业，应将由基本生产车间承担的部分制造费用，记入"制造费用——基本生产车间"各明细账户，再将其通过一定的方法分配到基本生产车间相关的产品和劳务的"基本生产成本"总账中。

如果基本生产车间只生产一种产品或只提供一种劳务，则可以将归集的制造费用直接转入该种产品或劳务的成本；如果基本生产车间生产多种产品或提供多种劳务，就需要将归集的制造费用通过适当的方法进行分配后，再将其转入该车间相关的产品或劳务的成本。

（二）制造费用的分配标准

使制造费用的分配合理、准确的关键在于选择合适的分配标准。

企业在选择制造费用分配标准时，应遵循相关性原则、易操作性原则和稳定性原则。相关性原则是指分配标准与制造费用的发生具有密切的联系；易操作性原则是指作为分

配标准的资料容易取得,一般为现存的统计资料或会计资料,并可以进行正确的计量;稳定性原则是指制造费用的分配标准一经确定,不能随意变更,应保持相对的稳定性,以便对各期制造费用进行比较和分析。

二、制造费用的分配方法

在生产多种产品或提供多种劳务的车间或企业,对于制造费用可以采用以下四种方法在各种产品或劳务之间进行分配。

(一) 生产工时比例分配法

生产工时比例分配法是指以各种产品或劳务所耗用的生产工时比例分配制造费用的方法。其计算公式如下:

$$制造费用分配率 = \frac{制造费用总额}{各产品生产工时总数}$$

$$某产品应分配的制造费用 = 该产品生产工人工时 \times 制造费用分配率$$

按生产工时比例分配法分配制造费用,原则上应采用实际工时,以反映劳动生产率的高低对产品成本中制造费用水平的影响。如果产品的工时定额比较准确,也可以按定额工时比例分配法进行分配。

采用生产工时比例分配法分配制造费用,将生产工人的劳动生产率与产品负担的费用水平联系起来,反映了劳动生产率与产品成本的关系,分配的结果正确、合理,因此得到了广泛应用。但是,当生产车间生产的各种产品机械化程度相差较大时,不宜采用该方法;否则,会导致机械化程度低而生产工时多的产品要负担较高的制造费用,机械化程度高而生产工时少的产品却负担较低的制造费用。因此,生产工时比例分配法适用于各种产品机械化程度相近的车间或部门。

【例 5-1】 宝鼎制造厂第一基本生产车间20××年5月制造费用总额为45 000元,5月该车间生产A、B两种产品。A产品生产工人耗用工时为4 200小时,B产品生产工人耗用工时为3 000小时,用生产工时比例分配法分配制造费用,计算过程如下:

$$制造费用分配率 = 45\,000 \div (4\,200 + 3\,000) = 6.25$$
$$A产品应分配的制造费用 = 4\,200 \times 6.25 = 26\,250(元)$$
$$B产品应分配的制造费用 = 3\,000 \times 6.25 = 18\,750(元)$$

(二) 生产工人工资比例分配法

生产工人工资比例分配法是指以各种产品或劳务的生产工人的工资比例分配制造费用的方法。其计算公式如下:

$$制造费用分配率 = \frac{制造费用总额}{各产品生产工人工资总额}$$

$$某产品应分配的制造费用 = 该产品生产工人工资总额 \times 制造费用分配率$$

采用生产工人工资比例分配法分配制造费用,其分配标准是生产工人的工资,较容易取得,计算也方便。然而,通常制造费用的多少与生产工人工资的多少没有直接联系。但是,当同一车间存在机械化程度相差较大的产品时,不宜采用该方法;否则会使机械化程度低、生产工人多的产品负担的制造费用高于其实际耗费的数额,机械化程度高、生产工人少的产品负担的制造费用低于其实际耗费的数额,使费用负担不合理。因此,该方法适用于各种产品机械化程度相近的车间或部门。

(三)机器工时比例分配法

机器工时比例分配法是指以各种产品或劳务生产时耗用的机器设备运转工作时间的比例分配制造费用的方法。其计算公式如下:

$$制造费用分配率=\frac{制造费用总额}{各产品所耗机器工时总数}$$

$$某产品应分配的制造费用=该产品耗用机器工时总额 \times 制造费用分配率$$

机器工时比例分配法适用于机械化、自动化程度高的车间或部门。在这些车间或部门中制造费用中的折旧费、动力费等与机器设备的运用时间有直接联系,而与生产工人的工作时间或人工费用没有必然的联系,因此按机器工时比例分配比较正确和合理。但采用这种方法时,必须具备各种产品耗用机器工时的原始记录,这会增加统计工作量。

然而,在同一车间里高级、精密的机器设备的折旧费比普通的机器设备要高得多。一种产品耗用高级、精密的机器设备1小时,另一种产品耗用普通机器设备1小时,按机器工时比例分配法分配时却要负担相同的制造费用,这显然不合理。为了解决这一问题,可以将车间的机器设备分为高级精密机器设备和普通机器设备两类,按照两类机器设备分别归集和分配制造费用,但这样会增加核算的工作量。

(四)年度计划分配率法

年度计划分配率法又称预算分配率法,是指以企业制造费用预算和年度各种产品的计划产量及定额工时比例分配制造费用的方法。其计算公式如下:

$$制造费用预算分配率=\frac{年度制造费用预算总额}{年度各产品计划产量的定额工时总额}$$

$$某产品应分配的制造费用=该产品实际产量定额工时总额 \times 制造费用预算分配率$$

"制造费用"账户如果年末结账前有余额,即全年制造费用的实际发生额与计划分配额之间的差额,一般应在年末按已分配的比例进行一次调整,分配计入12月的产品成本。年末结账后"制造费用"账户余额为零。制造费用分配差异额的分配公式如下:

$$差异额分配率=\frac{制造费用差异总额}{全年各种产品按预算分配率分配的制造费用总额}$$

$$某产品应分配的差异额=该产品全年按预算分配率分配的制造费用 \times 差异额分配率$$

如果年末结账前"制造费用"账户有借方余额,表示实际发生额大于计划分配额,则增加整个年度少记入"基本生产成本"的制造费用。其账务处理如下:

借:基本生产成本
　　贷:制造费用

如果年末结账前"制造费用"账户有贷方余额,表示实际发生额小于计划分配额,则冲减整个年度多记入"基本生产成本"的制造费用。其账务处理如下:

借:制造费用
　　贷:基本生产成本

在年度内发现全年的制造费用实际数和产量实际数与计划数可能发生较大的差额时,应及时调整计划分配率。

【例 5-2】 泰康制造厂基本生产车间生产 A 产品和 B 产品,20××年 9 月实际发生制造费用 33 850 元,当月 A 产品实际产量为 820 件,B 产品实际产量为 420 件。单位产品工时定额、年度各产品计划产量及年度制造费用预算总额如表 5-2 所示。

表 5-2　单位产品工时定额、年度各产品计划产量及年度制造费用预算总额

20××年

产品	单位产品工时定额(小时)	计划产量(件)	年度制造费用预算总额(元)
A 产品	4	10 000	398 650
B 产品	6	4 500	

用预算分配率法分配制造费用,计算过程如下:

A 产品计划产量定额工时 = 4×10 000 = 40 000(小时)
B 产品计划产量定额工时 = 6×4 500 = 27 000(小时)
制造费用预算分配率 = 398 650÷(40 000+27 000) = 5.95
A 产品应分配的制造费用 = 820×4×5.95 = 19 516(元)
B 产品应分配的制造费用 = 420×6×5.95 = 14 994(元)

编制会计分录如下:

借:基本生产成本——A 产品(制造费用)　　　　　　　　　　　　19 516
　　　　　　　　——B 产品(制造费用)　　　　　　　　　　　　14 994
　　贷:制造费用　　　　　　　　　　　　　　　　　　　　　　　34 510

分配结果显示,9 月基本生产车间按预算分配率法共分配制造费用 34 510 元,比实际发生的制造费用 33 850 元多了 660 元。

【例 5-3】 泰康制造厂基本生产车间 20××年 1—12 月实际发生制造费用 380 828 元,按预算分配率法分配制造费用,A 产品制造费用为 228 000 元,B 产品制造费用为 160 600 元,共计 388 600 元。

分配制造费用差异额如下:

差异额分配率 = [380 828−(228 000+160 600)]÷(228 000+160 600) = −0.02
A 产品应分配的差异额 = 228 000×(−0.02) = −4 560(元)
B 产品应分配的差异额 = 160 600×(−0.02) = −3 212(元)

计算结果显示,实际发生的制造费用比定额费用节约了 7 772 元,应予以冲转,编制会计分录如下:

借:制造费用　　　　　　　　　　　　　　　　　　　　　　　　　7 772
　　贷:基本生产成本——A 产品(制造费用)　　　　　　　　　　　4 560
　　　　　　　　　　——B 产品(制造费用)　　　　　　　　　　　3 212

采用预算分配率法不必每月计算分配率,简化并加快了制造费用的分配,有利于及时计算产品成本,及时考核制造费用预算的执行情况和差异形成的原因,以便对制造费用进行控制。特别是在季节性生产比重较大的企业或车间,利用预算分配率法可以避免各月

制造费用分配率相差悬殊的弊病。然而,这种方法需要有较高的预算和定额管理水平,如果年度制造费用的预算数与实际发生数之间相差较大,会影响产品成本的准确性,届时应及时调整预算分配率。因此,预算分配率法适用于季节性生产的企业。

三、制造费用分配的核算

【例 5-4】 申海制造厂20××年5月基本生产车间生产甲、乙两种产品,20××年5月基本生产车间制造费用总额为172 000元,如表5-1所示。基本生产车间的制造费用按生产工人工时比例分配,5月甲产品生产工人耗用工时为6 200小时,乙产品生产工人耗用工时为3 800小时。

制造费用按工时分配计算如下:

制造费用分配率=172 000÷(6 200+3 800)=17.2
甲产品应分配的制造费用=6 200×17.2=106 640(元)
乙产品应分配的制造费用=3 800×17.2=65 360(元)

制造费用分配结果如表5-3所示。

5-2 制造费用分配 Excel 智能核算

表 5-3　制造费用分配表

车间:基本生产车间　　　　　　　　20××年5月

应借账户	生产工人工时(小时)	分配率	分配金额(元)
基本生产成本——甲产品	6 200	17.2	106 640
基本生产成本——乙产品	3 800	17.2	65 360
合计	10 000	—	172 000

根据表5-3编制会计分录如下:

借:基本生产成本——甲产品(制造费用)　　　　　　　　106 640
　　　　　　　　——乙产品(制造费用)　　　　　　　　 65 360
　贷:制造费用——基本生产车间　　　　　　　　　　　　172 000

 复习思考题

1. 制造费用的内容包括哪些?如何归集制造费用?
2. 请简述制造费用的分配方法及其优缺点、适用范围。

 同步测试题

请扫描二维码,完成本章同步测试题。

第五章同步测试题

第六章 CHAPTER 6
生产损失的核算

学习目的

- 了解生产损失的概念。
- 理解废品损失、停工损失的归集和分配程序。

第一节 生产损失概述

生产损失是指在生产过程中发生的不能形成正常产出的各种耗费。在不同企业，生产损失的类型不尽相同，但通常情况下，可将其划分为以下四类：

一是生产损耗，即投入原材料的收缩、蒸发、"跑冒滴漏"、自然损耗等，生产过程中的损耗越多，投入量越高，在生产数量一定的条件下，生产损耗多必然增加产品的制造成本。

二是生产废料，即生产过程中产生的边角余料等。在投入量一定的条件下，废料越少，产出越多，生产废料多必然降低产品的生产成本。

三是废品损失，即在生产过程中，由主观或客观原因造成的产品质量不符合规定技术标准而发生的额外耗费。在生产过程中，在投入量一定的条件下，产生的废品越多，合格品数量越少，废品损失多必然增加合格品的成本。

四是停工损失，即生产车间或班组因计划减产、停电、待料、机器设备发生故障或进行固定资产大修理、自然灾害等原因而造成的损失。停工期间的费用通常应由开工期间生产的产品负担，因此停工时间越长，停工次数越多，停工损失越多，停工损失多必然增加产品的制造成本。

上述四类生产损失中，生产损耗直接计入产品成本；生产废料变卖或作价入库；真正属于成本核算的生产损失，主要是指废品损失和停工损失两类。

在社会正常生产的条件下，几乎所有的制造业都无法避免各种原因造成的损失，而生产中的一切损失（自然灾害造成停工损失除外），最终都要由合格品负担。

第二节 废品损失的归集与分配

一、废品概述

废品是指不符合规定的技术标准和技术要求,不能按原定用途使用的,或者需要经过加工修复后才能按原定用途使用的在产品、半成品和产成品。只要是生产原因造成的废品,无论是在生产过程中发现的废品还是在入库后发现的废品均属于废品,与废品发现的时间、地点无关。

废品分为可修复废品和不可修复废品两种。可修复废品是指在技术上是能够修复的,而且在修复过程中发生的费用在经济上是合算的废品;不可修复废品是指在技术上已不可能修复,或者在技术上虽然能够修复,但修复费用在经济上是不合算的废品。经济上是否合算是指修复费用是否小于重新制造同一产品的费用。

需要指出的是:入库时是合格品,由于保管不善等原因而损坏变质的产品不属于废品,这属于管理上的问题,应作为"管理费用"处理;经检验部门鉴定不需要返修而可以降价出售的不合格品,也不属于废品,其成本与合格品相同,其售价低于合格品售价所发生的损失,体现在产品销售损益之中。对于实行三包(包退、包修、包换)的企业,在产品出售后因质量问题发生的一切损失,直接简化处理,发生时,直接记入"销售费用"账户或冲减销售收入,不包括在废品损失中。

二、废品损失概述

废品损失是指因产生废品而发生的废品报废损失和废品修复费用。废品报废损失是指不可修复废品的生产成本扣除收回废料价值及过失人负担的赔偿款后的净损失;废品修复费用是指为修复废品所耗费的材料、动力、人工费用和制造费用等修复费用,扣除回收的废料残值及应由造成废品的责任人负担的赔偿款后的净额。

为了保证产品的质量,企业各生产车间和有关部门都应配备专职质量检验人员。在产品、半成品和产成品经过质量检验后被确认为废品的,应由检验人员填写"废品通知单",该单内应填明废品的名称和数量、废品部分、产生废品的原因及责任人员、耗费的材料和工时等。如确定废品由责任人负责赔偿,还应注明赔偿的金额。对于可修复废品应由原生产车间予以加工修复,在修复过程中领用的材料和耗费的工时,应另行填制"领料单"和"工作通知单",并在单内注明"修复废品"字样。对于不可修复废品应填制"废品交库单",在单内注明废品残料的价值,然后将"废品交库单"连同废品一并送交废品仓库。废品通知单、领料单、工作通知单和废品交库单是进行废品损失核算的原始凭证。

三、废品损失的归集与分配程序

为了掌握废品损失的情况,加强对废品损失的控制,企业应设置"废品损失"账户。"废品损失"账户是成本类账户,用以进行废品损失的归集和分配。企业发生可修复废品的修复费用和不可修复废品已耗费的成本转入时,记入该账户的借方;不可修复废品收回残值、应收责任人赔偿款和结转废品净损失时,记入该账户的贷方;该账户期末无余额。"废品损失"账户应以产品名称设置明细账户。

(一)可修复废品损失的归集与分配

可修复废品损失是指废品在修复过程中发生的各项修复费用。企业对于可修复废品在返修前发生的生产费用,仍应将其保留在"基本生产成本"总账内;返修废品发生的修复费用可以根据材料、动力、人工费用和制造费用等分配表的结果进行归集。如有收回残料价值或应收赔偿款,根据废品交库单或废品通知单中相关项目的金额从"废品损失"账户转入"原材料"或"其他应收款"账户。期末将"废品损失"账户归集的可修复废品的净损失全部分配转入"基本生产成本"总账。

可修复废品损失账务处理程序如图6-1所示。

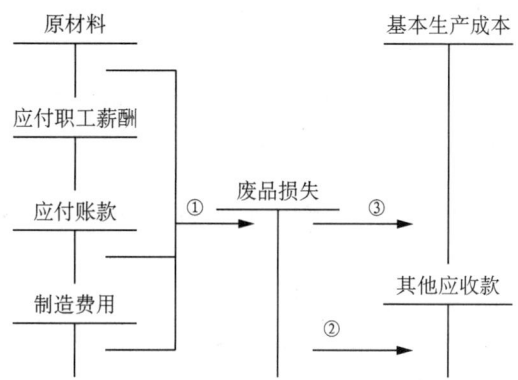

图6-1 可修复废品损失账务处理程序

说明:①可修复废品的修复费用。②应收赔款。③结转废品净损失。

【例6-1】 光明制造厂20××年3月在生产过程中发现并修复了5件D产品的废品。

(1)月末费用分配表列明D产品的修复费用为1 610元,其中原材料为720元,人工费用为518元,外购动力费用为52元,制造费用为320元。编制会计分录如下:

借:废品损失——D产品　　　　　　　　　　　　　　　　1 610
　　贷:原材料　　　　　　　　　　　　　　　　　　　　　　720
　　　　应付职工薪酬　　　　　　　　　　　　　　　　　　　518
　　　　应付账款　　　　　　　　　　　　　　　　　　　　　 52
　　　　制造费用　　　　　　　　　　　　　　　　　　　　　320

(2)可修复D产品经批准由责任人周云负责赔偿300元,予以转账。编制会计分录如下:

借:其他应收款——周云　　　　　　　　　　　　　　　　　300
　　贷:废品损失——D产品　　　　　　　　　　　　　　　　300

(3)将废品净损失分配转入产品成本。编制会计分录如下:

借:基本生产成本——D产品(废品损失)　　　　　　　　　1 310
　　贷:废品损失——D产品　　　　　　　　　　　　　　　1 310

(二)不可修复废品损失的归集与分配

企业在归集和分配不可修复废品损失之前,必须先确定不可修复废品的成本。不可修复废品的成本在报废前与合格产品成本是合并在一起的,因此必须先采用一定的方法确定不可修复废品的成本,并将其从合格产品的成本中分离出来。然后将不可修复废品的成本,减去废品的残料价值和应收赔偿款后,就形成了不可修复废品净损失。

不可修复废品损失账务处理程序如图6-2所示。

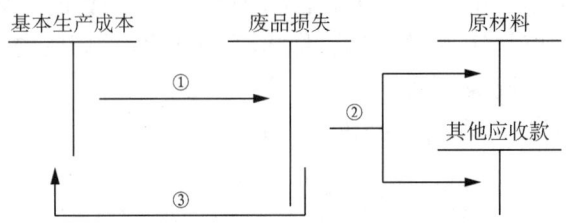

图6-2 不可修复废品损失账务处理程序

说明:①结转不可修复废品的生产成本。②回收废品残值和应收赔款。③结转废品净损失。

确定不可修复废品成本的方法有按废品所耗实际成本计算和按废品所耗定额成本计算两种。

1. 按废品所耗实际成本计算不可修复废品成本

按废品所耗实际成本计算不可修复废品成本时,通常按照合格品和废品的数量比例,以及生产工时比例进行费用分配。一般原材料费用按合格产品与不可修复废品的数量比例分配,其他加工费用按生产工时比例分配。

1)废品应负担的直接材料费用

$$直接材料费用分配率 = \frac{本期直接材料费用}{合格品数量 + 废品约当产量}$$

$$废品应负担的直接材料费用 = 废品约当产量 \times 直接材料费用分配率$$

2)废品应负担的加工费用

$$加工费用分配率 = \frac{本期加工费用}{合格品工时 + 废品工时}$$

$$废品应负担的加工费用 = 废品工时 \times 加工费用分配率$$

6-1 不可修复废品损失费用Excel智能核算

【**例6-2**】 兴旺制造厂生产W产品,原材料在生产开始时一次投入,废品按所耗实际成本计算不可修复废品成本,原材料费用按合格产品与不可修复废品的数量比例分配,其他加工费用按生产工时比例分配。20××年3月W产品共投产600件,生产工时共计5 200小时,W产品生产费用如表6-1所示,W产品合格品与不可修复废品如表6-2所示。

表6-1 W产品生产费用

20××年3月   单位:元

产品名称	直接材料	直接人工	制造费用	合计
W产品	99 000	21 840	14 040	134 880

表 6-2　W 产品合格品与不可修复废品

20××年 3 月

产品名称	合格品		不可修复废品			
	数量（件）	工时（小时）	数量（件）	工时（小时）	残料价值（元）	过失人赔偿金额（元）
W 产品	588	5 100	12	100	180	670

根据以上资料编制废品损失计算表，如表 6-3 所示。

表 6-3　废品损失计算表（实际成本法）

车间：第一基本生产车间　　　　20××年 3 月　　　　产品名称：W 产品　　金额单位：元

项目	数量（件）	直接材料	生产工时（小时）	直接人工	制造费用	废品损失
费用总额	600	99 000	5 200	21 840	14 040	—
费用分配率	—	165	—	4.2	2.7	
废品成本	12	1 980	100	420	270	2 670
减：废品残值						180
应收赔款						670
合计		1 980	—	420	270	1 820

根据表 6-3，编制会计分录如下：

（1）结转废品成本：

借：废品损失——W 产品　　　　　　　　　　　　　　　　2 670
　　贷：基本生产成本——W 产品（直接材料）　　　　　　　1 980
　　　　　　　　　　——W 产品（直接人工）　　　　　　　420
　　　　　　　　　　——W 产品（制造费用）　　　　　　　270

（2）回收废料作价入库：

借：原材料　　　　　　　　　　　　　　　　　　　　　　180
　　贷：废品损失——W 产品　　　　　　　　　　　　　　　180

（3）登记应收赔偿款：

借：其他应收款　　　　　　　　　　　　　　　　　　　　670
　　贷：废品损失——W 产品　　　　　　　　　　　　　　　670

（4）将废品净损失 1 820 元分配计入同种合格品的成本，记入 W 产品成本明细账"废品损失"成本项目。

借：基本生产成本——W 产品（废品损失）　　　　　　　　1 820
　　贷：废品损失——W 产品　　　　　　　　　　　　　　　1 820

按废品所耗实际成本计算不可修复废品成本，符合实际情况，但必须等"基本生产成本"明细账户将生产费用归集完毕后才能进行计算，计算的工作量较大。

2. 按废品所耗定额成本计算不可修复废品成本

按废品所耗定额成本计算不可修复废品成本时,根据单位产品的定额成本和发生不可修复废品的数量及投料和加工程度计算不可修复废品的损失。

1) 废品应负担的直接材料费用

废品直接材料定额成本＝废品直接材料约当产量×单位产品材料费用定额

其中:废品直接材料约当产量＝废品数量×投料率。

2) 废品应负担的加工费用

废品加工费用＝废品加工费用约当产量×单位产品工时定额×单位工时计划加工费用率
　　　　　＝废品定额工时×单位工时计划加工费用率

其中:废品加工费用约当产量＝废品数量×完工率。

【例 6-3】 大通齿轮制造厂生产 K 产品,原材料于生产开始一次性投入,废品按所耗定额成本计算不可修复废品成本。20××年 8 月加工程度为 80% 时发现 12 件不可修复废品,验收入库时发现 4 件不可修复废品,共计 16 件不可修复废品。残料价值为 580 元,过失人应赔偿 1 650 元,K 产品定额如表 6-4 所示。

表 6-4　K 产品定额

20××年 8 月　　　　　　　　　　　　　　　　　　　　金额单位:元

产品名称	单位产品直接材料费用定额	单位工时计划直接人工费用率	单位工时计划制造费用率	单位产品工时定额(小时)
K 产品	180	3	2	50

根据以上资料编制废品损失计算表,如表 6-5 所示。

表 6-5　废品损失计算表(定额成本法)

产品名称:K 产品
废品数量:16 件
车间:基本生产车间　　　　20××年 8 月　　　　金额单位:元

项目	直接材料	定额工时(小时)	直接人工	制造费用	废品损失
单位产品费用定额或单位工时计划费用率	180	—	3	2	—
废品定额成本	2 880	680①	2 040	1 360	6 280
减:废品残值					580
过失人赔偿					1 650
合计	2 880	—	2 040	1 360	4 050

注:① 废品定额工时＝12×80%×50+4×50＝680(小时)。

根据表 6-5,编制会计分录如下:
(1) 结转废品成本:
借:废品损失——K 产品　　　　　　　　　　　　　　6 280
　　贷:基本生产成本——K 产品(直接材料)　　　　　　2 880
　　　　　　　　　——K 产品(直接人工)　　　　　　2 040
　　　　　　　　　——K 产品(制造费用)　　　　　　1 360
(2) 回收废料作价入库:
借:原材料　　　　　　　　　　　　　　　　　　　　580
　　贷:废品损失——K 产品　　　　　　　　　　　　　580
(3) 登记应收赔偿款:
借:其他应收款　　　　　　　　　　　　　　　　　　1 650
　　贷:废品损失——K 产品　　　　　　　　　　　　　1 650
(4) 将废品净损失 4 050 元分配计入同种合格品的成本,记入 K 产品成本明细账"废品损失"成本项目。
借:基本生产成本——K 产品(废品损失)　　　　　　　4 050
　　贷:废品损失——K 产品　　　　　　　　　　　　　4 050

按废品所耗定额成本计算不可修复废品成本,计算较为简单、及时,其计入产品成本的废品损失不受实际耗费水平高低的影响,有利于对废品损失的分析和考核。但采用这种方法时必须有准确的消耗定额,否则会影响成本计算的正确性。

第三节　停工损失的归集与分配

一、停工损失概述

停工损失是指生产车间或班组因计划减产、停电、待料、机器设备发生故障或进行固定资产大修理、自然灾害等原因而造成的损失。停工损失包括停工期间支付的生产工人工资及其相关费用,应负担的制造费用和所耗费的燃料及动力等。

企业发生停工的原因有很多,并不是所有停工造成的损失都作为停工损失处理。停工时间不满一个工作日的,为了简化核算工作,也可以不计算停工损失。

(1) 季节性停工属于生产过程中的正常现象,停工期间的各项费用不属于停工损失,不需要通过"停工损失"账户归集,直接在"制造费用"账户中归集。

(2) 因计划减产、停电、待料、机器设备发生故障或进行大修理等原因而造成的损失,在"停工损失"账户归集,转入"基本生产成本"账户。

(3) 因自然灾害停工而造成的损失,在"停工损失"账户归集,转入"营业外支出"账户。

企业发生停工时,应由生产车间或班组填制"停工报告单",其格式如表 6-6 所示。

表 6-6　停工报告单

20××年5月31日　　　　　　　　　　　　　　　　　　　　编号：003

车间：第一生产车间			工段：1	班组：2	设备：1号生产流水线			
工人			停工时间			工资结算		
姓名	工号	级别	开始	终结	停工小时（小时）	工资率	支付	金额（元）
王一飞	501	3	5月6日8时	5月6日17时	9	13.60	80%	87.04
朱虹	502	4	5月6日8时	5月6日17时	9	15.00	80%	96.00
赵倩	503	5	5月6日8时	5月6日17时	9	17.50	80%	112.00
停工原因			因操作不当设备发生故障		责任人	于凤英	备注	

停工报告单一式数联，由生产车间或班组填列主要内容后，转交劳动工资部门，由其核定工资支付率和支付金额，再转交财务部门，经会计人员审核无误后，将其作为停工损失核算的主要依据。

二、停工损失的归集与分配程序

为了掌握停工损失对产品成本的影响程度，明确停工损失的责任，加强对停工损失的控制和分析，以减少停工损失，企业应设置"停工损失"账户，对停工损失进行归集和分配。"停工损失"账户是成本类账户，用以核算停工期间应计的费用。企业停工期间发生应计入停工损失的各种费用时，记入该账户借方；应收责任人或保险公司的赔偿款和结转停工净损失时，记入该账户贷方；除停工超过1个月，车间无产品生产可以保留期末余额外，该账户通常期末无余额。"停工损失"账户应以生产车间设置明细账户。

生产车间在停工期间发生的应计入停工损失的各项生产费用，应根据停工报告单等有关凭证，在编制各种费用分配表时一并参与分配。通常按生产工时和停工工时比例分配，然后根据各种费用分配表将应计入停工损失的各种费用归集到"停工损失"账户，倘若发生应收赔偿款，则借记"其他应收款"账户，贷记"停工损失"账户；期末将归集的停工净损失进行分配，按停工车间内生产产品的生产工人工时或人工费用、机器工时比例进行分配，分配的公式和方法与制造费用相同。停工净损失通过分配后转入"基本生产成本"账户。

停工损失账务处理程序如图6-3所示。

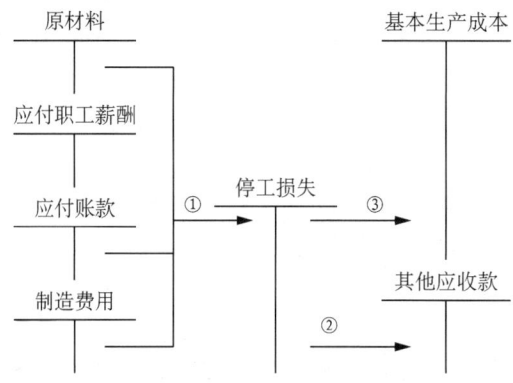

图 6-3　停工损失账务处理程序

说明：①停工期间发生的各项费用。②应收赔款。③结转停工净损失。

【例6-4】 20××年4月16日,利富制造厂第一生产车间第二班组工人王鹏操作不当,使设备发生故障而停工7天。

(1) 月末各种费用分配表列明第一生产车间的停工损失费用为5 200元。其中,原材料为1 500元,人工费用为2 080元,制造费用1 620元。编制会计分录如下:

借:停工损失　　　　　　　　　　　　　　　　　　　　　　5 200
　　贷:原材料　　　　　　　　　　　　　　　　　　　　　　　1 500
　　　　应付职工薪酬　　　　　　　　　　　　　　　　　　　　2 080
　　　　制造费用　　　　　　　　　　　　　　　　　　　　　　1 620

(2) 领导批复决定,由违章操作的工人王鹏赔偿停工损失的10%。编制会计分录如下:

借:其他应收款——王鹏　　　　　　　　　　　　　　　　　　520
　　贷:停工损失　　　　　　　　　　　　　　　　　　　　　　　520

(3) 第一生产车间生产M、N两种产品,M产品耗用5 000工时,N产品耗用4 000工时,分配本月停工损失。编制会计分录如下:

借:基本生产成本——M产品(停工损失)　　　　　　　　　　2 600
　　　　　　　　　——N产品(停工损失)　　　　　　　　　　2 080
　　贷:停工损失　　　　　　　　　　　　　　　　　　　　　　4 680

复习思考题

1. 什么是废品损失?废品损失可分为哪两类?各包含什么内容?其核算方法有何不同?

2. 什么是停工损失?如何对停工损失进行核算?

同步测试题

请扫描二维码,完成本章同步测试题。

第六章同步测试题

第七章 CHAPTER 7
生产费用的归集与分配

学习目的

- 理解在产品的含义。
- 掌握完工产品成本与在产品成本的划分原理。
- 掌握生产费用在完工产品与在产品之间分配的方法。

第一节 产品与产品成本

一、在产品与完工产品的含义

产品按其是否加工完毕可分为在产品和完工产品两种。

（一）在产品的含义

在产品有狭义与广义之分。

广义在产品是就整个企业来说的。它是指没有完成全部生产过程、不能作为商品销售的产品。在产品包括正在车间加工中的在产品、需要继续加工的半成品、等待验收入库的产品、正在返修和等待返修的废品等。对外销售的自制半成品属于商品产品，验收入库后不应列为在产品，不可修复废品也不包括在在产品之内。

狭义在产品是就某一生产步骤或某一生产车间来说的。它是指尚在本步骤本车间加工中的那部分在产品。

（二）完工产品的含义

完工产品也有狭义与广义之分。

狭义的完工产品是指已经完成全部生产过程，按规定标准检验合格，办理入库手续后可供销售的产品。

广义的完工产品是指已经完成全部或部分生产过程，已经验收入库的产品。广义的完工产品包括狭义的完工产品，还包括各生产车间已经完成生产过程，并由中间仓库验收入库的、尚需继续加工的半成品。

本书下文涉及的在产品和完工产品是指狭义的在产品和广义的完工产品。

二、在产品成本与完工产品成本

产品可分为在产品和完工产品,因此产品成本也可分为在产品成本和完工产品成本。企业将生产过程中发生的各项直接费用或间接费用,采用各种方法进行归集和分配后,已全部集中在"基本生产成本"总分类账及按产品名称设置的明细分类账中。月末在"基本生产成本"总账及所属各明细分类账中,如果本月投产的产品全部完工,那么该"基本生产成本"总账及所属各明细分类账中归集的生产费用就是完工产品的成本;如果本月投产的产品全部未完工,那么该"基本生产成本"总账及所属各明细分类账中归集的生产费用就是在产品的成本;如果本月投产的产品有一部分已经完工,成为完工产品,另一部分尚未完工,成为在产品,那么该"基本生产成本"总账及所属各明细分类账中归集的生产费用就需要通过适当的方法在完工产品和在产品之间进行分配,分别计算出完工产品成本与月末在产品成本。本月月末的在产品成本将成为下月月初的在产品成本,月初和月末的在产品成本均保留在"基本生产成本"总账内。

现将月初在产品成本、月末在产品成本、本月生产费用和本月完工产品成本四者之间的关系用公式表示如下:

月初在产品成本+本月生产费用=本月完工产品成本+月末在产品成本

上述公式中,左边两个项目的金额是已知数,右边两个项目的金额是未知数,需要将已知金额的两个项目的金额合计数,即月初在产品成本与本月生产费用两个项目的金额合计数(以下简称"生产费用合计"),在本月完工产品成本与月末在产品成本之间进行分配。

生产费用合计在本月完工产品成本和月末在产品成本之间分配的方法通常有两种:一种是将生产费用合计采用一定的标准进行分配,同时计算出本月完工产品成本和月末在产品成本;另一种是先确定月末在产品成本,然后将月末在产品成本移动到公式的左边,再计算本月完工产品成本。无论采用哪种分配方法,都必须正确组织和加强在产品的收入、发出和结存的核算,为正确计算本月完工产品成本奠定基础。

三、在产品的日常核算

企业进行在产品的日常核算时,需要设置在产品收发结存账,以登记在产品的收入、转出和结存的数量。在产品收发结存账又称在产品台账,应根据生产特点和管理的需要设置,通常是分车间并按产品品种和在产品名称设置的。各车间应认真做好在产品的计量、验收和交接工作,并应根据领料单、在产品内部转移单、产品交库单和废品交库单等原始凭证,及时登记在产品收发结存账。在产品收发结存账如表7-1所示。

表7-1 在产品收发结存账

生产车间:机工　　　　　　20××年1月　　　　　　零部件名称:法兰盘
　　　　　　　　　　　　　　　　　　　　　　　　计量单位:只

20××年		摘要	收入		转出			结存	
月	日		凭证号	数量	凭证号	合格品	废品	完工	未完工
1	1	上年结转						20	200
	2				略	100	2		118

(续表)

20××年		摘要	收入		转出			结存	
月	日		凭证号	数量	凭证号	合格品	废品	完工	未完工
	3		略	125				31	212
	4				略	102	1		140
	5		略	100	略	64	2	12	162
1	31	本月合计		1 280		1 256	32	18	194

在产品收发结存账可以由车间核算人员登记，也可以由各班组核算人员登记，再由车间核算人员审核。

四、在产品的清查核算

为了核实在产品的数量，保护在产品的完全与完整，必须对在产品进行定期或不定期的清查，做到账实相符。清查盘点后，应填制在产品盘存表，并将在产品盘存表与在产品收发结存账进行核对，如果发现账实不符，则应填制在产品盘点盈亏报告单，列明盘盈或盘亏在产品的名称、数量、单价、金额和发生盈亏的原因。对于毁损的在产品应填列在产品毁损报告单，除了列明毁损在产品的名称、数量、单价、金额和发生毁损的原因，还应列明其残值。

会计人员接到在产品盘点盈亏报告单或在产品毁损报告单后，经审核无误，分情况进行账务处理。

对于盘盈在产品：

借：基本生产成本

　　贷：待处理财产损溢

待领导批复核销转账时，再根据不同的情况入账：

借：待处理财产损溢

　　贷：管理费用

对于盘亏或毁损在产品：

借：待处理财产损溢

　　贷：基本生产成本

（1）如果事后查明在产品发生盘亏或毁损的原因是管理不善导致货物被盗、丢失、霉烂变质，以及违反法律法规造成货物被依法没收、销毁等非正常损失[①]，根据税法规定，在产品在生产过程中耗用的外购材料、外购燃料及动力等所发生的增值税进项税额，将不能从销项税额中抵扣，而应由企业负担。非正常损失在产品应承担的增值税进项税额账务处理如下：

借：待处理财产损溢

　　贷：应交税费——应交增值税（进项转出）

[①] 《关于全面推开营业税改征增值税试点的通知》（财税〔2016〕36号）文件附件1《营业税改征增值税试点实施办法》第二十八条第三款规定，非正常损失是指因管理不善造成货物被盗、丢失、霉烂变质，以及因违反法律法规造成货物或不动产被依法没收、销毁、拆除的情形。

管理不善的损失应借记"管理费用"账户,违反法律法规造成货物被依法没收、销毁的损失借记"营业外支出"账户,残料入库借记"原材料"账户,应由责任人赔偿的部分借记"其他应收款"账户,贷记"待处理财产损溢"账户。

【例 7-1】 20××年5月26日,元高制造厂接到基本生产车间送来的在产品毁损报告单,列明毁损 A 在产品 90 件,每件 120 元,共计 10 800 元。

借:待处理财产损溢　　　　　　　　　　　　　　　　　10 800
　　贷:基本生产成本——A 产品　　　　　　　　　　　　　　10 800

事后查明管理不善致使货物发霉,该部分 A 在产品应负担增值税进项税额 1 020 元,予以转账。编制会计分录如下:

借:待处理财产损溢　　　　　　　　　　　　　　　　　1 020
　　贷:应交税费——应交增值税(进项税额转出)　　　　　1 020

5月31日,A 在产品残料作价 1 200 元,验收入库。编制会计分录如下:

借:原材料　　　　　　　　　　　　　　　　　　　　　1 200
　　贷:待处理财产损溢　　　　　　　　　　　　　　　　　1 200

6月10日,保险公司付来 A 在产品遭受毁损的赔偿款 7 600 元,款存银行,其余部分作为企业损失处理。编制会计分录如下:

借:银行存款　　　　　　　　　　　　　　　　　　　　7 600
　　管理费用　　　　　　　　　　　　　　　　　　　　3 020
　　贷:待处理财产损溢　　　　　　　　　　　　　　　　　10 620

(2) 如果事后查明在产品发生盘亏或毁损的原因是自然灾害、意外事故等,此部分损失应借记"营业外支出"账户;应由责任人赔偿的部分借记"其他应收款"账户;贷记"待处理财产损溢"账户。

【例 7-2】 宏康制造厂 20××年8月基本生产车间盘点在产品。8月29日,接到基本生产车间送来的在产品盘点盈亏报告单,列明盘亏 B 在产品 6 件,每件 150 元,原因待查。编制会计分录如下:

借:待处理财产损溢　　　　　　　　　　　　　　　　　900
　　贷:基本生产成本——B 产品　　　　　　　　　　　　　900

8月31日,查明盘亏 B 在产品是自然灾害所致,经批准由保险公司赔偿 40%,其余 60% 作为企业损失。编制会计分录如下:

借:其他应收款——保险公司　　　　　　　　　　　　　360
　　营业外支出　　　　　　　　　　　　　　　　　　　540
　　贷:待处理财产损溢　　　　　　　　　　　　　　　　　900

第二节　生产费用在完工产品与在产品之间分配的方法

企业归集的生产费用在完工产品与在产品之间的分配是成本计算中的一项重要而复

杂的工作，企业应根据月末结存在产品的数量和完工程度，以及企业定额管理水平的高低等具体条件，选择合理简便的分配方法。生产费用在完工产品与在产品之间分配的方法主要有以下几种。

一、不计算在产品成本法

不计算在产品成本法，即不计算月末在产品成本的方法，是指月末虽然有在产品，但不计算其成本，当月发生的生产费用全部由完工产品负担。

采用这种方法应具备的前提条件是：月末在产品数量很少或几乎没有，在产品成本很少或几乎没有，月初在产品成本与月末在产品成本的差额也就很小，可以忽悠不计，则月末是否计算在产品成本对完工产品成本的影响极小。为了简化计算工作，可以不计算在产品成本，则完工产品成本就是该产品本月发生的生产费用。其计算公式如下：

$$完工产品成本＝本期生产费用$$

不计算在产品成本法适用于采掘企业、发电企业、供水企业等。

二、按固定成本计算在产品成本法

按固定成本计算在产品成本法是指对各月月末（年末除外）的在产品成本按年初在产品成本计价，从而计算完工产品成本的方法。

采用这种方法应具备的前提条件包括：①月末在产品数量较少，或者在产品数量较多，但各月月末在产品数量稳定、变化不大；②月初在产品成本与月末在产品成本的差额对完工产品成本的影响也不大。为简化核算工作，各月月末在产品成本可以按年初数估算，则各种产品当月归集的生产费用就是该种完工产品的成本。

为避免在产品成本与实际成本水平相差过大影响产品成本的计算，企业应在年末对在产品进行实地盘点，根据在产品盘点的数量计算在产品成本，并据以计算12月的产品成本，下一年度，各月在产品成本均固定按上年年末在产品成本计算。

前11个月，期初、期末在产品按年初在产品成本计算，期初、期末在产品成本相等，当月的生产费用就是完工产品成本；12月的期初在产品成本仍然是年初数，期末在产品成本根据盘点的数量及估算的在产品单位成本计算，则12月的期初与期末在产品成本不等。12月的完工产品成本计算公式如下：

$$12月完工产品成本＝年初在产品固定成本＋12月生产费用－年末在产品固定成本$$

这种方法适用于采用固定容器装置来从事冶炼、化工等的企业。

三、约当产量法

（一）约当产量法概述

约当产量法是指先将月末在产品的数量，按照投料进度或完工程度折算为相当于完工产品的产量，即约当产量，然后将生产费用合计按照完工产品产量和在产品的约当产量比例进行分配的方法。

采用这种方法应具备的前提条件包括：①在产品数量较多；②各月之间在产品的数量

变动比较大;③产品成本中各项费用的比重相差不大。为提高成本计算的正确性,就要运用约当产量法将待分配的生产费用总额在完工产品和在产品之间进行分配。要计算在产品的约当产量,就要计算在产品的投料率和完工率。

其计算公式如下：

$$在产品约当产量 = 在产品数量 \times 投料率或完工率$$

$$生产费用分配率 = \frac{月初在产品成本 + 本月生产费用}{完工产品产量 + 在产品约当产量}$$

$$完工产品成本 = 完工产品产量 \times 生产费用分配率$$

$$月末在产品成本 = 在产品约当产量 \times 生产费用分配率$$

约当产量法的关键是准确地确定在产品的约当产量。月末在产品的投料程度和加工程度往往不同,因此需要分别确定在产品直接材料费用约当产量和加工费用(包括燃料及动力、直接人工和制造费用等)约当产量。

(二) 在产品直接材料费用约当产量的确定

在产品直接材料费用约当产量通常是根据在产品的投料率确定的,在产品的投料率受生产工序的影响,因此应区别不同的生产工序进行阐述。

1. 原材料于生产开始时一次性投入

如果原材料在生产开始时一次性投入,则完工产品和不同工序在产品耗用原材料数量相同。因此,分配直接材料费用的在产品约当产量就是在产品的实际数量。

2. 原材料于每道工序开始时一次性投入

如果原材料在每道工序开始时一次性投入本工序,那么从每道工序来看,同一工序的在产品耗用的原材料是相等的,而不同工序的在产品耗用的原材料是不同的。因此,不能以在产品实际数量和完工产品数量作为标准分配直接材料费用,应以各道工序在产品的投料率计算在产品约当产量,再以完工产品数量和在产品约当产量作为标准分配材料费用。投料率计算公式如下：

$$某道工序在产品投料率 = \frac{前面各工序材料累计消耗量定额或费用定额 + 本道工序材料消耗量定额或费用定额}{单位完工产品材料消耗量定额或费用定额}$$

【例 7-3】 洪福制造厂生产 M 产品有三道工序,原材料于每道工序开始时一次性投入,20××年 9 月各道工序月末在产品数量分布及单位产品材料消耗量定额如表 7-2 所示。

表 7-2 在产品数量分布及单位产品材料消耗量定额

20××年 9 月

工序	本工序材料消耗量定额(千克)	在产品数量(件)
1	140	200
2	240	150
3	120	220
合计	500	570

在产品约当产量如表7-3所示。

表7-3 在产品约当产量

20××年9月

工序	本工序材料消耗量定额（千克）	本工序在产品投料率	在产品数量（件）	在产品约当产量（件）
1	140	28%①	200	56
2	240	76%②	150	114
3	120	100%	220	220
合计	500	—	570	390

注：① 第一道工序投料率＝140÷500×100%＝28%。
② 第二道工序投料率＝(140＋240)÷500×100%＝76%。

3. 原材料分工序投入且投料进度与加工进度或生产工时投入进度不一致

如果原材料在每道工序陆续投入，同一工序的在产品耗用的原材料不相同，则不同工序的在产品耗用的原材料也是不同的。计算材料分配率时，由于完工产品和不同工序在产品耗用的材料数量不同，必须对在产品按一定标准计算在产品的约当产量，然后以在产品约当产量和完工产品数量计算直接材料费用分配率。当材料分工序陆续投入，且投料进度与加工进度或生产工时投入进度不一致时，采用投料率计算直接材料在产品约当产量。

为简化计算，以各工序投入材料费用（数量）为依据，各工序投料率按完成本工序投料的50%折算。投料率计算公式如下：

$$某道工序在产品投料率＝\frac{前面各工序材料累计消耗量定额或费用定额＋本道工序材料消耗量定额或费用定额×50\%}{单位完工产品材料消耗量定额或费用定额}$$

【例7-4】 洪福制造厂生产M产品有三道工序，原材料分工序陆续投入，且投料进度与加工进度或生产工时投入进度不一致。20××年9月各道工序月末在产品数量分布及单位产品材料消耗量定额如表7-4所示。

表7-4 在产品数量分布及单位产品材料消耗量定额

20××年9月

工序	本工序材料消耗量定额（千克）	在产品数量（件）
1	140	200
2	240	150
3	120	220
合计	500	570

在产品约当产量如表 7-5 所示。

表 7-5　在产品约当产量

20××年 9 月

工序	本工序材料消耗量定额(千克)	本工序在产品投料率	在产品数量(件)	在产品约当产量(件)
1	140	14%①	200	28.0
2	240	52%②	150	78.0
3	120	88%③	220	193.6
合计	500	—	570	299.6

注：① 第一道工序投料率=(140×50%)÷500×100%=14%。
② 第二道工序投料率=(140+240×50%)÷500×100%=52%。
③ 第三道工序投料率=(140+240+120×50%)÷500×100%=88%。

4. 原材料分工序投入且投料进度与加工进度或生产工时投入进度一致

如果原材料分工序陆续投入，且投料进度与加工进度或生产工时投入进度一致，则在产品投料程度按完工程度计算。

(三) 在产品加工费用约当产量的确定

在产品加工费用包括直接人工、燃料及动力和制造费用。加工费用通常以在产品的完工率确定约当产量，而完工率是按加工时间确定的，在产品完工率也受生产工序影响。因此，应区别不同的生产工序进行阐述。

根据产品生产的特点不同，可分为以下两种计算方法：

(1) 全部在产品均按产品 50% 的完工率计算约当产量。当企业在产品数量在各道工序上分布比较均匀，并且各道工序的加工量也相当接近时，全部在产品的完工率均为 50%。其主要原因在于符合上述条件时，后面各道工序在产品多加工的程度可以抵补前面各道工序少加工的程度。因此，全部在产品均按 50% 完工率计算约当产量，使计算既简便又合理。

(2) 按各道工序在产品的完工率分别计算其约当产量。企业在产品数量在各道工序上分布不均匀，各道工序的加工量也各异，这就需要确定每道工序完工率，其计算公式如下：

$$某道工序在产品完工率 = \frac{前面各道工序累计工时定额 + 本道工序工时定额 \times 50\%}{单位完工产品工时定额}$$

【例 7-5】 洪福制造厂生产 M 产品有三道工序，20××年 9 月各道工序单位产品工时定额及在产品数量分布如表 7-6 所示，在产品约当产量如表 7-7 所示。

表 7-6　单位产品工时定额及在产品数量分布

20××年 9 月

工序	单位产品工时定额(小时)	在产品数量(件)
1	24	200
2	40	150
3	36	220
合计	100	570

表7-7　在产品约当产量

20××年9月

工序	单位产品工时定额（小时）	本工序在产品完工率	在产品数量（件）	在产品约当产量（件）
1	24	12%①	200	24.0
2	40	44%②	150	66.0
3	36	82%③	220	180.4
合计	100	—	570	270.4

注：① 第一道工序完工率=(24×50%)÷100×100%=12%。
② 第二道工序完工率=(24+40×50%)÷100×100%=44%。
③ 第三道工序完工率=(24+40+36×50%)÷100×100%=82%。

（四）约当产量法的应用

企业确定了在产品原材料费用约当产量和在产品加工费用约当产量，能够为运用约当产量法奠定基础。

【例7-6】 申海制造厂生产甲、乙两种产品，甲产品有三道工序，原材料于开始时一次性投入。20××年5月月末完工产品1 500件，在产品210件，月末单位产品工时定额及在产品数量分布如表7-8所示，基本生产成本明细账如表7-9所示。

7-1 完工产品与在产品分配Excel智能核算甲

表7-8　单位产品工时定额及在产品数量分布

20××年5月

工序	单位产品工时定额（小时）	在产品数量（件）
1	15	80
2	25	60
3	10	70
合计	50	210

表7-9①　基本生产成本明细账

完工产品数量：1 500件
月末在产品数量：210件

产品名称：甲产品　　　20××年5月　　　金额单位：元

20××年		凭证号	摘要	成本项目				合计
月	日			直接材料	燃料及动力	直接人工	制造费用	
5	1	略	月初在产品成本	16 830.00	5 604.00	4 587.20	5 920.00	32 941.20
5	31		分配材料费用	88 000.00				88 000.00
			分配低值易耗品	1 000.00				1 000.00
			分配包装费用	9 800.00				9 800.00
			分配燃料费用		30 612.00			30 612.00

(续表)

20××年		凭证号	摘要	成本项目				合计
月	日			直接材料	燃料及动力	直接人工	制造费用	
			分配外购动力费用		48 360.00			48 360.00
			分配辅助生产费用	31 430.00	31 200.00			62 630.00
5	31	略	分配薪酬费用			117 620.80		117 620.80
5	31		分配制造费用				106 640.00	106 640.00
			当月生产费用	130 230.00	110 172.00	117 620.80	106 640.00	464 662.80
5	31		生产费用合计	147 060.00	115 776.00	122 208.00	112 560.00	497 604.00
			分配率					
5	31		结转完工产品成本					
			月末在产品成本					

注：① 表7-9根据表3-12、表3-18、表3-20、表3-22、表3-24、表3-32、表4-8及表5-3等登记。

(1) 计算在产品约当产量，如表7-10所示。

表7-10　在产品约当产量

20××年5月

工序	单位产品工时定额(小时)	本工序在产品完工率	在产品数量(件)	在产品约当产量(件)
1	15	15%①	80	12
2	25	55%②	60	33
3	10	90%③	70	63
合计	50	—	210	108

注：① 第一道工序完工率＝(15×50%)÷50×100%＝15%。
② 第二道工序完工率＝(15+25×50%)÷50×100%＝55%。
③ 第三道工序完工率＝(15+25+10×50%)÷50×100%＝90%。

(2) 用约当产量法计算甲产品成本，如表7-11所示。

表7-11　产品成本计算表

完工产品数量：1 500 件

产品名称：甲产品　　　　　　20××年5月　　　　　　金额单位：元

月	日	摘要	直接材料	燃料及动力	直接人工	制造费用	合计
5	1	月初在产品成本	16 830.00	5 604.00	4 587.20	5 920.00	32 941.20
5	31	本月发生生产费用	130 230.00	110 172.00	117 620.80	106 640.00	464 662.80
5	31	合计	147 060.00	115 776.00	122 208.00	112 560.00	497 604.00

(续表)

月	日	摘要	直接材料	燃料及动力	直接人工	制造费用	合计
5	31	分配率	86①	72②	76③	70④	—
5	31	完工产品成本	129 000.00	108 000.00	114 000.00	105 000.00	456 000.00
5	31	月末在产品成本	18 060.00	7 776.00	8 208.00	7 560.00	41 604.00

注：① 直接材料分配率=147 060÷(1 500+210)=86。
② 燃料及动力分配率=115 776÷(1 500+108)=72。
③ 直接人工分配率=122 208÷(1 500+108)=76。
④ 制造费用分配率 112 560÷(1 500+108)=70。

企业采用约当产量法计算完工产品与月末在产品成本，必须正确核算在产品数量和正确估计在产品的完工率，才能正确确定在产品原材料费用和加工费用的约当产量，从而客观、正确地反映完工产品与月末在产品的成本。

四、按所耗原材料费用计算在产品成本法

按所耗原材料费用计算在产品成本法是指仅将在产品所耗原材料费用作为在产品成本，而将其余的生产费用全部作为完工产品成本的方法。

采用这种方法应具备三个条件：①企业各月月末在产品的数量较多；②各月之间在产品数量的波动较大；③原材料费用占有较大的比重，而加工费用占有较小的比重，月初、月末在产品加工费用差额较小。

为了简化计算工作，在产品可以只计算原材料费用而不计算加工费用，加工费用全部由完工产品负担，则全部生产费用减去月末在产品耗用的原材料费用，就是完工产品的成本。按所耗原材料费用计算在产品成本法适用于造纸企业、酿酒企业、碾米企业等。

$$材料费用分配率=\frac{月初在产品材料费用+本月发生材料费用}{完工产品数量+月末在产品实际数量或约当产量}$$

月末在产品成本=月末在产品实际数量或约当产量×材料费用分配率

其中：月末在产品约当产量=在产品的实际数量×在产品投料率或完工率

完工产品成本=月初在产品成本+本月生产费用−月末在产品成本

【例 7-7】 恒捷制造厂生产 G 产品，原材料于生产开始时一次性投入。20××年8月完工产品 600 件，月末在产品 200 件。期初在产品成本及本期生产费用如表 7-12 所示。

表 7-12 期初在产品成本及本期生产费用
20××年8月　　　　　　　　　　　　　　　　　　　　单位：元

项目	直接材料	燃料及动力	直接人工	制造费用	合计
期初在产品成本	28 440				28 440
本期生产费用	96 520	2 340	3 100	3 700	105 660

（1）计算月末在产品成本：

$$月末在产品成本=\frac{28\,440+96\,520}{600+200}\times 200=31\,240(元)$$

(2) 根据计算的结果编制产品成本计算表,如表 7-13 所示。

表 7-13　产品成本计算表

产品名称:G 产品　　　　　　　20××年 8 月　　　　　　　完工产品数量:600 件
　　　　　　　　　　　　　　　　　　　　　　　　　　　　　单位:元

月	日	摘要	直接材料	燃料及动力	直接人工	制造费用	合计
8	1	月初在产品成本	28 440				28 440
8	31	本月发生生产费用	96 520	2 340	3 100	3 700	105 660
8	31	合计	124 960	2 340	3 100	3 700	134 100
8	31	期末在产品成本	31 240				31 240
8	31	完工产品成本	93 720	2 340	3 100	3 700	102 860

五、按定额成本计算在产品成本法

(一) 按定额成本计算在产品成本法概述

按定额成本计算在产品成本法是指先根据月末在产品数量与单位在产品定额成本计算在产品定额成本,然后将月初在产品定额成本,加上本月生产费用,减去月末在产品定额成本,从而计算出完工产品成本的方法。

采用按定额成本计算在产品成本法时,期末在产品成本按定额成本计算,在产品实际成本与定额成本的差额由完工产品负担。

采用这种方法应具备两个条件:①定额管理基础较好,各项消耗量定额或费用定额比较准确、稳定;②各月在产品数量比较均衡。

计算期末在产品成本时,应根据成本项目分别确定其定额成本。

其计算公式如下:

完工产品成本＝月初在产品成本＋本月生产费用－月末在产品定额成本

月末在产品定额成本＝在产品数量×单位在产品费用定额

(二) 在产品定额成本的确定

1. 在产品直接材料定额成本的计算

在产品直接材料定额成本＝在产品数量×单位在产品材料累计消耗量定额×材料计划单价
　　　　　　　　　　　＝在产品数量×单位在产品材料累计费用定额

1) 生产时一次性投入

单位在产品材料累计费用定额＝单位产品材料累计消耗量定额×材料计划单价
　　　　　　　　　　　　　＝单位产品材料费用定额

【例 7-8】　通明制造厂生产 U 产品,经过两道工序,材料生产开始时一次性投入,投入材料种类繁多,单位产品材料费用定额为 32 元。20××年 11 月月末在产品数量分布及单位产品材料费用定额如表 7-14 所示。

表 7-14　在产品数量分布及单位产品材料费用定额

20××年11月

工序	在产品数量（件）	单位产品材料费用定额（元）
1	30	32
2	40	—
合计	70	32

根据上述资料编制在产品材料定额成本计算表，如表7-15所示。

表 7-15　在产品材料定额成本计算表

20××年11月　　　　　　　　　　　　　　　　　　　金额单位：元

工序	在产品数量（件）	单位在产品材料累计费用定额	直接材料定额成本
1	30	32	960
2	40	32	1 280
合计	70	—	2 240

2）分工序于每道工序开始时一次性投入

$$\text{单位在产品材料累计费用定额} = \left(\text{前面工序材料累计消耗量定额} + \text{本工序材料消耗量定额}\right) \times \text{材料计划单价}$$
$$= \text{前面工序材料累计费用定额} + \text{本工序材料费用定额}$$

【例7-9】　通明制造厂生产U产品，经过两道工序，材料分工序每道工序开始时投入，投入材料种类繁多，单位产品材料费用定额为32元，其中第一道工序20元，第二道工序12元。20××年11月月末在产品数量分布及单位产品材料费用定额如表7-16所示。

表 7-16　在产品数量分布及单位产品材料费用定额

20××年11月

工序	在产品数量（件）	单位产品材料费用定额（元）
1	30	20
2	40	12
合计	70	32

根据上述资料编制在产品材料定额成本计算表，如表7-17所示。

表 7-17　在产品材料定额成本计算表

20××年11月　　　　　　　　　　　　　　　　　　　金额单位：元

工序	在产品数量（件）	单位在产品材料累计费用定额	直接材料定额成本
1	30	20	600
2	40	32	1 280
合计	70	—	1 880

3) 随生产分工序陆续投入且材料投入进度与完工进度不一致

$$\begin{aligned}单位在产品材料\\累计费用定额\end{aligned} = \left(\begin{aligned}前面工序材料\\累计消耗量定额\end{aligned} + \begin{aligned}本工序材料\\消耗量定额\end{aligned} \times 50\%\right) \times \begin{aligned}材料计划\\单价\end{aligned}$$

= 前面工序材料累计费用定额 + 本工序材料费用定额 × 50%

【例 7-10】 通明制造厂生产 U 产品,经过两道工序,材料随生产分工序陆续投入,且材料投入进度与完工进度不一致,投入材料种类繁多,单位产品材料费用定额为 32 元,其中第一道工序 20 元,第二道工序 12 元。20××年 11 月月末在产品数量分布及单位产品材料费用定额如表 7-18 所示。

表 7-18 在产品数量分布及单位产品材料费用定额

20××年 11 月

工序	在产品数量(件)	单位产品材料费用定额(元)
1	30	20
2	40	12
合计	70	32

根据上述资料编制在产品材料定额成本计算表,如表 7-19 所示。

表 7-19 在产品材料定额成本计算表

20××年 11 月   金额单位:元

工序	在产品数量(件)	单位在产品材料累计费用定额	直接材料定额成本
1	30	10	300
2	40	26	1 040
合计	70	—	1 340

2. 在产品直接人工定额成本的计算

在产品直接人工定额成本 = 约当产量 × 单位产品工时定额 × 单位工时计划直接人工费用率
= 在产品数量 × 单位在产品累计工时定额 ×
单位工时计划直接人工费用率

单位在产品累计工时定额 = 前面工序累计工时定额 + 本工序工时定额 × 50%

3. 在产品制造费用定额成本的计算

在产品制造费用定额成本 = 约当产量 × 单位产品工时定额 × 单位工时计划制造费用率
= 在产品数量 × 单位在产品累计工时定额 ×
单位工时计划制造费用率

单位在产品累计工时定额 = 前面工序累计工时定额 + 本工序工时定额 × 50%

【例 7-11】 通明制造厂生产 U 产品,经过两道工序,单位工时计划直接人工费用率为 6 元,单位工时计划制造费用率为 2 元。20××年 3 月月末在产品数量分布及单位产品工时定额如表 7-20 所示。

表 7-20 在产品数量分布及单位产品工时定额

20××年3月

工序	在产品数量（件）	单位产品工时定额（小时）
1	30	4
2	40	6
合计	70	10

根据上述资料编制在产品加工费用定额成本计算表，如表 7-21 所示。

表 7-21 在产品加工费用定额成本计算表

20××年3月　　　　　　　　　　　　　　　　　　　　　　　　金额单位：元

工序	在产品数量（件）	单位在产品累计工时定额（小时）	在产品定额工时（小时）	直接人工（每小时6元）	制造费用（每小时2元）
1	30	2①	60	360	120
2	40	7②	280	1 680	560
合计	70	—	340	2 040	680

注：① 第一道工序单位在产品累计工时定额＝4×50％＝2(小时)。
② 第二道工序单位在产品累计工时定额＝4+6×50％＝7(小时)。

（三）按定额成本计算在产品成本法的应用

【例 7-12】 昌兴制造厂生产 P 产品，经过三道工序，材料生产开始时一次性投入，投入材料种类繁多，单位产品材料费用定额为 200 元，单位工时计划直接人工费用率为 5 元，单位工时计划制造费用率为 4 元。20××年3月月末完工产品 800 件，各道工序的在产品数量分布、单位产品材料费用定额及工时定额如表 7-22 所示；期初在产品定额成本及本期生产费用如表 7-23 所示。

表 7-22 在产品数量分布、单位产品材料费用定额及工时定额

20××年3月

工序	在产品数量（件）	单位产品材料费用定额（元）	单位产品工时定额（小时）
1	50	200	12
2	40	—	16
3	30	—	14
合计	120	200	42

表 7-23 期初在产品定额成本及本期生产费用

20××年3月　　　　　　　　　　　　　　　　　　　　　　　　　　　单位：元

项目	直接材料	直接人工	制造费用	合计
期初在产品定额成本	20 000	10 000	8 000	38 000
本期生产费用	140 000	80 000	40 000	260 000

根据上述资料编制月末在产品定额成本计算表,如表 7-24 所示。

表 7-24 在产品定额成本计算表

20××年3月　　　　　　　　　　　　　　　　　　　　金额单位:元

工序	在产品数量（件）	直接材料		单位在产品累计工时定额	在产品定额工时（小时）	直接人工（每小时5元）	制造费用（每小时4元）	合计
		单位在产品材料费用定额	定额成本					
1	50	200	10 000	6①	300	1 500	1 200	12 700
2	40	200	8 000	20②	800	4 000	3 200	15 200
3	30	200	6 000	35③	1 050	5 250	4 200	15 450
合计	120	—	24 000	—	2 150	10 750	8 600	43 350

注:① 第一道工序单位在产品累计工时定额=12×50%=6(小时)。
② 第二道工序单位在产品累计工时定额=12+16×50%=20(小时)。
③ 第三道工序单位在产品累计工时定额=12+16+14×50%=35(小时)。

根据上述资料编制生产成本计算单,如表 7-25 所示。

表 7-25 生产成本计算单

完工产品数:800 件
20××年3月　　　　　　　　　　　　　　　　　　　　单位:元

项目	直接材料	直接人工	制造费用	合计
期初在产品成本	20 000	10 000	8 000	38 000
本月生产费用	140 000	80 000	40 000	260 000
生产费用合计	160 000	90 000	48 000	298 000
期末在产品定额成本	24 000	10 750	8 600	43 350
完工产品成本	136 000	79 250	39 400	254 650

采用按定额成本计算在产品成本法,计算较为简便。在产品成本是按定额成本计价的,所以本月在产品成本的实际耗费与在产品定额成本之间的差异将全部由完工产品负担。这种方法适用于定额管理基础好,产品的各项消耗量定额或费用定额比较准确和稳定,而且月末在产品数量变动不大的企业。

六、定额比例法

(一) 定额比例法的概念

定额比例法是指产品的生产费用按完工产品和月末在产品的定额消耗量或定额费用的比例,分配计算完工产品成本和月末在产品成本的方法。

采用定额比例法应具备两个条件:①定额管理基础比较好,各项定额消耗量或费用定额比较准确、稳定;②各月月末在产品数量变动较大。

采用这种方法,直接材料按照材料定额消耗量或材料定额成本比例进行分配;直接人工、燃料及动力和制造费用等各项加工费用,可以按定额工时或定额成本比例进行分配。

(二) 材料费用的分配

材料费用分配可以采用材料定额消耗量或材料定额费用作为分配标准。

1. 以材料定额消耗量作为标准分配直接材料

在耗用材料品种不多的情况下,通常采用定额消耗量进行分配。其计算公式如下:

$$消耗量分配率 = \frac{月初在产品实际消耗量 + 本月实际消耗量}{完工产品定额消耗量 + 月末在产品定额消耗量}$$

$$完工产品实际消耗量 = 完工产品定额消耗量 \times 消耗量分配率$$

$$月末在产品实际消耗量 = 月末在产品定额消耗量 \times 消耗量分配率$$

$$完工产品负担的直接材料费用 = 完工产品实际消耗量 \times 材料单价$$

$$月末在产品负担的直接材料费用 = 月末在产品实际消耗量 \times 材料单价$$

采用这种方法分配材料费用,既可以提供完工产品和期末在产品实际费用资料,又可以提供实际消耗量资料。将实际消耗量与定额消耗量比较,可以反映实际消耗量与定额消耗量的差异,便于考核和分析材料定额的完成情况。

2. 以材料定额成本作为标准分配直接材料费用

当产品耗用的原材料品种繁多时,就必须分别计算各种原材料的消耗量和分配率,为了简化计算工作,通常采用定额成本比例进行分配。其计算公式如下:

$$直接材料分配率 = \frac{月初在产品直接材料费用 + 本月发生直接材料费用}{完工产品直接材料定额成本 + 月末在产品直接材料定额成本}$$

$$完工产品负担的直接材料费用 = 完工产品直接材料定额成本 \times 直接材料分配率$$

$$月末在产品负担的直接材料费用 = 月末在产品直接材料定额成本 \times 直接材料分配率$$

(三) 直接人工费用的分配

直接人工的分配,一般以完工产品定额工时和期末在产品定额工时作为分配标准进行分配。其计算公式如下:

$$直接人工费用分配率 = \frac{月初在产品直接人工费用 + 本月发生直接人工费用}{完工产品定额工时 + 月末在产品定额工时}$$

$$完工产品负担的直接人工费用 = 完工产品定额工时 \times 直接人工费用分配率$$

$$月末在产品负担的直接人工费用 = 月末在产品定额工时 \times 直接人工费用分配率$$

(四) 制造费用的分配

制造费用的分配,一般以完工产品定额工时和期末在产品定额工时作为分配标准进行分配。其计算公式如下:

$$制造费用分配率 = \frac{月初在产品制造费用 + 本月发生制造费用}{完工产品定额工时 + 月末在产品定额工时}$$

$$完工产品负担的制造费用 = 完工产品定额工时 \times 制造费用分配率$$

$$月末在产品负担的制造费用 = 月末在产品定额工时 \times 制造费用分配率$$

7-2 完工产品与在产品分配 Excel 智能核算乙

【例 7-13】 申海制造厂生产甲、乙两种产品,乙产品有三道工序,原材料于开始时一次性投入。20××年5月月末完工产品1 200件,在产品300件。投入材料种类繁多,单位产品材料费用定额为180元。

月末在产品数量在各车间的分布情况、单位产品材料费用定额及单位产品工时定额如表7-26;基本生产成本明细账如表7-27所示。

表7-26 在产品数量分布、单位产品材料费用定额及工时定额

20××年5月

工序	在产品数量(件)	单位产品材料费用定额(元)	单位产品工时定额(小时)
1	120	180	28
2	100	—	20
3	80	—	24
合计	300	180	72

表7-27[①] 基本生产成本明细账

完工产品数量:1 200件
月末在产品数量:300件

产品名称:乙产品　　　　　　20××年5月　　　　　　金额单位:元

20××年		凭证号	摘要	成本项目				合计
月	日			直接材料	燃料及动力	直接人工	制造费用	
5	1		月初在产品成本	18 500.00	3 603.00	2 826.80	2 316.00	27 245.80
5	31		分配材料费用	81 050.00				81 050.00
			分配包装费用	4 900.00				4 900.00
		略	分配燃料费用		28 135.00			28 135.00
			分配外购动力		29 640.00			29 640.00
			分配辅助生产费用	22 450.00	20 800.00			43 250.00
5	31		分配薪酬费用			89 019.20		89 019.20
5	31		分配制造费用				65 360.00	65 360.00
			当月生产费用	108 400.00	78 575.00	89 019.20	65 360.00	341 354.20
5	31		生产费用合计	126 900.00	82 178.00	91 846.00	67 676.00	368 600.00
			分配率					
5	31		结转完工产品成本					
			月末在产品成本					

注:① 表7-27根据表3-12、表3-18、表3-22、表3-24、表3-32、表4-8及表5-3等登记。

(1) 在产品材料定额成本和定额工时计算结果,如表7-28所示。

表7-28 在产品材料定额成本和定额工时计算表

20××年5月　　　　　　　　　　　　　　　　　　　　　　金额单位:元

工序	在产品数量(件)	直接材料		单位在产品累计工时定额(小时)	在产品定额工时(小时)
		单位在产品材料费用定额	在产品定额成本		
1	120	180	21 600	14①	1 680
2	100	180	18 000	38②	3 800
3	80	180	14 400	60③	4 800
合计	300	—	54 000	—	10 280

注:① 第一道工序单位在产品累计工时定额=28×50%=14(小时)。
② 第二道工序单位在产品累计工时定额=28+20×50%=38(小时)。
③ 第三道工序单位在产品累计工时定额=28+20+24×50%=60(小时)。

(2) 根据计算结果,用定额比例法编制产品成本计算表,如表7-29所示。

表7-29 产品成本计算表

产品名称:乙产品　　　　20××年5月　　　　完工产品数量:1 200件　　金额单位:元

月	日	摘要		直接材料	燃料及动力	直接人工	制造费用	合计
5	1	月初在产品成本		18 500.00	3 603.00	2 826.80	2 316.00	27 245.80
5	31	本月发生生产费用		108 400.00	78 575.00	89 019.20	65 360.00	341 354.20
5	31	合计		126 900.00	82 178.00	91 846.00	67 676.00	368 600.00
5	31	分配率		0.47①	0.85②	0.95③	0.70④	—
5	31	完工产品	定额成本或工时	216 000.00	86 400.00	86 400.00	86 400.00	
			实际成本	101 520.00	73 440.00	82 080.00	60 480.00	317 520.00
5	31	在产品	定额成本或工时	54 000.00	10 280.00	10 280.00	10 280.00	—
			实际成本	25 380.00	8 738.00	9 766.00	7 196.00	51 080.00

注:① 直接材料分配率 = $\dfrac{126\,900}{1\,200\times180+300\times180}$ = 0.47。

② 燃料及动力分配率 = $\dfrac{82\,178}{1\,200\times72+10\,280}$ = 0.85。

③ 直接人工分配率 = $\dfrac{91\,846}{1\,200\times72+10\,280}$ = 0.95。

④ 制造费用分配率 = $\dfrac{67\,676}{1\,200\times72+10\,280}$ = 0.70。

采用定额比例法计算完工产品成本与月末在产品成本,不仅计算的结果比按定额成本计算在产品成本法更合理、准确,而且便于将实际成本与定额成本相比较,分析和考核定额成本的执行情况,有利于控制生产费用。这种方法适用于定额管理基础好,产品各项消耗量定额或费用定额比较准确和稳定,月末在产品数量变动较大的企业。

七、在产品成本按完工产品成本计算法

在产品成本按完工产品成本计算法是指将当月未完工的在产品按照完工产品计算成本的方法。这种方法将在产品视同完工产品,因此这种方法仅在特殊的情况下被采用。它适用于月末在产品已经接近完工或已经完工,尚未验收或包装入库的产品。因此,处在这一阶段的在产品成本已经接近完工产品成本。为了简化计算工作,将在产品约当为完工产品计算,其具体计算方法和产品成本计算表的格式与约当产量法相同,不再重述。

第三节 完工产品成本的结转

一、完工产品成本的归集

企业生产产品而发生的各项生产费用在完工产品与月末在产品之间分配后,可计算出完工产品与月末在产品的成本。生产车间完工的产品包括基本生产车间完工的产成品和辅助生产车间完工的自制材料、工具和模具等。企业应在产品验收入库后,根据取得的产品交库单和产品成本计算表进行归集,编制"产品成本汇总表""自制材料、工具、模具成本汇总表"等。

【例7-14】 20××年5月31日,申海制造厂根据前例资料(表7-11、表7-29)编制完工产品成本汇总表,如表7-30所示。

表7-30 完工产品成本汇总表

20××年5月　　　　　　　　　　　　　　　　　　　金额单位:元

产品名称	产量（件）	成本					
		直接材料	燃料及动力	直接人工	制造费用	总成本	单位成本
甲产品	1 500	129 000	108 000	114 000	105 000	456 000	304.0
乙产品	1 200	101 520	73 440	82 080	60 480	317 520	264.6
合计	—	230 520	181 440	196 080	165 480	773 520	—

二、结转完工产品成本的核算

企业根据按基本生产车间的完工产品编制的完工产品成本汇总表所列的金额,借记"库存商品"账户,贷记"基本生产成本"总账;根据按辅助生产车间完工的自制材料、工具、模具等编制的自制材料、工具、模具成本汇总表所列的金额,借记"原材料"或"低值易耗品"账户,贷记"辅助生产成本"账户。

(1) 根据表7-30,结转完工产品生产成本,编制会计分录如下:

借：库存商品——甲产品　　　　　　　　　　　　　　　456 000
　　　贷：基本生产成本——甲产品（直接材料）　　　　129 000
　　　　　　　　　　——甲产品（直接人工）　　　　114 000
　　　　　　　　　　——甲产品（燃料及动力）　　　108 000
　　　　　　　　　　——甲产品（制造费用）　　　　105 000
借：库存商品——乙产品　　　　　　　　　　　　　　　317 520
　　　贷：基本生产成本——乙产品（直接材料）　　　　101 520
　　　　　　　　　　——乙产品（直接人工）　　　　 82 080
　　　　　　　　　　——乙产品（燃料及动力）　　　 73 440
　　　　　　　　　　——乙产品（制造费用）　　　　 60 480

（2）根据完工产品入库的会计分录，登记甲、乙产品的基本生产成本明细账，如表7-31和表7-32所示。

表7-31　基本生产成本明细账

完工产品数量：1 500件
月末在产品数量：210件

产品名称：甲产品　　　　　20××年5月　　　　　金额单位：元

20××年		凭证号	摘要	成本项目				合计
月	日			直接材料	燃料及动力	直接人工	制造费用	
5	1	略	月初在产品成本	16 830.00	5 604.00	4 587.20	5 920.00	32 941.20
5	31		分配材料费用	88 000.00				88 000.00
			分配低值易耗品	1 000.00				1 000.00
			分配包装费用	9 800.00				9 800.00
			分配燃料费用		30 612.00			30 612.00
			分配外购动力费用		48 360.00			48 360.00
			分配辅助生产费用	31 430.00	31 200.00			62 630.00
5	31		分配薪酬费用			117 620.80		117 620.80
5	31		分配制造费用				106 640.00	106 640.00
			当月生产费用	130 230.00	110 172.00	117 620.80	106 640.00	464 662.80
5	31		生产费用合计	147 060.00	115 776.00	122 208.00	112 560.00	497 604.00
			分配率	86.00	72.00	76.00	70.00	—
5	31		结转完工产品成本	129 000.00	108 000.00	114 000.00	105 000.00	456 000.00
			月末在产品成本	18 060.00	7 776.00	8 208.00	7 560.00	41 604.00

表 7-32 基本生产成本明细账

完工产品数量：1 200 件
月末在产品数量：300 件

产品名称：乙产品　　　　　20××年5月　　　　　金额单位：元

20××年		凭证号	摘要	成本项目				合计
月	日			直接材料	燃料及动力	直接人工	制造费用	
5	1		月初在产品成本	18 500.00	3 603.00	2 826.80	2 316.00	27 245.80
5	31		分配材料费用	81 050.00				81 050.00
			分配包装费用	4 900.00				4 900.00
		略	分配燃料费用		28 135.00			28 135.00
			分配外购动力费用		29 640.00			29 640.00
			分配辅助生产费用	22 450.00	20 800.00			43 250.00
5	31		分配薪酬费用			89 019.20		89 019.20
5	31		分配制造费用				65 360.00	65 360.00
			当月生产费用	108 400.00	78 575.00	89 019.20	65 360.00	341 354.20
5	31		生产费用合计	126 900.00	82 178.00	91 846.00	67 676.00	368 600.00
			分配率	0.47	0.85	0.95	0.70	—
5	31		结转完工产品成本	101 520.00	73 440.00	82 080.00	60 480.00	317 520.00
			月末在产品成本	25 380.00	8 738.00	9 766.00	7 196.00	51 080.00

复习思考题

1. 什么是广义完工产品和狭义完工产品？它们各自包含哪些内容？
2. 什么是广义在产品和狭义在产品？它们各自包含哪些内容？
3. 生产费用在完工产品与在产品之间的分配主要有哪两种类型？它们的特点是什么？
4. 生产费用在完工产品与在产品之间分配的方法有哪些？
5. 按所耗原材料费用计算在产品成本的特点及其适用范围是什么？
6. 什么是约当产量？如何计算在产品的约当产量？约当产量法的特点及其适用范围是什么？
7. 不计算在产品成本法与按固定成本计算在产品成本法有何异同？
8. 按定额成本计算在产品成本法与定额比例法有什么区别？

同步测试题

请扫描二维码，完成本章同步测试题。

第七章同步测试题

第八章 CHAPTER 8
产品成本计算方法概述

学习目的

- 了解工业企业的生产类型及其特点。
- 理解生产类型和管理要求对产品成本计算的影响。
- 掌握产品成本计算基本方法和辅助方法划分的意义和标准。

第一节 生产类型及管理要求对成本计算方法的影响

一、企业的生产类型及其特点

计算产品成本是为成本管理提供资料,应该满足成本管理对于成本资料的要求。产品成本又是在生产过程中形成的,成本管理需要的成本资料在很大程度上又受生产特点的影响。因此,每个企业或车间在计算产品成本时,都应根据生产特点和管理要求来确定适宜的成本计算方法。企业的生产类型可按生产工艺过程的特点和生产组织方式的特点来划分。

(一)按生产工艺过程的特点分类

工业企业的产品生产按工艺过程的特点不同,可分为单步骤生产和多步骤生产两种类型。

1. 单步骤生产

单步骤生产又称简单生产,是指生产工艺过程不能间断的或不能分散在不同地点进行的生产,无独立半成品环节,如发电、供水、供气、采掘、铸造等工业的生产。单步骤生产具有工艺技术简单、生产周期短、产品品种稳定、生产只能由一个车间或一个企业独立完成的特点。

2. 多步骤生产

多步骤生产又称复杂生产,是指生产工艺过程可以间断,可以分散在不同地点、时间进行,并由若干加工步骤组成的生产。它具有工艺技术复杂、生产周期长、产品品种不稳定、生产由多个车间或多个企业协作完成的特点。多步骤生产按产品加工方式和各个生产步骤的内在联系的不同,又可以分为连续式多步骤生产和装配式多步骤生产两种类型。

连续式多步骤生产是指材料投产后，要依次经过各个生产步骤的连续加工而形成产成品的生产。前一个生产步骤完成的半成品，是后一个生产步骤继续加工的对象，直至最后一个步骤的完工才形成产成品。例如，纺织、冶金等工业的生产。

装配式多步骤生产又称平行式多步骤生产，是指先将各种材料分别在各个车间平行地进行加工，制成各种零部件，然后将零部件组装成为产成品的生产。例如，车辆、机械制造、仪表制造等工业的生产。

（二）按生产组织方式的特点分类

工业企业的生产组织方式是根据其产品的产量、产品生产的重复性和产品品种的稳定性来确定的。工业企业产品生产按其生产组织方式的特点不同，可分为大量生产、成批生产和单件生产三种类型。

1. 大量生产

大量生产是指不断重复生产品种相同的产品的生产。例如，纺织、冶金、水泥、造纸、酿造等工业的生产。大量生产具有产量大、生产的重复性强和品种少而稳定的特点，其通常采用专用设备进行生产。

2. 成批生产

成批生产是指按预先确定的产品批别和数量进行的产品生产。例如，服装、机械、车辆、仪表、电器等工业的生产。成批生产具有产量较大、品种较多、生产有一定的重复性的特点，其一般采用专用及通用设备进行生产。成批生产按生产批量的大小不同，又可分为大批生产和小批生产。大批生产由于生产的批量大，往往在一段时期内不断地生产品种相同的产品，具有大量生产的性质；小批生产由于生产的批量小，一批产品往往同时完工，具有单件生产的性质。

3. 单件生产

单件生产是指根据购货者订单所要求的特定规格进行的个别产品的生产。例如，船舶、发电设备、重型机械等工业的生产。单件生产具有产量少、品种多、重复性少的特点，其一般采用通用设备进行生产。

企业在生产过程中，其生产工艺过程与生产组织方式是相互有机地结合在一起的。单步骤工艺生产过程通常采用大量生产的组织方式；连续式多步骤生产通常采用大量生产或成批生产的组织方式；装配式多步骤生产则通常采用成批生产或单件生产的组织方式。

二、生产类型特点及管理要求对产品成本计算的影响

（一）生产类型特点对产品成本计算的影响

企业采用什么成本计算方法，在很大程度上是由产品的生产特点决定的，主要表现在三个方面，即成本计算对象、成本计算期、生产费用在完工产品与在产品之间的分配。这三方面有机结合，决定了特定成本计算方法的主要特点。

1. 对成本计算对象的影响

成本计算对象是指企业为了计算产品成本而确定的归集和分配生产费用的各个对象，即成本费用的承担者。企业在进行成本计算时，应先确定成本计算对象，按照确定的成本计算对象设置"基本生产成本明细账"（或"产品成本计算单"），据以归集和分配每一成本计算对象发生的费用。成本计算对象应根据生产的特点来确定。

（1）在大量大批简单生产的企业里，一般产量较大，生产过程不能间断。所以，它以产品品种作为成本计算对象。

（2）在大量大批复杂生产的企业里，其生产过程是可以间断的，因而不仅可以计算出每种产品的成本，而且可以计算出各步骤半成品的成本。所以，它以各步骤半成品或各生产步骤与最后步骤产成品作为成本计算对象。

（3）在单件小批生产的企业里，一般按客户的订单或批别来组织生产，它以产品批别或产品订单作为成本计算对象。

上述每种产品、每种产品生产经过的生产步骤、每一订单或每批产品，就是归集生产费用计算产品成本的承担者，即成本计算对象。当然，成本计算对象的确定，除了要考虑企业的生产特点，还应考虑成本管理的要求。

2. 对成本计算期的影响

成本计算期是指每次计算产品成本的期间。计算产品成本的期间并不完全与产品的生产周期或会计报告期一致。有时产品成本计算期与会计报告期一致，有时并不一致，而与产品的生产周期一致。影响成本计算期的主要因素是生产类型的特点。

（1）在大量大批单步骤或多步骤生产的企业里，在月内一般都有大量的完工产品，产品的生产周期较短，随时有完工产品。因此，不能在产品完工的同时，就计算它的成本，而是定期地在月末进行计算。此时，产品的成本计算期与会计报告期一致，而与产品的生产周期不一致。

（2）在单件小批生产的企业里，当每一订单产品或每批产品未完工时，全部是在产品的成本，只有当产品全部完工时，才能计算完工产品的成本，故其成本计算期是不固定的，与产品的生产周期一致，但与会计报告期不一致。需要指出的是，尽管在单件小批生产的企业里，要在产品完工时才能计算完工产品的成本，但对各项费用的归集和分配等与成本计算有关的经济业务都应按月进行，并按月结账，据以考核企业内部各单位产品成本的发生情况。

3. 对生产费用在完工产品和在产品之间分配的影响

企业生产类型的特点，还影响月末是否需要在完工产品与在产品之间分配生产费用，即是否需要计算在产品成本。企业生产产品过程中发生的全部生产费用，经过费用要素的归集和分配后，最终都集中在"基本生产成本明细账"和各种"产品成本计算单"中。

（1）若在发电、供水、供气、采掘等单步骤大量大批生产产品的情况下，生产过程不能间断，生产周期较短，一般没有在产品或期末在产品数量很少，是否计算在产品成本对完工产品成本影响不大，因此不需要将生产费用在完工产品和月末在产品之间进行分配。此时归集在"基本生产成本明细账"和"产品成本计算单"中的所有生产费用，就是完工产品的总成本。

（2）若在多步骤大量大批生产产品的情况下，由于生产连续不断地进行，产品的生产周期长，月末有在产品，并且数量较多，必须采用适当的方法，将生产费用在完工产品和月末在产品之间进行分配。

（3）若在单件小批生产产品的情况下，由于以批别或订单为成本计算对象，成本计算期与生产周期一致，在产品尚未完工时，归集在"基本生产成本明细账"和"产品成本计算单"的所有生产费用就是在产品成本。当产品全部完工时，归集在"基本生产成本明细账"和"产品成本计算单"中的所有生产费用就是完工产品成本，因此不需要将生产费用在完工产品和月末在产品之间进行分配。但在同批产品分期完工、分别对外销售时，有必要计算在产品成本，以便反映完工产品成本。

在生产费用分配中,需要分配的费用是月初在产品成本与本月发生的费用之和,需要将其在完工产品和在产品之间进行分配。其计算公式如下:

月初在产品成本＋本月发生的费用＝完工产品成本＋月末在产品成本

生产类型特点对上述三方面的影响是相互联系的,不同的成本计算对象、不同的成本计算期,以及生产费用在完工产品和在产品之间的分配方法决定了成本计算采用不同的方法。其中成本计算对象是主要的影响因素,成本计算对象的不同决定了成本计算方法也不同。因此,正确确定产品成本计算对象是正确计算产品成本的前提,而成本计算对象也是区别各种成本计算方法的主要标志。

成本计算的基本方法分为三种:以产品品种为成本计算对象的品种法;以产品批别为成本计算对象的分批法;以各步骤的半成品或各生产步骤与最后步骤的产成品为成本计算对象的分步法。

(二) 管理要求对产品成本计算的影响

一个企业采用什么方法计算产品成本,除了受企业生产特点的制约,还必须根据企业成本管理的要求来选择适合本企业的成本核算方法。

(1) 对于大量大批多步骤生产的企业,由于产品生产过程可以间断,分散在不同地点进行生产,客观上具备了按生产步骤计算半成品成本的条件。如果企业管理上要求分步骤计算各步骤所产半成品的成本,以提供半成品成本资料,则成本计算对象可确定为各加工步骤的半成品和最后步骤的产成品;如果企业管理上要求分步骤计算最终产品成本,不要求提供半成品成本资料,或者管理上不要求分步骤计算最终产品成本,那么尽管这种生产具备了按步骤计算半成品成本的条件,也不以各步骤的半成品作为成本计算对象,而是以各生产步骤与最后步骤的产成品作为成本计算对象。

(2) 在确定单件小批生产的产品成本计算对象时,可以根据经济、合理地组织生产和便于管理的要求,对客户的订单作适当的归并或细分,按重新组织的生产批别作为成本计算对象。

第二节 产品成本计算的基本方法和辅助方法

一、产品成本计算的基本方法

制造企业产品生产特点和成本管理要求不同,其成本计算对象、成本计算期、在产品成本的计算也不尽相同。将不同的成本计算对象、不同的成本计算期及生产费用在完工产品和在产品之间不同的分配方法等因素结合在一起,就形成了不同的成本计算方法。产品成本计算的基本方法有品种法、分批法和分步法三种。

1. 品种法

品种法是以产品品种作为成本计算对象归集生产费用、计算产品成本的方法。品种法不需要按批计算成本,也不需要按步骤计算在产品成本,因而这种成本计算方法比较简单。品种法主要适用于大量大批单步骤生产的企业和管理上不要求分步骤计算产品成本的大量大批多步骤生产的企业。

2. 分批法

分批法又称订单法,是以产品的批次或订单作为成本计算对象归集生产费用、计算产品成本的方法。分批法主要适用于单件小批单步骤生产的企业和管理上不要求分步计算产品成本的单件小批多步骤生产的企业。

3. 分步法

分步法是按产品的生产步骤归集生产费用、计算产品成本的方法。分步法适用于管理上要求分步骤计算产品成本的大量大批多步骤生产的企业。

上述三种方法的生产特点和管理要求与产品成本计算关系如表8-1所示。

表8-1 生产特点和管理要求与产品成本计算关系

生产特点		管理要求	成本计算对象	成本计算期	完工产品与在产品成本分配	成本计算方法
生产工艺过程	生产组织方式					
单步骤生产	大量大批生产	—	品种	定期	一般不需要	品种法
	单件小批生产	—	批别	不定期	一般不需要	分批法
多步骤生产	单件小批生产	不要求分步骤计算成本	批别	不定期	一般不需要	分批法
	大量大批生产	不要求分步骤计算成本	品种	定期	需要	品种法
		要求分步骤计算成本	产品及步骤	定期	需要	分步法

二、产品成本计算的辅助方法

除了以上三种基本方法,为了满足成本管理或成本计算的要求,还可以采用其他方法。例如,在一些定额管理比较完善的企业中,为了利用定额加强成本的控制和管理,可采用定额法计算成本;在产品品种繁多、规模较大,但可按一定标准分为若干类别的企业中,为了简化成本计算工作,可采用分类法计算成本。这些方法不是独立的成本计算方法,必须与成本计算的基本方法结合应用。定额法和分类法在本书第十二章介绍。

三、产品成本计算方法的应用

成本计算的基本方法——品种法、分批法和分步法,以及为了简化成本计算工作而采用的分类法和为了加强定额管理而采用的定额法,是五种典型的成本计算方法。在实际工作中,在同一个企业或同一个车间里,其生产特点和管理要求并不完全相同,因此有可能在同一个企业或同一个车间里同时采用几种成本计算方法进行成本计算;即使是生产一种产品,该产品的各生产步骤及各种半成品、各成本项目之间的结转,以及其生产特点和管理要求也不一样,因此也有可能同时采用几种成本计算方法进行成本计算。

(一)同时采用几种成本计算方法

1. 同一企业的各车间同时采用几种不同的成本计算方法

同一企业的不同生产车间,由于生产特点和成本管理要求不同,通常采用不同的成本计算方法,这种情况在企业中非常普遍。

一个企业的各生产车间的生产类型不同,可以采用不同的成本计算方法。如同一个企业内设有基本生产车间和辅助生产车间,由于两个车间的生产类型不同,往往采用不同的成本计算方法。例如,纺织厂的纺纱、织布基本生产车间,属于大量多步骤生产,而且要求计算各步骤半成品成本,适宜采用分步法;而供电辅助生产车间属于大量单步骤生产,适宜采用品种法。

一个企业的各生产车间的生产类型相同,但管理要求不同,可以采用不同的成本计算方法。例如,机床厂和铸工车间是基本生产车间,机床厂属于大量大批多步骤生产,宜采用分步法;而铸工车间属于大量大批单步骤生产,宜采用品种法。供电、供水和工具辅助生产车间是辅助生产车间,供电、供水辅助生产车间宜采用品种法;而工具辅助生产车间,由于生产工具品种繁多,宜采用分类法。

2. 同一企业或同一车间的各种产品同时采用几种成本计算方法

同一企业或同一生产车间同时生产多种产品,由于各产品的生产类型或管理要求不同,可以采用不同的成本计算方法。

同一企业或同一生产车间生产的老产品和新产品,由于生产组织不同,成本计算方法也不同。如果老产品已定型且属于大量大批多步骤生产,宜采用分步法;而新产品正在试制或刚试制成功未投入大量生产,只是单件小批生产,应采用分批法。但是,同一企业或同一车间生产的各种产品,虽已定型并生产组织相同,但生产工艺过程不同,也应采用不同的成本计算方法。例如,玻璃制品厂生产的日用玻璃杯和玻璃仪器,两个产品均已定型,而且都属于大量大批生产,但日用玻璃杯是利用原料直接熔制而成,属于单步骤生产;而玻璃仪器是先将原料熔制成各种毛坯,然后再加工、装配而成,属于多步骤生产。所以,日用玻璃杯采用品种法计算成本,而玻璃仪器则宜采用分步法计算成本。

(二) 结合应用几种成本计算方法

1. 同一种产品结合采用几种成本计算方法

多步骤生产企业核算产品成本时,同一种产品不同生产步骤,如果生产特点和成本管理要求不同,可以一种成本计算方法为基础,结合应用几种不同的成本计算方法。

例如,重型机械厂承接各种型号的港口起重机,港口起重机属于大型定制化设备,通常按客户订单(单件或小批量)组织生产,各订单的技术规格、性能要求差异大(如起重量、臂长、工作半径等不同),生产周期长(需经历设计、零部件制造、总装、调试等阶段)。

重型机械厂成本核算要求按订单(批次)精准归集成本,同时对标准部件和关键工序进行细化核算,为定价和成本控制提供依据。

(1)以客户订单为单位(如"××港口2台50吨级起重机")设立成本计算单,归集整个订单从设计到交付的全部成本。

(2)起重机中部分通用零部件(如标准螺栓、轴承、电机等)虽为订单配套生产,但属于大批量重复制造(如同一型号电机可能用于多批次订单),适合按产品品种归集成本。

(3)起重机生产中的关键工序(如结构件焊接、主梁加工、总装调试)具有明显的步骤性,且前一步骤的半成品(如焊接成型的主梁框架)会直接转入下一步骤继续加工,需按工序结转成本。

第一步结构件车间归集主梁钢材下料、焊接的成本,形成"主梁框架"半成品成本;第二步机加工车间领用"主梁框架",投入机加工人工、制造费用,形成"加工后主梁"成本;第三步总装车间领用"加工后主梁",与其他零部件(如电机、液压系统)及总装人工、费用归集,形成最终产品成本。

可见,该重型机械厂成本计算是在分批法的基础上结合应用品种法和分步法,其中分步法采用逐步结转法。通过多种成本计算方法的结合,重型机械厂既能满足定制化订单的精准核算,又能对标准化生产环节进行高效成本管理,为企业在小批单件生产模式下的定价决策、成本控制和效益分析提供全面支撑。

2. 成本计算的辅助方法应与基本方法结合应用

分类法和定额法是为简化成本计算工作和加强定额管理而采用的两种辅助方法。它们与生产类型的特点没有直接联系,在各种类型的生产中都可应用,但必须与成本计算基本方法,即品种法、分批法、分步法结合应用。例如,食品厂生产的各种饼干(单步骤大量生产)的成本,可以采用品种法和分类法相结合的方法计算。先采用品种法计算饼干这一类产品的成本,然后采用分类法分配计算各种类型饼干的成本。

综上所述,成本计算方法多种多样,在实际工作中,企业采用的产品成本计算方法,应结合企业不同的生产特点和管理要求,并考虑企业的规模和管理水平,从实际出发,灵活应用,不能照搬书本上的理论。只有本着"主要产品从细、次要产品从简"的原则合理地确定成本计算方法,才能做好成本核算工作。另外,在确定成本计算方法时,应注意成本计算方法与成本计划方法的口径一致;应注意与同行业其他企业的成本计算方法相一致,保持相对稳定,以便正确计算产品的总成本和单位成本,考核企业成本计划的完成情况,进行成本分析和成本考核,不断降低产品成本,提高企业的经济效益。

复习思考题

1. 企业的生产类型按生产工艺过程的特点划分可分为几类?
2. 简单生产的特点是什么?其典型企业有哪些?
3. 复杂生产的特点是什么?其典型企业有哪些?
4. 连续式复杂生产的特点是什么?其典型企业有哪些?
5. 装配式复杂生产的特点是什么?其典型企业有哪些?
6. 在计算产品成本时应如何确定产品成本计算对象?不同生产类型的企业成本计算对象应如何确定?
7. 在计算产品成本时,成本计算期应如何确定?不同生产类型的企业成本计算期应如何确定?
8. 企业成本计算的基本方法有哪些?它们各自的特点及其适用范围是什么?
9. 企业成本计算的辅助方法有哪些?
10. 什么是产品成本计算的品种法?品种法的适用范围是什么?

 同步测试题

请扫描二维码,完成本章同步测试题。

第九章 CHAPTER 9

品种法

学习目的

● 理解品种法的含义、特点和适用范围。
● 掌握品种法产品成本核算过程。

第一节 品种法概述

一、品种法的含义

品种法是以产品品种作为成本计算对象来归集生产费用、计算产品成本的方法。品种法是最基本的产品成本计算方法。因为无论什么特点的工业企业、什么类型的产品生产，也无论管理要求如何，最终都必须按照产品品种计算产品成本。

二、品种法的特点

品种法的特点主要表现在以下三个方面：

（1）以产品品种作为成本计算对象，并据以设置产品成本明细账，归集生产费用，计算产品成本。采用品种法计算成本的企业，往往是大量大批重复生产一种或几种产品的企业。只生产一种产品的企业，只需以这一种产品开设生产成本明细账，并按成本项目开设专栏。这种情况下发生的各项生产费用都是直接费用，因而直接将其计入产品成本计算单的有关栏目。如果企业生产的产品不止一种，则需要对每种产品分别开设若干产品成本计算单，并按成本项目开设专栏。在这种情况下，将直接费用直接计入产品成本计算单的有关栏目，对于几种产品共同发生的费用，则分配计入各产品成本计算单的有关栏目。

（2）成本计算期与会计报告期一致，即按月定期计算产品成本。大量大批生产的企业，其生产是连续不断进行的，不可能在产品生产完工时就计算出产品成本，只能定期在月末计算当月产出的完工产品成本。成本计算期与会计报告期一致，但与产品生产周期不一致。

（3）月末，区别不同情况确定是否需要将生产费用在完工产品和月末在产品之间进行分配。第一，在供水、发电、面粉加工等大量大批单步骤生产中，月末计算产品成本时，一般不存在尚未完工的在产品,可以不计算在产品成本,全部生产费用都由完工产品负担,不需要将生产费用在完工产品和在产品之间进行分配。将完工产品的总成本除以产量,就是该产品的单位生产成本。此外,有些单步骤生产企业月末通常有在产品,那么月末就需要将生产费用在完工产品和在产品之间分配。例如,煤矿采掘企业井下开采时,已从煤层剥离但尚未运输至地面的煤炭(如巷道内堆积的煤炭、矿车中未卸载的矿石);金属矿采掘企业地下开采时,已爆破但未完成装载的矿石;玻璃制品企业熔窑持续运行时,炉内未完成成型的玻璃液以及成型后的玻璃制品需在退火炉中缓慢冷却(如持续 24 小时),若月末时退火炉内仍有未冷却完成的制品(如刚进入退火炉 12 小时的玻璃瓶)等。

第二,在按流水线组织生产或集中封闭式生产,且管理上不要求按照步骤计算成本的大量大批多步骤的小型生产企业中,月末有在产品,且数量较多,在生产费用中所占比重较大,则应将本期累计的生产费用在完工产品和在产品之间进行分配。

三、品种法的适用范围

品种法主要适用于以下两种企业:

(1) 大量大批单步骤生产的企业,如供电、供水、供气、面粉加工、采掘及玻璃制品等企业。在这种类型的企业中,没有必要分生产步骤计算产品成本,只能以产品品种作为成本计算对象。

(2) 按流水线组织生产或集中封闭式生产(从原材料投入到产品产出的全过程,在一个车间内进行),管理上不要求按照生产步骤计算产品成本的大量大批多步骤生产的小型企业,如砖瓦厂、造纸厂和小型水泥厂等。

四、品种法的分类

品种法按照应用的企业类型分类,可以分为简单品种法和典型品种法。

1. 简单品种法

简单品种法一般应用于产品品种单一,生产周期比较短,通常没有在产品大量大批单步骤生产的企业,其计算程序相对简单。对于一些企业内部辅助生产车间的成本计算,如供水、供电、供气、面粉加工等单步骤大量生产的劳务成本也可以采用简单品种法。

2. 典型品种法

典型品种法一般应用于管理上不要求按生产步骤计算产品成本的小型多步骤生产的企业。该企业一般生产多品种产品,成本计算比较复杂,期末有在产品,要求按不同产品品种归集生产费用,计算每种产品的完工产品成本和在产品成本。此类企业采用的品种法有别于简单品种法的计算程序,但又是多数企业普遍采用的成本计算方法,因此被称为典型品种法[①]。

第二节 品种法的运用

品种法作为最基本的产品成本计算方法,其核算程序体现着产品成本计算的一般程序。

---

① 管理上要求按照生产步骤计算产品成本的大量大批多步骤生产的企业,其半成品核算也采用典型品种法(单步骤),一般是多品种半成品,期末有未完工半成品(在产品)。

一、品种法的成本计算程序

采用典型品种法计算产品成本时,应先按照产品的品种开设基本生产成本明细账或产品成本计算单,然后按照以下步骤归集和分配各项费用、计算产品成本:

(1) 根据各项耗费的原始凭证和其他有关资料,分配各项要素费用。

(2) 根据各要素费用分配表及其他费用资料,登记基本生产成本明细账或产品成本计算单、辅助生产成本明细账、制造费用明细账及管理费用明细账等。

(3) 编制辅助生产成本分配表,将辅助生产成本明细账中归集的生产费用采用适当方法分配给各受益对象,并据以登记有关费用明细账。

(4) 编制制造费用分配表,将制造费用明细账中归集的全月费用采用适当方法在各产品之间进行分配,并据以登记基本生产成本明细账或产品成本计算单。

(5) 将基本生产成本明细账或产品成本计算单中按成本项目归集的生产费用,采用适当的方法在本月完工产品和月末在产品之间进行分配,确定完工产品和月末在产品成本;编制完工产品成本汇总表,计算各种完工产品的总成本和单位成本。

典型品种法成本计算程序如图 9-1 所示,各步骤分别用序号①②③④⑤⑥⑦⑧标注。

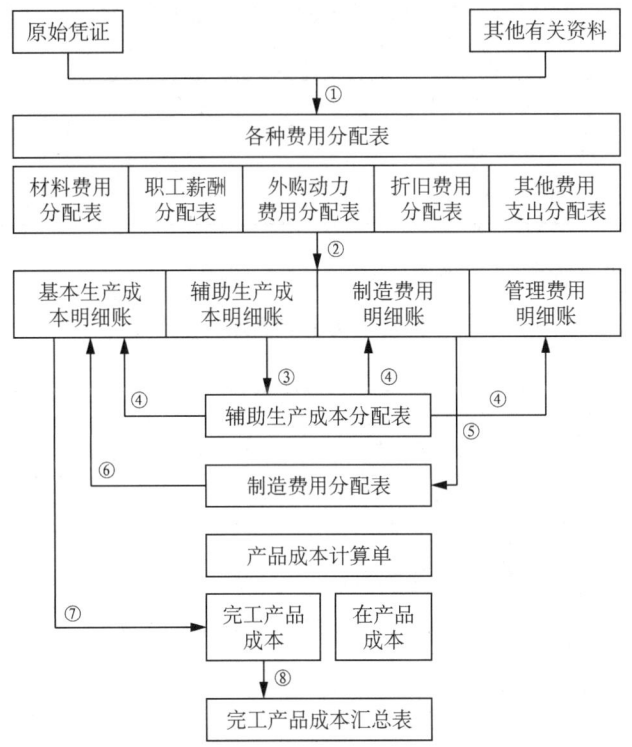

图 9-1 典型品种法成本计算程序

二、品种法举例

(一) 企业基本情况及有关资料

【例 9-1】 明盛制造厂为单步骤多品种生产企业,设有一个基本生产车间,大量生产

9-1 品种法 Excel 智能核算

丙、丁两种产品;另设有供水车间、锅炉车间两个辅助生产车间,为全厂提供劳务。辅助生产之间相互提供的劳务采用交互分配法。辅助生产不单独核算制造费用。

该企业职工福利费按照职工工资总额的14%计提,年末根据职工福利费的实际发生额补提或冲回。工会经费和职工教育经费分别按照职工工资总额的2%和8%计提。

根据当地政府规定,分别按照职工工资总额的比例计提医疗保险10%、养老保险20%、失业保险1.5%、工伤保险0.5%和生育保险1%,按照职工工资总额的7%计提住房公积金。

丙、丁两种产品原材料均于生产开始时一次性投入。基本生产车间产品不可修复废品为25件,其完工程度为80%,废品收回残值3 200元,过失人应赔偿5 800元,采用废品所耗定额成本计算不可修复废品成本。月末采用定额比例法分配丙产品完工产品和在产品,月末在产品完工程度为60%;采用约当产量法分配丁产品完工产品和在产品,月末在产品完工程度为75%。该企业20××年5月成本有关资料如表9-1至表9-6所示。

(1)产量及在产品完工率如表9-1所示。

表9-1 产量及在产品完工率

20××年5月　　　　　　　　　　　　　　　　　　　数量单位:件

产品名称	本月完工产品	月末在产品	在产品完工率
丙产品	400	200	60%
丁产品	300	180	75%

(2)单位产品定额如表9-2所示。

表9-2 单位产品定额

20××年5月　　　　　　　　　　　　　　　　　　　金额单位:元

产品名称	单位产品材料消耗费用定额	单位工时计划燃料及动力费用率	单位工时计划直接人工费用率	单位工时计划制造费用率	单位产品工时定额(小时)
丙产品	240	11	16	13	15

(3)月初在产品成本如表9-3所示。

表9-3 月初在产品成本

20××年5月　　　　　　　　　　　　　　　　　　　单位:元

产品名称	直接材料	燃料及动力	直接人工	制造费用	合计
丙产品	40 282	21 672	28 576	21 720	112 250
丁产品	32 400	20 550	20 032	19 830	92 812

(4)生产工时:丙产品5 400小时,丁产品4 200小时,修复丁产品50小时。

(5)本月原材料发出汇总明细如表9-4所示,本月职工工资结算汇总如表9-5所示,本月外购动力费用明细如表9-6所示。

表9-4 本月原材料发出汇总明细表

20××年5月　　　　　　　　　　　　　　　　　　　　　　　　　金额单位:元

领料用途	耗用A材料	耗用B材料	B材料定额消耗量（千克）	耗用C材料
丙产品	36 540	83 460	12 000	—
丁产品	30 428		7 500	—
小计	66 968	83 460	19 500	—
修复废品丁产品	270	392	—	—
锅炉车间	—	8 200	—	5 700
供水车间	—	7 800	—	3 800
基本生产车间一般耗用	10 500	11 000	—	10 610
销售部门	7 530	—	—	5 340
行政管理部门	8 200	—	—	6 520
合计	93 468	110 852	19 500	31 970

表9-5 本月职工工资结算汇总表

20××年5月　　　　　　　　　　　　　　　　　　　　　　　　　单位:元

人员类别		计件工资	应发计时工资及奖金、津贴和补贴
产品生产工人	丙产品	29 470	57 120
	丁产品	22 210	
	修复丁产品废品	200	—
锅炉车间		—	19 400
供水车间		—	18 000
基本生产车间管理人员		—	16 800
销售部门人员		—	16 200
行政管理人员		—	15 000
合计		51 880	142 520

表9-6 本月外购动力费用明细表

20××年5月　　　　　　　　　　　　　　　　　　　　　　　　　金额单位:元

部门		生产工时(小时)	外购动力费用
基本生产车间	丙产品	5 400	115 800
	丁产品	4 200	
	修复丁产品废品	50	
锅炉车间			12 560
供水车间			10 980

(续表)

部门	生产工时（小时）	外购动力费用
基本生产车间		27 030
销售部门		10 770
行政管理部门		11 350
合计	9 650	188 490

(6) 辅助生产车间劳务供应量如表9-7所示，其中供水车间用于丙产品和丁产品的水属于两种产品生产中的主要原料。

表9-7 辅助生产车间劳务供应量汇总表

20××年5月

受益单位	锅炉车间（立方米）	供水车间（吨）
锅炉车间	—	1 200
供水车间	600	—
丙产品	1 400	3 500
丁产品	1 500	4 000
基本生产车间	1 300	4 500
销售部门	800	1 400
行政管理部门	1 000	1 600
合计	6 600	16 200

(7) 有关费用分配方法：

第一，共同耗用的材料费用按丙、丁产品定额消耗量比例分配。

第二，共同耗用的直接人工费用按丙、丁产品生产工时比例分配。

第三，外购动力费用及制造费用均按丙、丁产品和修复丁产品的生产工时比例分配。

（二）成本计算程序和计算方法

1. 根据各种费用支出原始凭证，编制费用分配汇总表，并据以编制会计分录。

(1) 根据领、退料单编制材料费用分配表，如表9-8所示。

表9-8 材料费用分配表

20××年5月   金额单位：元

应借账户			直接计入	分配计入			合计
总账账户	明细账户	成本或费用项目		定额消耗量（千克）	分配率	分配额	
基本生产成本	丙产品	直接材料	36 540	12 000	4.28	51 360	87 900
	丁产品	直接材料	30 428	7 500	4.28	32 100	62 528
	小计		66 968	19 500	—	83 460	150 428

(续表)

应借账户			直接计入	分配计入			合计
总账账户	明细账户	成本或费用项目		定额消耗量（千克）	分配率	分配额	
辅助生产成本	锅炉车间	直接材料	13 900				13 900
	供水车间	直接材料	11 600				11 600
	小计		25 500				25 500
废品损失	丁产品	直接材料	662				662
制造费用	基本生产车间	机物料消耗	32 110				32 110
销售费用		销售机构经费	12 870				12 870
管理费用		公司经费	14 720				14 720
合计			152 830	19 500	—	83 460	236 290

根据表9-8编制会计分录如下：

借：基本生产成本——丙产品（直接材料）　　　　　　　87 900
　　　　　　　　——丁产品（直接材料）　　　　　　　62 528
　　辅助生产成本——锅炉车间　　　　　　　　　　　　13 900
　　　　　　　　——供水车间　　　　　　　　　　　　11 600
　　废品损失——丁产品　　　　　　　　　　　　　　　　662
　　制造费用——基本生产车间　　　　　　　　　　　　32 110
　　销售费用　　　　　　　　　　　　　　　　　　　　12 870
　　管理费用　　　　　　　　　　　　　　　　　　　　14 720
　　贷：原材料　　　　　　　　　　　　　　　　　　　236 290

(2) 根据有关原始凭证编制外购动力费用分配表，如表9-9所示。

表9-9　外购动力费用分配表

20××年5月　　　　　　　　　　　　　　　　　　　　　金额单位：元

应借账户		成本或费用项目	分配标准（生产工时）	分配率	分配额
基本生产成本	丙产品	燃料及动力	5 400	12	64 800
	丁产品	燃料及动力	4 200	12	50 400
	小计		9 600	—	115 200
废品损失	丁产品	燃料及动力	50	12	600
辅助生产成本	锅炉车间	燃料及动力			12 560
	供水车间	燃料及动力			10 980
	小计				23 540

(续表)

应借账户		成本或费用项目	分配标准（生产工时）	分配率	分配额
制造费用	基本生产车间	电费			27 030
销售费用		电费			10 770
管理费用		电费			11 350
合计			9 650		188 490

根据表9-9编制会计分录如下：

借：基本生产成本——丙产品（燃料及动力） 64 800
　　　　　　　　——丁产品（燃料及动力） 50 400
　　辅助生产成本——锅炉车间 12 560
　　　　　　　　——供水车间 10 980
　　废品损失——丁产品 600
　　制造费用——基本生产车间 27 030
　　销售费用 10 770
　　管理费用 11 350
　　贷：应付账款 188 490

(3) 编制职工薪酬分配表。

根据表9-5编制职工福利费、工会经费、职工教育经费及住房公积金计算表，如表9-10所示。

表9-10 职工福利费、工会经费、职工教育经费及住房公积金计算表

20××年5月　　　　　　　　　　　　　　　　　　　单位：元

人员类别			工资总额	职工福利费（14%）	工会会费（2%）	职工教育经费（8%）	住房公积金（7%）
基本生产车间	丙产品	直接计入	29 470.00	4 125.80	589.40	2 357.60	2 062.90
		分配计入	32 130.00	4 498.20	642.60	2 570.40	2 249.10
		小计	61 600.00	8 624.00	1 232.00	4 928.00	4 312.00
	丁产品	直接计入	22 210.00	3 109.40	444.20	1 776.80	1 554.70
		分配计入	24 990.00	3 498.60	499.80	1 999.20	1 749.30
		小计	47 200.00	6 608.00	944.00	3 776.00	3 304.00
	车间管理人员		16 800.00	2 352.00	336.00	1 344.00	1 176.00
辅助生产车间	锅炉车间		19 400.00	2 716.00	388.00	1 552.00	1 358.00
	供水车间		18 000.00	2 520.00	360.00	1 440.00	1 260.00
	小计		37 400.00	5 236.00	748.00	2 992.00	2 618.00
废品损失	丁产品	直接计入	200.00	28.00	4.00	16.00	14.00

(续表)

人员类别	工资总额	职工福利费（14%）	工会会费（2%）	职工教育经费（8%）	住房公积金（7%）
专设销售部门	16 200.00	2 268.00	324.00	1 296.00	1 134.00
企业管理部门	15 000.00	2 100.00	300.00	1 200.00	1 050.00
合计	194 400.00	27 216.00	3 888.00	15 552.00	13 608.00

根据表 9-5 编制五险计算表，如表 9-11 所示。

表 9-11 五险计算表

20××年 5 月　　　　　　　　　　　　　　　　　　　　　　单位：元

人员类别			工资总额	医疗保险（10%）	养老保险（20%）	失业保险（1.5%）	工伤保险（0.5%）	生育保险（1%）	五险合计
基本生产车间	丙产品	直接计入	29 470.00	2 947.00	5 894.00	442.05	147.35	294.70	9 725.10
		分配计入	32 130.00	3 213.00	6 426.00	481.95	160.65	321.30	10 602.90
		小计	616 00.00	6 160.00	12 320.00	924.00	308.00	616.00	20 328.00
	丁产品	直接计入	22 210.00	2 221.00	4 442.00	333.15	111.05	222.10	7 329.30
		分配计入	24 990.00	2 499.00	4 998.00	374.85	124.95	249.90	8 246.70
		小计	47 200.00	4 720.00	9 440.00	708.00	236.00	472.00	15 576.00
	车间管理人员		16 800.00	1 680.00	3 360.00	252.00	84.00	168.00	5 544.00
辅助生产车间	锅炉车间		19 400.00	1 940.00	3 880.00	291.00	97.00	194.00	6 402.00
	供水车间		18 000.00	1 800.00	3 600.00	270.00	90.00	180.00	5 940.00
	小计		37 400.00	3 740.00	7 480.00	561.00	187.00	374.00	12 342.00
废品损失	丁产品		200.00	20.00	40.00	3.00	1.00	2.00	66.00
专设销售部门			16 200.00	1 620.00	3 240.00	243.00	81.00	162.00	5 346.00
企业管理部门			15 000.00	1 500.00	3 000.00	225.00	75.00	150.00	4 950.00
合计			194 400.00	19 440.00	38 880.00	2 916.00	972.00	1 944.00	64 152.00

根据表 9-5、表 9-10 及表 9-11，编制应付职工薪酬汇总表，如表 9-12 所示。

表 9-12 应付职工薪酬汇总表

20××年 5 月　　　　　　　　　　　　　　　　　　　　　　单位：元

人员类别			工资总额	职工福利费	工会经费	职工教育经费	住房公积金	社会保险费	合计
基本生产车间	丙产品	直接计入	29 470.00	4 125.80	589.40	2 357.60	2 062.90	9 725.10	48 330.80
		分配计入	32 130.00	4 498.20	642.60	2 570.40	2 249.10	10 602.90	52 693.20
	小计		61 600.00	8 624.00	1 232.00	4 928.00	4 312.00	20 328.00	101 024.00

(续表)

人员类别		工资总额	职工福利费	工会经费	职工教育经费	住房公积金	社会保险费	合计
基本生产车间	丁产品 直接计入	22 210.00	3 109.40	444.20	1 776.80	1 554.70	7 329.30	36 424.40
	丁产品 分配计入	24 990.00	3 498.60	499.80	1 999.20	1 749.30	8 246.70	40 983.60
	小计	47 200.00	6 608.00	944.00	3 776.00	3 304.00	15 576.00	77 408.00
	车间管理人员	16 800.00	2 352.00	336.00	1 344.00	1 176.00	5 544.00	27 552.00
辅助生产车间	锅炉车间	19 400.00	2 716.00	388.00	1 552.00	1 358.00	6 402.00	31 816.00
	供水车间	18 000.00	2 520.00	360.00	1 440.00	1 260.00	5 940.00	29 520.00
	小计	37 400.00	5 236.00	748.00	2 992.00	2 618.00	12 342.00	61 336.00
废品损失	丁产品	200.00	28.00	4.00	16.00	14.00	66.00	328.00
专设销售部门		16 200.00	2 268.00	324.00	1 296.00	1 134.00	5 346.00	26 568.00
企业管理部门		15 000.00	2 100.00	300.00	1 200.00	1 050.00	4 950.00	24 600.00
合计		194 400.00	27 216.00	3 888.00	15 552.00	13 608.00	64 152.00	318 816.00

根据表 9-12 编制职工薪酬分配表,如表 9-13 所示。

表 9-13 职工薪酬分配表

20××年5月　　　　　　　　　　　　　　　　　　　　金额单位:元

应借账户			直接计入薪酬费用	间接计入薪酬费用			薪酬合计
总账账户	明细账户	成本或费用项目		分配标准（生产工时）	分配率	分配金额	
基本生产成本	丙产品	直接人工	48 330.80	5 400	9.758	52 693.20	101 024
	丁产品	直接人工	36 424.40	4 200	9.758	40 983.60	77 408
	小计		84 755.20	9 600	—	93 676.80	178 432
制造费用	基本生产车间	职工薪酬	27 552.00				27 552
辅助生产成本	锅炉车间	直接人工	31 816.00				31 816
	供水车间	直接人工	29 520.00				29 520
	小计		61 336.00				61 336
废品损失	丁产品	直接人工	328.00				328
销售费用		销售机构经费	26 568.00				26 568
管理费用		公司经费	24 600.00				24 600
合计			225 139.20	—		93 676.80	318 816

根据表 9-11 至表 9-13 编制会计分录如下：
借：基本生产成本——丙产品（直接人工）　　　　　　　　　　101 024
　　　　　　　　——丁产品（直接人工）　　　　　　　　　　 77 408
　　辅助生产成本——锅炉车间　　　　　　　　　　　　　　　 31 816
　　　　　　　　——供水车间　　　　　　　　　　　　　　　 29 520
　　废品损失——丁产品　　　　　　　　　　　　　　　　　　　　328
　　制造费用——基本生产车间　　　　　　　　　　　　　　　 27 552
　　销售费用　　　　　　　　　　　　　　　　　　　　　　　 26 568
　　管理费用　　　　　　　　　　　　　　　　　　　　　　　 24 600
　　贷：应付职工薪酬——工资　　　　　　　　　　　　　　　194 400
　　　　　　　　　　——社会保险费（医疗保险费）　　　　　　19 440
　　　　　　　　　　——社会保险费（养老保险费）　　　　　　38 880
　　　　　　　　　　——社会保险费（失业保险费）　　　　　　 2 916
　　　　　　　　　　——社会保险费（工伤保险费）　　　　　　　 972
　　　　　　　　　　——社会保险费（生育保险费）　　　　　　 1 944
　　　　　　　　　　——住房公积金　　　　　　　　　　　　　13 608
　　　　　　　　　　——职工福利费　　　　　　　　　　　　　27 216
　　　　　　　　　　——工会经费　　　　　　　　　　　　　　 3 888
　　　　　　　　　　——职工教育经费　　　　　　　　　　　　15 552

（4）根据各车间、部门固定资产情况编制折旧费用分配表，如表 9-14 所示。

表 9-14　折旧费用分配表

20××年5月　　　　　　　　　　　　　　　　　　　　　　　　　　　　　单位：元

应借账户	使用车间及部门	上月固定资产折旧额	上月增加固定资产的折旧额	上月减少固定资产的折旧额	本月固定资产折旧额
制造费用	基本生产车间	22 320	3 200	3 760	21 760
辅助生产成本	锅炉车间	14 430	2 080	1 730	14 780
	供水车间	10 200	1 350	1 750	9 800
销售费用	销售部门	10 900	2 200	1 300	11 800
管理费用	行政管理部门	12 400	3 830	1 010	15 220
合计		70 250	12 660	9 550	73 360

根据表 9-14 编制会计分录如下：
借：制造费用——基本生产车间　　　　　　　　　　　　　　　 21 760
　　辅助生产成本——锅炉车间　　　　　　　　　　　　　　　 14 780
　　　　　　　　——供水车间　　　　　　　　　　　　　　　 9 800
　　销售费用　　　　　　　　　　　　　　　　　　　　　　　 11 800
　　管理费用　　　　　　　　　　　　　　　　　　　　　　　 15 220
　　贷：累计折旧　　　　　　　　　　　　　　　　　　　　　 73 360

(5) 根据相关原始凭证编制其他费用分配表,如表 9-15 所示。

表 9-15 其他费用分配表

20××年 5 月　　　　　　　　　　　　　　　　　　　　　　　　　　单位:元

应借账户		金额			
总账账户	二级账户	办公费	保险费	其他	合计
制造费用	基本生产车间	4 250	3 800	2 256	10 306
辅助生产成本	锅炉车间	2 232	1 080	4 152	7 464
	供水车间	540	960	3 020	4 520
	小计	2 772	2 040	7 172	11 984
销售费用		1 230	200	—	1 430
管理费用		2 342	400	2 038	4 780
合计		10 594	6 440	11 466	28 500

根据表 9-15 编制会计分录如下:
借:制造费用——基本生产车间　　　　　　　　　　　　　　10 306
　　辅助生产成本——锅炉车间　　　　　　　　　　　　　　7 464
　　　　　　　　——供水车间　　　　　　　　　　　　　　4 520
　　销售费用　　　　　　　　　　　　　　　　　　　　　　1 430
　　管理费用　　　　　　　　　　　　　　　　　　　　　　4 780
　贷:银行存款　　　　　　　　　　　　　　　　　　　　　28 500

2. 登记基本生产成本、辅助生产成本、制造费用、废品损失和停工损失等明细账。

(1) 根据前文的会计分录登记辅助生产成本明细账,如表 9-16 和表 9-17 所示。

表 9-16 辅助生产成本明细账

明细账户:锅炉车间　　　　　　　　　　　　　　　　　　　　　　　单位:元

20××年		凭证号	摘要	直接材料	燃料及动力	直接人工	折旧费	保险费	办公费	其他	合计
月	日										
5	31	略	原材料费用分配	13 900							13 900
5	31		动力费用分配		12 560						12 560
5	31		职工薪酬分配			31 816					31 816
5	31		折旧费用分配				14 780				14 780
5	31		其他费用分配					1 080	2 232	4 152	7 464
5	31		本月合计	13 900	12 560	31 816	14 780	1 080	2 232	4 152	80 520
5	31		分配转出	13 900	12 560	31 816	14 780	1 080	2 232	4 152	80 520

表 9-17 辅助生产成本明细账

明细账户：供水车间　　　　　　　　　　　　　　　　　　　　　　　　　　　　　　　　单位：元

20××年		凭证号	摘要	直接材料	燃料及动力	直接人工	折旧费	保险费	办公费	其他	合计
月	日										
5	31	略	原材料费用分配	11 600							11 600
5	31		动力费用分配		10 980						10 980
5	31		职工薪酬分配			29 520					29 520
5	31		折旧费用分配				9 800				9 800
5	31		其他费用分配					960	540	3 020	4 520
5	31		本月合计	11 600	10 980	29 520	9 800	960	540	3 020	66 420
5	31		分配转出	11 600	10 980	29 520	9 800	960	540	3 020	66 420

(2) 根据辅助生产成本明细账归集的费用,采用交互分配法编制辅助生产费用分配表,如表9-18所示。

表 9-18 辅助生产费用分配表(交互分配法)

20××年5月　　　　　　　　　　　　　　　　　　　　　　　　　　　　　　　　　金额单位：元

项目		锅炉车间			供水车间			合计
		数量（立方米）	单位成本（分配率）	分配金额	数量（吨）	单位成本（分配率）	分配金额	
待分配辅助生产费用		6 600	12.20	80 520	16 200	4.100	66 420.00	146 940.00
交互分配	锅炉车间			+4 920	−1 200		−4 920.00	
	供水车间	−600		−7 320			+7 320.00	
对外分配辅助生产费用		6 000	13.02	78 120	15 000	4.588	68 820.00	146 940.00
对外分配	丙产品	1 400		18 228	3 500		16 058.00	34 286.00
	丁产品	1 500		19 530	4 000		18 352.00	37 882.00
	基本生产车间	1 300		16 926	4 500		20 646.00	37 572.00
	销售部门	800		10 416	1 400		6 423.20	16 839.20
	行政管理部门	1 000		13 020	1 600		7 340.80	20 360.80

根据表9-18编制会计分录如下：
辅助生产车间交互分配计算的结果：
　借：辅助生产成本——供水车间　　　　　　　　　　　　7 320
　　　贷：辅助生产成本——锅炉车间　　　　　　　　　　　　　7 320
　借：辅助生产成本——锅炉车间　　　　　　　　　　　　4 920
　　　贷：辅助生产成本——供水车间　　　　　　　　　　　　　4 920
辅助生产车间对外分配计算的结果：

```
借：基本生产成本——丙产品（燃料及动力）            18 228.0
              ——丙产品（直接材料）               16 058.0
              ——丁产品（燃料及动力）              19 530.0
              ——丁产品（直接材料）               18 352.0
    制造费用——基本生产车间                      37 572.0
    销售费用                                  16 839.2
    管理费用                                  20 360.8
  贷：辅助生产成本——锅炉车间                     78 120.0
              ——供水车间                      68 820.0
```

3. 登记制造费用明细账。

（1）根据前面的会计分录登记制造费用明细账，如表9-19所示。

表9-19 制造费用明细账

明细账户：基本生产车间　　　　　20××年5月　　　　　单位：元

20××年		凭证号	摘要	机物料消耗	水费及蒸汽费	电费	职工薪酬	折旧费	办公费	保险费	其他	合计
月	日											
5	31	略	原材料费用分配	32 110								32 110
5	31		动力费用分配			27 030						27 030
5	31		职工薪酬分配				27 552					27 552
5	31		辅助生产成本分配		37 572							37 572
5	31		折旧费用分配					21 760				21 760
5	31		其他费用分配						4 250	3 800	2 256	10 306
5	31		本月合计	32 110	37 572	27 030	27 552	21 760	4 250	3 800	2 256	156 330
5	31		分配转出	32 110	37 572	27 030	27 552	21 760	4 250	3 800	2 256	156 330

（2）基本生产车间发生的制造费用在制造费用明细账归集完成后，据以编制制造费用分配表（表9-20），将制造费用按工时比例分配给丙、丁两种产品。

表9-20 制造费用分配表

20××年5月　　　　　金额单位：元

应借账户	分配对象	分配标准（生产工时）	分配率	应分配金额
基本生产成本	丙产品	5 400	16.2	87 480
	丁产品	4 200	16.2	68 040
废品损失	丁产品	50	16.2	810
	合计	9 650	—	156 330

根据表9-20编制会计分录如下：

```
借：基本生产成本——丙产品（制造费用）              87 480
              ——丁产品（制造费用）              68 040
    废品损失——丁产品                            810
  贷：制造费用——基本生产车间                    156 330
```

4. 将不可修复废品损失转入"废品损失"账户。

(1) 根据废品所耗定额成本编制废品损失计算表,如表9-21所示。

表 9-21 废品损失计算表(定额成本法)

产品名称:丙产品
废品数量:25 件

车间:基本生产车间　　　　　　20××年5月　　　　　　金额单位:元

项目	直接材料	定额工时（小时）	直接人工	燃料及动力	制造费用	废品损失
单位产品材料费用定额或单位产品工时定额	240	—	16	11	13	—
废品定额成本	6 000	300①	4 800	3 300	3 900	18 000
减:废品残值						3 200
过失人赔偿						5 800
合计	6 000		4 800	3 300	3 900	9 000

注:① 15×80%×25=300(小时)。

(2) 根据表9-21编制会计分录如下:

结转废品成本:
借:废品损失——丙产品　　　　　　　　　　　　　　18 000
　　贷:基本生产成本——丙产品(直接材料)　　　　　　　6 000
　　　　　　　　　　——丙产品(燃料及动力)　　　　　　3 300
　　　　　　　　　　——丙产品(直接人工)　　　　　　　4 800
　　　　　　　　　　——丙产品(制造费用)　　　　　　　3 900

回收废料入库:
借:原材料　　　　　　　　　　　　　　　　　　　　3 200
　　贷:废品损失——丙产品　　　　　　　　　　　　　3 200

过失人赔偿:
借:其他应收款　　　　　　　　　　　　　　　　　　5 800
　　贷:废品损失——丙产品　　　　　　　　　　　　　5 800

5. 将废品损失明细账归集的废品损失结转到基本生产成本明细账。

(1) 登记丙、丁两种产品废品损失明细账,分别如表9-22和表9-23所示。

表 9-22 废品损失明细账

产品名称:丙产品　　　　　　20××年5月　　　　　　单位:元

20××年		凭证号	摘要	借方	贷方	借或贷	余额
月	日						
5	31	略	结转不可修复废品损失	18 000		借	18 000
5	31		废品残料入库		3 200	借	14 800

(续表)

20××年		凭证号	摘要	借方	贷方	借或贷	余额
月	日						
5	31		应收赔款		5 800	借	9 000
5	31		结转废品损失净额		9 000	平	0
5	31		本期发生额及余额	18 000	18 000	平	0

表 9-23 废品损失明细账

产品名称:丁产品　　　　　　　　　20××年5月　　　　　　　　　　　　单位:元

20××年		凭证号	摘要	借方	贷方	借或贷	余额
月	日						
5	31	略	领用材料	662		借	662
5	31		分配职工薪酬	328		借	990
5	31		分配动力费用	600		借	1 590
5	31		分配制造费用	810		借	2 400
5	31		结转废品损失		2 400	平	0
5	31		本期发生额及余额	2 400	2 400	平	0

(2) 根据表 9-22 和表 9-23,编制会计分录如下:

借:基本生产成本——丙产品(废品损失)　　　　　　　　9 000
　　　　　　　　——丁产品(废品损失)　　　　　　　　2 400
　贷:废品损失——丙产品　　　　　　　　　　　　　　　9 000
　　　　　　——丁产品　　　　　　　　　　　　　　　2 400

6. 结转完工产品成本。

(1) 登记丙、丁产品基本生产成本明细账,分别如表 9-24 和表 9-25 所示。

表 9-24 基本生产成本明细账

完工产品数量:400 件
月末在产品数量:200 件

产品名称:丙产品　　　　　　　　　20××年5月　　　　　　　　　金额单位:元

20××年		凭证号	摘要	成本项目					合计
月	日			直接材料	燃料及动力	直接人工	制造费用	废品损失	
5	1		月初在产品成本	40 282	21 672	28 576	21 720		112 250
5	31		分配材料费用	87 900					87 900
5	31		分配动力费用		64 800				64 800
5	31		分配人工费用			101 024			101 024
5	31		分配辅助生产成本	16 058	18 228				34 286

(续表)

20××年		凭证号	摘要	成本项目					合计
月	日			直接材料	燃料及动力	直接人工	制造费用	废品损失	
5	31		分配制造费用				87 480		87 480
5	31		不可修复废品成本转出	6 000	3 300	4 800	3 900		18 000
5	31		转入废品净损失					9 000	9 000
5	31		本月生产费用	97 958	79 728	96 224	83 580	9 000	366 490
5	31		生产费用合计	138 240	101 400	124 800	105 300	9 000	478 740
			分配率						
			结转完工产品成本						
			月末在产品成本						

表 9-25 基本生产成本明细账

完工产品数量:300 件
月末在产品数量:180 件

产品名称:丁产品　　　　　　20××年 5 月　　　　　　金额单位:元

20××年		凭证号	摘要	成本项目					合计
月	日			直接材料	燃料及动力	直接人工	制造费用	废品损失	
5	1	略	月初在产品成本	32 400	20 550	20 032	19 830		92 812
5	31		分配材料费用	62 528					62 528
5	31		分配动力费用		50 400				50 400
5	31		分配工资费用			77 408			77 408
5	31		分配辅助生产成本	18 352	19 530				37 882
5	31		分配制造费用				68 040		68 040
5	31		废品损失					2 400	2 400
5	31		本月生产费用	80 880	69 930	77 408	68 040	2 400	298 658
5	31		生产费用合计	113 280	90 480	97 440	87 870	2 400	391 470
			分配率						
			结转完工产品成本						
			月末在产品成本						

(2) 依据基本生产成本明细账归集的生产费用,编制丙、丁产品的产品成本计算单,分别如表 9-26 和表 9-27 所示。

表 9-26　产品成本计算单

产品名称：丙产品　　　　　　　　20××年5月　　　　　　　　完工产品产量：400件　　金额单位：元

月	日	摘要		直接材料	燃料及动力	直接人工	制造费用	废品损失	合计
5	1	月初在产品成本		40 282	21 672	28 576	21 720	—	112 250
	31	本月发生生产费用		97 958	79 728	96 224	83 580	9 000	366 490
	31	合计		138 240	101 400	124 800	105 300	9 000	478 740
	31	分配率		0.96①	13②	16③	13.5④	—	—
	31	完工产品	定额成本或工时	96 000	6 000	6 000	6 000	—	—
			实际成本	92 160	78 000	96 000	81 000	9 000	356 160
	31	在产品	定额成本或工时	48 000	1 800	1 800	1 800	—	—
			实际成本	46 080	23 400	28 800	24 300	—	122 580

注：① 直接材料分配率 $=\dfrac{138\,240}{400\times 240+200\times 240}=0.96$。

② 燃料及动力分配率 $=\dfrac{101\,400}{400\times 15+200\times 15\times 60\%}=13$。

③ 直接人工分配率 $=\dfrac{124\,800}{400\times 15+200\times 15\times 60\%}=16$。

④ 制造费用分配率 $=\dfrac{105\,300}{400\times 15+200\times 15\times 60\%}=13.5$。

表 9-27　产品成本计算单

产品名称：丁产品　　　　　　　　20××年5月　　　　　　　　完工产成品产量：300件　　金额单位：元

月	日	摘要	直接材料	燃料及动力	直接人工	制造费用	废品损失	合计
5	1	月初在产品成本	32 400	20 550	20 032	19 830	—	92 812
5	31	本月发生生产费用	80 880	69 930	77 408	68 040	2 400	298 658
5	31	合计	113 280	90 480	97 440	87 870	2 400	391 470
5	31	分配率	236①	208②	224③	202④	—	—
5	31	完工产品成本	70 800	62 400	67 200	60 600	2 400	263 400
5	31	月末在产品成本	42 480	28 080	30 240	27 270	—	128 070

注：① 直接材料分配率 $=\dfrac{113\,280}{300+180}=236$。

② 燃料及动力分配率 $=\dfrac{90\,480}{300+180\times 75\%}=208$。

③ 直接人工分配率 $=\dfrac{97\,440}{300+180\times 75\%}=224$。

④ 制造费用分配率 $=\dfrac{87\,870}{300+180\times 75\%}=202$。

（3）依据表 9-26、表 9-27 编制完工产品成本汇总表，如表 9-28 所示。

表 9-28 完工产品成本汇总表

20××年5月　　　　　　　　　　　　　　　　　　　　　　　　　金额单位：元

产品名称	产量（件）	成本						
		直接材料	燃料及动力	直接人工	制造费用	废品损失	总成本	单位成本
丙产品	400	92 160	78 000	96 000	81 000	9 000	356 160	890.4
丁产品	300	70 800	62 400	67 200	60 600	2 400	263 400	878.0
合计	—	162 960	140 400	163 200	141 600	11 400	619 560	—

根据表 9-28 编制会计分录如下：

借：库存商品——丙产品　　　　　　　　　　　　　　356 160
　　贷：基本生产成本——丙产品（直接材料）　　　　92 160
　　　　　　　　　　——丙产品（直接人工）　　　　96 000
　　　　　　　　　　——丙产品（燃料及动力）　　　78 000
　　　　　　　　　　——丙产品（制造费用）　　　　81 000
　　　　　　　　　　——丙产品（废品损失）　　　　 9 000
借：库存商品——丁产品　　　　　　　　　　　　　　263 400
　　贷：基本生产成本——丁产品（直接材料）　　　　70 800
　　　　　　　　　　——丁产品（直接人工）　　　　67 200
　　　　　　　　　　——丁产品（燃料及动力）　　　62 400
　　　　　　　　　　——丁产品（制造费用）　　　　60 600
　　　　　　　　　　——丁产品（废品损失）　　　　 2 400

(4) 登记丙、丁产品的基本生产成本明细账，分别如表 9-29 和表 9-30 所示。

表 9-29　基本生产成本明细账

完工产品数量：400 件
月末在产品数量：200 件

产品名称：丙产品　　　　　　　20××年5月　　　　　　　金额单位：元

20××年		凭证号	摘要	成本项目					合计
月	日			直接材料	燃料及动力	直接人工	制造费用	废品损失	
5	1		月初在产品成本	40 282	21 672	28 576	21 720		112 250
5	31		分配材料费用	87 900					87 900
5	31		分配动力费用		64 800				64 800
5	31		分配人工费用			101 024			101 024
5	31		分配辅助生产成本	16 058	18 228				34 286
5	31		分配制造费用				87 480		87 480
5	31		不可修复废品成本转出	6 000	3 300	4 800	3 900		18 000

(续表)

20××年		凭证号	摘要	成本项目					合计
月	日			直接材料	燃料及动力	直接人工	制造费用	废品损失	
5	31		转入废品净损失					9 000	9 000
5	31		本月生产费用	97 958	79 728	96 224	83 580	9 000	366 490
5	31		生产费用合计	138 240	101 400	124 800	105 300	9 000	478 740
5	31		分配率	0.96	13.00	16.00	13.50	—	
5	31		结转完工产品成本	92 160	78 000	96 000	81 000	9 000	356 160
5	31		月末在产品成本	46 080	23 400	28 800	24 300	—	122 580

表 9-30 基本生产成本明细账

完工产品数量:300 件
月末在产品数量:180 件

产品名称:丁产品　　　　20××年5月　　　　金额单位:元

20××年		凭证号	摘要	成本项目					合计
月	日			直接材料	燃料及动力	直接人工	制造费用	废品损失	
5	1		月初在产品成本	32 400	20 550	20 032	19 830		92 812
5	31		分配材料费用	62 528					62 528
5	31		分配动力费用		50 400				50 400
5	31		分配工资费用			77 408			77 408
5	31	略	分配辅助生产成本	18 352	19 530				37 882
5	31		分配制造费用				68 040		68 040
5	31		废品损失					2 400	2 400
5	31		本月生产费用	80 880	69 930	77 408	68 040	2 400	298 658
5	31		生产费用合计	113 280	90 480	97 440	87 870	2 400	391 470
5	31		分配率	236	208	224	202	—	
5	31		结转完工产品成本	70 800	62 400	67 200	60 600	2 400	263 400
5	31		月末在产品成本	42 480	28 080	30 240	27 270	—	128 070

通过上述举例可以看出,产品成本计算实际上是会计核算中成本费用账户的明细核算。为了正确地计算各产品成本,必须正确地编制各种费用分配表和分配、归集各项费用的会计分录,并且按照平行登记的原理,既登记有关总账,又登记各总账账户所属的明细账。最后,将各种生产费用分配、归集到基本生产成本账户及其所属的各种产品成本明细账中,计算各种产品的总成本和单位成本。

 **复习思考题**

1. 请简述品种法的特点及其适用范围。
2. 在生产单一产品和多种产品的企业,应用品种法计算产品成本有何区别?

 **同步测试题**

请扫描二维码,完成本章同步测试题。

第九章同步
测试题

第十章 CHAPTER 10

分批法

学习目的

- 理解分批法的含义、特点和适用范围。
- 掌握一般分批法核算过程。
- 掌握简化分批法核算过程。
- 理解一般分批法与简化分批法的区别。

第一节 分批法概述

一、分批法的含义

分批法是以产品批别作为成本计算对象来归集生产费用、计算产品成本的方法。产品批别在成批组织产品生产的企业或车间中,是按照一定品种、一定批量产品划分的。因此,分批法也是计算一定品种、一定批量的产品成本的方法。

在实际工作中,产品的品种和每批产品的批量往往是根据客户的订单确定的。按照产品批别计算产品成本,往往也是按照订单计算产品成本,所以分批法又称订单法。

二、分批法的特点

1. 以产品的批次为成本计算对象

分批法下,企业以产品的批次(订单或生产通知单等)为成本计算对象,开设产品成本计算单或设置基本生产成本明细账。实务中,企业根据订单开设生产通知单,车间则根据生产通知单组织生产,仓库根据生产通知单准备材料,会计部门根据生产通知单开设成本计算单或基本生产成本明细账归集其生产费用,计算产品成本。

生产通知单是根据订单开设的,因此一般是将同一张订单上的产品作为一批,即以订单划分批别。但如果在一张订单上规定的产品不止一种,那是为了分别计算不同产品的生产成本和便于生产管理,可以按照产品的品种划分各批别组织生产并计算成本;如果订单中只规定一种产品,但其数量较大,不便于集中一次投产,或者客户要求分批交货,也可以分几批组织生产并计算成本;如果订单中只规定一件产品,但其生产周期很长,并且是由许多零部件装配而成的,则可按生产进度或构成成品的零部件分别开设生产通知单组织生产并计算成本,如大型船舶的生产等。

2. 产品成本计算期不固定

产品成本计算期不固定,即成本计算期与生产周期相同,但与会计报告期不一致。在分批法下,是以产品的批别作为成本计算对象,因此一批产品只有全部完工后才能通过成本计算单将生产费用归集完整,这也就决定了成本计算期与产品生产周期同步。

3. 生产费用不需要在完工产品与在产品之间分配

由于成本计算期与产品生产周期是一致的,生产费用一般不需要在完工产品与在产品之间分配。就单件生产来说,产品完工之前,基本生产成本明细账归集的生产费用都是在产品成本;产品完工时,则是完工产品成本,因而月末计算成本时,不需要计算月末在产品成本。如果是小批生产,批内产品一般能同时完工,月末计算成本时,批内产品一般全部已经完工或全部没有完工,因而不存在计算月末在产品成本问题。

需要指出的是:在批内产品跨月陆续完工的情况下,月末计算成本时,一部分产品已完工,另一部分产品尚未完工,这时要在完工产品与月末在产品之间分配费用,分别计算完工产品成本和月末在产品成本。

4. 间接计入费用在不同批次之间的分配选择实际分配率法或累计分配率法

(1) 月末无论各批次或订单是否完工,企业将当月间接计入费用按实际分配率分配结转到各不同批次或订单的生产费用中,这种方法被称为一般分批法或典型分批法。其计算公式如下:

$$某项间接计入费用实际分配率 = \frac{本月全部产品发生某项间接计入费用}{本月全部发生工时}$$

某批产品应负担的某项间接计入费用 = 该批产品生产工时 × 某项间接计入费用实际分配率

(2) 如果各月投产产品批次很多,生产周期长,当月多数批次或订单未完工,则在典型分批法下需要月末将当期发生的间接计入的生产费用全部分配给各批产品,这会导致核算工作量大,可采用累计分配率法在各批次或订单之间分配间接计入费用,这种方法也称为简化分批法,是一种简化的不分批次计算在产品成本的分批法。此方法将在后文阐述。

三、分批法的适用范围

分批法主要适用于单件、小批量生产的企业或车间,主要包括:

(1) 根据客户的订单组织生产的企业。
(2) 单件、小批量生产重型机械、飞机、船舶、精密仪器等的制造企业。
(3) 企业开发新产品时的实验或试制车间。
(4) 根据市场及客户要求不断更新产品品种的小规模的服装、印刷等制造企业。
(5) 从事修理作业的工厂,以及生产工具、器具、模具等的制造企业。

四、一般分批法的成本计算程序

1. 按产品批别开设基本生产成本明细账

根据生产计划部门签发的生产任务通知单中规定的产品批号,为每批产品开设基本生产成本明细账。在明细账页上既要注明批号,又要列明产品名称。

2. 编制各要素费用分配表(或汇总表)分配和归集各批次产品的生产费用

在月份内,将各批次产品的直接计入费用,按批号直接汇总记入各批产品成本明细账内,将发生的间接计入费用按照一定的标准在各批次产品之间进行分配,分别记入有关批次的产品成本明细账。

3. 计算完工产品成本

月末按完工批别成本明细账中归集的生产费用,计算完工产品的实际总成本和单位成本;月末各批未完工产品成本明细账内归集的生产费用,即月末在产品成本。

需要说明的是:当某产品批别的批量较大时,会出现批别内产品跨月陆续完工的情况,在月末计算产品的成本时,部分产品已经完工,部分产品未完工,这时需要在完工产品和月末在产品之间分配生产费用,计算完工产品的成本。

企业采用的分配方法根据批内产品跨月陆续完工的数量占批量的比重而定:①若月末完工产品的数量占批量的比重较小,为简化核算,完工产品成本可按计划成本、定额成本,或近期相同产品的实际成本对完工产品进行计价的简易方法计算,然后将其从基本生产成本明细账中转出,余下的为在产品成本。待该批产品全部完工时,应计算该批产品的实际成本和单位成本,对上月已经结转的完工产品的成本,不做账面调整。②若月末完工产品的数量占批量的比重较大,为保证产品成本计算的准确性,应当采用适当的分配方法在完工产品与月末在产品之间进行分配。

五、一般分批法举例

【例10-1】 宏通制造厂根据客户的订单组织生产,采用典型分批法计算产品成本。该厂有两个车间,原材料在第一车间生产开始时一次性投入,20××年12月该厂的有关资料如下:

(1) 各批产品的生产情况如表10-1所示。

表10-1 各批产品的生产情况

20××年12月

产品批号	产品名称	开工日期	批量(台)	完工产量(台)		本月耗用工时(小时)	
				11月	12月	第一车间	第二车间
107	A产品	11月	20	5	15	1 200	1 600
108	B产品	12月	12		12	1 500	2 000
109	C产品	12月	6			1 000	1 400
110	D产品	12月	14		9	1 800	1 300
合计	—	—	52	—	—	5 500	6 300

该厂对A产品订单内跨月陆续完工的产品,月末计算成本时,对完工产品按计划成本转出,待全部完工后再重新计算完工产品的实际总成本和单位成本。本例中107批A产品11月月末完工5台,按计划单位成本结转,其中,每台A产品原材料计划单位成本为500元,直接人工计划单位成本为800元,制造费用计划单位成本为550元。

该厂对D产品订单内跨月陆续完工的产品,月末计算成本时,对完工产品与在产品的分配采用约当产量法。本例中110批D产品12月投产14台,当月完工9台,5台在产品完工率为60%。

(2) 11月107批A产品生产费用发生额如表10-2所示,各批生产费用发生额如表10-3所示。

表10-2 生产费用发生额

20××年11月　　　　　　　　　　　　　　　　　　　　　　　　　单位:元

项目	直接材料	直接人工	制造费用
11月生产费用(107批A产品)	10 500	8 900	6 050

表10-3 各批生产费用发生额

20××年12月　　　　　　　　　　　　　　　　　　　　　　　　　单位:元

项目	直接材料	直接人工		制造费用	
	第一车间	第一车间	第二车间	第一车间	第二车间
107批A产品	—				
108批B产品	11 400	18 150	15 120	8 250	7 560
109批C产品	9 500				
110批D产品	9 100				

(3) 12月的直接人工费用按生产工时比例在各批产品之间分配,直接人工费用分配表如表10-4所示。

表10-4 直接人工费用分配表

20××年12月　　　　　　　　　　　　　　　　　　　　　　　　金额单位:元

产品批别	第一车间			第二车间			合计
	工时(小时)	分配率	金额	工时(小时)	分配率	金额	
107批	1 200	3.3	3 960	1 600	2.4	3 840	7 800
108批	1 500	3.3	4 950	2 000	2.4	4 800	9 750
109批	1 000	3.3	3 300	1 400	2.4	3 360	6 660
110批	1 800	3.3	5 940	1 300	2.4	3 120	9 060
合计	5 500	—	18 150	6 300	—	15 120	33 270

根据表10-4编制会计分录如下:

借:基本生产成本——107批(直接人工)　　　　　　7 800
　　　　　　　　——108批(直接人工)　　　　　　9 750
　　　　　　　　——109批(直接人工)　　　　　　6 660
　　　　　　　　——110批(直接人工)　　　　　　9 060
　　贷:应付职工薪酬　　　　　　　　　　　　　　33 270

(4) 12月的制造费用按生产工时比例在各批产品之间分配,制造费用分配表如表10-5所示。

表10-5 制造费用分配表

20××年12月　　　　　　　　　　　　　　　　　　　　　　　　金额单位:元

产品批别	第一车间			第二车间			合计
	工时(小时)	分配率	金额	工时(小时)	分配率	金额	
107批	1 200	1.5	1 800	1 600	1.2	1 920	3 720
108批	1 500	1.5	2 250	2 000	1.2	2 400	4 650
109批	1 000	1.5	1 500	1 400	1.2	1 680	3 180
110批	1 800	1.5	2 700	1 300	1.2	1 560	4 260
合计	5 500	—	8 250	6 300	—	7 560	15 810

根据表10-5编制会计分录如下:

借:基本生产成本——107批(制造费用)　　　　　　　　　　3 720
　　　　　　　　——108批(制造费用)　　　　　　　　　　4 650
　　　　　　　　——109批(制造费用)　　　　　　　　　　3 180
　　　　　　　　——110批(制造费用)　　　　　　　　　　4 260
　　贷:制造费用　　　　　　　　　　　　　　　　　　　　15 810

(5) 根据上述资料及表10-4、表10-5,设置并登记的107批A产品基本生产成本明细账如表10-6所示,108批B产品基本生产成本明细账如表10-7所示,109批C产品基本生产成本明细账如表10-8所示,110批D产品基本生产成本明细账如表10-9所示。

表10-6 基本生产成本明细账

批号:107　　　　　　　　　　开工日期:20××年11月
产品名称:A产品　　　　　　　完工日期:20××年12月　　　　　　　　　　单位:元

20××年		凭证号	摘要	直接材料	直接人工	制造费用	合计
月	日						
11	30	略	11月累计成本	10 500.0	8 900.0	6 050.0	25 450.0
11	30		完工5台转出成本	2 500.0	4 000.0	2 750.0	9 250.0
11	30		11月月末在产品成本	8 000.0	4 900.0	3 300.0	16 200.0
12	31		12月直接人工成本分配	—	7 800.0		7 800.0
12	31		12月制造费用分配			3 720.0	3 720.0
12	31		12月完工15台转出成本	8 000.0	12 700.0	7 020.0	27 720.0
12	31		20台产品累计总成本	10 500.0	16 700.0	9 770.0	36 970.0
12	31		单位成本	525.0	835.0	488.5	1 848.5

表 10-7　基本生产成本明细账

批号:108　　　　　　　　　开工日期:20××年12月　　　　　　　完工数量:12台
产品名称:B产品　　　　　　完工日期:20××年12月　　　　　　　单位:元

20××年		凭证号	摘要	直接材料	直接人工	制造费用	合计
月	日						
12	31	略	直接材料费用	11 400.0			11 400.0
12	31		直接人工分配		9 750.0		9 750.0
12	31	略	制造费用分配			4 650.0	4 650.0
12	31		生产费用合计	11 400.0	9 750.0	4 650.0	25 800.0
12	31	略	转出完工产品成本	11 400.0	9 750.0	4 650.0	25 800.0
12	31		单位成本	950.0	812.5	387.5	2 150.0

表 10-8　基本生产成本明细账

批号:109　　　　　　　　　开工日期:20××年12月
产品名称:C产品　　　　　　完工日期:　　　　　　　　　　　　　单位:元

20××年		凭证号	摘要	直接材料	直接人工	制造费用	合计
月	日						
12	31	略	直接材料费用	9 500			9 500
12	31	略	直接人工分配		6 660		6 660
12	31		制造费用分配			3 180	3 180
12	31	略	12月累计成本	9 500	6 660	3 180	19 340

表 10-9　基本生产成本明细账

批号:110　　　　　　　　　开工日期:20××年12月
产品名称:D产品　　　　　　　　　　　　　　　　　　　　　　　单位:元

20××年		凭证号	摘要	直接材料	直接人工	制造费用	合计
月	日						
12	31	略	直接材料	9 100.0			9 100.0
12	31		直接人工成本分配	—	9 060.0		9 060.0
12	31		制造费用分配			4 260.0	4 260.0
12	31		完工9台转出成本	5 850.0①	6 795.0②	3 195.0③	15 840.0
12	31		单位成本	650.0	755.0	355.0	1 760.0

注:① 直接材料$=\dfrac{9\ 100}{9+5}\times 9=5\ 850$(元)。

② 直接人工$=\dfrac{9\ 060}{9+5\times 60\%}\times 9=6\ 795$(元)。

③ 制造费用$=\dfrac{4\ 260}{9+5\times 60\%}\times 9=3\ 195$(元)。

(6) 依据基本生产成本明细账归集的生产费用,编制各批成本计算单(略);根据各批成本计算单编制完工产品成本汇总表,如表 10-10 所示。

表 10-10　完工产品成本汇总表

20××年12月　　　　　　　　　　　　　　　　　　　　　金额单位:元

产品名称	产量(台)	成本				
		直接材料	直接人工	制造费用	总成本	单位成本
A 产品	15	8 000	12 700	7 020	27 720	1 848
B 产品	12	11 400	9 750	4 650	25 800	2 150
D 产品	9	5 850	6 795	3 195	15 840	1 760
合计	—	22 750	25 245	12 115	60 110	—

根据表 10-10 编制会计分录如下:
借:库存商品——A 产品(107 批)　　　　　　　　　　　27 720
　　贷:基本生产成本——107 批(直接材料)　　　　　　　8 000
　　　　　　　　　　——107 批(直接人工)　　　　　　12 700
　　　　　　　　　　——107 批(制造费用)　　　　　　 7 020
借:库存商品——B 产品(108 批)　　　　　　　　　　　25 800
　　贷:基本生产成本——108 批(直接材料)　　　　　　11 400
　　　　　　　　　　——108 批(直接人工)　　　　　　 9 750
　　　　　　　　　　——108 批(制造费用)　　　　　　 4 650
借:库存商品——D 产品(110 批)　　　　　　　　　　　15 840
　　贷:基本生产成本——110 批(直接材料)　　　　　　 5 850
　　　　　　　　　　——110 批(直接人工)　　　　　　 6 795
　　　　　　　　　　——110 批(制造费用)　　　　　　 3 195

(7) 依据完工产品入库的会计分录,登记基本成本明细账,如表 10-6、表 10-7 及表 10-9 所示,结转完工产品各成本项目金额。

第二节　简化分批法

一、简化分批法概述

在单件、小批生产的企业或车间中,如果各月投产的产品批别或订单很多,生产周期长,则月末未完工产品的批别或订单较多时,在典型分批法下需要月末将当期发生的间接计入的生产费用全部分配给各批产品,核算工作量较大。因此,为了简化月末未完工产品批别或订单较多的企业间接计入生产费用分配的核算,可以采用"不分批次计算在产品的成本"的方法,即简化分批法。

二、简化分批法的特点

在简化分批法下,对间接计入生产费用可以采用累计分配率法,对每月发生的各项间接计入费用,不是按月在各批产品之间进行分配,而是将其先分别按成本项目累计起来,待产品完工时,按照完工产品累计工时的比例,在各批完工产品之间进行分配,未完工在产品的间接计入费用不进行分配。分配完工产品间接计入费用的计算公式如下:

$$\text{全部产品某项间接计入费用累计分配率} = \frac{\text{月初全部在产品结存某项间接计入费用} + \text{本月全部产品发生某项间接计入费用}}{\text{月初全部在产品累计工时} + \text{本月全部产品发生工时}}$$

$$\text{某批完工产品应负担的某项间接计入费用} = \text{该批完工产品累计生产工时} \times \text{某项累计间接计入费用分配率}$$

三、简化分批法的计算程序

(1) 按产品批别设立基本生产成本明细账,平时账内仅登记直接材料费用和生产工时。

(2) 设立基本生产成本二级账,归集企业投产的所有批次合计发生的直接材料费用和间接计入费用(包括燃料及动力、直接人工和制造费用等)及累计的生产工时。

(3) 计算累计间接计入费用分配率。在有完工产品的那个月份,通过基本生产成本二级账上的累计生产工时和累计间接计入费用,计算各成本项目累计间接计入费用分配率,分别在基本生产成本明细账和基本生产成本二级账上登记。

(4) 计算完工产品应分配的间接计入费用。计算完工产品应分配的间接计入费用时,应先在基本生产成本明细账中分批次计算(用各批次完工产品的累计生产工时乘以不同成本项目的间接计入费用分配率),并在各批次的成本明细账中登记,然后将所有批次的成本明细账中完工产品的各项间接计入费用汇总,记入基本生产成本二级账的相应成本项目栏。基本生产成本二级账中完工产品的原材料费用和生产工时也是根据各批次产品基本生产成本明细账中完工产品的原材料费用和生产工时汇总登记的。

四、简化分批法的应用

(1) 设置基本生产成本二级账,将各批别产品发生的生产费用,分成本项目包括直接材料、直接人工、燃料及动力、制造费用及生产工时进行登记。

(2) 按照产品批别设置基本生产成本明细账,与基本生产成本二级账进行平行登记,但平时只登记直接计入费用(直接材料费用)和生产工时,只有在产出完工产品的月末,才根据基本生产成本二级账记录的资料,计算各项应负担的间接计入费用,并计算完工产品成本。

【例 10-2】 大通制造厂根据购货订单小批生产 A、B、C、D 四种产品,这四种产品的原材料均在生产开始时一次性投入,其他有关资料如下:

(1) 20××年7月1日,基本生产成本二级账及其所属730批、731批基本生产成本明细账的资料如表10-11所示。

10-1 简化分批法 Excel 智能核算

表 10-11　期初基本生产成本明细账资料

20××年7月　　　　　　　　　　　　　　　　　　　　　　　　　　　金额单位:元

账户	直接材料	生产工时（小时）	直接人工	燃料及动力	制造费用	费用合计
基本生产成本	180 870	2 000	40 016	6 142	21 768	248 796
其中:730 批(A 产品)	86 550	1 200				
731 批(B 产品)	94 320	800				

（2）20××年7月31日，各费用分配表汇总分配后，基本生产成本二级账各成本项目应负担的费用和生产工时，以及该车间各批产品应负担的直接计入费用和生产工时，如表 10-12 所示。

表 10-12　本期基本生产成本资料

20××年7月　　　　　　　　　　　　　　　　　　　　　　　　　　　金额单位:元

账户	直接材料	生产工时（小时）	直接人工	燃料及动力	制造费用	费用合计
基本生产成本	250 955	6 400	128 320	19 730	69 120	468 125
其中:730 批(A 产品)		1 000				
731 批(B 产品)		1 350				
732 批(C 产品)	153 675	2 550				
733 批(D 产品)	97 280	1 500				

7月各批产品完工产品数量及工时如表 10-13 所示。

表 10-13　完工产品数量及工时

20××年7月

账户	批量（台）	投产日期	完工产品数量	完工产品耗用生产工时（小时）
730 批(A 产品)	10	6月	7月完工10台	2 200
731 批(B 产品)	9	6月	7月完工5台	1 600
732 批(C 产品)	12	7月	7月完工4台	1 250
733 批(D 产品)	11	7月	未完工	0

（3）根据上述资料登记基本生产成本二级账，如表 10-14 所示。

表 10-14 基本生产成本二级账

20××年 7 月　　　　　　　　　　　　　　　　　　　　　　　　　　金额单位:元

20××年		摘要	直接材料	生产工时（小时）	直接人工	燃料及动力	制造费用	合计
月	日							
7	1	期初在产品	180 870	2 000	40 016	6 142	21 768	248 796
7	31	本月发生	250 955	6 400	128 320	19 730	69 120	468 125
7	31	累计数	431 825	8 400	168 336	25 872	90 888	716 921
7	31	全部产品累计间接计入费用分配率	—	—	20.04	3.08	10.82	—
7	31	结转完工产品成本						
7	31	期末在产品						

（4）根据基本生产成本二级账各成本项目的累计数与生产工时的累计数，计算全部产品各成本项目累计间接计入费用分配率如下：

$$全部产品直接人工间接计入费用累计分配率 = \frac{40\ 016+128\ 320}{2\ 000+6\ 400} = 20.04$$

$$全部产品燃料及动力间接计入费用累计分配率 = \frac{6\ 142+19\ 730}{2\ 000+6\ 400} = 3.08$$

$$全部产品制造费用间接计入费用累计分配率 = \frac{21\ 768+69\ 120}{2\ 000+6\ 400} = 10.82$$

（5）根据上述有关资料登记基本生产成本明细账，如表 10-15 至表 10-18 所示。其中，加工费用根据各批产品耗用的累计工时总额和累计间接计入费用分配率计算得出。

表 10-15 基本生产成本明细账

产品批次:730　　　　　　　　　　　　　　　　　　　　　　　　　　投产批量:10 台
产品名称:A 产品　　　　　　　　　　　　　　　　　　　　　　　　金额单位:元

20××年		摘要	直接材料	生产工时（小时）	直接人工	燃料及动力	制造费用	费用合计
月	日							
7	1	期初在产品	86 550	1 200				—
7	31	本月发生		1 000				
7	31	累计数及累计间接计入费用分配率	86 550	2 200	20.04	3.08	10.82	—
7	31	完工 10 台产品转出	86 550	2 200	44 088	6 776	23 804	161 218
7	31	期末在产品	—					

表 10-16　基本生产成本明细账

产品批次:731　　　　　　　　　　　　　　　　　　　　　　　　投产批量:9 台
产品名称:B 产品　　　　　　　20××年7月　　　　　　　　　　金额单位:元

20××年		摘要	直接材料	生产工时（小时）	直接人工	燃料及动力	制造费用	费用合计
月	日							
7	1	期初在产品	94 320	800				—
7	31	本月发生		1 350				—
7	31	累计数及累计间接计入费用分配率	94 320	2 150	20.04	3.08	10.82	
7	31	完工 5 台产品转出	52 400①	1 600	32 064	4 928	17 312	106 704
7	31	期末在产品	41 920	550				

注:① 94 320÷9×5＝52 400(元)。

表 10-17　基本生产成本明细账

产品批次:732　　　　　　　　　　　　　　　　　　　　　　　　投产批量:12 台
产品名称:C 产品　　　　　　　20××年7月　　　　　　　　　　金额单位:元

20××年		摘要	直接材料	生产工时（小时）	直接人工	燃料及动力	制造费用	费用合计
月	日							
7	31	本月发生	153 675	2 550				—
7	31	累计数及累计间接计入费用分配率	153 675	2 550	20.04	3.08	10.82	
7	31	完工 4 台产品转出	51 225①	1 250	25 050	3 850	13 525	93 650
7	31	期末在产品	102 450	1 300				

注:① 153 675÷12×4＝51 225(元)。

表 10-18　基本生产成本明细账

产品批次:733　　　　　　　　　　　　　　　　　　　　　　　　投产批量:11 台
产品名称:D 产品　　　　　　　20××年7月　　　　　　　　　　金额单位:元

20××年		摘要	直接材料	生产工时（小时）	直接人工	燃料及动力	制造费用	费用合计
月	日							
7	31	本月发生	97 280	1 500				

(6) 依据基本生产成本明细账归集的生产费用,编制各批别产品成本计算单(略)。根据各批别成本计算单编制完工产品成本汇总表,如表 10-19 所示。

表 10-19　完工产品成本汇总表

20××年7月　　　　　　　　　　　　　　　　　　　　　　　　　　　　金额单位:元

产品名称	产量(台)	成本					
		直接材料	直接人工	燃料及动力	制造费用	总成本	单位成本
A产品	10	86 550	44 088	6 776	23 804	161 218	16 121.8
B产品	5	52 400	32 064	4 928	17 312	106 704	21 340.8
C产品	4	51 225	25 050	3 850	13 525	93 650	23 412.5
合计	—	190 175	101 202	15 554	54 641	361 572	—

(7) 根据表10-19编制会计分录如下：

借：库存商品——A产品(730批)　　　　　　　　　　161 218
　　贷：基本生产成本——730批(直接材料)　　　　　 86 550
　　　　　　　　　　——730批(直接人工)　　　　　 44 088
　　　　　　　　　　——730批(燃料及动力)　　　　 6 776
　　　　　　　　　　——730批(制造费用)　　　　　 23 804
借：库存商品——B产品(731批)　　　　　　　　　　106 704
　　贷：基本生产成本——731批(直接材料)　　　　　 52 400
　　　　　　　　　　——731批(直接人工)　　　　　 32 064
　　　　　　　　　　——731批(燃料及动力)　　　　 4 928
　　　　　　　　　　——731批(制造费用)　　　　　 17 312
借：库存商品——C产品(732批)　　　　　　　　　　 93 650
　　贷：基本生产成本——732批(直接材料)　　　　　 51 225
　　　　　　　　　　——732批(直接人工)　　　　　 25 050
　　　　　　　　　　——732批(燃料及动力)　　　　 3 850
　　　　　　　　　　——732批(制造费用)　　　　　 13 525

(8) 根据完工产品入库会计分录,登记基本生产成本明细账,如表10-15至表10-17所示,结转完工产品各成本项目金额。

(9) 根据基本生产成本明细账,汇总完工产品成本中各成本项目和生产工时的数额,据以登记基本生产成本二级账,如表10-20所示。

表 10-20　基本生产成本二级账

20××年7月　　　　　　　　　　　　　　　　　　　　　　　　　　　　金额单位:元

20××年		摘要	直接材料	生产工时（小时）	直接人工	燃料及动力	制造费用	合计
月	日							
7	1	期初在产品	180 870	2 000	40 016	6 142	21 768	248 796
7	31	本月发生	250 955	6 400	128 320	19 730	69 120	468 125
7	31	累计数	431 825	8 400	168 336	25 872	90 888	716 921

(续表)

20××年		摘要	直接材料	生产工时（小时）	直接人工	燃料及动力	制造费用	合计
月	日							
7	31	全部产品累计间接计入费用分配率	—	—	20.04	3.08	10.82	—
7	31	结转完工产品成本	190 175	5 050	101 202	15 554	54 641	361 572
7	31	期末在产品	241 650	3 350	67 134	10 318	36 247	355 349

五、简化分批法的优缺点

1. 简化分批法的优点

采用简化分批法计算产品成本，按产品批别设置的基本生产成本明细账，平时发生的生产费用，只登记直接计入费用，对于平时发生的间接计入费用全部记入基本生产成本二级账，月末将基本生产成本二级账所归集的间接计入费用，按累计间接计入费用分配率，分配给有完工产品批别的基本生产成本明细账，无完工产品批别的基本生产成本明细账，则不参与分配。这就大大简化了生产费用的分配和基本生产成本明细账的登记工作，产品投产批次多，生产周期越长，则月末未完工产品的批别越多，简化的程度就越高。

2. 简化分批法的缺点

（1）基本生产成本明细账只能反映各批月末在产品的直接计入费用和耗用的生产工时，不能完整地反映各批月末在产品的成本。

（2）如果各月投产产品的批别较多，生产周期短，月末在产品的批别却不多或月末完工批次较多，则也难以达到简化核算工作的目的。

（3）当各月间接计入费用数额相差较大，从而引起各月的累计间接计入费用分配率波动较大时，各批产品成本的正确性会受到影响。

因此，简化分批法适用于投产批数较多，生产周期较长，月末完工批数较少或未完工批数较多，且各月间接计入费用水平大致均衡的企业。

复习思考题

1. 什么是产品成本计算的分批法？
2. 请简述分批法的特点及适用范围。
3. 请简述分批法的成本计算程序。
4. 在分批法中，如何确定成本计算对象？
5. 什么是间接计入费用的累计分配率法？应该如何应用累计分配率法来分配间接计入费用。

同步测试题

请扫描二维码，完成本章同步测试题。

第十章同步测试题

第十一章 CHAPTER 11

分步法

> **学习目的**
>
> - 了解分步法的含义、适用范围和分类。
> - 理解逐步结转分步法和平行结转分步法的特点。
> - 掌握逐步结转分步法中实际成本综合结转法的核算过程。
> - 掌握综合结转法下成本还原的方法。
> - 掌握平行结转分步法广义在产品和狭义在产品的区别。
> - 掌握平行结转分步法在产品约当产量方法的核算过程。

第一节 分步法概述

分步法是指以各步骤半成品或各生产步骤与最后步骤的产成品作为成本计算对象，归集生产费用，计算各步骤半成品和最终步骤产成品成本的方法。

一、分步法的适用范围

分步法适用于具有多步骤工艺过程的大量大批生产组织特点，并且在管理上需要按生产步骤计算产品成本的企业，包括大量大批连续式生产企业和大量大批装配式生产企业。

1. 大量大批连续式生产企业

在大量大批连续式生产企业里，生产的工艺过程是由一系列连续加工步骤构成的，即从原材料投入生产，每经过一个加工步骤都形成一种半成品，而这些半成品则是下一步骤的加工对象，直到最后步骤生产出产成品。例如，纺织企业的生产可分为纺纱、织布等步骤，冶金企业的生产可分为炼铁、炼钢、轧钢等步骤。

2. 大量大批装配式生产企业

在大量大批装配式生产企业里，企业先将各种材料分别在各个车间平行地进行加工，制成各种零部件，然后将零部件组装成为产成品。例如，机械制造企业的生产可分为铸造、加工、装配等步骤。

为了满足具有这些特点的企业管理的需要,加强成本管控,企业不仅要按照产品品种计算产品成本,还要按照产品的生产步骤计算半成品的成本。

二、分步法的特点

分步法的特点主要包括以下三个方面:

(1) 分步法的成本计算对象为各步骤半成品或各生产步骤与最后步骤的产成品,并据以设置基本生产成本明细账,即基本生产成本明细账按照生产步骤设立,账中项目按照产品品种反映。在大量大批多步骤的生产企业,从原材料投入到产成品制成完工,要经过一系列的加工步骤,每经过一个加工步骤,产出的半成品,其形态和性质各不相同,其计量单位也可能不尽相同,而且各步骤生产的半成品可能转入后续步骤,加工成不同的产成品,也可能对外出售。因此,成本计算必须按各步骤的各种产品进行。但应指出的是,产品成本计算的分步与实际的生产步骤不一定完全一致。为了简化成本计算工作,可以只对管理上有必要分步计算成本的生产步骤单独设立基本生产成本明细账,单独计算成本;而对管理上不要求单独计算成本的生产步骤,则可与其他生产步骤合并设立基本生产成本明细账,计算其成本。

(2) 产品成本计算期与会计报告期一致,但与生产周期不一致。在具有多步骤工艺过程的大量大批生产的企业里,原材料连续地投入,各生产步骤的产品连续不断地向下一个生产步骤移动,直至产成品完工验收入库。为了使生产能有条不紊地持续进行,在生产过程中各生产步骤必须保持一定数量的在产品,这样每个月均有半成品、产成品和在产品,因此在月末就需要计算产品成本。成本计算期与会计报告期一致,而与生产周期是不同的。

(3) 月末要将生产费用按适当方法在完工产品与在产品之间进行分配。在大量大批多步骤生产情况下,原材料不断投入,产品不断产出,而且其生产周期比单步骤生产长,月末通常都会有在产品,因此必须按加工步骤将所归集的生产费用在完工产品与在产品之间进行分配。

三、分步法的种类

分步法按是否需要计算和结转各步骤半成品成本分类,可以分为逐步结转分步法和平行结转分步法两种。

逐步结转分步法是指按各加工步骤归集生产费用,计算各加工步骤半成品成本,而且半成品成本随半成品实物转移在各加工步骤之间依次结转,最后计算出产成品成本的一种成本计算方法。这种方法是为了计算半成品成本而采用的一种分步法,因此也被称为计算半成品成本的分步法。

平行结转分步法是指在各加工步骤中只计算本步骤发生的生产费用和这些生产费用中应计入产成品成本的份额,将相同产品各步骤计入产成品的份额平行结转、汇总,计算产成品成本的一种成本计算方法。这种方法不计算各步骤所产半成品成本,也不计算各步骤所耗上一步骤半成品成本,因此也被称为不计算半成品成本的分步法。

第二节 逐步结转分步法

一、逐步结转分步法的适用范围

逐步结转分步法主要适用于大量大批连续式多步骤生产,管理上需要计算各生产步骤半成品成本的企业。在这种生产类型的企业里,经过若干生产步骤的加工,除最后一个步骤生产出终端产品即产成品外,在此之前的各生产步骤加工完成的都是半成品。为了加强对各生产步骤成本的管理,除要求计算各种产成品成本外,还要求计算各步骤半成品成本。有的企业生产的半成品可以作为商品对外销售,这就需要计算这些外销半成品的成本,如冶金企业的生铁、钢锭,纺织企业的棉纱等;有的企业生产的半成品为本企业几种产品所耗用,为了分别计算各种产品的成本,也要计算这些半成品的成本,如造纸企业的纸浆等。

二、逐步结转分步法的特点

逐步结转分步法的特点主要包括以下三个方面:

(1) 成本计算对象是各生产车间的半成品与最后步骤的产成品。成本核算时需设置生产车间明细账,用来核算半成品的完工产品与月末在产品,并设置完工的半成品入库多栏明细账、产成品入库多栏明细账。

(2) 半成品成本随实物转移而同步转移。半成品的核算可以通过仓库进行,也可以不通过仓库进行,不管哪种形式,半成品均要转移到下一生产步骤。例如,水泥原材料中的石灰石、黏土、铁粉、页岩等经过磨碎机粉磨后,形成半成品生料,生料经过流转后转移到烧成车间进行煅烧形成熟料,熟料与其他混合材料经共同粉磨后形成水泥产品。在价值形态上,原材料的价值随着实物的流转转移到半成品生料的价值上,半成品生料转移到下一车间时其价值也转移到半成品熟料的价值上。

(3) 在产品是指狭义的在产品。此处的"在产品"仅指期末余额形成的在产品。月末各生产步骤将发生的生产费用在完工产品与月末在产品之间进行分配时,需要分配的生产费用是本期生产费用加上一步骤转入的半成品成本,月末在产品是指本生产步骤正在加工尚未完工的在产品。例如,水泥的半成品生料,存在月末半成品,留在生产车间基本生产成本明细账中,而完工的生料则转移到生料半成品明细账中。

三、逐步结转分步法的成本计算程序

采用逐步结转分步法的企业中,有的企业对各生产步骤完工的半成品,先验收入库,下一生产步骤根据生产的需要,再从半成品仓库领取上一生产步骤完工的半成品继续进行加工;有的企业对上一生产步骤完工的半成品,验收合格后并不入库,而是将验收合格的半成品直接转交下一生产步骤继续进行加工。逐步结转分步法的成本计算程序,因企业完工的半成品实物是否验收入库而有所不同。

(一) 半成品入库逐步结转分步法计算程序

(1) 根据第一生产步骤明细账上各成本项目归集的生产费用,计算完工的半成品成

本,在半成品验收入库时:

借:自制半成品——第一步骤半成品
　　贷:基本生产成本——第一步骤

(2) 在第二生产步骤从半成品仓库领取第一生产步骤的自制半成品时:

借:基本生产成本——第二步骤(自制半成品)
　　贷:自制半成品——第一步骤半成品

再加上第二生产步骤加工半成品领用的原材料和发生的加工费用,计算第二生产步骤完工的半成品成本,依据生产步骤的顺序,累计结转半成品成本,直至最后一个生产步骤,计算出完工产成品的成本。

将半成品入库的逐步结转分步法成本计算程序如图11-1所示。

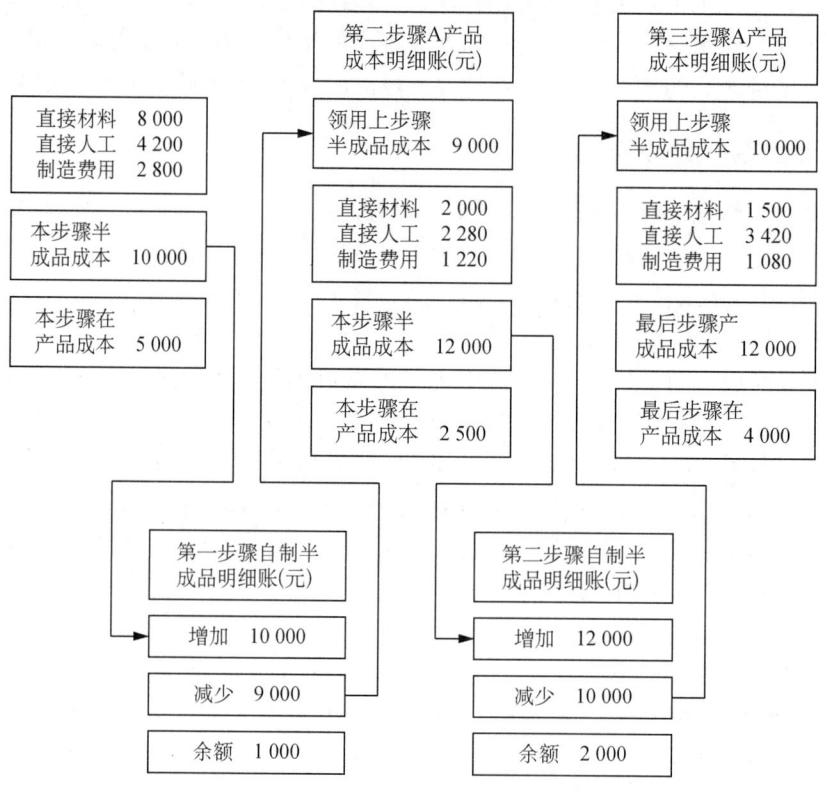

图11-1　逐步结转分步法成本计算程序(通过仓库收发)

(二) 半成品直接转移逐步结转分步法计算程序

(1) 根据第一生产步骤明细账上各成本项目归集的生产费用,计算完工的半成品成本。第一生产步骤完工的半成品已全部转入第二生产步骤,因此根据完工的半成品成本编制会计分录如下:

借:基本生产成本——第二步骤(自制半成品)
　　贷:基本生产成本——第一步骤(直接材料)
　　　　　　　　　　——第一步骤(直接人工)
　　　　　　　　　　——第一步骤(制造费用)

（2）第二生产步骤根据第一生产步骤转来的半成品成本，加上本步骤领用的原材料和发生的加工费用，计算出第二生产步骤完工的半成品成本，依次类推，直至最后一个生产步骤计算出完工产品的成本。将半成品直接转移的逐步结转分步法成本计算程序如图11-2所示。

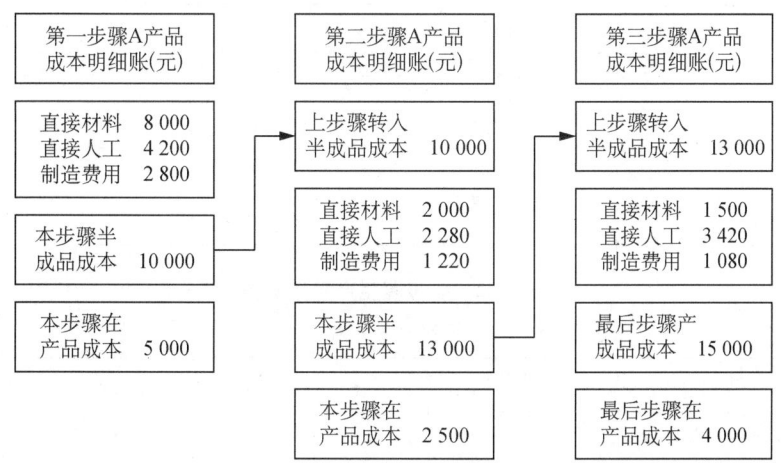

图11-2 逐步结转分步法成本计算程序（不通过仓库收发）

从上述两种计算程序可以看出，逐步结转分步法的每一生产步骤计算半成品或产成品的成本，实际上采用的都是品种法。

四、逐步结转分步法的分类

逐步结转分步法，按照半成品成本在下一步骤成本明细账中的反映方法不同，又可分为综合结转法和分项结转法两种。

（一）综合结转法

综合结转法是指将各生产步骤耗用上一步骤的半成品成本，不分直接材料、直接人工及制造费用等成本项目，而是以一个合计的金额综合记入各该步骤产品成本明细账中的"直接材料"或专设的"半成品"项目中，计算各步骤半成品和产成品成本的方法。半成品成本的综合结转可以按实际成本结转，也可以按计划成本结转。因此，综合结转法又可分为实际成本综合结转法和计划成本综合结转法两种。

1. 实际成本综合结转法

采用实际成本综合结转法进行结转时，各步骤所耗上一步骤的半成品费用，应根据所耗半成品的数量乘以半成品实际的单位成本计算。在通过仓库收发半成品的情况下，发出半成品的单位成本可用加权平均法、先进先出法等存货计价方法计算。

【例11-1】 大华制造厂生产甲产品，该产品经过三个生产车间的加工，第一车间投入原材料加工成A半成品，第二车间领用A半成品加工成B半成品，第三车间领用B半成品加工成产成品甲，A、B半成品均由半成品仓库收发，第二车间、第三车间所耗半成品费用按全月一次加权平均法计算单位成本。原材料在第一车间生产开始时一次性投入，自制半成品在第二车间和第三车间生产开始时一次性投入，三个车间均采用约当产量法分配完工产品与在产品费用。该企业要求计算每个车间的半成品成本和产成品成本。

11-1 逐步结转法Excel智能核算

20××年2月有关资料如表11-1至表11-3所示。

表11-1 产量资料

20××年2月　　　　　　　　　　　　　　　　　　　　数量单位：件

项目	第一车间	第二车间	第三车间
期初在产品	240	350	300
投入产量（或领用量）	1 680	1 800	1 900
本月完工	1 600	1 750	2 000
期末在产品	320	400	200
每步骤在产品完工率	50%	50%	50%

表11-2 各步骤生产费用资料

20××年2月　　　　　　　　　　　　　　　　　　　　金额单位：元

项目	直接材料	自制半成品	直接人工	制造费用
第一车间期初在产品（A半成品）	15 544		4 206	2 080
第一车间本月生产费用	86 600		57 130	29 600
第二车间期初在产品（B半成品）		25 558	11 000	3 600
第二车间生产费用			115 750	43 200
第三车间期初在产品（甲产品）		75 050	4 800	2 700
第三车间生产费用			62 400	35 100

表11-3 自制半成品期初资料

20××年2月　　　　　　　　　　　　　　　　　　　　金额单位：元

项目	数量（件）	单位成本	金额
第一车间期初A半成品	600	107.48	64 488
第二车间期初B半成品	300	200.25	60 075

（1）根据上述资料登记第一步骤基本生产成本明细账，如表11-4所示。

表11-4 第一步骤基本生产成本明细账

　　　　　　　　　　　　　　　　　　　　　　　　　　完工A半成品：1 600件
产品名称：A半成品　　　　20××年2月　　　　　　　金额单位：元

项目	直接材料	直接人工	制造费用	合计
期初在产品成本	15 544	4 206	2 080	21 830
本月生产费用	86 600	57 130	29 600	173 330
合计	102 144	61 336	31 680	195 160
分配率	53.20①	34.85②	18.00③	—

(续表)

项目	直接材料	直接人工	制造费用	合计
完工A半成品成本	85 120	55 760	28 800	169 680
期末在产品成本	17 024	5 576	2 880	25 480

注：① 第一步骤直接材料分配率 $=\dfrac{102\,144}{1\,600+320}=53.20$。

② 第一步骤直接人工分配率 $=\dfrac{61\,336}{1\,600+320\times 50\%}=34.85$。

③ 第一步骤制造费用分配率 $=\dfrac{31\,680}{1\,600+320\times 50\%}=18.00$。

(2) 根据第一步骤基本生产成本明细账编制A半成品成本计算单(略)；依据A半成品成本计算单编制完工A半成品成本汇总表，如表11-5所示。

表11-5　完工A半成品成本汇总表

20××年2月　　　　　　　　　　　　　　　　　　　　　　　　　　金额单位：元

产品名称	产量(件)	成本				
		直接材料	直接人工	制造费用	总成本	单位成本
A半成品	1 600	85 120	55 760	28 800	169 680	106.05
合计	—	85 120	55 760	28 800	169 680	—

(3) 根据表11-5编制会计分录如下：

借：自制半成品——A半成品　　　　　　　　　　　　　　　　169 680

　　贷：基本生产成本——第一步骤(直接材料)　　　　　　　　85 120

　　　　　　　　　　——第一步骤(直接人工)　　　　　　　　55 760

　　　　　　　　　　——第一步骤(制造费用)　　　　　　　　28 800

(4) 根据完工A半成品入库会计分录登记第一步骤基本生产成本明细账和A自制半成品明细账，分别如表11-4和表11-6所示。

表11-6　自制半成品明细账

半成品名称：A半成品　　　　　　　　　　　　　　　　　　　　　　金额单位：元

月份	期初结存			本月增加			合计			本月减少		
	数量(件)	单位成本	实际成本	数量(件)	单位成本	实际成本	数量(件)	单位成本	实际成本	数量(件)	单位成本	实际成本
本月	600	107.48	64 488	1 600	106.05	169 680	2 200	106.44	234 168	1 800	106.44	191 592
下月	400	106.44	42 576									

(5) 第二车间领用A半成品按全月一次加权平均法计算单位成本。第二步骤领用第一步骤生产的A自制半成品1 800件，实际成本191 592元，编制会计分录如下：

借：基本生产成本——第二步骤(自制半成品)　　　　　　　　191 592

　　贷：自制半成品——A半成品　　　　　　　　　　　　　　191 592

(6) 根据第二步骤领用自制A半成品会计分录登记第二步骤基本生产成本明细账和A自制半成品明细账，分别如表11-7和表11-6所示。

表 11-7　第二步骤基本生产成本明细账

产品名称:B 半成品　　　　　　　　20××年 2 月　　　　　完工 B 半成品:1 750 件　金额单位:元

项目	自制半成品	直接人工	制造费用	合计
期初在产品成本	25 558	11 000	3 600	40 158
本月生产费用	191 592	115 750	43 200	350 542
合计	217 150	126 750	46 800	390 700
分配率	101①	65②	24③	—
完工 B 半成品成本	176 750	113 750	42 000	332 500
期末在产品成本	40 400	13 000	4 800	58 200

注:① 第二步骤自制半成品分配率 $=\dfrac{217\,150}{1\,750+400}=101$。

② 第二步骤直接人工分配率 $=\dfrac{126\,750}{1\,750+400\times 50\%}=65$。

③ 第二步骤制造费用分配率 $=\dfrac{46\,800}{1\,750+400\times 50\%}=24$。

(7) 根据第二步骤基本生产成本明细账编制 B 半成品成本计算单(略);依据 B 半成品成本计算单编制完工 B 半成品成本汇总表,如表 11-8 所示。

表 11-8　完工 B 半成品成本汇总表

20××年 2 月　　　　　　　　　　　　　　　　　　　　金额单位:元

产品名称	产量(件)	成本				
		自制半成品	直接人工	制造费用	总成本	单位成本
B 半成品	1 750	176 750	113 750	42 000	332 500	190
合计	—	176 750	113 750	42 000	332 500	—

(8) 根据表 11-8 编制会计分录如下:

借:自制半成品——B 半成品　　　　　　　　　　　　　　332 500
　　贷:基本生产成本——第二步骤(自制半成品)　　　　　176 750
　　　　　　　　　　——第二步骤(直接人工)　　　　　　113 750
　　　　　　　　　　——第二步骤(制造费用)　　　　　　 42 000

(9) 根据完工 B 半成品入库会计分录登记第二步骤基本生产成本明细账和 B 自制半成品明细账,分别如表 11-8 和表 11-9 所示。

表 11-9　自制半成品明细账

产品名称:B 半成品　　　　　　　　　　　　　　　　　　　　　　金额单位:元

月份	期初结存			本月增加			合计			本月减少		
	数量(件)	单位成本	实际成本	数量(件)	单位成本	实际成本	数量(件)	单位成本	实际成本	数量(件)	单位成本	实际成本
本月	300	200.25	60 075	1 750	190.00	332 500	2 050	191.50	392 575	1 900	191.50	363 850
下月	150	191.50	28 725									

(10) 第三车间领用 B 半成品按全月一次加权平均法计算单位成本。第三步骤领用第二步骤生产的 B 自制半成品 1 900 件，实际成本 363 850 元，编制会计分录如下：

借：基本生产成本——第三步骤（自制半成品）　　　　　363 850
　　　贷：自制半成品——B 半成品　　　　　　　　　　　　　　363 850

(11) 根据领用 B 半成品的会计分录登记第三步骤基本生产成本明细账和 B 自制半成品明细账，分别如表 11-10 和表 11-9 所示。

表 11-10　第三步骤基本生产成本明细账

产品名称：甲产品　　　　　　　20××年 2 月　　　　　完工产品：2 000 件　金额单位：元

项目	自制半成品	直接人工	制造费用	合计
期初在产品成本	75 050	4 800	2 700	82 550
本月生产费用	363 850	62 400	35 100	461 350
合计	438 900	67 200	37 800	543 900
分配率	199.5①	32.0②	18.0③	—
完工产品成本	399 000	64 000	36 000	499 000
期末在产品成本	39 900	3 200	1 800	44 900

注：① 第三步骤自制半成品分配率 $=\dfrac{438\,900}{2\,000+200}=199.5$。

② 第三步骤直接人工分配率 $=\dfrac{67\,200}{2\,000+200\times 50\%}=32.0$。

③ 第三步骤制造费用分配率 $=\dfrac{37\,800}{2\,000+200\times 50\%}=18.0$。

(12) 根据第三步骤基本生产成本明细账编制甲完工产品成本计算单（略）；依据完工产品成本计算单编制完工产品成本汇总表，如表 11-11 所示。

表 11-11　完工产品成本汇总表

20××年 2 月　　　　　　　　　　　　　　　　　　　　　金额单位：元

产品名称	产量（件）	成本				
		自制半成品	直接人工	制造费用	总成本	单位成本
甲产品	2 000	399 000	64 000	36 000	499 000	249.5
合计	—	399 000	64 000	36 000	499 000	

(13) 根据表 11-11 编制会计分录如下：

借：库存商品——甲产品　　　　　　　　　　　　　　　499 000
　　　贷：基本生产成本——第三步骤（自制半成品）　　　　　　　399 000
　　　　　　　　　　　　——第三步骤（直接人工）　　　　　　　 64 000
　　　　　　　　　　　　——第三步骤（制造费用）　　　　　　　 36 000

(14) 根据完工产品入库会计分录登记第三步骤基本生产成本明细账，如表 11-10 所示。

【例 11-2】　光升制造厂生产丙产品，该产品经过三个生产车间的加工，第一车间投入原材料加工成 E 半成品，第二车间领用 E 半成品加工成 F 半成品，第三车间领用 F 半成品加工成丙产成品，E、F 半成品不通过半成品仓库收发。原材料在第一车间生产开始时一次性投入,自制半成品在第二车间和第三车间生产开始时一次性投入,三个车间均采用约当产量法分配完工产品与在产品费用。该企业要求计算每个车间的半成品成本和产成品成本。20××年4月有关资料如表11-12和表11-13所示。

表11-12 产量资料

20××年4月　　　　　　　　　　　　　　　　　　　　　　数量单位:件

项目	第一车间	第二车间	第三车间
期初在产品	100	200	150
投入产量(或领用量)	1 300	1 200	1 000
本月完工产品	1 200	1 000	1 050
期末在产品	200	400	100
每步骤在产品完工率	60%	50%	80%

表11-13 各步骤生产费用资料

20××年4月　　　　　　　　　　　　　　　　　　　　　　单位:元

项目	直接材料	自制半成品	直接人工	制造费用
第一车间期初在产品(E半成品)	1 280		700	480
第一车间本月生产费用	16 640		12 500	10 146
第二车间期初在产品(F半成品)		6 100	1 000	950
第二车间生产费用			10 760	9 250
第三车间期初在产品(丙产品)		5 180	760	650
第三车间生产费用			8 845	6 695

(1) 根据表11-12和表11-13登记第一步骤基本生产成本明细账,如表11-14所示。

表11-14 第一步骤基本生产成本明细账

　　　　　　　　　　　　　　　　　　　　　　　　　　　　　完工E半成品:1 200件

产品名称:E半成品　　　　　　20××年4月　　　　　　　　金额单位:元

项目	直接材料	直接人工	制造费用	合计
期初在产品成本	1 280	700	480	2 460
本月生产费用	16 640	12 500	10 146	39 286
合计	17 920	13 200	10 626	41 746
分配率	12.80①	10.00②	8.05③	—
完工半成品成本	15 360	12 000	9 660	37 020
期末在产品成本	2 560	1 200	966	4 726

注:① 第一步骤直接材料分配率 $=\dfrac{17\ 920}{1\ 200+200}=12.80$。

② 第一步骤直接人工分配率 $=\dfrac{13\ 200}{1\ 200+200\times 60\%}=10.00$。

③ 第一步骤制造费用分配率 $=\dfrac{10\ 626}{1\ 200+200\times 60\%}=8.05$。

(2) 根据第一步骤基本生产成本明细账编制 E 半成品成本计算单(略);依据 E 半成品成本计算单编制完工 E 半成品成本汇总表,如表 11-15 所示。

表 11-15 完工 E 半成品成本汇总表

20××年 4 月　　　　　　　　　　　　　　　　　　　　金额单位:元

产品名称	产量(件)	成本				
		直接材料	直接人工	制造费用	总成本	单位成本
E 半成品	1 200	15 360	12 000	9 660	37 020	30.85
合计	—	15 360	12 000	9 660	37 020	—

(3) 根据表 11-15 编制会计分录如下:

借:基本生产成本——第二步骤(自制半成品)　　37 020
　　贷:基本生产成本——第一步骤(直接材料)　　15 360
　　　　　　　　　　——第一步骤(直接人工)　　12 000
　　　　　　　　　　——第一步骤(制造费用)　　　9 660

(4) 根据第一步骤完工 E 半成品会计分录登记第二步骤基本生产成本明细账,如表 11-16 所示。

表 11-16 第二步骤基本生产成本明细账

产品名称:F 半成品　　　　20××年 4 月　　　　完工 F 半成品:1 000 件　金额单位:元

项目	自制半成品	直接人工	制造费用	合计
期初在产品成本	6 100	1 000	950	8 050
本月生产费用	37 020	10 760	9 250	57 030
合计	43 120	11 760	10 200	65 080
分配率	30.8①	9.8②	8.5③	—
完工半成品成本	30 800	9 800	8 500	49 100
期末在产品成本	12 320	1 960	1 700	15 980

注:① 第二步骤自制半成品分配率 $=\dfrac{43\ 120}{1\ 000+400}=30.8$。

② 第二步骤直接人工分配率 $=\dfrac{11\ 760}{1\ 000+400\times 50\%}=9.8$。

③ 第二步骤制造费用分配率 $=\dfrac{10\ 200}{1\ 000+400\times 50\%}=8.5$。

(5) 根据第二步骤基本生产成本明细账编制 F 半成品成本计算单(略);依据 F 半成品成本计算单编制完工 F 半成品成本汇总表,如表 11-17 所示。

表 11-17　完工 F 半成品成本汇总表

20××年4月　　　　　　　　　　　　　　　　　　　　　　　金额单位：元

产品名称	产量（件）	成本				
		自制半成品	直接人工	制造费用	总成本	单位成本
F 半成品	1 000	30 800	9 800	8 500	49 100	49.1
合计	—	30 800	9 800	8 500	49 100	—

（6）根据表 11-17 编制会计分录如下：

　　借：基本生产成本——第三步骤（自制半成品）　　　　　　49 100
　　　　贷：基本生产成本——第二步骤（自制半成品）　　　　30 800
　　　　　　　　　　　　——第二步骤（直接人工）　　　　　9 800
　　　　　　　　　　　　——第二步骤（制造费用）　　　　　8 500

（7）根据第二步骤完工 F 半成品会计分录登记第三步骤基本生产成本明细账，如表 11-18 所示。

表 11-18　第三步骤基本生产成本明细账

产品名称：丙产品　　　　20××年4月　　　　　　完工产品：1 050 件
　　　　　　　　　　　　　　　　　　　　　　　　金额单位：元

项目	自制半成品	直接人工	制造费用	合计
期初在产品成本	5 180	760	650	6 590
本月生产费用	49 100	8 845	6 695	64 640
合计	54 280	9 605	7 345	71 230
分配率	47.2①	8.5②	6.5③	—
完工产品成本	49 560	8 925	6 825	65 310
期末在产品成本	4 720	680	520	5 920

注：① 第三步骤自制半成品分配率 $=\dfrac{54\ 280}{1\ 050+100}=47.2$。

　　② 第三步骤直接人工分配率 $=\dfrac{9\ 605}{1\ 050+100\times 80\%}=8.5$。

　　③ 第三步骤制造费用分配率 $=\dfrac{7\ 345}{1\ 050+100\times 80\%}=6.5$。

（8）根据第三步骤基本生产成本明细账编制丙完工产品成本计算单（略）；依据完工产品成本计算单编制完工产品成本汇总表，如表 11-19 所示。

表 11-19　完工产品成本汇总表

20××年4月　　　　　　　　　　　　　　　　　　　　　　　金额单位：元

产品名称	产量（件）	成本				
		自制半成品	直接人工	制造费用	总成本	单位成本
丙产品	1 050	49 560	8 925	6 825	65 310	62.2
合计	—	49 560	8 925	6 825	65 310	—

(9) 根据表 11-19 编制会计分录如下：

借：库存商品——丙产品　　　　　　　　　　　　　　　　　　65 310
　　贷：基本生产成本——第三步骤（自制半成品）　　　　　　49 560
　　　　　　　　　　——第三步骤（直接人工）　　　　　　　8 925
　　　　　　　　　　——第三步骤（制造费用）　　　　　　　6 825

(10) 根据完工产品入库会计分录登记第三步骤基本生产成本明细账，如表 11-18 所示。

2. 计划成本综合结转法

采用计划成本综合结转法进行结转时，半成品的日常收、发均按计划单位成本计算，在半成品的实际成本算出以后，再计算半成品成本差异率，调整半成品成本差异。

具体来说，上一步骤生产的半成品入半成品仓库时，在自制半成品的明细账中既反映其计划成本，也反映其实际成本；下一步骤领用半成品继续加工时，按计划成本记入下一步骤的基本生产成本明细账，同时在基本生产成本明细账中反映实际成本和成本差异。

【**例 11-3**】　宏盛制造厂分两步骤生产乙产品，采用逐步结转法计算产品成本，第一车间耗用原材料在第一步骤生产开始时一次性投入，第二车间耗用 K 半成品在第二步骤生产开始时一次性投入，K 半成品通过半成品仓库收发。第二车间耗用 K 半成品费用按计划成本综合结转。两个车间的完工产品与月末在产品之间生产费用按约当产量法分配。在产品数量分布及各车间生产费用资料如表 11-20 至表 11-23 所示。

表 11-20　在产品数量分布表
20××年 11 月　　　　　　　　　　　　　　　　　　　　　数量单位：件

项目	第一车间	第二车间
期初在产品	500	200
投入产量（或领用量）	1 700	1 500
本月完工产品	1 800	1 600
月末在产品	400	100
每步骤在产品完工率	50%	50%

表 11-21　第一步骤生产费用资料
20××年 11 月　　　　　　　　　　　　　　　　　　　　　　　单位：元

项目	直接材料	直接人工	制造费用
第一车间期初在产品（K 半成品）	22 600	6 650	1 400
第一车间生产费用	96 200	57 350	29 800

表 11-22　第二步骤生产费用资料
20××年 11 月　　　　　　　　　　　　　　　　　　　　　　　单位：元

项目	自制半成品		直接人工	制造费用
	计划成本	实际成本		
第二车间期初在产品（乙产品）	20 000	20 790	2 800	2 100
第二车间生产费用			43 400	32 550

表 11-23 自制半成品期初资料

20××年11月　　　　　　　　　　　　　　　　　　　　　金额单位:元

项目	数量(件)	计划单位成本	计划成本	实际成本
期初 K 半成品	200	100	20 000	20 600

(1) 根据表 11-21 登记第一步骤基本生产成本明细账,如表 11-24 所示。

表 11-24　第一步骤基本生产成本明细账

产品名称:K 半成品　　　20××年11月　　　　完工半成品:1 800 件　金额单位:元

项目	直接材料	直接人工	制造费用	合计
月初在产品成本	22 600	6 650	1 400	30 650
本月生产费用	96 200	57 350	29 800	183 350
合计	118 800	64 000	31 200	214 000
分配率	54.0①	32.0②	15.6③	—
完工半成品成本	97 200	57 600	28 080	182 880
月末在产品成本	21 600	6 400	3 120	31 120

注:① 第一步骤直接材料分配率 $=\dfrac{118\ 800}{1\ 800+400}=54.0$。

② 第一步骤直接人工分配率 $=\dfrac{64\ 000}{1\ 800+400\times 50\%}=32.0$。

③ 第一步骤制造费用分配率 $=\dfrac{31\ 200}{1\ 800+400\times 50\%}=15.6$。

(2) 根据第一步骤基本生产成本明细账编制 K 半成品成本计算单(略);依据 K 半成品成本计算单编制完工 K 半成品成本汇总表,如表 11-25 所示。

表 11-25　完工 K 半成品成本汇总表

20××年11月　　　　　　　　　　　　　　　　　　　　　金额单位:元

产品名称	产量(件)	成本				
		直接材料	直接人工	制造费用	总成本	单位成本
K 半成品	1 800	97 200	57 600	28 080	182 880	101.6
合计	—	97 200	57 600	28 080	182 880	—

(3) 根据表 11-25 编制会计分录如下:

借:自制半成品——K 半成品　　　　　　　　　　　　　　　180 000
　　材料成本差异　　　　　　　　　　　　　　　　　　　　　2 880
　　贷:基本生产成本——第一步骤(直接材料)　　　　　　　97 200
　　　　　　　　　　——第一步骤(直接人工)　　　　　　　57 600
　　　　　　　　　　——第一步骤(制造费用)　　　　　　　28 080

(4) 依据完工 K 半成品入库会计分录登记第一步骤基本生产成本明细账和 K 自制半成品明细账,分别如表 11-24 和表 11-26 所示。

表 11-26 自制半成品明细账

名称:K 半成品

数量单位:件
计划单位成本:100 元

月份	期初结存			本月增加			合计					本月减少			
	数量	计划成本	实际成本	数量	计划成本	实际成本	数量	计划成本	实际成本	成本差异	差异率	数量	计划成本	成本差异	实际成本
11	200	20 000	20 600	1 800	180 000	182 880	2 000	200 000	203 480	3 480	1.74%	1 500	150 000	2 610	152 610
	500	50 000	50 870												

(5) 根据第二步骤 K 半成品领用单,编制会计分录如下:
借:基本生产成本——第二步骤(自制半成品)　　150 000
　　贷:自制半成品——K 半成品　　　　　　　　　　　　150 000
月末调整领用 K 半成品应负担的材料成本差异:
借:基本生产成本——第二步骤(自制半成品)　　2 610
　　贷:材料成本差异　　　　　　　　　　　　　　　　　　2 610

(6) 根据第二步骤领用 K 半成品会计分录及月末调整领用 K 半成品应负担的材料成本差异,登记 K 自制半成品明细账和第二步骤基本生产成本明细账,分别如表 11-26 和表 11-27 所示。

表 11-27 第二步骤基本生产成本明细账

本月完工产品数量:1 600 件
月末在产品数量:100 件

产品名称:乙产品　　　　　　　　　　　　　　　　金额单位:元

20××年		凭证号	摘要	半成品			直接人工	制造费用	合计
月	日			计划成本	成本差异	实际成本			
11	1	略	月初在产品	20 000	790	20 790	2 800	2 100	25 690
11	30		本月生产费用	150 000	2 610	152 610	43 400	32 550	228 560
11	30		合计	170 000	3 400	173 400	46 200	34 650	254 250
			分配率	100①	2	102	28②	21③	—
			完工产品成本	160 000	3 200	163 200	44 800	33 600	241 600
11	30		月末在产品成本	10 000	200	10 200	1 400	1 050	12 650

注:① 第二步骤自制半成品料分配率=173 400/(1 600+100)=102。

② 第二步骤直接人工分配率=$\dfrac{46\ 200}{1\ 600+100\times 50\%}$=28。

③ 第二步骤制造费用分配率=$\dfrac{34\ 650}{1\ 600+100\times 50\%}$=21。

(7) 根据第二步骤基本生产成本明细账编制完工产品成本计算单(略);依据完工产品成本计算单编制完工产品成本汇总表,如表 11-28 所示。

表 11-28 完工产品成本汇总表

20××年11月　　　　　　　　　　　　　　　　　　　　　　　　金额单位:元

产品名称	产量(件)	成本				
		自制半成品	直接人工	制造费用	总成本	单位成本
乙产品	1 600	163 200	44 800	33 600	241 600	151
合计	—	163 200	44 800	33 600	241 600	—

(8) 根据表 11-28 编制会计分录如下:

借:库存商品——乙产品　　　　　　　　　　　　　　　　241 600
　　贷:基本生产成本——第二步骤(自制半成品)　　　　　　163 200
　　　　　　　　　　——第二步骤(直接人工)　　　　　　　44 800
　　　　　　　　　　——第二步骤(制造费用)　　　　　　　33 600

(9) 依据完工产品入库会计分录登记第二步骤基本生产成本明细账,如表 11-27 所示。

由上述各例可知,各生产步骤领用上一步骤的半成品相当于领用原材料。因此,综合结转半成品成本的核算相当于各生产步骤领用原材料核算。按实际成本或计划成本综合结转半成品成本的核算原理与按材料实际成本或计划成本进行产品所耗原材料的核算原理基本相同。

3. 综合结转法的成本还原

1) 成本还原的必要性

在综合结转法下,无论半成品是按实际成本计算还是按计划成本计算,各步骤所耗上一步骤成本是以"半成品"项目综合反映的,因而最后一个步骤产成品的成本不能反映原始的成本项目构成数额。在产品成本中,所耗费的前一步骤半成品成本包括所耗半成品经过前面步骤加工所发生的其他费用,这显然是不符合产品成本项目构成实际的,因而不能从整个企业角度来分析产品成本的构成和水平。

【例 11-4】 闵鼎制造厂生产 H 产品,由三个步骤加工完成,上一步骤半成品全部完工,直接全部为下一步骤提供半成品直到第三步骤。其逐步结转的结果如表 11-29 所示。

表 11-29 H 产品成本项目明细账(综合结转法)

金额单位:元

生产步骤	成本项目				合计
	自制半成品	直接材料	直接人工	制造费用	
第一步骤半成品成本		50 000	11 400	8 600	70 000
第二步骤半成品成本	70 000		5 700	4 300	80 000
第三步骤产成品成本	80 000		3 420	2 580	86 000

(续表)

生产步骤	成本项目				合计
	自制半成品	直接材料	直接人工	制造费用	
各成本项目结构比重	93.02%	—	3.98%	3.00%	100.00%
实际的原始成本项目金额	—	50 000	20 520	15 480	86 000
实际各成本项目结构比重	—	58.14%	23.86%	18.00%	100.00%

由表11-29可知,在第三步骤完工产品成本结构中,半成品费用占比大于93%,直接人工和制造费用占比不到7%,这与该产品实际的直接材料、直接人工及制造费用等成本项目结构占比相差甚远。因此,如果管理上要求从整个企业角度分析和考核成本项目构成,则要逐步将综合结转算出的产成品成本进行还原,使其成为按原始成本项目反映的成本。

如表11-29所示,各步骤所耗半成品反映的成本恰好是上一步骤完工的半成品成本,即两者可以抵消,那么成本还原的方法很简单,将各步骤半成品反映略而不计,其余项目分别汇总即可。但在实际工作中,这种下一步骤半成品反映与上一步骤半成品成本正好相等的情况是很少的,因而成本还原不能用上述简单方法进行,而需要采用其他方法进行专门的成本还原。

2）成本还原的概念和方法

成本还原是指从最后一个步骤起,把各步骤所耗上一步骤半成品的综合成本,按照上一步骤所产半成品成本的结构,逐步分解还原算出按原始成本项目反映的产成品成本。成本还原的对象为各步骤所耗上一步骤半成品的综合成本。其计算公式如下:

$$成本还原分配率 = \frac{本月产成品所耗上一步骤半成品综合成本}{本月上一步骤所产该种半成品成本合计}$$

$$应还原上一步骤某项成本项目金额 = 上一步骤该种完工半成品某个成本项目的成本 \times 成本还原分配率$$

【例11-5】 承[例11-1],对第三步骤基本生产成本明细账中产成品成本进行还原,编制产成品成本还原计算表,如表11-30所示。

表11-30 产成品成本还原计算表

20××年2月   金额单位:元

行次	项目	还原分配率	半成品	直接材料	直接人工	制造费用	合计
1	还原前产成品成本		399 000		64 000	36 000	499 000
2	第二步骤B半成品成本	1.20	176 750		113 750	42 000	332 500
3	第一次成本还原		212 100		136 500	50 400	399 000
4	第一步骤A半成品成本	1.25		85 120	55 760	28 800	169 680
5	第二次成本还原			106 400	69 700	36 000	212 100
6	还原后产成品总成本			106 400	270 200	122 400	499 000

11-2 逐步结转法产品成本还原Excel智能核算

方法和步骤如下：

(1) 第一次还原：

$$还原分配率=\frac{399\,000}{332\,500}=1.20$$

甲产品所耗 B 半成品费用中的直接材料 $=176\,750\times1.2=212\,100$（元）

甲产品所耗 B 半成品费用中的直接人工 $=113\,750\times1.2=136\,500$（元）

甲产品所耗 B 半成品费用中的制造费用 $=42\,000\times1.2=50\,400$（元）

(2) 第二次还原：

$$还原分配率=\frac{212\,100}{169\,680}=1.25$$

B 半成品所耗 A 半成品费用中的直接材料 $=85\,120\times1.25=106\,400$（元）

B 半成品所耗 A 半成品费用中的直接人工 $=55\,760\times1.25=69\,700$（元）

B 半成品所耗 A 半成品费用中的制造费用 $=28\,800\times1.25=36\,000$（元）

按照上述方法进行成本还原比较简单，但由于未考虑以前月份所产半成品成本结构的影响，在各月所产半成品的成本结构变化较大的情况下，采用这种方法进行成本还原会产生误差。如果企业有半成品的定额成本或计划成本比较准确，则可以按半成品的定额成本或计划成本的成本结构进行还原。

4. 综合结转法的优缺点

1) 综合结转法的优点

采用综合结转法逐步结转半成品成本，可在各步骤完工产品中反映所耗用上一步骤半成品费用的水平和本步骤加工费用的水平，有利于各步骤的成本管理，有利于加强内部成本控制、分析和考核，便于分清各自的生产经营效果和责任。

2) 综合结转法的缺点

为了从整个企业角度反映产品的构成，加强企业综合成本的管理，必须进行成本还原，增加了成本计算的工作量。

(二) 分项结转法

1. 分项结转法的概念

分项结转法是指将各生产步骤所耗上一步骤半成品费用，按照成本项目分项转入各该步骤产品成本明细账中相应的成本项目的方法。如果半成品通过仓库收发，那么在自制半成品明细账中登记半成品成本时，也要按照成本项目分别登记。

分项结转可以按半成品实际成本结转，也可以按其计划成本结转。在按计划成本结转情况下，要分成本项目调整成本差异，因而计算工作量较大。实际工作中，一般按实际成本分项结转。

2. 分项结转法的成本计算程序

分项结转法成本计算程序如图 11-3 所示。

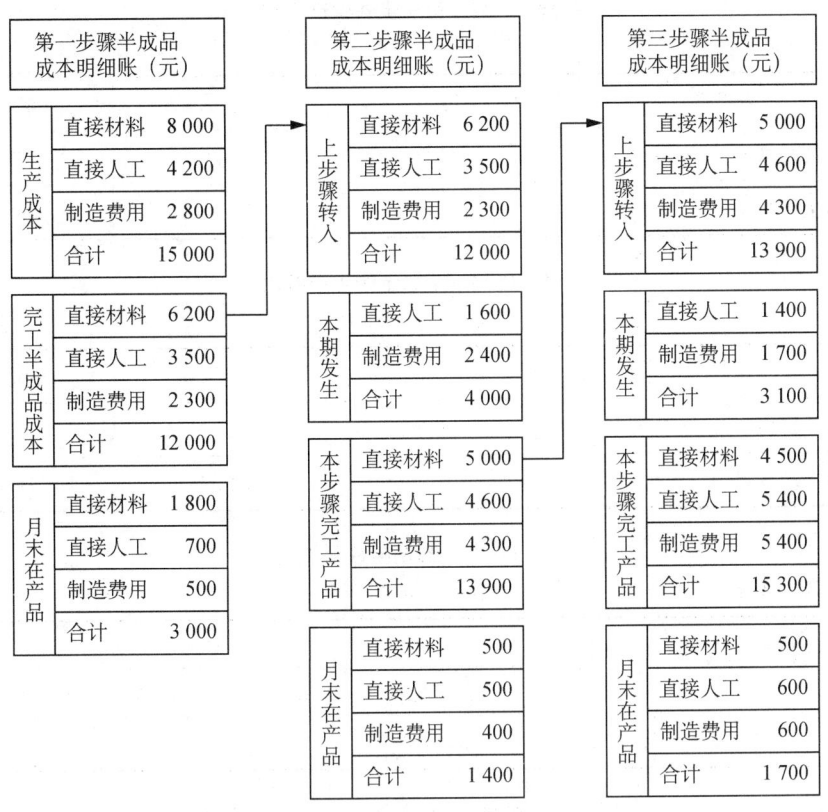

图 11-3　分项结转法成本计算程序

【例 11-6】　鼎盛制造厂生产丁产品分两个步骤,分别由第一车间和第二车间完成。第一车间生产半成品 M,交半成品验收入库;第二车间按所需从半成品仓库领用,所耗半成品费用按全月一次加权平均法计算单位成本,两个车间的完工产品与月末在产品的生产费用按约当产量法分配。第一车间原材料生产开始时一次性投入,第二车间自制半成品生产开始时一次性投入。20××年 11 月在产品数量分布及各车间生产费用如表 11-31 至表 11-34 所示。

表 11-31　在产品数量分布表

20××年 11 月　　　　　　　　　　　　　　　　　　　　单位:件

项目	第一车间	第二车间
期初在产品	100	130
投入产量(或领用量)	1 020	1 200
本月完工产品	1 000	1 250
月末在产品	120	80
每步骤在产品完工率	50%	50%

表 11-32 第一步骤生产费用

20××年11月　　　　　　　　　　　　　　　　　　　　　金额单位:元

项目	直接材料	直接人工	制造费用
第一车间期初在产品(M半成品)	10 200	4 410	3 690
第一车间生产费用	132 600	100 000	88 000

表 11-33 第二步骤生产费用

20××年11月　　　　　　　　　　　　　　　　　　　　　金额单位:元

项目	直接材料	直接人工	制造费用
第二车间期初在产品(丁产品)	18 700	10 914	8 880
第二车间生产费用	—	34 575	41 685

表 11-34 自制半成品期初

产品名称:M半成品　　　　　20××年11月　　　　　　　　　　金额单位:元

月份	摘要	数量(件)	实际成本			
			直接材料	直接人工	制造费用	合计
11月	期初余额	400	52 400	38 812	35 860	127 072

(1) 根据表11-32登记第一步骤基本生产成本明细账,如表11-35所示。

表 11-35 第一步骤基本生产成本明细账

产品名称:M半成品　　　20××年11月　　　完工M半成品:1 000件　　　金额单位:元

项目	直接材料	直接人工	制造费用	合计
月初在产品成本	10 200	4 410	3 690	18 300
本月生产费用	132 600	100 000	88 000	320 600
合计	142 800	104 410	91 690	338 900
分配率	127.5①	98.5②	86.5③	—
完工半成品成本	127 500	98 500	86 500	312 500
月末在产品成本	15 300	5 910	5 190	26 400

注:① 第一步骤直接材料分配率 $=\dfrac{142\,800}{1\,000+120}=127.5$。

② 第一步骤直接人工分配率 $=\dfrac{104\,410}{1\,000+120\times 50\%}=98.5$。

③ 第一步骤制造费用分配率 $=\dfrac{91\,690}{1\,000+120\times 50\%}=86.5$。

(2) 根据第一步骤基本生产成本明细账编制M半成品成本计算单(略);依据M半成品成本计算单编制完工M半成品成本汇总表,如表11-36所示。

表 11-36　完工 M 半成品成本汇总表

20××年 11 月　　　　　　　　　　　　　　　　　　　　　　　金额单位：元

产品名称	产量(件)	成本				
		直接材料	直接人工	制造费用	总成本	单位成本
M 半成品	1 000	127 500	98 500	86 500	312 500	312.5
合计	—	127 500	98 500	86 500	312 500	—

（3）根据表 11-36 编制会计分录如下：

借：自制半成品——M 半成品（直接材料）　　　　　　　　　127 500
　　　　　　　——M 半成品（直接人工）　　　　　　　　　 98 500
　　　　　　　——M 半成品（制造费用）　　　　　　　　　 86 500
　贷：基本生产成本——第一步骤（直接材料）　　　　　　　127 500
　　　　　　　　——第一步骤（直接人工）　　　　　　　　 98 500
　　　　　　　　——第一步骤（制造费用）　　　　　　　　 86 500

（4）依据 M 半成品完工入库会计分录登记自制 M 半成品明细账和第一步骤基本生产成本明细账，分别如表 11-37 和表 11-35 所示。

表 11-37　自制半成品明细账

产品名称：M 半成品　　　　20××年 11 月　　　　完工 M 半成品：1 000 件　　金额单位：元

月份	摘要	数量(件)	直接材料	直接人工	制造费用	合计
本月	期初余额	400	52 400	38 812	35 860	127 072
	本月增加	1 000	127 500	98 500	86 500	312 500
	合计	1 400	179 900	137 312	122 360	439 572
	单位成本	—	128.50	98.08	87.40	313.98
	本月减少	1 200	154 200	117 696	104 880	376 776
下月	期初余额	200	25 700	19 616	17 480	62 796

（5）自制半成品明细账 M 半成品单位成本的各成本项目都按全月一次加权平均法计算。根据第二步骤 M 半成品领用单，编制会计分录如下：

借：基本生产成本——第二步骤（直接材料）　　　　　　　　154 200
　　　　　　　——第二步骤（直接人工）　　　　　　　　　117 696
　　　　　　　——第二步骤（制造费用）　　　　　　　　　104 880
　贷：自制半成品——M 半成品（直接材料）　　　　　　　　154 200
　　　　　　　——M 半成品（直接人工）　　　　　　　　　117 696
　　　　　　　——M 半成品（制造费用）　　　　　　　　　104 880

（6）根据领用半成品 M 的会计分录登记第二步骤基本生产成本明细账和 M 自制半成品明细账，如表 11-38 和表 11-37 所示。

表 11-38 第二步骤基本生产成本明细账

完工产成品:1 250 件

产品名称:丁产品　　　　　　　20××年 11 月　　　　　　　金额单位:元

项目	直接材料	直接人工	制造费用	合计
期初在产品成本	18 700	10 914	8 880	38 494
本月发生加工费用	—	34 575	41 685	76 260
本月耗用半成品费用	154 200	117 696	104 880	376 776
合计	172 900	163 185	155 445	491 530
分配率	130①	126.5②	120.5③	—
完工产品成本	162 500	158 125	150 625	471 250
期末在产品成本	10 400	5 060	4 820	20 280

注:① 第二步骤直接材料分配率 = $\dfrac{172\,900}{1\,250+80}=130$。

② 第二步骤直接人工分配率 = $\dfrac{163\,185}{1\,250+80\times 50\%}=126.5$。

③ 第二步骤制造费用分配率 = $\dfrac{155\,445}{1\,250+80\times 50\%}=120.5$。

(7) 根据第二步骤基本生产成本明细账编制完工产成品成本计算单(略);依据完工产成品成本计算单编制完工产成品成本汇总表,如表 11-39 所示。

表 11-39 完工产成品成本汇总表

20××年 11 月　　　　　　　金额单位:元

产品名称	产量(件)	成本				
		直接材料	直接人工	制造费用	总成本	单位成本
丁产品	1 250	162 500	158 125	150 625	471 250	377
合计	—	162 500	158 125	150 625	471 250	—

(8) 根据表 11-39 编制会计分录如下:

借:库存商品——丁产品　　　　　　　　　　　　　　　471 250
　　贷:基本生产成本——第二步骤(直接材料)　　　　　162 500
　　　　　　　　　　——第二步骤(直接人工)　　　　　158 125
　　　　　　　　　　——第二步骤(制造费用)　　　　　150 625

(9) 根据完工产成品入库会计分录登记的第二步骤基本生产成本明细账,如表 11-38 所示。

3. 分项结转法的优缺点

1) 分项结转法的优点

采用分项结转法结转半成品成本,可直接按原始成本项目反映企业产品成本信息,能够真实地反映产品成本结构,便于从整个企业角度考核和分析产品成本计划的执行情况,不需要进行成本还原。

2) 分项结转法的缺点

分项结转法的成本结转工作比较复杂,而且在各步骤完工产品成本中不能反映所耗上一步骤的半成品成本和本步骤发生的加工费用水平,不利于各步骤的成本管理。

五、逐步结转分步法的优缺点

1. 逐步结转分步法的优点

与平行结转分步法相比,逐步结转分步法具有以下优点:

(1) 能够提供各生产步骤的半成品成本资料,如半成品成本构成项目金额或半成品单位成本等,为确定半成品的销售价格提供了依据,也为全面考核和分析各生产步骤等内部单位的生产耗费和资金占用水平提供了资料。

(2) 无论是综合结转还是分项结转,半成品成本都是随着半成品实物的转移而结转,因而还能为半成品和在产品的实物管理和资金管理提供数据资料。

(3) 综合结转法下能够全面反映各步骤完工产品中所耗上一步骤半成品费用水平和本步骤加工费用水平,有利于各步骤的成本管理。

2. 逐步结转分步法的缺点

与平行结转分步法相比,逐步结转分步法具有以下缺点:

(1) 需要按加工步骤进行成本计算,成本核算工作量大,影响成本计算的及时性。在采用综合结转法下,不能准确反映成本结构的实际情况,必须进行成本还原,增加了成本计算的工作量;如果采用分项结转法,不需要进行成本还原,但是这种方法的成本结转工作比较复杂,核算工作量比较大。此外,半成品按计划成本核算,需计算调整半成品成本差异。

(2) 成本会受到前面步骤成本水平波动的影响,不利于成本考核和分析。

第三节 平行结转分步法

一、平行结转分步法的含义及适用范围

平行结转分步法又称不计算半成品成本法或不计列半成品成本法,是指在计算产品成本时,各生产步骤不计算本步骤所产半成品成本,也不计算本步骤耗用上一步骤半成品成本,只计算本步骤发生的生产费用和这些费用中应计入产品成本的"份额",并将相同产品各步骤中应计入产品成本的"份额"平行结转、汇总,计算出产成品成本的一种分步法。

平行结转分步法一般适用于大量大批多步骤连续式或装配式生产企业。这类企业一般半成品种类较多,管理上又不要求提供各步骤半成品成本资料。

二、平行结转分步法的特点

平行结转分步法的特点主要表现在以下五个方面:

(1) 成本计算对象是各生产步骤与最后步骤产成品。在平行结转分步法下,各生产步

骤的半成品均不作为成本计算对象,各步骤的成本计算都是为了算出最终产品的成本。因此,从各步骤产品成本明细账中转出的只是该步骤应计入最终产品成本的费用(份额),各步骤产品成本明细账不能提供其产出半成品的成本资料。

(2) 各步骤之间只进行实物转移,而不进行成本的结转,各步骤只汇集本步骤发生的费用。

(3) 半成品在各步骤之间转移,无论是否通过半成品仓库收发,均不通过"自制半成品"账户进行总分类核算。

(4) 将各生产步骤归集的本步骤所发生的生产费用在完工产品与广义在产品之间进行分配,计算各步骤应计入产成品成本的"份额"。这里的广义在产品既包括本步骤加工中的在产品,又包括本步骤已经完工转入以后各步骤继续加工和已入半成品仓库,还需要进一步加工的自制半成品;完工产品是指最终完工的产成品。

(5) 将各生产步骤确定的计入产成品的"份额"平行汇总,计算最终产成品的总成本。

三、平行结转分步法的计算程序

在平行结转分步法下,各步骤的成本计算可以按以下步骤执行。平行结转分步法成本计算程序如图11-4所示。

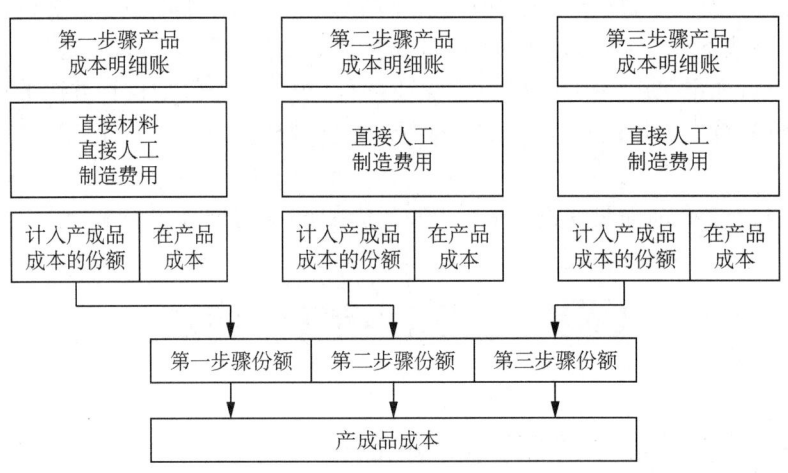

图11-4 平行结转分步法成本计算程序

(一) 归集各步骤成本费用

按生产步骤和产品品种设置基本生产成本明细账或成本计算单,归集各步骤投入的直接材料、直接人工和制造费用等生产费用。

(二) 计算各步骤应计入产成品成本的"份额"

平行结转分步法的关键在于合理计算各步骤应计入产成品成本中的费用"份额"。

1. 按约当产量法分配

在按约当产量法分配下,一般先以某产品的完工产品和期末广义在产品作为产量基数,计算各步骤各项费用计入产品成本单位费用分配率,然后按完工产品数量,计算各步骤各项费用计入产品成本的份额。其计算公式如下:

某步骤某项费用应计入完工产品成本的费用分配率

$$=\frac{该步骤该项费用期初在产品成本+本步骤该项费用本期发生额}{完工产品数量+该步骤期末广义在产品约当产量}$$

某步骤某项费用应计入完工产品的份额

＝完工产品数量×该步骤某项费用应计入完工产品成本的费用分配率

【例 11-7】 星网制造厂经过三个生产车间连续式加工生产甲产品。原材料于生产开始时一次性投入,各生产车间的在产品完工程度均为 50%。第一车间生产 D 半成品,直接转入第二车间加工制成 P 半成品,P 半成品直接转入第三车间加工制成甲产品。其中,1 件 P 半成品耗用 1 件 D 半成品,1 件甲产品耗用 1 件 P 半成品。该产品在各步骤的半成品不对外出售,管理上也不需要各步骤半成品生产成本,因此为简化核算,企业采用平行结转分步法计算产品成本,按约当产量法计算各步骤应计入产成品成本份额。半成品不通过半成品仓库收发,20××年 5 月有关资料如表 11-40 和表 11-41 所示。

11-3 平行结转法 Excel 智能核算

表 11-40 各车间生产情况

20××年 5 月　　　　　　　　　　　　　　　　　　　　　　数量单位:件

项目	第一车间	第二车间	第三车间
期初在产品	100	80	60
本月投产	1 300	1 120	1 080
本月完工	1 120	1 080	1 000
期末各车间在产品数量	280	120	140
在产品完工率	50%	50%	50%

表 11-41 生产费用情况

20××年 5 月　　　　　　　　　　　　　　　　　　　　　　金额单位:元

	项目	直接材料	直接人工	制造费用	合计
第一车间	期初在产品成本	5 030	1 740	960	7 730
	本月生产费用	25 000	5 680	3 240	33 920
第二车间	期初在产品成本		950	680	1 630
	本月生产费用		4 330	3 520	7 850
第三车间	期初在产品成本		540	660	1 200
	本月生产费用		4 810	3 941	8 751

(1) 根据表 11-41 登记第一步骤基本生产成本明细账,如表 11-42 所示。

表 11-42　基本生产成本明细账

生产步骤：第一步骤　　　　　　　　20××年5月　　　　　　　　　　　金额单位：元

月	日	摘要	直接材料	直接人工	制造费用	合计
5	1	期初在产品成本	5 030	1 740	960	7 730
5	31	本月发生生产费用	25 000	5 680	3 240	33 920
5	31	合计	30 030	7 420	4 200	41 650
5	31	费用分配率	19.5	5.3	3.0	—
5	31	应计入完工产品成本份额	19 500	5 300	3 000	27 800
5	31	期末在产品成本	10 530	2 120	1 200	13 850

（2）根据基本生产成本明细账编制第一车间成本计算单，如表11-43所示。

表 11-43　第一车间成本计算单

产品名称：D半成品　　　　　　　　　　　　　　　　　　　　　完工半成品数量：1 120 件
　　　　　　　　　　　　　　　20××年5月　　　　　　　　　　　金额单位：元

月	日	摘要	直接材料	直接人工	制造费用	合计
5	1	期初在产品成本	5 030	1 740	960	7 730
5	31	本月发生生产费用	25 000	5 680	3 240	33 920
5	31	合计	30 030	7 420	4 200	41 650
5	31	费用分配率	19.5	5.3	3.0	—
5	31	应计入完工产品成本份额	19 500	5 300	3 000	27 800
5	31	期末在产品成本	10 530	2 120	1 200	13 850

直接材料：

　　第一车间期末广义在产品约当产量＝280×100％＋120＋140＝540（件）

　　直接材料费用分配率＝（5 030＋25 000）÷（1 000＋540）＝19.5

　　直接材料费用应计入完工产品成本份额＝1 000×19.5＝19 500（元）

　　期末广义在产品直接材料费用＝5 030＋25 000－19 500＝10 530（元）

直接人工成本：

　　第一车间期末广义在产品约当产量＝280×50％＋120＋140＝400（件）

　　直接人工费用分配率＝（1 740＋5 680）÷（1 000＋400）＝5.3

　　直接人工费用应计入完工产品成本份额＝1 000×5.3＝5 300（元）

　　期末广义在产品直接人工费用＝1 740＋5 680－5 300＝2 120（元）

制造费用成本：

　　制造费用分配率＝（960＋3 240）÷（1 000＋400）＝3.0

　　制造费用应计入完工产品成本份额＝1 000×30＝3 000（元）

　　期末广义在产品制造费用＝960＋3 240－3 000＝1 200（元）

（3）依据第一车间成本计算单编制完工产品成本汇总计算表，如表11-48所示。

(4) 根据表11-41登记第二步骤基本生产成本明细账,如表11-44所示。

表11-44 基本生产成本明细账

生产步骤:第二步骤　　　　　　20××年5月　　　　　　金额单位:元

月	日	摘要	直接材料	直接人工	制造费用	合计
5	1	期初在产品成本		950	680	1 630
5	31	本月发生生产费用		4 330	3 520	7 850
5	31	合计		5 280	4 200	9 480
5	31	费用分配率		4.4	3.5	—
5	31	应计入完工产品成本份额		4 400	3 500	7 900
5	31	期末在产品成本		880	700	1 580

(5) 根据第二步骤基本生产成本明细账编制第二车间成本计算单,如表11-45所示。

表11-45 第二车间成本计算单

完工半成品数量:1 080件

产品名称:P半成品　　　　　　20××年5月　　　　　　金额单位:元

月	日	摘要	直接材料	直接人工	制造费用	合计
5	1	期初在产品成本		950	680	1 630
5	31	本月发生生产费用		4 330	3 520	7 850
5	31	合计		5 280	4 200	9 480
5	31	费用分配率		4.4	3.5	—
5	31	应计入完工产品成本份额		4 400	3 500	7 900
5	31	期末在产品成本		880	700	1 580

直接人工成本:

第二车间期末广义在产品约当产量=120×50%+140=200(件)

直接人工费用分配率=(950+4 330)÷(1 000+200)=4.4

直接人工费用应计入完工产品成本份额=1 000×4.4=4 400(元)

期末广义在产品直接人工=950+4 330−4 400=880(元)

制造费用成本:

第二车间期末广义在产品约当产量=120×50%+140=200(件)

制造费用分配率=(680+3 520)÷(1 000+200)=3.5

制造费用应计入完工产品成本份额=1 000×3.5=3 500(元)

期末广义在产品制造费用=680+3 520−3 500=700(元)

(6) 依据第二车间成本计算单编制完工产品成本汇总计算表,如表11-48所示。

(7) 根据表11-41登记第三步骤基本生产成本明细账,如表11-46所示。

表 11-46　基本生产成本明细账

生产步骤：第三步骤　　　　　　　20××年5月　　　　　　　　　　金额单位：元

月	日	摘要	直接材料	直接人工	制造费用	合计
5	1	期初在产品成本		540	660	1 200
5	31	本月发生生产费用		4 810	3 941	8 751
5	31	合计		5 350	4 601	9 951
5	31	费用分配率		5.0	4.3	—
5	31	应计入完工产品成本份额		5 000	4 300	9 300
5	31	期末在产品成本		350	301	651

(8) 根据第三步骤基本生产成本明细账编制第三车间成本计算单，如表11-47所示。

表 11-47　第三车间成本计算单

　　　　　　　　　　　　　　　　　　　　　　　　　　　　完工产品数量：1 000件

产品名称：甲产品　　　　　　20××年5月　　　　　　　　金额单位：元

月	日	摘要	直接材料	直接人工	制造费用	合计
5	1	期初在产品成本		540	660	1 200
5	31	本月发生生产费用		4 810	3 941	8 751
5	31	合计		5 350	4 601	9 951
5	31	费用分配率		5.0	4.3	—
5	31	应计入完工产品成本份额		5 000	4 300	9 300
5	31	期末在产品成本		350	301	651

直接人工成本：

第三车间期末广义在产品约当产量＝140×50％＝70(件)

直接人工费用分配率＝(540＋4 810)÷(1 000＋70)＝5.0

直接人工费用应计入完工产品成本份额＝100×50＝5 000(元)

期末在产品直接人工＝540＋4 810－5 000＝350(元)

制造费用成本：

第三车间期末广义在产品约当产量＝140×50％＝70(件)

制造费用分配率＝(660＋3 941)÷(1 000＋70)＝4.3

制造费用应计入完工产品成本份额＝1 000×4.3＝4 300(元)

期末在产品制造费用＝660＋3 941－4 300＝301(元)

(9) 依据第三车间成本计算单编制完工产品成本汇总计算表，如表11-48所示。

表 11-48　完工产品成本汇总计算表

产品名称：甲产品　　　　　　　　20××年5月　　　　　　　　完工产品数量：1 000 件　　单位：元

摘要	直接材料	直接人工	制造费用	合计
第一步骤计入的数额	19 500	5 300	3 000	27 800
第二步骤计入的数额		4 400	3 500	7 900
第三步骤计入的数额		5 000	4 300	9 300
产品总成本	19 500	14 700	10 800	45 000
单位成本	19.5	14.7	10.8	45.0

（10）根据表 11-48 编制会计分录如下：

借：库存商品——甲产品　　　　　　　　　　　　　　　　45 000
　　贷：基本生产成本——第一步骤（直接材料）　　　　19 500
　　　　　　　　　　——第一步骤（直接人工）　　　　 5 300
　　　　　　　　　　——第一步骤（制造费用）　　　　 3 000
　　　　　　　　　　——第二步骤（直接人工）　　　　 4 400
　　　　　　　　　　——第二步骤（制造费用）　　　　 3 500
　　　　　　　　　　——第三步骤（直接人工）　　　　 5 000
　　　　　　　　　　——第三步骤（制造费用）　　　　 4 300

（11）根据完工产品入库会计分录登记第一步骤基本生产成本明细账、第二步骤基本生产成本明细账及第三步骤基本生产成本明细账，分别如表 11-42、表 11-44 及表 11-46 所示。

【例 11-8】 广星机械制造厂生产 EF 产品，该产品是由 2 件 E 部件和 1 件 F 部件装配制成的。该厂有三个车间，第一车间生产 E 部件，第二车间生产 F 部件，第三车间负责装配，这三个车间分别为第一、第二、第三步骤。第一、第二步骤的原材料均在开始生产时一次性投入。该产品在各步骤的半成品不对外出售，管理上也不需要各步骤半成品生产成本，因此为简化核算，企业采用平行结转分步法计算产品成本，按约当产量法计算各步骤应计入完工产品成本份额。半成品不通过半成品仓库收发，20××年 8 月有关资料如表 11-49 和表 11-50 所示。

表 11-49　各车间生产情况

20××年8月　　　　　　　　　　　　　　　　　　　　　　数量单位：件

项目	第一车间（E 部件）	第三车间（EF 产品）	第二车间（F 部件）
期初在产品	200	60	90
本月投产	1 040	500	510
本月完工	1 000	480	500
期末各车间在产品数量	240	80	100
完工率	75%	50%	80%

表 11-50 生产费用情况

20××年8月　　　　　　　　　　　　　　　　　　　金额单位:元

项目		直接材料	直接人工	制造费用	合计
第一车间	期初在产品成本	12 680	6 450	5 480	24 610
	本月生产费用	43 760	33 200	25 720	102 680
第二车间	期初在产品成本	6 280	2 780	2 340	11 400
	本月生产费用	18 800	14 500	11 100	44 400
第三车间	期初在产品成本		700	440	1 140
	本月生产费用		9 960	7 620	17 580

(1) 根据表 11-50 登记第一步骤基本生产成本明细账,如表 11-51 所示。

表 11-51 基本生产成本明细账

生产步骤:第一步骤　　　　　　20××年8月　　　　　　　　金额单位:元

月	日	摘要	直接材料	直接人工	制造费用	合计
8	1	期初在产品成本	12 680	6 450	5 480	24 610
8	31	本月发生生产费用	43 760	33 200	25 720	102 680
8	31	合计	56 440	39 650	31 200	127 290
8	31	费用分配率	41.5	28	24	—
8	31	应计入完工产成品成本份额	39 840	29 280	23 040	92 160
8	31	期末在产品成本	16 600	10 370	8 160	35 130

(2) 根据第一步骤基本生产成本明细账编制第一车间成本计算单,如表 11-52 所示。

表 11-52 第一车间成本计算单

完工 E 部件数量:1 000 件

产品名称:E 部件　　　　　20××年8月　　　　　　　金额单位:元

月	日	摘要	直接材料	直接人工	制造费用	合计
8	1	期初在产品成本	12 680	6 450	5 480	24 610
8	31	本月发生生产费用	43 760	33 200	25 720	102 680
8	31	合计	56 440	39 650	31 200	127 290
8	31	费用分配率	41.5	30.5	24.0	—
8	31	应计入完工产成品成本份额	39 840	29 280	23 040	92 160
8	31	期末在产品成本	16 600	10 370	8 160	35 130

直接材料成本:

　　第一车间期末广义在产品约当产量=240×100%+80×2=400(件)

　　直接材料费用分配率=56 440÷(480×2+400)=41.5

直接材料费用应计入完工产品成本份额＝480×2×41.5＝39 840(元)

期末广义在产品直接材料费用＝56 440－39 840＝16 600(元)

直接人工成本：

第一车间期末广义在产品约当产量＝240×75％＋80×2＝340(件)

直接人工费用分配率＝39 650÷(480×2＋340)＝30.5

直接人工费用应计入完工产品成本份额＝480×2×30.5＝29 280(元)

期末广义在产品直接人工费用＝39 650－29 280＝10 370(元)

制造费用成本：

制造费用分配率＝31 200÷(480×2＋340)＝24.0

制造费用应计入完工产品成本份额＝480×2×24.0＝23 040(元)

期末广义在产品制造费用＝31 200－23 040＝8 160(元)

(3) 依据第一车间成本计算单编制完工产品成本汇总计算表，如表11-57所示。

(4) 根据表11-50登记第二步骤基本生产成本明细账，如表11-53所示。

表11-53　基本生产成本明细账

生产步骤：第二步骤　　　　　　　　20××年8月　　　　　　　　金额单位：元

月	日	摘要	直接材料	直接人工	制造费用	合计
8	1	期初在产品成本	6 280	2 780	2 340	11 400
8	31	本月发生生产费用	18 800	14 500	11 100	44 400
8	31	合计	25 080	17 280	13 440	55 800
8	31	费用分配率	38	27	21	—
8	31	应计入完工产成品成本份额	18 240	12 960	10 080	41 280
8	31	期末在产品成本	6 840	4 320	3 360	14 520

(5) 根据第二步骤基本生产成本明细账编制第二车间成本计算单，如表11-54所示。

表11-54　第二车间成本计算单

完工F部件数量：500件

产品名称：F部件　　　　　　　　20××年8月　　　　　　　　金额单位：元

月	日	摘要	直接材料	直接人工	制造费用	合计
8	1	期初在产品成本	6 280	2 780	2 340	11 400
8	31	本月发生生产费用	18 800	14 500	11 100	44 400
8	31	合计	25 080	17 280	13 440	55 800
8	31	费用分配率	38	27	21	—
8	31	应计入完工产品成本份额	18 240	12 960	10 080	41 280
8	31	期末在产品成本	6 840	4 320	3 360	14 520

直接材料成本：

第二车间期末广义在产品约当产量＝100×100％＋80＝180(件)

直接材料费用分配率＝25 080÷(480＋180)＝38
直接材料费用应计入完工产品成本份额＝480×38＝18 240(元)
期末广义在产品直接材料费用＝25 080－18 240＝6 840(元)

直接人工成本：
第二车间期末广义在产品约当产量＝100×80％＋80＝160(件)
直接人工费用分配率＝17 280÷(480＋160)＝27
直接人工应计入完工产品成本份额＝480×27＝12 960(元)
期末广义在产品直接人工费用＝17 280－12 960＝4 320(元)

制造费用成本：
制造费用分配率＝13 440÷(480＋160)＝21
制造费用应计入完工产品成本份额＝480×21＝10 080(元)
期末广义在产品制造费用＝13 440－10 080＝3 360(元)

(6) 依据第二车间成本计算单编制完工产品成本汇总计算表，如表 11-57 所示。

(7) 根据表 11-50 登记第三步骤基本生产成本明细账，如表 11-55 所示。

表 11-55　基本生产成本明细账

生产步骤：第三步骤　　　　20××年8月　　　　　　　金额单位：元

月	日	摘要	直接材料	直接人工	制造费用	合计
8	1	期初在产品成本		700	440	1 140
8	31	本月发生生产费用		9 960	7 620	17 580
8	31	合计		10 660	8 060	18 720
8	31	费用分配率		20.5	15.5	—
8	31	应计入完工产成品成本份额		9 840	7 440	17 280
8	31	期末在产品成本		820	620	1 440

(8) 根据第三步骤基本生产成本明细账编制第三车间成本计算单，如表 11-56 所示。

表 11-56　第三车间成本计算单

完工产品数量：480 件

产品名称：EF 产品　　　　20××年8月　　　　　　　金额单位：元

月	日	摘要	直接材料	直接人工	制造费用	合计
5	1	期初在产品成本		700	440	1 140
5	31	本月发生生产费用		9 960	7 620	17 580
5	31	合计		10 660	8 060	18 720
5	31	费用分配率		20.5	15.5	—
5	31	应计入完工产品成本份额		9 840	7 440	17 280
5	31	期末在产品成本		820	620	1 440

直接人工成本：

第三车间期末广义在产品约当产量＝80×50％＝40(件)

直接人工费用分配率＝10 660÷(480＋40)＝20.5

直接人工费用应计入完工产品成本份额＝480×20.5＝9 840(元)

期末在产品直接人工＝10 660－9 840＝820(元)

制造费用成本：

制造费用分配率＝8 060÷(480＋40)＝15.5

制造费用应计入完工产品成本份额＝480×15.5＝7 440(元)

期末在产品制造费用＝8 060－7 440＝620(元)

(9) 依据第一车间成本计算单、第二车间成本计算单和第三车间成本计算单编制完工产品成本汇总计算表，如表 11-57 所示。

表 11-57 完工产品成本汇总计算表

产品名称：EF 产品　　　　　　20××年 8 月　　　　　　完工产品数量：480 件
　　　　　　　　　　　　　　　　　　　　　　　　　　　单位：元

摘要	直接材料	直接人工	制造费用	合计
第一步骤计入的数额	39 840	29 280	23 040	92 160
第二步骤计入的数额	18 240	12 960	10 080	41 280
第三步骤计入的数额		9 840	7 440	17 280
产品总成本	58 080	52 080	40 560	150 720
单位成本	121.0	108.5	84.5	314.0

(10) 根据表 11-57 编制会计分录如下：

借：库存商品——EF 产品　　　　　　　　　　　　　150 720
　　贷：基本生产成本——第一步骤(直接材料)　　　　39 840
　　　　　　　　　　　——第一步骤(直接人工)　　　　29 280
　　　　　　　　　　　——第一步骤(制造费用)　　　　23 040
　　　　　　　　　　　——第二步骤(直接材料)　　　　18 240
　　　　　　　　　　　——第二步骤(直接人工)　　　　12 960
　　　　　　　　　　　——第二步骤(制造费用)　　　　10 080
　　　　　　　　　　　——第三步骤(直接人工)　　　　9 840
　　　　　　　　　　　——第三步骤(制造费用)　　　　7 440

(11) 根据完工产品入库会计分录登记第一步骤基本生产成本明细账、第二步骤基本生产成本明细账及第三步骤基本生产成本明细账，分别如表 11-51、表 11-53 及表 11-55 所示。

2. 按定额比例法分配

其计算公式如下：

某步骤某项费用应计入完工产品的费用分配率

$$=\frac{该步骤该项费用期初在产品成本＋本步骤该项费用本期发生额}{完工产品定额消耗量(工时)或定额成本＋该步骤期末广义在产品定额消耗量(工时)或定额成本}$$

$$\begin{aligned}\text{某步骤某项费用应计入} \\ \text{完工产品成本的份额}\end{aligned} = \begin{aligned}\text{完工产品} \\ \text{数量}\end{aligned} \times \begin{aligned}\text{单位产品消耗量定额} \\ \text{(工时)或费用定额}\end{aligned} \times \begin{aligned}\text{该步骤某项费用应计入} \\ \text{完工产品成本的费用分配率}\end{aligned}$$

【例 11-9】 明盛制造厂经过两个步骤连续式加工生产丁产品,分别在第一车间、第二车间进行。第一车间生产 W 半成品,直接转入第二车间加工制成丁产品。其中,1 件丁产品耗用 1 件 W 半成品。该企业生产费用在完工产品和在产品之间的分配采用定额比例法,其中原材料按定额成本分配;其他各项费用按定额工时比例分配。由于管理上不要求计算半成品成本,该企业采用平行结转分步法。半成品不通过半成品仓库收发,20××年 10 月完工产品 180 件,有关资料如表 11-58、表 11-59 和表 11-60 所示。

表 11-58 单位产品材料费用定额及工时定额表

20××年 10 月

工序	单位产成品材料费用定额(元)	单位产成品工时定额(小时)
1	200	12
2	—	10
合计	—	22

表 11-59 各步骤产量

20××年 10 月   数量单位:件

项目	第一车间	第二车间
期初在产品	70	50
本月投产	160	170
本月完工	170	180
期末各车间在产品数量	60	40
在产品完工率	50%	50%

表 11-60 各步骤生产费用情况

20××年 10 月   金额单位:元

	项目	直接材料	直接人工	制造费用	合计
第一车间	期初在产品成本	21 760	7 120	5 810	34 690
	本月生产费用	48 800	12 380	7 690	68 870
第二车间	期初在产品成本		9 320	7 950	17 270
	本月生产费用		14 600	10 770	25 370

(1) 根据表 11-60 登记第一步骤基本生产成本明细账,如表 11-61 所示。

表 11-61　基本生产成本明细账

生产步骤：第一步骤　　　　　　20××年10月　　　　　　　　　　金额单位：元

月	日	摘要	直接材料	直接人工	制造费用	合计
10	1	期初在产品成本	21 760	7 120	5 810	34 690
10	31	本月发生生产费用	48 800	12 380	7 690	68 870
10	31	合计	70 560	19 500	13 500	103 560
10	31	费用分配率	1.26	6.50	4.50	—
10	31	应计入完工产品成本份额	45 360	14 040	9 720	69 120
10	31	期末在产品成本	25 200	5 460	3 780	34 440

（2）根据表 11-61 编制第一车间成本计算单，如表 11-62 所示。

表 11-62　第一车间成本计算单

　　　　　　　　　　　　　　　　　　　　　　　　　　　　　　完工半成品数量：170 件

产品名称：W半成品　　　　　　20××年10月　　　　　　　　　　金额单位：元

月	日	摘要	直接材料	直接人工	制造费用	合计
10	1	期初在产品成本	21 760	7 120	5 810	34 690
10	31	本月发生生产费用	48 800	12 380	7 690	68 870
10	31	合计	70 560	19 500	13 500	103 560
10	31	费用分配率	1.26	6.50	4.50	—
10	31	应计入完工产品成本份额	45 360	14 040	9 720	69 120
10	31	期末在产品成本	25 200	5 460	3 780	34 440

直接材料费用的分配：
　　　　完工产品直接材料定额成本＝180×200＝36 000（元）
　　　　在产品直接材料定额成本＝60×200＋40×200＝20 000（元）
　　　　直接材料分配率＝(21 760＋48 800)÷(36 000＋20 000)＝1.26
　　　　完工产品应分担的直接材料费用＝36 000×1.26＝45 360（元）
　　　　在产品应分担的直接材料费用＝20 000×1.26＝25 200（元）
直接人工费用的分配：
　　　　完工产品直接人工定额工时＝180×12＝2 160（小时）
　　　　在产品直接人工定额工时＝60×50％×12＋40×12＝840（小时）
　　　　直接人工分配率＝(7 120＋12 380)÷(2 160＋840)＝6.5
　　　　完工产品应负担的直接人工费用＝2 160×6.5＝14 040（元）
　　　　在产品应负担的直接人工费用＝840×6.5＝5 460（元）
制造费用的分配：
　　　　制造费用分配率＝(5 810＋7 690)÷(2 160＋840)＝4.5
　　　　完工产品应负担的制造费用＝2 160×4.5＝9 720（元）

在产品应负担的制造费用＝840×4.5＝3 780(元)

(3) 根据表11-60登记第二步骤基本生产成本明细账,如表11-63所示。

表 11-63　基本生产成本明细账

生产步骤:第二步骤　　　　　20××年10月　　　　　　　金额单位:元

月	日	摘要	直接材料	直接人工	制造费用	合计
10	1	期初在产品成本		9 320	7 950	17 270
10	31	本月发生生产费用		14 600	10 770	25 370
10	31	合计		23 920	18 720	42 640
10	31	费用分配率		11.96	9.36	—
10	31	应计入完工产品成本份额		21 528	16 848	38 376
10	31	期末在产品成本		2 392	1 872	4 264

(4) 根据表11-63编制第二车间成本计算单,如表11-64所示。

表 11-64　第二车间成本计算单

完工产品数量:180件

产品名称:丁产品　　　　　　20××年10月　　　　　　金额单位:元

月	日	摘要	直接材料	直接人工	制造费用	合计
10	1	期初在产品成本		9 320	7 950	17 270
10	31	本月发生生产费用		14 600	10 770	25 370
10	31	合计		23 920	18 720	42 640
10	31	费用分配率		11.96	9.36	—
10	31	应计入产成品成本份额		21 528	16 848	38 376
10	31	期末在产品成本		2 392	1 872	4 264

直接人工费用的分配:

完工产品直接人工定额工时＝180×10＝1 800(小时)

在产品直接人工定额工时＝40×50％×10＝200(小时)

直接人工分配率＝(9 320＋14 600)÷(1 800＋200)＝11.96

完工产品应负担的直接人工费用＝1 800×11.96＝21 528(元)

在产品应负担的直接人工费用＝200×11.96＝2 392(元)

制造费用的分配:

制造费用分配率＝(7 950＋10 770)÷(1 800＋200)＝9.36

完工产品应负担的制造费用＝1 800×9.36＝16 848(元)

在产品应负担的直接人工费用＝200×9.36＝1 872(元)

(5) 根据第一车间成本计算单和第二车间成本计算单编制完工产品成本汇总计算表,如表11-65所示。

表 11-65 完工产品成本汇总计算表

完工产品数量:180 件

产品名称:丁产品　　　　　　　　20××年10月　　　　　　　　单位:元

摘要	直接材料	直接人工	制造费用	合计
第一步骤计入的数额	45 360.00	14 040.00	9 720.00	69 120.00
第二步骤计入的数额		21 528.00	16 848.00	38 376.00
产品总成本	45 360.00	35 568.00	26 568.00	107 496.00
单位成本	252.00	197.60	147.60	597.20

(6) 根据表 11-65 编制会计分录如下:

借:库存商品——丁产品　　　　　　　　　　　　　　　107 496
　　贷:基本生产成本——第一步骤(直接材料)　　　　　　45 360
　　　　　　　　　　——第一步骤(直接人工)　　　　　　14 040
　　　　　　　　　　——第一步骤(制造费用)　　　　　　 9 720
　　　　　　　　　　——第二步骤(直接人工)　　　　　　21 528
　　　　　　　　　　——第二步骤(制造费用)　　　　　　16 848

(7) 根据完工产品入库会计分录登记第一步骤基本生产成本明细账和第二步骤基本生产成本明细账,分别如表 11-61 和表 11-63 所示。

四、平行结转分步法的优缺点

(一) 平行结转分步法的优缺点

1. 平行结转分步法的优点

与逐步结转分步法相比,平行结转分步法具有以下优点:

(1) 简化和加速了成本计算工作。采用平行结转分步法,各步骤可以同时计算产品成本,然后将各步骤应计入产品成本的份额平行结转、汇总,计入产品成本,不必按步骤结转半成品成本,从而可以简化和加速成本计算工作。

(2) 便于加强成本分析。采用平行结转分步法,一般是按成本项目平行结转、汇总各步骤成本中应计入完工产品成本的份额,因而能够直接提供按原始成本项目反映的库存商品成本资料,不必进行成本还原,既简化了成本核算工作,又便于加强成本分析。

2. 平行结转分步法的缺点

平行结转分步法各步骤不需要计算,也不需要结转半成品成本,因而存在以下缺点:

(1) 不利于各步骤的成本管理。平行结转分步法不能提供各步骤半成品成本及各步骤所耗上一步骤半成品的成本资料,因而不能全面地反映各步骤生产耗费的水平,不利于各步骤的成本管理。

(2) 不利于在产品的实物管理和资金管理。平行结转分步法各步骤间不需要结转半成品成本,使半成品实物转移与成本结转相脱节,也就不能为各步骤在产品的实物管理和资金管理提供资料。

复习思考题

1. 请简述成本计算分步法的特点和适用范围。
2. 请说明逐步结转分步法和平行结转分步法中,各步骤在产品的含义有何不同。
3. 请简述逐步结转分步法的特点。
4. 请简述平行结转分步法的特点。
5. 请说明综合结转分步法和分项结转分步法的优缺点。
6. 为什么进行成本还原?如何进行成本还原?

 同步测试题

请扫描二维码,完成本章同步测试题。

第十一章同步测试题

第十二章 CHAPTER 12

产品成本计算的辅助方法

> **学习目的**
>
> - 结合工业企业的生产类型和组织特点及企业经营管理的不同要求,详细介绍分类法和定额法两种辅助成本计算方法。
> - 掌握分类法和定额法的含义、特点、适用范围。

第一节 分类法

一、分类法概述

(一) 分类法的含义及适用范围

分类法是指先以产品的类别作为成本计算对象,归集生产费用,计算出各类完工产品的总成本,然后采用一定的方法将总成本在同类产品中进行分配,计算出各种产品成本的方法。

在产品品种、规格较多的工业企业,如果按产品的每一品种、规格归集生产费用,计算产品成本,那么成本计算工作将极为繁重。为了简化产品成本的计算工作,可以先将品种相似或同一品种不同规格的产品归为一类,按产品的类别归集生产费用,计算出各类完工产品的总成本,再将其按照一定的标准和方法在同类产品中进行分配,分别计算出各种品种或规格的产品成本。因此,分类法是品种法的延伸。实际上分类法就是将类别作为品种,按品种法计算出类别产品成本后,再按照一定的方法,将各类产品总成本在同类产品之间进行分配,计算出各种产品的成本。由此可见,分类法不是一种独立的成本计算方法,在实际工作中要根据各类产品的生产工艺特点和企业管理上的需要,与品种法、分批法或分步法结合运用。

分类法适用于使用的原材料和生产工艺过程基本相同,产品的品种、规格较多,并可以按照一定标准予以分类的服装企业、针织企业、食品企业、化工企业、电子元件企业等。

(二) 分类法的特点

1. 成本计算对象

分类法是以产品的类别作为成本计算对象,按产品类别设置基本生产成本明细账,归集生产费用。对于各类产品耗费的直接费用,直接记入各类产品的基本生产成本明细账;对于各类产品共同发生的间接费用,应采用适当的方法分配后,再记入各类产品的基本生产成本明细账。

2. 成本计算期

分类法的成本计算期应根据企业产品生产组织的特点和管理上的需要来确定。如果是大量大批生产,可以结合品种法或分步法计算产品成本,其成本计算期应与会计报告期相一致,以日历月份作为成本计算期,固定在月末计算产品成本;如果是小批生产,可以结合分批法计算产品成本,其成本计算期则与会计报告期不一致,以生产周期作为成本计算期。

3. 生产费用的分配

如果分类法结合品种法或分步法计算产品成本,在月末应将该类产品所归集的生产费用在完工产品与在产品之间进行分配;如果分类法结合分批法计算产品成本,在月末所归集的费用则不需要进行分配,该类产品如未完工则是在产品成本,如已完工则是产成品成本。

(三)分类法的成本计算程序

(1) 先按照产品的类别设置产品成本明细账,然后以产品类别作为成本计算对象设立成本计算单,计算各类产品的成本。

分类法下应合理地确定产品类别,将不同品种、规格的产品归类,一般应以产品结构、所用原材料和生产工艺过程相同或相近作为标志,因为产品结构、所耗原材料和工艺过程相近的产品,其成本水平往往也相近。在对成本进行分类时,类距离应适当,若类距离过大,将不同性质的产品归为一类,会影响成本计算的正确性;而类距离过小,成本计算对象过多,则会使成本计算工作复杂化,达不到简化成本计算工作的目的。因此,合理确定产品类别是使成本计算既简化又相对正确的关键。

(2) 按照规定的成本项目汇集生产费用,直接或分配记入各类产品成本明细账,企业根据生产特点和管理要求,采用品种法、分批法或分步法计算确定每一类完工产品总成本。

(3) 选择合理的分配标准,分别将每类产品的成本,在同一类别内各种产品之间进行分配,计算每类产品内各种产品的总成本和单位成本。

(四)分类法的优缺点

采用分类法计算产品成本,以产品类别作为成本计算对象,因此应按产品类别设置基本生产成本明细账。各种费用汇总分配表也相应地按产品类别计算编制,从而大大简化了费用的分配工作和基本生产成本明细账的登记工作,并且能够在产品品种、规格较多的情况下,掌握各类产品的成本水平。但是,对同一类别内各种产品成本的计算,都是按事先设定的标准进行分配的,因此所计算的各种产品的成本具有一定的假定性。

为了相对合理地、准确地计算各种产品的成本,在产品类别的确定和分配标准的选择上,应慎重做出决策。在产品类别上,应将耗费的原材料和工艺技术过程相近似的产品归为一类,并且类距离要适中。在分配标准上,要选择与成本水平联系最密切的分配标准分配费用。当产品的结构、耗用的原材料或工艺过程发生较大变动时,应及时修订分配系数,或另行选择分配标准,以确保产品成本计算的正确性。

二、同类产品成本计算方法

按类别计算出各类产品的总成本后,如何将每类产品的总成本在同一类别内各种产品之间分配,从而计算出各种完工产品的成本,是一个重要问题。

同类产品内各种不同品种或规格的产品之间分配费用的标准,可以采用产品的经济价值指标,如计划成本、定额成本、销售价格等;也可以采用产品的技术性指标,如重量、体积、长度、浓度、含量等。企业应选择与产品生产耗费有密切联系,又简便易行的分配标准。各成本项目可以采用不同的分配标准分配费用,使分配的结果更加合理。按产品类别计算出某类产品成本后,要将其在同类产品之间进行分配,分配的方法通常有系数分配法和定额比例法两种。

(一) 系数分配法

系数分配法是指先将各类产品的分配标准折算成相对固定的系数,再将各类产品的总成本在同一类别内各种产品之间按照系数分配成本的方法。

1. 系数分配法分配各种产品成本的程序

(1) 确定系数。企业在确定系数时,通常在同一类别的产品中,选择一种产量较大、生产稳定或者规格适中的产品作为标准产品。将标准产品的系数定为"1",再将其他各种产品的分配标准与标准产品的分配标准相比较,计算出其他各种产品的系数。产品系数的计算公式如下:

$$某种产品单位系数 = \frac{该种产品的分配标准}{标准产品的分配标准}$$

$$某种产品总系数 = 该种产品实际完工产量 \times 该种产品单位系数$$

通常分别计算产品原材料费用总系数和加工费用总系数。

(2) 确定各成本项目费用分配率。根据各类产品成本计算表中各成本项目反映的金额,分别将其除以类别内各种产品总系数之和,以取得各成本项目费用分配率。其计算公式如下:

$$某类产品某成本项目费用分配率 = \frac{该类完工产品该成本项目费用总额}{该类别内各种产品总系数之和}$$

(3) 计算分配各种产成品成本。根据同类产品内各种产品的总系数,以及该类产品各成本项目费用分配率,分配各种产成品的成本。其计算公式如下:

$$\begin{matrix}某种产品应负担\\某成本项目费用\end{matrix} = \begin{matrix}该种产品该成本\\项目总系数\end{matrix} \times \begin{matrix}该类产品该成本\\项目费用分配率\end{matrix}$$

2. 系数分配法的应用

【例 12-1】 宏运制造厂将品种相似的 A、B、C 三种产品归为甲类产品。甲类产品以 A 产品作为标准产品,该类产品的直接材料费用按各种产品的原材料费用系数进行分配,原材料费用系数按各产品材料费用定额确定;直接人工、燃料及动力、制造费用按加工费用系数分配,加工费用系数按各产品工时定额确定。20××年5月产品产量、材料费用额及工时定额如表 12-1 所示,甲类产品的产品成本计算表如表 12-2 所示。

12-1 系数分配法 Excel 智能核算

表12-1 产品产量、材料费用定额及工时定额表

产品类别:甲类产品　　　　　　　20××年5月　　　　　　　金额单位:元

产品	完工产量(件)	单位产品材料费用定额	单位产品工时定额
A产品	1 200	70.0	2.0
B产品	1 000	73.5	2.2
C产品	800	77.0	2.3

表12-2 产品成本计算表

产品类别:甲类产品　　　　　　　20××年5月　　　　　　　产量:3 000件　　单位:元

项目	直接材料	直接人工	燃料及动力	制造费用	合计
期初在产品成本	21 000	8 900	1 950	4 425	36 275
本期生产费用	213 409	112 530	25 048	54 499	405 486
生产费用合计	234 409	121 430	26 998	58 924	441 761
在产品成本	17 500	7 120	1 560	3 540	29 720
完工产品成本	216 909	114 310	25 438	55 384	412 041

根据上述资料用系数分配法分配甲类产品成本。

(1) 确定甲类产品内各种产品的系数。

先确定各种产品的单位系数如下:

已知A产品为标准产品,则其原材料费用系数和加工费用系数均为1。

B产品原材料费用系数=73.5÷70=1.05。

C产品原材料费用系数=77÷70=1.10。

B产品加工费用系数=2.2÷2=1.10。

C产品加工费用系数=2.3÷2=1.15。

再根据单位系数计算各种产品总系数,编制产品系数计算表,如表12-3所示。

表12-3 产品系数计算表

产品类别:甲类产品　　　　　　　20××年5月　　　　　　　金额单位:元

产品	产量(件)	原材料费用		加工费用	
		单位系数	总系数	单位系数	总系数
A产品	1 200	1.00	1 200	1.00	1 200
B产品	1 000	1.05	1 050	1.10	1 100
C产品	800	1.10	880	1.15	920
合计	—	—	3 130	—	3 220

(2) 根据表12-2和表12-3计算A、B、C三种产品原材料费用分配率和加工费用分配率,编制产品各项费用分配率计算表,如表12-4所示。

表 12-4　产品各项费用分配率计算表

20××年5月　　　　　　　　　　　　　　　　　　　　金额单位:元

项目	直接材料	直接人工	燃料及动力	制造费用
产品总成本	216 909	114 310	25 438	55 384
产品总系数	3 130	3 220	3 220	3 220
分配率	69.3	35.5	7.9	17.2

(3) 根据表12-3和表12-4分配甲类产品的成本,编制各种产品成本计算表,如表12-5所示。

表 12-5　各种产品成本计算表

产品类别:甲类产品　　　　　　20××年5月　　　　　　　　　　金额单位:元

项目	产量(件)	分配标准		完工产品总成本					单位成本
		原材料费用总系数	加工费用总系数	直接材料	直接人工	燃料及动力	制造费用	合计	
费用分配率	—	—	—	69.3	35.5	7.9	17.2	—	—
A产品	1 200	1 200	1 200	83 160	42 600	9 480	20 640	155 880	129.900
B产品	1 000	1 050	1 100	72 765	39 050	8 690	18 920	139 425	139.425
C产品	800	880	920	60 984	32 660	7 268	15 824	116 736	145.920
合计	3 000	3 130	3 220	216 909	114 310	25 438	55 384	412 041	—

(4) 根据分配的结果,结转完工产品成本,编制会计分录如下:

　　借:库存商品——A产品　　　　　　　　　　　155 880
　　　　　　　　——B产品　　　　　　　　　　　139 425
　　　　　　　　——C产品　　　　　　　　　　　116 736
　　　贷:基本生产成本——甲类产品　　　　　　　412 041

(二) 定额比例法

定额比例法是指将各类产品的总成本,按照定额比例,在同一类别内各种产品之间分配成本的方法。

1. 定额比例法分配各种产品成本的程序

(1) 确定分配标准。分配原材料费用通常采用材料定额成本或定额消耗量作为分配标准;分配加工费用通常采用定额工时或者各项费用定额成本作为分配标准。

(2) 确定各成本项目费用分配率。根据各类产品成本计算表中各成本项目反映的金额,将其分别除以类别内各种产品分配标准之和,取得各成本项目费用分配率。其计算公式如下:

某类产品某成本项目费用分配率=该类完工产品成本项目费用总额/该类别内各种产品分配标准之和

(3) 计算分配各种产成品成本。根据同类产品内各种产品的分配标准,以及该类产品各成本项目费用分配率分配各种产品成本。其计算公式如下:

某种产品应负担的某种成本项目的费用 = 该种产品各成本项目分配标准 × 该类产品成本项目费用分配率

2. 定额比例法的应用

【例 12-2】承[例 12-1],用定额比例法分配甲类产品成本。

(1) 确定甲类产品的分配标准。甲类产品内的各种产品的原材料费用以材料定额成本作为分配标准,加工费用以定额工时作为分配标准。根据单位产品的费用定额和工时定额计算各种产品的定额成本和定额工时,编制原材料定额成本与定额工时计算表,如表 12-6 所示。

表 12-6 原材料定额成本与定额工时计算表

产品类别:甲类产品　　　　　　20××年5月　　　　　　金额单位:元

产品	产量(件)	原材料定额成本		定额工时(小时)	
		单位产品材料费用定额	定额成本	单位产品工时定额	定额工时
A产品	1 200	70.0	84 000	2.0	2 400
B产品	1 000	73.5	73 500	2.2	2 200
C产品	800	77.0	61 600	2.3	1 840
合计	3 000	—	219 100	—	6 440

(2) 计算费用分配率。根据表 12-2 和表 12-6 计算各成本项目费用分配率,编制产品各项费用分配率计算表,如表 12-7 所示。

表 12-7 产品各项费用分配率计算表

产品类别:甲类产品　　　　　　20××年5月　　　　　　单位:元

项目	直接材料	直接人工	燃料及动力	制造费用
产品总成本	216 909	114 310	25 438	55 384
分配标准	219 100	6 440	6 440	6 440
分配率	0.99	17.75	3.95	8.60

(3) 分配甲类产品成本。根据表 12-6 与表 12-7 有关资料,分配甲类产品成本,编制各种产品成本计算表,如表 12-8 所示。

表 12-8 各种产品成本计算表

产品类别：甲类产品　　　　　　　　　20××年5月　　　　　　　　　金额单位：元

项目	产量（件）	分配标准		完工产品总成本					单位成本
		原材料定额成本	产品定额工时（小时）	直接材料	直接人工	燃料及动力	制造费用	合计	
费用分配率	—	—	0.99	17.75	3.95	8.60	—	—
A产品	1 200	84 000	2 400	83 160	42 600	9 480	20 640	155 880	129.900
B产品	1 000	73 500	2 200	72 765	39 050	8 690	18 920	139 425	139.425
C产品	800	61 600	1 840	60 984	32 660	7 268	15 824	116 736	145.920
合计	3 000	219 100	6 440	216 909	114 310	25 438	55 384	412 041	—

三、联产品、副产品和等级产品成本计算方法

在炼油、化学、煤气、食品等生产行业中，往往出现使用相同的原材料在同一生产过程中产出几种性质、用途不同的产品，或者出现使用相同的原材料，经过同一生产过程生产出了品级或质量不同的同一产品。这些产品根据其具体情况可分为联产品、副产品和等级产品。

（一）联产品成本的计算

联产品是指使用相同的原材料，经过同一生产过程，同时生产出具有同等地位、不同使用价值的两种或两种以上的主要产品。例如，乳品厂以原奶为原料同时加工出脱脂牛奶和奶油；制糖厂以甘蔗为原料同时生产出白砂糖和赤砂糖；煤气厂在生产煤气的同时也生产出煤焦油、焦发等产品。这些产品虽然性质和用途不同，但都有较高的经济价值，是企业生产的主要目的。

各种联产品的产出，有的要到生产过程结束才能分离出来，有的则是在生产过程的某一步骤先分离出来。联产品分离出来时的生产步骤被称为"分离点"，分离点是联产品生产过程的结束、各种产品可以辨认的生产分界点。分离后的联产品有的可以直接对外销售，有的还需要进一步加工后再出售。各种联产品在分离点之前发生的共同成本叫作联合成本；而各种联合产品在分离点后单独发生的可归属的加工成本叫作可归属成本。例如，氯碱厂电解食盐水分离出碱液、湿氯和湿氢，将湿氯加入石灰制成漂白粉，这一加工过程中投入的石灰成本、生产工人职工薪酬和应负担的制造费用等，都是分离后的可归属成本。联产品成本包括分离前的联合成本和分离后继续加工发生的可归属成本。

从联产品的生产特点来看，联产品在分离前，不可能按每种产品分别归集生产费用、计算其产品成本，只能先将这些联产品作为一类产品，采用分类法，以全部联产品作为成本计算对象。联产品的计算程序如下：

第一，以全部联产品作为成本计算对象，设置产品成本明细账，归集生产费用，计算联产品的综合成本。

第二，采用适当的方法分配联合成本，计算各种联产品成本。如果分离后的联产品需要进一步加工，则该产品的成本应等于它负担的联合成本加上可以归集的成本。

联合成本的分配方法常用的有系数分配法、实物量分配法、销售价值分配法与可实现净值分配法。目前,我国使用较多的是系数分配法。

1. 系数分配法

系数分配法是按事先确定的联产品的系数将联产品的实际产量折算为标准产量,然后按各联产品的标准产量比例来分配联合成本的方法。采用系数分配法分配联合成本,须合理确定各联产品的系数,系数的确定标准可以考虑各联产品的技术特征,如重量、容积、质量、性能、含量和加工难易程度等,也可以考虑各联产品的经济指标,如定额成本、售价等。

【例12-3】 鼎翔制造企业用原材料,经过同一工艺过程生产出H和G两种主要产品,选定H产品作为标准产品,采用系数分配法分配联合成本。H产品分离后还需要继续加工至能对外销售,并发生少量的加工费用;G产品则在分离后直接对外销售。20××年5月,生产H产品720千克,G产品400千克,无期初及期末在产品。H产品每千克售价为300元,G产品每千克售价为360元,假定H产品和G产品均已全部售出,有关生产耗费资料如表12-9所示。

表12-9 生产耗费资料

20××年5月　　　　　　　　　　　　　　　　　　　　　　　　单位:元

项目	直接材料	直接人工	制造费用	合计
分离前的联合成本	60 000	36 000	24 000	120 000
分离后H产品的可归属产品成本	11 520	3 960	2 520	18 000

根据上述资料,以售价为标准,确定H产品和G产品的系数,计算标准产量,分离联合成本,编制联合成本计算表,如表12-10所示。

表12-10 联合成本计算表

20××年5月　　　　　　　　　　　　　　　　　　　　　　　　金额单位:元

产品名称	产量(千克)	系数	标准产量(千克)	分配比例	应负担联合成本				
					直接材料	直接人工	制造费用	总成本	单位成本
H产品	720	1.0	720	0.6	36 000	21 600	14 400	72 000	100
G产品	400	1.2	480	0.4	24 000	14 400	9 600	48 000	120
合计	—	—	1 200	1.0	60 000	36 000	24 000	120 000	—

在实际工作中,除了按实际产量计算标准产量,还可以根据原材料投料情况测出各种产品的计划产量(也称理论产量),然后按计划产量计算出标准产量分配联合成本。这样能够反映各种联合产品实际产出率对产品成本的影响,对改进工艺过程、提高产出率有一定的促进作用。

2. 实物量分配法

实物量分配法是国外分配联合成本普遍采用的方法,即按分离点的各种联产品的实物量,如重量、体积或其他实物量度比例来分配联合成本。实物量分配法又可分为简单平均单位成本法和加权平均单位成本法。加权平均单位成本法类似于前文所讲的系数分配法,将重量折算成标准重量后再按比例分配给各联产品的成本。简单平均单位成本法相对比较简单,它是将联合成本除以各联产品的产量之和得到平均单位成本。它是平均单位成本,因此各联产品的单位成本一致。

【例12-4】 旺盛制造厂20××年10月生产S产品750千克,T产品1 050千克,发生联合成本43 200元。采用实物量分配法,联合成本分配结果如表12-11所示。

表12-11 联合成本分配表(实物量分配法)

20××年10月　　　　　　　　　　　　　　　　金额单位:元

产品	产量(千克)	分配率	应负担成本	单位成本
S产品	750		18 000	24
T产品	1 050		25 200	24
合计	1 800	24	43 200	—

实物量分配法的优点是简便易行,所计算出的各联产品的单位成本相同。其缺点是忽略了产品的销售价值,容易造成单位售价低的联产品发生亏损情况。此外,并不是所有的成本都与实物量直接相关,因此这种方法适用于产品的成本与实物量直接相关、各联产品售价价值较为均衡的联合成本分配。

3. 销售价值分配法

销售价值分配法是按生产的各种联产品总售价比例,将联合成本在各种联产品之间进行分配的方法。这种方法的理论依据是强调经济价值,认为联合生产过程的联产品是同时生产出来的,并不是只生产出其中一种,那么从销售中所获得的收益也应在各种联产品之间进行分配。也就是说,售价较高的联产品应成比例地负担较高份额的联合成本,售价较低的联产品应负担较低份额的联合成本,目的是使这些联产品取得相同的毛利率。

【例12-5】 腾飞制造厂20××年9月生产1 000千克M产品和1 440千克N产品,共发生联合成本45 000元。M产品单位售价24元,N产品单位售价25元。采用销售价值分配法,联合成本分配结果如表12-12所示。

表12-12 联合成本分配表(销售价值分配法)

20××年9月　　　　　　　　　　　　　　　　金额单位:元

产品	产量(千克)	单价	销售价值	分配率	应负担成本	单位成本	毛利	毛利率
M产品	1 000	24	24 000		18 000	18.00	6 000	25%
N产品	1 440	25	36 000		27 000	18.75	9 000	25%
合计	2 440	—	60 000	0.75	45 000		15 000	—

由表12-12可知,M和N两种联产品尽管单位成本不同,但它们的毛利率是一致的,避免了售价低的产品出现亏损的缺陷。销售价值分配法把联合成本的分配与联产品的销售价值联系起来,弥补了实物量分配法的缺陷。但不是所有的成本都与售价有关,所有的联产品也并非具有相同的获利能力。这种方法适用于分离后不需要进一步加工,而且售价变动不大的联产品计算。

4. 可实现净值分配法

如果联产品在分离后还需要进一步加工,以各种联产品销售价值总额比例分配联合成本,可能会出现分离后进一步加工较多的联产品毛利率偏低,甚至亏损的情况。为了弥补这一缺陷,各种联产品的联合成本可采用可实现净值分配法。可实现净值分配法是以产品的可实现净值作为标准,将联合成本在各联产品之间进行分配。

可实现净值计算公式如下:

$$可实现净值 = 最终销售价值 - 可归属成本$$

【例 12-6】承[例 12-5],M 产品发生可归属成本 4 000 元,加工后售价 28 元。N 产品发生可归属成本 17 200 元,加工后售价为 30 元。采用可实现净值分配法,联合成本分配结果如表 12-13 所示。

表 12-13 联合成本分配表(可实现净值分配法)

20××年 9 月   金额单位:元

产品	产量(千克)	单价	销售价值	可归属成本	可实现净值	分配率	应负担成本	单位成本	毛利	毛利率
M 产品	1 000	28	28 000	4 000	24 000		21 600	21.60	2 400	8.57%
N 产品	1 440	30	43 200	17 200	26 000		23 400	16.25	2 600	6.02%
合计	2 440	—	71 200	—	50 000	0.9	45 000	—	5 000	—

联产品的联合成本分配方法有很多,企业应根据其特点和联产品的加工情况,选择适当方法,既要简便易行,又要使联合成本分配结果尽可能合理、准确。

(二) 副产品的成本计算

副产品是指使用同种原材料,在生产主要产品的同一生产过程中,自然地附带生产出来的非主要产品。例如,炼油企业在提炼原油过程中产生的石油焦和渣油、酿酒厂在制酒过程中产出的酒糟、炼铁企业生产过程中产生的矿渣、炼钢企业生产过程中产生的钢渣、洗煤厂生产过程中产生的煤泥、面粉加工企业生产过程中产生的麸皮、制皂厂产出的甘油等,都是副产品。副产品不是企业生产的主要目标,它的产量取决于主产品产量,随着主产品产量的变动而变动。主、副产品的核算可采用分类法。

副产品与联产品既有联系又有区别。

副产品与联产品的联系主要表现在生产过程形成的产品:一是副产品与联产品生产过程的产物,均是同源产品,按类别归集生产费用;二是联产过程结束后,有的产品可以直接出售,有的则需要进一步加工后再出售。

副产品与联产品的区别主要在于价值大小:一是联产品销售价格较高,其产品质量直接影响企业的经济效益;副产品销售收入相对于主要产品而言,在企业全部产品销售总额中所占比重很小,对企业效益影响不大。二是联产品是企业的主要产品,是企业生产经营活动的主要目标;副产品是次要产品,依附于主要产品,不是企业生产经营活动的主要目标。实际上,联产品和副产品的划分标准并不固定,会随着时间、地点和企业的管理策略而变动。

副产品在分离后,有的作为产成品直接对外销售,有的需进一步加工后再售出,故副产品的成本计算应视不同情况而定。

1. 直接对外销售的副产品的成本计算

1) 副产品不负担联合成本

如果副产品的价值较低,副产品可以不负担分离前的联合成本,联合成本主要由主产品负担,副产品的销售收入直接作为其他业务利润处理。

采用这种方法,计算简便,但由于副产品不负担分离前的联合成本,一定程度上会影响主产品成本的正确性。

2) 副产品成本按计划成本确定

如果副产品价值不大,可以按副产品的计划成本计算副产品的成本。其计算公式如下:

$$副产品成本 = 副产品的产量 \times 副产品计划单位成本$$

3) 副产品成本按销售净额确定

如果副产品价值较高,可以按销售净额计算副产品的成本。其计算公式如下:

$$副产品成本(销售净额) = 销售价格 - 销售税费 - 销售费用 - 销售利润$$

副产品的成本既可以按比例从联合成本各成本项目中减除,也可以从联合成本"直接材料"成本项目中扣除。

【例 12-7】 明诚制造厂在生产甲主产品的同时,附带生产出了乙副产品。副产品价值高,不需要继续加工。

月末,乙副产品成本按销售净额确定,并按比例从联合成本的各成本项目中扣除。乙副产品每千克售价为 5 元,每千克销售税费为 0.5 元,每千克销售利润为 0.4 元,销售费用总额为 80 元。

20××年 5 月甲主产品产量为 4 000 千克,同时乙副产品产量为 800 千克,甲主产品和乙副产品均无期末在产品。

20××年 5 月月初在产品及本月发生费用资料如表 12-14 所示。

表 12-14 月初在产品及本月发生费用资料

20××年 5 月　　　　　　　　　　　　　　　　单位:元

项目	直接材料	直接人工	制造费用	合计
月初在产品成本	3 600	4 400	1 200	9 200
本月生产费用	39 600	17 200	6 000	62 800
合计	43 200	21 600	7 200	72 000

编制乙副产品成本计算表,如表 12-15 所示。

表 12-15 乙副产品成本计算表

20××年 5 月　　　　　　　　　　　　　　　　金额单位:元

项目	直接材料	直接人工	制造费用	合计
分离前的联合成本	43 200	21 600	7 200	72 000
各成本项目所占比重	60%	30%	10%	100%

(续表)

项目	直接材料	直接人工	制造费用	合计
乙副产品总成本	1 920	960	320	3 200①
乙副产品单位成本	2.4	1.2	0.4	4.0

注：① 乙副产品总成本＝800×5－800×0.5－800×0.4－80＝3 200(元)。

从联合成本中分成本项目扣除乙副产品成本，余额即甲主产品的成本。甲主产品成本计算单如表12-16所示。

表 12-16　甲主产品成本计算单

20××年5月　　　　　　　　　　　　　　　　　　　　　单位：元

项目		直接材料	直接人工	制造费用	合计
月初在产品成本		3 600	4 400	1 200	9 200
本月生产费用		39 600	17 200	6 000	62 800
生产费用合计		43 200	21 600	7 200	72 000
减：乙副产品成本		1 920	960	320	3 200
甲完工产品成本	总成本	41 280	20 640	6 880	68 800
	单位成本	10.32	5.16	1.72	17.20

2. 需要进一步加工的副产品的成本计算

如果副产品与主产品分离以后并不直接出售，还要进一步加工，然后再出售，对于这一类产品，应根据其加工生产的特点和管理要求，采用适当的方法单独计算副产品的成本。

1) 副产品成本按可归属成本确定

采用这种方法时，副产品可以不负担分离前的联合成本，只负担其分离后继续加工而发生的可归属成本，以简化核算手续。这种方法简便易行，但是它少计了副产品成本，多计了主产品成本。

2) 副产品成本按计划成本确定

如果副产品进一步加工所需时间不长，费用不多，一般期末没有在产品，则为简化成本计算工作，副产品成本按计划成本确定。

【例 12-8】　鸿成制造厂在丙主产品的生产过程中，同时生产出丁产品(副产品)，丁产品(副产品)继续加工后销售，继续加工时间不长，费用不多，期末没有在产品。

月末，丁产品(副产品)按计划成本确定。丁产品(副产品)完工 1 000 千克，其单位产品计划成本共 12 元，包括直接材料计划价格 9.7 元、直接人工计划价格 1.5 元、制造费用计划价格 0.8 元。

原材料于生产开始时一次性投入。丙主产品的全部成本中，原材料费用所占比重较大，丙产品月末在产品按原材料的定额成本计价，丙产品直接材料费用定额为 28 元。

20××年9月丙主产品完工 2 500 千克，月末在产品 850 千克。

丙主产品、丁副产品应负担的成本如表12-17所示。

表 12-17　产品成本计算单

产品名称：丙产品　　　　　　20××年9月　　　　　　　　　　　　单位：元

项目	直接材料	直接人工	制造费用	合计
月初在产品成本（定额成本）	26 315			26 315
本月生产费用	89 760	18 550	15 775	124 085
生产费用合计	116 075	18 550	15 775	150 400
减：丁产品成本（1 000千克）	9 700	1 500	800	12 000
月末在产品成本（定额成本）	23 800			23 800
丙完工产品（2 500千克）　总成本	82 575	17 050	14 975	114 600
丙完工产品（2 500千克）　单位成本	33.03	6.82	5.99	45.84

3）副产品按应负担分离前联合成本加上可归属成本计价

如果副产品进一步加工所需时间长，费用多，一般期末有在产品，则副产品成本按分离前应负担的联合成本中的数额加上分离后继续加工而发生的可归属成本计价。

其中，副产品应负担分离前联合成本可按销售净额确定。副产品的成本既可以从联合成本"直接材料"成本项目中一笔扣除，也可以按比例从联合成本各成本项目中减除。

【例12-9】　兴城制造厂在W主产品的生产过程中，同时生产出U产品（副产品），U产品（副产品）继续在同一车间加工后销售，继续加工时间长，费用高。

原材料于生产开始时一次性投入。全部成本中，原材料费用所占比重较大。月末，U产品（副产品）分离前应负担的联合成本按销售净额确定，且从联合成本"直接材料"成本项目中一笔扣除。U产品（副产品）每千克售价为15元，每千克销售税费为1.5元，每千克销售利润为1.8元，销售费用总额为1 200元。

主、副产品月末在产品均按原材料定额成本计价。W主产品直接材料费用定额为28.5元；U产品（副产品）直接材料费用定额为9.5元。

20××年9月W主产品完工2 000千克，月末在产品800千克；U产品（副产品）完工1 000千克，月末在产品200千克。期初在产品及本期生产费用如表12-18所示。

表 12-18　期初在产品及本期生产费用表

20××年9月　　　　　　　　　　　　　　　　　　　　　　　　单位：元

项目		直接材料	生产工时	直接人工	制造费用
期初在产品	W主产品	26 500	—	—	—
	U产品（副产品）	1 710	—	—	—
分离前主、副产品		89 800	6 500	22 720	20 000
继续加工U产品（副产品）			1 500		

本月按主、副产品耗用生产工时分配直接人工及制造费用，如表12-19所示。

表 12-19　直接人工及制造费用分配表

20××年9月　　　　　　　　　　　　　　　　　金额单位：元

项目	生产工时	直接人工	制造费用
分配率	—	2.84	2.50
分离前主、副产品	6 500	18 460	16 250
继续加工U产品（副产品）	1 500	4 260	3 750
本月发生额		22 720	20 000

副产品和主产品成本计算单分别如表 12-20 和表 12-21 所示。

表 12-20　产品成本计算单

产品名称：U（副产品）　　　　20××年9月　　　　　　　　　单位：元

项目		直接材料	直接人工	制造费用	合计
月初在产品成本（定额成本）		1 710			1 710
本月生产费用			4 260	3 750	8 010
本月转入		10 500①			10 500
合计		12 210	4 260	3 750	20 220
月末在产品成本（定额成本）		1 900			1 900
完工产品成本 （1 000千克）	总成本	10 310	4 260	3 750	18 320
	单位成本	10.31	4.26	3.75	18.32

注：① 副产品应负担分离前联合成本＝1 000×15－1 000×1.5－1 000×1.8－1 200＝10 500（元）。

表 12-21　产品成本计算单

产品名称：W（主产品）　　　　20××年9月　　　　　　　　　单位：元

项目		直接材料	直接人工	制造费用	合计
月初在产品成本（定额成本）		26 500			26 500
本月生产费用		89 800	18 460	16 250	124 510
减：副产品成本		10 500			10 500
生产费用合计		105 800	18 460	16 250	140 510
月末在产品成本（定额成本）		22 800			22 800
完工产品成本 （2 000千克）	总成本	83 000	18 460	16 250	117 710
	单位成本	41.500	9.230	8.125	58.855

（三）等级产品成本的计算

等级产品是指使用相同的原材料，经过同一生产过程生产出来的品种相同而品级、质量有差别的不同产品。例如，针织厂、搪瓷厂生产的产品有一级品、二级品和三级品等不同的等级。

等级产品与联产品、副产品既有联系又有区别。

第十二章 产品成本计算的辅助方法

其相同点是：它们都是使用相同的原材料，经过相同的生产工艺过程生产出来的产品。

其不同点是：等级产品是同一品种而质量品级不同的产品，而联产品、副产品之间由于性质、用途不同，属于不同品种的产品；各等级产品因质量存在差异，产品销售单价相应分为不同等级，而在每种联产品、副产品中，其质量比较一致，因此销售单价相同。

等级产品与废品是两个不同的概念。等级产品是合格品，在质量上的差异一般是在允许的设计范围之内的，这些差异一般不影响产品的正常使用；废品是指在等级以下、质量达不到设计要求的产品。

产品出现等级不同的原因一般有两种：一种是工人操作不当、技术不熟练等主观原因；另一种是原材料的质量或受目前生产技术水平限制等客观原因。例如，纺织厂由于原料原棉的等级不同，纺出的棉纱及织成的坯布质量也有很大差别；某些电子元件厂由于受生产技术水平制约，难以控制其产品质量，生产出差别较大的等级产品。

等级产品应是同一品种不同规格的产品，也可以归为一类，采用分类法计算成本，而分配等级产品成本的计算方法有以下几种。

1. 按实物数量分配法

如果不同质量的等级产品是违规操作或技术不熟练等主观原因造成的，那么它们应负担相同的成本。也就是说，等级低的产品应该和等级高的产品单位成本相同，等级低的产品由于售价低于等级高的产品而减少利润，企业则可以从低利润或亏损发现生产管理中存在的问题。

【例12-10】东湖工厂生产D产品，20××年10月生产D产品30 000千克，其中一级品18 000千克、二级品9 000千克、三级品3 000千克；共发生联合成本472 500元，一级品、二级品、三级品的销售单价分别为20元、17.5元和15元。按实物数量分配法计算和分配等级产品成本，如表12-22所示。

表12-22 等级产品成本计算分配表（按实物数量分配法）

20××年10月　　　　　　　　　　　　　　　金额单位：元

产品	产量（千克）	分配率	应负担成本	单位成本	单位售价	单位毛利
一级品	18 000	15.75	283 500	15.75	20.00	4.25
二级品	9 000	15.75	141 750	15.75	17.50	1.75
三级品	3 000	15.75	47 250	15.75	15.00	−0.75
合计	30 000	—	472 500	—	—	—

采用这种方法，一级品、二级品、三级品的销售单价是不同的，而计算的结果显示它们的单位成本均为15.75元，是相等的。这样，一级品、二级品、三级品的单位毛利分别为4.25元、1.75元和−0.75元，从而将主观原因所造成的损失体现在因等级差异而取得的单位销售毛利中，不利于企业加强产品的成本管理，以及提高产品的质量。

2. 系数分配法

如果不同质量的等级产品，是目前生产技术水平、工艺技术条件和原材料质量等客观原因造成的，那么不同的等级产品应负担不同的成本，一般是按单位售价制定系数，按系数的比例来分配各等级产品的总成本。

【例 12-11】 承[例 12-10]，按系数分配法计算和分配各级等级产品成本，如表 12-23 所示。

表 12-23 等级产品成本计算分配表（系数分配法）

20××年 10 月　　　　　　　　　　　　　　　　　　　金额单位：元

产品	产量（千克）	单价	系数	标准产量（千克）	分配率	各产品应负担成本	单位成本	单位毛利	毛利率
一级品	18 000	20.0	1.000	18 000	16.8	302 400	16.8	3.2	16%
二级品	9 000	17.5	0.875	7 875	16.8	132 300	14.7	2.8	16%
三级品	3 000	15.0	0.750	2 250	16.8	37 800	12.6	2.4	16%
合计	30 000	—	—	28 125	—	472 500	—	—	—

12-3 产品定额成本Excel 智能计算

采用这种方法，一级品、二级品、三级品的单位成本各不相同，然而却与售价相协调，从而使等级产品的销售毛利率一致。

第二节　定额法

一、定额法概述

（一）定额法的含义

定额法是指以产品的定额成本为基础，加减实际脱离现行定额的差异、材料成本差异和定额变动差异，以计算产品实际成本的方法。品种法、分批法、分步法和分类法等成本计算方法下，生产费用的日常核算和产品成本的计算都是按实际发生额进行归集和分配的，产品成本与定额成本之间的差异，只在月末计算出实际成本以后，通过与定额成本的对比才能确定，而不能在月份内生产过程中及时地反映出来，因而无法及时分析差异产生的原因，难以实现对产品成本定额的控制和管理。

定额法是在加强企业产品定额管理的基础上产生的。采用这种方法，在生产费用发生时，能根据生产费用定额和实际发生额，确定其脱离现行定额的差异，随时控制和监督生产费用的发生，促使企业节约生产费用，降低产品成本。

（二）定额法的特点

1. 成本计算对象

定额法是产品成本计算的辅助方法，企业采用定额法的目的是加强成本定额管理和日常成本控制，因此其成本计算对象既可以是某个加工步骤的自制半成品，也可以是产成品。

2. 成本计算期

定额法必须与品种法、分批法或分步法结合运用。当定额法与品种法或分步法结合运用时，成本计算期与会计报告期相一致；当定额法与分批法结合运用时，成本计算期与产品生产周期相一致,而与会计报告期不一致。

3. 事先制定产品的各项消耗量定额

在定额法下,为了便于对产品生产过程中的各种耗费按定额成本进行日常控制,需要对产品的原材料消耗和工时消耗制定相应的定额,以作为成本控制的目标。

4. 对产品成本实行事中控制

在定额法下,企业发生的每项生产费用,都应根据产品的定额成本分别核算符合定额的耗费和脱离定额的差异,并及时分析差异产生的原因,采取必要的措施,以加强对产品成本的控制。

5. 以定额成本作为产品成本计算的基础

产品实际成本的计算是在计算出产品定额成本的基础上,加减脱离定额差异、定额变动差异和材料成本差异而取得的。

二、定额法的成本计算程序

定额成本是根据产品现行定额和计划单位成本计算出来的。制定各项定额成本是采用定额法必须具备的条件,在制定定额成本时要分别按产品实际成本所包括的成本项目进行,这样才能将实际成本与定额成本进行比较,揭示实际成本脱离定额成本的差异。

定额法的成本计算程序主要包括确定产品定额成本、脱离定额差异的核算、材料成本差异的分配、定额变动差异的核算和计算完工产品实际成本。

(一) 确定产品定额成本

采用定额法计算产品成本,必须先确定单位产品的费用定额。单位产品定额成本是根据单位产品的现行原材料消耗量定额和工时定额,并根据各项消耗量定额和原材料计划单价、单位工时计划直接人工费用率、单位工时计划制造费用率等资料,计算确定产品的各项费用定额。

产品的各项费用定额之和构成了单位产品定额成本。单位工时计划直接人工费用率、单位工时计划燃料及动力费用率和单位工时计划制造费用率均是按工时确定的。单位产品定额成本的计算公式如下:

$$单位产品定额成本 = 原材料费用定额 + 直接人工费用定额 + 燃料及动力费用定额 + 制造费用定额$$

原材料费用定额 = 单位产品原材料消耗量定额 × 原材料计划单价

直接人工费用定额 = 单位产品工时定额 × 单位工时计划直接人工费用率

燃料及动力费用定额 = 单位产品工时定额 × 单位工时计划燃料及动力费用率

制造费用定额 = 单位产品工时定额 × 单位工时计划制造费用率

从上述公式可以看出,产品定额成本的各项费用的计算要分别运用原材料计划单价和计划分配率,因此需要了解定额成本与计划成本的关系。

1. 定额成本与计划成本比较

定额成本与计划成本既有联系又有区别。

1) 定额成本与计划成本的联系

两者均是以产品生产耗用的消耗量定额和计划单价为依据确定的目标成本;两者的

制定过程都是对产品成本进行事前反映,实行事前控制的过程。

2) 定额成本与计划成本的区别

两者的区别主要表现在以下几个方面:

(1) 计算定额成本的消耗量定额是指现行消耗量定额,它应随着企业生产技术的进步、劳动生产率和管理水平的提高而不断修订,因而会产生定额变动差异;计划成本的消耗量定额是指计划期内的平均消耗量定额,计划期为1年,在计划期间平均消耗量定额通常是不变的。换而言之,计划成本是企业较长时间内的目标成本水平,是定额成本要经历多个期间努力实现的最终目标。

(2) 计算定额成本的原材料计划单价在计划期内不变,但计算定额成本的单位工时计划燃料及动力费用率、单位工时计划直接人工费用率和单位工时计划制造费用率则可根据情况的变化和发展需要而变动;计算原材料的计划成本单价、其他加工费用率在计划期内通常是不变的。

(3) 计划成本通常是企业投资人或企业上级单位对该企业进行成本方面考核的依据;定额成本一般是基于企业内部管理的需要,是企业自主制定的对产品成本的控制和考核标准,其目的是保证计划成本的完成,采用定额成本是企业控制成本、降低成本的重要手段。

2. 单位产品定额成本制定方法

单位产品定额成本通常由计划、技术和会计部门共同制定。单位产品定额成本的制定方法有两种:一种是在产品的零件、部件不多的情况下,通常可以先制定零件定额成本,然后汇总制定部件和产成品的定额成本;另一种是在产品的零件、部件较多的情况下,为了简化计算工作,也可以不制定零件定额成本,而直接根据零件、部件定额卡所列的零件、部件的原材料消耗量定额、工序计划和工时定额,以及原材料的计划单价、单位工时计划直接人工费用率和单位工时计划制造费用率,计算部件定额成本,然后汇总计算产品定额成本,或者直接计算产品定额成本。

企业通过编制定额成本计算表来制定定额成本,编制定额成本计算表时采用的成本项目和成本计算方法,应与编制计划成本、计算实际成本时采用的成本项目和成本计算方法相一致,以便进行成本的分析和考核。

【例12-12】 在实际工作中应根据零件的单位产品原材料消耗量定额和单位产品工时定额编制零件定额卡,其格式如表12-24所示。

表12-24 零件定额卡

编号:010　　　　　　　　　20××年5月　　　　　　　　　名称:P零件

材料编号	材料名称	计量单位	材料消耗量定额
123	甲材料	千克	4
工序编号	工时定额(小时)		累计工时定额(小时)
1	2		2
2	1		3
3	2		5

根据零件定额卡(乙材料从略),以及原材料计划单价、单位工时计划直接人工费用率和单位工时计划制造费用率编制部件定额成本计算表,如表12-25所示。

表12-25 部件定额成本计算表

名称:E部件
编号:101　　　　　　　　　　　20××年5月　　　　　　　　　　　金额单位:元

| 零件编号 | 部件构成 | 零件数量(个) | 材料定额 ||||||| 工时定额(小时) |
| | | | 甲材料 ||| 乙材料 ||| 金额合计 | |
			数量(千克)	计划单价	金额	数量(千克)	计划单价	金额		
010	P零件	1	4	49.4	197.6				197.6	5
011	Q零件	2				6	32.8	196.8	196.8	4
	装配									1
合计			4	49.4	197.6	6	32.8	196.8	394.4	10

| 定额成本项目 |||||||| 定额成本合计 |
| 原材料 | 直接人工 || 燃料及动力 || 制造费用 || |
	单位工时计划费用率	金额	单位工时计划费用率	金额	单位工时计划费用率	金额	
394.4	19.98	199.80	3.88	38.80	9.72	97.20	730.20

根据部件定额成本计算表(F部件从略)编制产品定额成本计算表,如表12-26所示。

表12-26 产品定额成本计算表

产品名称:A产品　　　　　　　　20××年5月　　　　　　　　　　　金额单位:元

部件名称	部件数量或工时	直接材料	直接人工	燃料及动力	制造费用	合计
E部件	2件	788.80	399.60	77.60	194.40	1 460.40
F部件	1件	324.40	144.70	33.20	72.80	575.10
装配	1小时	3.60	19.98	3.88	9.72	37.18
合计	—	1 116.80	564.28	114.68	276.92	2 072.68

(二)脱离定额差异的核算

脱离定额差异是指在生产产品的过程中,各项生产费用的实际发生额偏离现行定额的差额。

采用定额法核算产品成本,通常以定额成本为标准,能及时反映实际发生的生产费用脱离现行定额成本的差异,从而便于分析差异产生的原因,为降低产品成本提供依据。这种方法加强了对生产费用的监督和控制,而脱离定额差异的核算是运用定额法进行成本核算的关键。根据计算方法的不同,脱离定额差异的核算可分为原材料脱离定额差异的核算和加工费用脱离定额差异的核算两类。

1. 原材料脱离定额差异的核算

在产品的各成本项目中,原材料费用通常占有较大比重,并属于直接计入费用,因此有必要也有可能在费用发生时就按产品核算定额成本和脱离定额差异。原材料脱离定额差异的核算方法,应与原材料控制的方法结合起来。直接材料脱离定额差异的计算公式如下:

$$\text{直接材料脱离定额差异} = \left(\text{材料实际消耗量} - \text{材料定额消耗量}\right) \times \text{计划单价}$$

$$\text{材料定额消耗量} = \text{实际投产量} \times \text{单位产品消耗量定额}$$

从上述公式可以看出,直接材料脱离定额差异只包括了材料消耗量差异,即数量差异部分,而价格差异在期末根据材料成本差异核算。直接材料量差一般分为超支差异和节约差异两种。直接材料量差的计算方法主要有限额法、切割核算法和盘存法三种。

1)限额法

限额法是指对原材料的领用实行限额领料制度,通过实际耗用材料与领料限额之间差异的分析,控制生产用料的方法。

(1)原材料的领用应实行限额领料(或定额发料)制度,符合定额的原材料应根据限额领料单等定额凭证领发。对于超出限额的领料数量,须经过主管部门,特别是技术部门审批。

(2)由于增加产量而需要增加用料时,在追加限额手续后,也可以根据定额凭证领发;由于其他原因发生的超额用料或代用材料的用料,则应填制专设的超额领料单、代用材料领料单等差异凭证,经过一定的审批手续后领发。在差异凭证中,应填写差异的数量、金额及发生差异的原因。

(3)每批生产任务完成以后,应根据车间余料编制退料手续。退料单也是一种差异凭证,退料单中的原材料数额和限额领料单中的原材料余额,都是原材料脱离定额的节约差异。

在实际工作中,限额领料单上反映的仅仅是领用材料的数量,而不是实际耗费材料的数量。在这种情况下,其所反映的差异是领料的差异,而不是耗料的差异。此外,车间投产的数量,不一定等于限额领料单所规定的产品数量,车间往往还有期初和期末余料,并且期初余料与期末余料不可能总是相等的。因此,在采用限额法时应考虑这些因素。直接材料脱离定额差异的计算公式如下:

$$\text{直接材料脱离定额差异} = \left(\text{材料实际消耗量} - \text{材料定额消耗量}\right) \times \text{计划单价}$$

$$\text{材料实际消耗量} = \text{本期领用材料数量} + \text{期初结余材料数量} - \text{期末结余材料数量}$$

$$\text{材料定额消耗量} = \text{实际投产量} \times \text{单位产品消耗量定额}$$

【例 12-13】 明盛制造厂基本生产车间生产 A 产品,材料在开始生产时一次性投入。限额领料单列明 A 产品的产量为 1 000 件,每件 A 产品的原材料消耗量定额为 8 千克,限额领料为 8 000 千克,本月领料 6 800 千克,A 产品实际投产 880 件,车间月初余料 500 千克,月末余料 450 千克,原材料计划单价为 2.8 元。

计算 A 产品原材料脱离定额差异如下:

$$\text{原材料实际消耗量} = 6\,800 + 500 - 450 = 6\,850 (\text{千克})$$

$$\text{原材料定额消耗量} = 880 \times 8 = 7\,040 (\text{千克})$$

$$\text{原材料脱离定额差异} = (6\,850 - 7\,040) \times 2.8 = -532 (\text{元})$$

2) 切割核算法

切割核算法是指对于需要经过切割后才能进一步加工的材料,通过材料切割核算单,核算材料的实际消耗量和脱离定额差异,以控制用料的方法。需要经过切割后进一步加工的材料有板材、棒材等。

材料切割核算单应按切割材料的批别填列,材料切割核算单中填明切割材料的名称、种类、数量、消耗量定额和应切割成的毛坯数量;根据实际切割的结果,填列实际切割成毛坯的数量和材料实际消耗量,并根据实际切割成毛坯的数量,乘以消耗量定额得到材料定额消耗量。材料实际消耗量与材料定额消耗量之差,就是脱离定额差异。

【例 12-14】 明盛制造厂基本生产车间生产 B 产品,材料在开始生产时一次性投入。生产 B 产品耗用的甲材料需要经过切割后才能加工。现根据其切割的结果编制材料切割核算单,如表 12-27 所示。

表 12-27 材料切割核算单

计量单位:千克
材料单价:15 元
金额单位:元

材料名称:甲材料　　　　　20××年 5 月

发料数量		退回余料数量		材料实际消耗量		废料实际回收量
980		12		958		10

单位产品消耗定额	单位回收废料定额	应切割成毛坯数量	实际切割成毛坯数量	材料定额消耗量	废料定额回收总量
18	0.25	54	54	972	13.5

材料脱离定额差异		废料脱离定额差异			差异原因	操作人
数量	金额	数量	单价	金额	因技术较好,节约了原材料,减少了废料	周勤
−14	−210.00	3.5	3.00	10.50		

表 12-27 中材料实际消耗量低于材料定额消耗总量,则节约甲材料 14 千克,金额 210 元,因此材料脱离定额差异用负数表示;而废料实际回收量低于定额回收总量,因此废料脱离定额差异用正数表示,以冲减材料脱离定额差异。所以,上述材料切割的结果是材料脱离定额差异为−199.5 元。

3) 盘存法

盘存法是指根据定期盘点车间的在产品数量和结余材料数量,计算本期产品生产所耗费的材料实际消耗量和脱离定额差异,以控制用料的方法。当企业采用大量生产的组织方式时,难以像前两种方法分批核算原材料脱离定额差异,届时除了要使用限额领料单、超额领料单等反映材料差异的凭证控制日常原材料的耗费,还要定期按工作日或周、旬,通过盘存的方法,以确定材料脱离定额差异。其具体程序如下:

(1) 确定本期投产产品数量。根据完工产品的数量和在产品约当产量,确定本期投产产品数量。其计算公式如下:

本期投产量＝本期完工产品数量＋期末在产品盘存约当产量－期初在产品约当产量

（2）确定材料定额消耗量。如果原材料是在投产时一次性投入的，应根据本期投产产品数量，乘以单位产品材料消耗量定额，计算出材料定额消耗量；如果原材料是在加工过程中分批投入的，期末在产品应根据其原材料的投入程度确定。

（3）确定材料实际消耗量。根据限额领料单、超额领料单和退料单等凭证及车间余料的盘存数量，计算原材料实际消耗量。

（4）确定材料脱离定额差异。将材料实际消耗量减去材料定额消耗量，可以计算出材料脱离定额差异。其计算公式如下：

直接材料脱离定额差异＝（材料实际消耗量－材料定额消耗量）×计划单价

材料定额消耗量＝实际投产量×单位产品消耗量定额

【例12-15】 东星制造厂基本生产车间生产丙产品领用U材料，其单位产品材料消耗量定额为6千克，计划单价为20元，材料在开始生产时一次性投入。丙产品月初有在产品400件，本月实际完工产量1 100件，月末在产品经盘点实存300件，限额领料单中记录本月已领料5 880千克，车间月初余料为200千克。月末U材料经盘点，实存260千克。

计算材料脱离定额差异如下：

本期投产丙产品数量＝1 100＋300－400＝1 000（件）

材料定额消耗量＝1 000×6＝6 000（千克）

材料实际消耗量＝5 880＋200－260＝5 820（千克）

材料脱离定额差异＝（5 820－6 000）×20＝－3 600（元）

无论企业采用哪种核算方法，材料定额成本和材料脱离定额差异均应按照成本计算对象分批或定期汇总，编制材料定额成本及脱离定额差异汇总表，以集中反映某种或某批产品耗费的各种材料的定额成本和脱离定额的差异，并分析原材料耗费脱离定额差异的原因。此外，材料定额成本及脱离定额差异汇总表还可以代替原材料费用分配表编制会计分录，登记基本生产成本明细账。

【例12-16】 东星制造厂生产车间生产丙产品耗用U、W两种材料，材料在开始生产时一次性投入。20××年5月原材料单位产品材料消耗费用定额为192元。其中，单位产品U材料与W材料投入比例为6∶4.5，U材料计划单价为20元，W材料计划单价为16元。当期投入丙产品产量1 000千克，根据[例12-15]U材料的计算结果（W材料计算过程从略）编制材料定额成本及脱离定额差异汇总表，如表12-28所示。

表12-28 材料定额成本及脱离定额差异汇总表

产品名称：丙产品　　　　　　　　20××年5月　　　　　　　　金额单位：元

原材料名称	计量单位	计划单价	材料定额成本		材料计划成本		脱离定额差异		差异原因分析
			数量	金额	数量	金额	数量	金额	
U材料	千克	20	6 000	120 000	5 820	116 400	－180	－3 600	略
W材料	千克	16	4 500	72 000	4 350	69 600	－150	－2 400	
合计	—			192 000		186 000	—	－6 000	

2. 加工费用脱离定额差异的核算

1) 人工费用脱离定额差异的核算

在计件工资制度下,生产工人工资属于直接计入费用,因此其人工费用脱离定额差异的核算方法与原材料相似。按计件单价支付的工资费用及计提的其他人工费用就是定额人工费用,计件工资通常在工序进程单、工作班产量记录中反映。因料废而支付的计件工资及支付计件工人的工资性津贴和奖金等,以及按这部分金额计提的其他人工费用,属于人工费用脱离定额差异,人工费用脱离定额差异通常在工资补付单、其他人工费用补提单中反映。

在计时工资制度下,实际支付的生产工人工资总额到月末才能确定,因此人工费用脱离定额差异平时不能按照产品直接计算。

(1) 如果直接人工属于直接计入费用,则产品直接人工脱离定额差异的计算公式如下:

直接人工脱离定额差异＝实际直接人工费用－(实际产量×直接人工费用定额)

(2) 如果直接人工属于间接计入费用,则影响脱离定额差异的因素包括生产工时和直接人工费用率。其计算公式如下:

直接人工脱离定额差异＝直接人工实际成本－直接人工定额成本

或:直接人工脱离定额差异＝(实际生产工时总数×单位工时实际直接人工费用率)－(实际投产约当产量定额工时×单位工时计划直接人工费用率)

其中:

单位工时计划直接人工费用率＝计划产量定额直接人工费用÷计划产量定额工时
单位工时实际直接人工费用率＝实际直接人工费用总额÷实际生产工时总数
实际投产约当产量＝完工产量＋期末在产品约当产量－期初在产品约当产量

【例 12－17】 东星制造厂生产丙产品,单位产品工时定额为 5 小时;计划产量为 1 150 件,单位工时计划直接人工费用率为 20.86。

20××年 5 月期初在产品 400 件,完工产量 1 100 件,期末在产品 300 件,期初、期末在产品完工程度均为 50%;生产丙产品实际耗费生产工人工时 5 400 小时,实际发生生产工人人工费用 108 270 元。

计算人工费用脱离定额差异如下:

单位工时实际直接人工费用率＝108 270÷5 400＝20.05
本月投产约当产量＝1 100＋300×50%－400×50%＝1 050(件)
直接人工定额成本＝1 050×5×20.86＝109 515(元)
直接人工脱离定额差异＝5 400×20.05－1 050×5×20.86＝－1 245(元)

2) 其他加工费用脱离定额差异的核算

其他加工费用脱离定额差异主要有燃料及动力脱离定额差异、制造费用脱离定额差异和废品损失脱离定额差异等。

燃料及动力和制造费用均是间接计入费用,在日常核算中难以按照产品直接核算费用脱离定额差异。通常将月份的燃料及动力费用计划、制造费用计划分别计算单位工时计划燃料及动力费用率和单位工时计划制造费用率,以此作为计算这两项费用脱离定额差异的依据。因此,燃料及动力脱离定额差异和制造费用脱离定额差异的核算方法,基本

上同计时工资费用的核算方法相同,其计算方法也相同。计算公式如下:

燃料及动力脱离定额差异＝燃料及动力实际成本－燃料及动力定额成本

或:燃料及动力脱离定额差异＝(实际生产工时总数×单位工时实际燃料及动力费用率)－(实际投产约当产量定额工时×单位工时计划燃料及动力费用率)

其中:单位工时计划燃料及动力费用率＝计划产量定额燃料及动力费用÷计划产量定额工时

单位工时实际燃料及动力费用率＝实际燃料及动力费用总额÷实际生产工时总数

实际投产约当产量＝完工产量＋期末在产品约当产量－期初在产品约当产量

制造费用脱离定额差异＝实际制造费用总额－制造费用定额成本

或:制造费用定额差异＝(实际生产工时总数×单位工时实际制造费用率)－(实际投产约当产量定额工时×单位工时计划制造费用率)

其中:单位工时计划制造费用率＝计划产量定额制造费用÷计划产量定额工时

单位工时实际制造费用率＝实际制造费用总额÷实际生产工时总数

实际投产约当产量＝完工产量＋期末在产品约当产量－期初在产品约当产量

【例12-18】 承[例12-17],单位工时计划燃料及动力费用率为5.1,单位工时计划制造费用率为10.2。5月实际发生燃料及动力费用25 704元,制造费用53 136元。

燃料及动力脱离定额差异计算过程如下:

单位工时实际燃料及动力费用率＝25 704÷5 400＝4.76

本月投产约当产量＝1 100＋300×50％－400×50％＝1 050(件)

燃料及动力定额成本＝1 050×5×5.1＝26 775(元)

燃料及动力脱离定额差异＝5 400×4.76－1 050×5×5.1＝－1 071(元)

制造费用脱离定额差异计算过程如下:

单位工时实际制造费用率＝53 136÷5 400＝9.84

本月投产约当产量＝1 100＋300×50％－400×50％＝1 050(件)

制造费用定额成本＝1 050×5×10.2＝53 550(元)

制造费用脱离定额差异＝5 400×9.84－1 050×5×10.2＝－414(元)

单独核算废品损失的企业,在发生废品损失时,应以废品通知单和废品损失计算表单独反映,其中不可修复废品的成本可以按定额成本计算。从理论上讲,企业在生产中应避免出现废品,因此通常产品定额成本中不包括废品损失,而发生的废品损失均应作为脱离定额成本差异处理。如果企业对生产产品的工艺技术水平要求较高,发生废品损失是不可避免的,可以根据具体情况按投产数量的一定比例确定废品损失定额,将实际发生的废品损失与废品损失定额的差额作为废品损失脱离定额差异处理,据此来控制和减少废品损失的发生。

(三)材料成本差异的分配

在采用定额法核算时,为了便于对产品成本的日常控制和期末考核分析,原材料日常核算只能按计划价格进行。这样,材料定额成本和材料脱离定额差异均以计划价格反映,则前述材料脱离定额差异反映的仅仅是按计划单位成本计算的数量差异。因此,月末计算产品实际耗费的原材料费用时,还必须计算所耗费原材料的实际成本与计划成本之间的价格差异。其计算公式如下:

$$\begin{pmatrix} 某产品应分配的 \\ 材料成本差异 \end{pmatrix} = \begin{pmatrix} 该产品材料 \\ 定额成本 \end{pmatrix} \pm \begin{pmatrix} 材料脱离 \\ 定额差异 \end{pmatrix} \times \begin{pmatrix} 材料成本 \\ 差异分配率 \end{pmatrix}$$

【例12-19】 东星制造厂20××年5月生产丙产品耗费材料定额成本192 000元,材料脱离定额差异为节约6 000元,材料成本差异分配率为-2%。分配该产品应负担的材料成本差异如下:

丙产品应分配材料成本差异=(192 000-6 000)×(-2%)=-3 720(元)

为了便于计算产品成本,简化核算手续,产品应分配的材料成本差异通常全部由完工产品负担,月末在产品不再负担材料成本差异。

具有多步骤生产工艺过程特点的企业,采用逐步结转分步法与定额法相结合计算产品成本时,自制半成品的日常核算也按定额成本进行;在月末计算产品实际成本时,也要分配自制半成品成本差异,分配的方法与分配材料成本差异的方法相同,不再重述。各生产步骤所耗费的原材料和自制半成品的成本差异,通常由厂部进行分配和调整,不计入各生产步骤产品的成本,以简化核算手续。

(四)定额变动差异的核算

定额变动差异是指因产品生产条件的变化而修订消耗量定额所产生的新旧定额成本之间的差额。随着经济的发展,新技术、新工艺、新材料、新设备不断涌现,劳动生产率也因生产条件的改善而相应地提高。对各项消耗量定额要及时修订,以确保各项定额对生产活动的控制作用。因此,定额变动差异与脱离定额差异不同,定额变动差异反映的是定额本身变动的结果,它与生产费用的节约或超支没有关系,而脱离定额差异反映的则是生产费用的节约或超支额。

各项消耗量定额的修订通常是在月初、季初或年初定期进行的。当月初有在产品时,定额发生变动,其在产品的定额成本并未修订,仍然按照原来的消耗量定额计算,而新投入生产的产品按修订后新的消耗量定额计算定额成本。为了使两者能在同一基础上相加,需要将月初在产品原来的定额成本调整为按修订后新的消耗量定额计算的定额成本,从而产生了定额变动差异。定额变动差异应按成本项目分别计算,其计算公式如下:

$$\begin{pmatrix} 月初在产品某成本项 \\ 目定额变动差异 \end{pmatrix} = \begin{pmatrix} 月初在产品该成本项目按原 \\ 消耗量定额计算的定额成本 \end{pmatrix} - \begin{pmatrix} 月初在产品该成本项目按新 \\ 消耗量定额计算的定额成本 \end{pmatrix}$$

采用这种方法时,要按照零部件计算定额消耗量。在构成产品的零部件较多时,工作量很大。为了简化计算工作,定额变动差异可以采用系数折算的方法,即按新消耗量定额计算出来的单位产品定额成本,与按原消耗量定额计算出来的单位产品定额成本相对比,求得系数,然后根据系数计算月初在产品定额变动差异。其计算公式如下:

$$系数 = \frac{按新定额计算的单位产品某成本项目的成本}{按原定额计算的单位产品某成本项目的成本}$$

$$\begin{pmatrix} 月初在产品某成本项 \\ 目定额变动差异 \end{pmatrix} = \begin{pmatrix} 按原定额计算的月初在产品 \\ 该成本项目的成本 \end{pmatrix} \times (1-系数)$$

【例12-20】 东星制造厂决定从20××年5月1日起修订丙产品原材料消耗费用定额,单位产品原材料消耗费用原定额为200元,修订后的单位产品原材料消耗费用定额为

192元,其他成本项目定额不变。月初丙产品有400件在产品,原材料在开始生产时一次性投入,按原定额计算原材料定额成本为80 000元。

计算月初丙在产品原材料定额变动差异如下:

$$系数=192\div200=0.96$$

$$月初丙在产品原材料定额变动差异=80\ 000\times(1-0.96)=3\ 200(元)$$

对于计算出的月初在产品定额变动差异,还应进行以下处理:

(1) 若定额调减,即月初在产品的定额成本减少,定额变动差异为正数,将其从月初在产品的定额成本中扣除。此时,正向的定额变动差异是已经实际发生的费用,从月初在产品定额成本中扣除的定额变动差异需要再纳入本月生产费用分配给完工产品与月末在产品。这部分差异数在定额调整前是已支付的生产费用,所以应计入产品实际成本。

(2) 若定额调增,即月初在产品的定额成本增加,定额变动差异为负数,将其追加入月初在产品的定额成本中。此时,负向的定额变动差异是并未实际发生的费用,添加到月初在产品的定额变动差异需要从本月生产费用中扣除后再分配给完工产品与月末在产品。这部分差异数虽然已经计入产品成本,但费用尚未支付,所以应从实际生产费用中减去。

(3) 定额变动差异一般应按照定额成本比例,在完工产品与期末在产品之间进行分配,计算过程类似于脱离定额差异在完工产品与期末产品之间的分配。但是,若定额变动差异数额小,或者月初在产品本月全部完工,那么定额变动差异也可以全部由完工产品负担,月末在产品不再负担。

(五)计算完工产品实际成本

采用定额法计算产品成本,在对各种产品的定额成本、脱离定额差异、材料成本差异和定额变动差异进行核算后,通过基本生产成本明细账的归集,形成生产费用合计,月末将归集的生产费用合计在完工产品与月末在产品之间进行分配,以计算完工产品的实际成本。其计算的程序如下:

1. 计算完工产品和月末在产品的定额成本

单位产品的定额成本已经确定,因此完工产品定额成本和月末在产品定额成本的计算公式如下:

$$完工产品某成本项目定额成本=完工产品数量\times该成本项目单位定额成本$$

$$月末在产品某项目定额成本=某项目定额成本月初数+该项目定额成本本月发生数-完工产品该项目定额成本$$

2. 分配定额成本差异

根据完工产品定额成本与月末在产品定额成本的比例,计算差异分配率,分配定额成本差异。其计算公式如下:

$$某成本项目差异分配率=\frac{该成本项目差异月初数+该成本项目差异本月发生数}{完工产品该项目定额成本+月末在产品该项目定额成本}$$

$$完工产品某项目应分配定额成本差异=完工产品该项目定额成本\times该成本项目差异分配率$$

$$月末在产品某项目应分配定额成本差异=月末在产品该项目定额成本\times该成本项目差异分配率$$

或:月末在产品某项目应分配定额成本差异=该成本项目差异月初数+该成本项目差异本月发生额-完工产品该项目应分配定额成本差异

3. 计算完工产品实际成本

将构成完工产品成本的四项要素相加,就形成了完工产品的实际成本。其计算公式如下:

完工产品实际成本＝完工产品定额成本±脱离定额差异±定额变动差异±材料成本差异

三、定额法的具体应用

【例 12-21】 东星制造厂基本生产车间大量生产丙产品,采用定额法结合品种法计算产品成本,定额变动差异全部由完工产品负担。月初有在产品 400 件,其定额成本及脱离定额差异资料如表 12-29 所示。

表 12-29 月初在产品定额成本及脱离定额差异表

单位:元

项目	直接材料	直接人工	燃料及动力	制造费用	合计
定额成本	80 000	19 985	5 085	20 450	125 520
脱离定额差异	−4 752	−1 345	−522	−326	−6 945

根据[例 12-16]中表 12-28 确定投产的丙产品的原材料定额成本和脱离定额差异,以及[例 12-17]至[例 12-20]等有关资料和计算结果,用定额法登记丙产品基本生产成本明细账,如表 12-30 所示。

表 12-30 基本生产成本明细账

产品名称:丙产品　　　　20××年5月　　　　金额单位:元

| 20××年 | | 摘要 | 行次 | 直接材料 | 直接人工 | 燃料及动力 | 制造费用 | 合计 |
月	日							
5	1	在产品定额成本	(1)	80 000.00	19 985.00	5 085.00	20 450.00	125 520.00
		在产品脱离定额差异	(2)	−4 752.00	−1 345.00	−522.00	−326.00	−6 945.00
		在产品定额成本调整	(3)	−3 200.00				−3 200.00
		在产品定额变动差异	(4)	3 200.00				3 200.00
	31	本月定额成本	(5)	192 000.00	109 515.00	26 775.00	53 550.00	381 840.00
		本月脱离定额差异	(6)	−6 000.00	−1 245.00	−1 071.00	−414.00	−8 730.00
		本月材料成本差异	(7)	−3 720.00				−3 720.00
	31	定额成本合计	(8)=(1)+(3)+(5)	268 800.00	129 500.00	31 860.00	74 000.00	504 160.00
		脱离定额差异合计	(9)=(2)+(6)	−10 752.00	−2 590.00	−1 593.00	−740.00	−15 675.00
		材料成本差异合计	(10)=(7)	−3 720.00				−3 720.00
		定额变动差异合计	(11)=(4)	3 200.00				3 200.00
	31	脱离定额差异分配率	(12)=(9)/(8)	−0.04	−0.02	−0.05	−0.01	—
	31	完工产品定额成本	(13)	211 200.00	114 730.00	28 050.00	56 100.00	410 080.00
		完工产品脱离定额差异	(14)=(13)×(12)	−8 448.00	−2 294.60	−1 402.50	−561.00	−12 706.10
		完工产品材料成本差异	(15)=(10)	−3 720.00				−3 720.00
		完工产品定额变动差异	(16)=(11)	3 200.00				3 200.00
		结转完工产品实际成本	(17)=(13)+(14)+(15)+(16)	202 232.00	112 435.40	26 647.50	55 539.00	396 853.90

(续表)

20××年		摘要	行次	直接材料	直接人工	燃料及动力	制造费用	合计
月	日							
5	31	在产品定额成本	(18)=(8)-(13)	57 600.00	14 770.00	3 810.00	17 900.00	94 080.00
		在产品脱离定额差异	(19)=(9)-(14)	-2 304.00	-295.40	-190.50	-179.00	-2 968.90

注：表中(13)行完工产品定额成本计算如下：
直接材料＝1 100×192＝211 200(元)。
直接人工＝1 100×5×20.86＝114 730(元)。
燃料及动力＝1 100×5×5.1＝28 050(元)。
制造费用＝1 100×5×10.2＝56 100(元)。

四、定额法的优缺点

1. 定额法的优点

定额法是一种将产品成本定额的制定、成本的核算和分析有机结合起来，将事前制定定额、事中控制定额、事后分析定额执行情况三者融为一体，以反映和监督产品成本的核算方法。该方法具有以下三个优点：

(1) 能够加强产品成本的日常控制。在日常核算中，定额法既反映了产品的定额成本，又提供了产品实际成本脱离定额成本的差异，从而便于企业及时发现问题，采取措施，加强成本控制，以促使企业生产车间节约费用、降低成本。

(2) 能够增强挖掘降低产品成本的潜力。产品的实际成本是按定额成本和脱离定额差异核算的，这为企业定期进行成本分析和考核有关人员的工作业绩提供了依据，有利于企业进一步分析产生差异的原因，调动职工的积极性，挖掘降低产品成本的潜力。

(3) 能够提高定额管理水平。核算脱离定额差异和定额变动差异，既可以反映产品实际成本偏离定额成本的程度，又可以检验定额成本的制定是否科学与合理，以促使企业及时修订定额，提高定额管理水平。

2. 定额法的缺点

(1) 核算的工作量大。因为采用定额法必须事先制定出各项消耗量定额和定额成本，所以在成本核算过程中，要分别核算定额成本和脱离定额差异，最后将定额成本和各种差异相加或相减，计算出完工产品实际成本。当产品的生产条件发生变化时，又要修订消耗量定额，重新确定定额成本，因此大大地增加了核算的工作量。

(2) 适用面窄。由于定额法对企业定额管理的各项要求较高，只有生产的产品已基本定型，有准确、稳定的各项消耗量定额，并具有健全的定额管理制度，有良好的定额管理工作基础的企业才能采用此方法。

复习思考题

1. 什么是分类法？它有哪些特点？
2. 什么是系数分配法？请试述系数分配法分配各种产品成本的程序。
3. 什么是定额比例法？请试述定额比例法分配各种产品成本的程序。

第十二章 产品成本计算的辅助方法

4. 请试述分类法的优缺点。
5. 什么是定额法？它有哪些特点？
6. 请试述定额法的成本计算程序。
7. 什么是脱离定额差异？为何要反映脱离定额差异？脱离定额差异可分为哪几类？
8. 原材料脱离定额差异的核算有哪些方法？请分述这些方法的定义、计算公式或计算方法。
9. 加工费用脱离定额差异有哪些内容？它们应怎样核算？
10. 什么是定额变动差异？它是怎样产生的？怎样计算定额变动差异？它在期末时应怎样处理？
11. 请试述定额法的优缺点。
12. 什么是联产品？请试述联产品的成本构成。
13. 联产品成本的分配除系数分配法外，还有哪些方法？请分述这些方法的定义及适用性。
14. 什么是副产品？它有哪些计价方法，各在什么情况下采用？
15. 什么是等级品？它有哪些成本计算方法，这些方法应在什么情况下采用，为什么？
16. 什么是产品成本计算的定额法？它的特点是什么，适用范围有哪些？
17. 请简述定额法产品成本计算程序。
18. 产品定额成本与计划成本有何异同？
19. 产品定额成本应如何制定？
20. 请简述脱离定额差异与定额变动差异的区别。
21. 脱离定额差异如何计算？
22. 为什么要计算定额变动差异？定额变动差异应如何处理？

同步测试题

请扫描二维码，完成本章同步测试题。

第十二章同步测试题

第十三章 CHAPTER 13

作业成本法

学习目的

- 了解作业成本法的基本原理和基本程序。
- 掌握智能制造下制造费用按照成本动因进行分配的方法，以及成本动因的确定、成本动因费用分配率的计算。

第一节 作业成本法概述

一、作业成本法的产生背景

（一）技术和社会背景

20世纪70年代以来，企业经营环境发生了巨大变化，生产过程日趋自动化，电脑辅助设计（computer aided design，CAD）、计算机辅助工程（computer aided engineering，CAE）等得到了广泛应用。从产品订货开始，到设计、制造、销售等所有阶段，各种自动化系统综合成一体，由计算机统一进行调控。技术上的变化使许多公司的生产制造环境发生了显著的变化，生产制造过程的自动化程度不断提高，产品技术含量增加，极大地改变了产品成本结果，直接人工成本比例大大下降，制造费用大比例上升。有资料显示，日本制造费用比例高达50%～60%，美国则高达75%。那么，如何科学合理分配制造费用成为一个重要的问题。

日益加剧的竞争压力，要求企业提供与众不同的具有个性的差异化产品和服务。在这种条件下，许多企业不得不放弃传统的大规模批量生产方式，而改用能对顾客多样化及日新月异的需求迅速做出反应的弹性制造系统（flexible manufacturing system，FMS），产品则以生产小批量、差异化产品为主，生产的复杂程度大大增加。先进制造系统的推广带来了管理思想和方法的变革，对成本信息的及时性和准确性提出了更高要求。

（二）传统成本会计系统无法适应经营管理要求

传统的成本计算方法中，制造费用必须按照一定的标准分配计入有关产品的成本，传统成本计算中普遍采用与产量相关联的分摊基础，如以直接人工、直接人工小时、机器小时等作为制造费用的分配标准。这就是"以数量为基础"的成本分配方法。

采用直接人工或直接人工小时分配制造费用的方法在几十年前是合理的。当时大多数企业只生产少数几种产品,构成产品成本最重要的因素是直接材料和直接人工,而制造费用数额较小,制造费用的发生与直接人工成本有一定的相关性,并且直接人工或直接人工小时的数据很容易取得,直接人工或直接人工小时便成为制造费用的分配标准。然而如前所述,科学技术的发展使自动化程度不断提高,产品成本的结构随之发生改变,直接人工比例大大下降,制造费用的比例大幅度上升。若企业仍以日趋减少的直接人工作为分配标准来分配这些日趋增大的制造费用,其结果往往是高产量、低技术含量的产品成本偏高,而低产量、高技术含量的产品成本则会偏低,造成产品成本信息的严重失实,进而引起成本控制失效,甚至导致经营决策失误。

如果采用与制造费用不存在因果关系的直接人工工时作为标准去分配这些费用,则与工时无关的制造费用的增加必定会导致虚假的成本信息。例如,设备的调整准备费用、设备维护费用、工模具费用等,如果对这些费用采用人工工时分配制造费用并计入产品成本,必然会造成扭曲的分配结果。

正是在这些因素的共同作用下,以作业量为成本分配的基础,以作业为成本计算的基本对象,旨在为企业管理者提供更为相关、相对准确的成本信息的成本计算方法——作业成本法(activity-based costing,ABC)应运而生。

二、作业成本法的相关概念

作业成本法基于作业的成本计算方法,以作业为制造费用的归集对象,通过资源动因的确认、计量,将资源费用归集到作业上,再通过作业动因的确认和计量,将作业成本归集到产品上去的制造费用分配方法。作业成本法为作业、经营过程、产品、服务和客户等提供了一种更加精确地分配制造费用和辅助资源的分配方法。作业成本法的目标是把所有为不同产品提供作业所消耗的资源价值测量和计算出来,并恰当地把它们分配到每种产品。

作业成本法涉及的概念分为与资源相关的概念和与作业相关的概念两类,前者包括资源和资源动因,后者包括作业、作业成本动因和作业成本库等。

1. 资源

资源是指执行作业所必须消耗的经济要素,是企业生产耗费的最原始形态。资源可以分为货币资源、材料资源、燃料及动力资源、人力资源及厂房设备资源等。如果一项资源耗费可以直接确认是哪项作业耗费的,则直接将其计入该作业;如果某项资源从最初消耗上呈混合性耗费状态,即支持多项作业的发生,则需要选择合适的量化依据将资源消耗分解到各作业,这个量化依据就是资源动因。

2. 作业

作业成本法的首要工作是作业的认定。作业是企业为了提供产品或劳务所耗的人力、技术、原材料、方法和环境的集合体。通俗地说,作业也就是为了达到某种目的消耗资源的各种活动或行为。企业的生产经营过程无不是一系列资源投入和结果产出的过程,而作业则构成了沟通企业资源与企业产出(最终产品)的桥梁,它贯穿于企业生产经营的全过程。

作业具有以下三个方面的特征：

（1）作业的本质是交易。在经营过程中的每次活动或行为，都是一种资源的投入和另一结果的产出，投入与产出的因果关系本质上是一种交易。例如，对于销货收款行为，所销售的货物是投入的一种资源，收到的货款是一种产出。又如，人操纵机器，人的操纵行为投入的是资源，机器生产的产品就是产出的结果。

（2）作业贯穿于经营过程的全部，包括企业内部和企业外部。投入产出的交易贯穿于经营过程的全部，包括企业内部的交易关系，如投入材料、加工、检验等，以及企业外部的交易关，如购买原材料、销售、运输等。

（3）作业可以量化。作业作为一种成本分配的基准或尺度，一定具备量的属性。

按照计量作业发生数量的方法不同，可以将作业层次分为以下四类：

（1）单位层次作业（unit-level activities），即与产品产量相关的作业，如直接材料和直接人工成本等。这种作业的成本与产量呈比例变动，如果产量增加一倍，则直接人工成本也会增加一倍。

（2）批别层次作业（batch-level activities），即生产每批产品而从事的作业，如对每批产品的机器准备、订单处理、原料处理、检验及生产规划等。这种作业的成本与产品批数成比例变动，但与产量多少无关，是该批产品所有产品的固定（或共同）成本。例如，从生产某批产品转向生产另一批产品，就需要对机器进行调整准备。生产批数越多，机器的调整准备成本就越高。

（3）产品层次作业（product-level activities），即为某类产品的生产而从事的作业。这种作业的目的是服务于各类产品的生产与销售，如对一种产品进行产品设计、编制材料清单（bills of materials）、数控规划、处理工程变更、测试线路等。这种作业的成本与产品的产量和批数都无关，但与生产产品品种的数量呈比例变动。

（4）维持层次作业（facility-level activities），即为维持工厂生产能力而从事的作业，如工厂管理、暖气、照明及厂房折旧等。这种作业的成本是所生产全部产品的共同成本。

作业层次的分类能为作业成本信息的使用者和设计者提供帮助，因为作业层次与作业动因的选择有内在关系。

3. 作业链和价值链

作业链（activity chain）是指相互联系的一系列作业活动组成的链条。现代企业实际上是一个为了最终满足顾客需要而设计的一系列作业活动实体的组合，是一系列前后有序的作业有机组合而成的集合体。作业与顾客价值相联系，以是否增加顾客价值为标准。作业可分为增加价值的作业和不增加价值的作业，前者如加工、装配等作业，后者如返工、停工待料等作业。企业应增加增值作业，减少不增值作业。

价值链（value chain）是从货币和价值的角度反映的作业链，从生产经营环节上看就是作业链。也就是说，价值链是由价值来表现的作业链或作业链的价值表现。价值链需要不断地优化组合，如努力减少各环节的无效作业，使之逼近于零，以及在各环节有效作业中提高其产出比例等。例如，"准时制（just in time，JIT）""零存货"和"零缺陷"就是优化价值链组合的重要手段。价值链的优化组合需要对其做科学的分析。分析价值链应体现市场营销意识，尤其在买方市场，要从顾客着手，分析顾客支付的价格与其受益的比例、产品与竞争对手的比较，逐步延伸到厂商的内部价值链组合情况。控制价值链应从产品设计环节开始,尽力改善价值链的组合,提高其投入产出的比例。

4. 成本动因

成本动因又称成本驱动因素,是引起成本发生的那些重要的业务活动或事项。它可以是一个事件、一项活动或作业。如前所述,作业是企业生产经营活动中消耗资源的某种活动。作业是由产品引起的,而作业又引起了资源的耗用。这种资源和作业的耗用是由隐藏其后的某种推动力所引起的,这种隐藏着的推动力就是成本动因。成本动因支配成本行为,决定成本的产生,是成本分配的标准。所以,要把制造费用分配到各产品,必须要了解成本行为,识别恰当的成本动因。选择适当的成本动因,通常应考虑成本动因资料是否易得、与作业实际消耗的相关度。根据成本动因在资源流动中所处的位置,通常可将其分为资源动因和作业动因两类。

(1) 资源动因(resource drivers),反映资源消耗量与作业间的关系,是引起作业成本变动的因素。运用资源动因可以将资源成本分配给各有关作业。

产品质量检验作业需要有检验人员、专用的设备,并耗用一定的能源(如电力)等。检验作业作为成本对象,所耗用的各项资源(如检验人员薪酬、设备折旧费、电费等)构成了检验作业的成本。其中,检验人员的薪酬、专用设备的折旧费等成本,一般可以直接计入检验作业;能源成本往往不能直接计入(除非为设备专门安装电表进行电力耗费记录),需要根据设备额定功率(或根据历史资料统计的每小时平均耗电数量)和设备开动时间来分配。这里的"设备额定功率和设备开动时间"就是能源成本的动因。设备开动导致能源成本发生,设备的功率乘以开动时间的数值(动因数量)越大,耗用的能源越多。以"设备额定功率乘以开动时间"这一动因作为能源成本的分配基础,可以将检验专用设备耗用的能源成本分配到检验作业中。

(2) 作业动因(activity drivers),计量各种产品对作业耗用的情况,并被用来作为作业成本的分配基础。作业动因是引起产品成本变动的因素,是把作业成本分配到产品的标准。

假定某车间生产若干种产品,每种产品又分若干批次完成,每批产品完工后都需进行质量检验。如果对任何产品的每一批次进行质量检验所发生的成本相同,则检验次数就可以作为检验成本的作业动因,它是引起产品检验成本变动的因素。某一会计期间发生的检验作业总成本除以检验次数,即每次检验所发生的成本。某种产品应承担的检验作业成本,等于该种产品完工的批次乘以每次检验发生的成本。产品的完工批次越多,则需要进行检验的次数越多,应承担的检验作业成本越多。

作业动因的选择与前述按作业层次的分类有关。一般情况下,单位层次作业的作业动因是产量,批别层次作业的作业动因是产品的批量。作业的类别划分得越细,作业动因的选择就越准确。当然,较细的作业类别划分同时意味着较多的成本计算工作量。从这个意义上讲,作业类别划分多细,也是一个成本与效益权衡的过程。

一般来说,成本动因选择需要考虑以下几个因素:①多样化。成本动因的数量取决于产品的多样化程度,不同的产品工艺流程因成本发生的原因不同,在将资源耗费准确分配到产品成本时,应当选择不同的成本动因。②相关性。它要求反映成本对象、作业和资源之间的关联性。不相关的动因会扭曲成本的分摊,从而也不可能提供相关性的成本信息。③计量成本。从成本核算看,成本动因越多,其核算精度越高,但成本核算系统实施的成本也可能越大。研究表明,成本动因数量应控制在6～9个,但也有人认为成本动因数应设在30～50个。可见,对成本动因的选择必须慎重,从管理实施看,它最好由相关跨职能部门小组负责讨论、确定。

5. 作业成本库

作业成本库(activity cost pool)又称作业中心,由相同性质的成本归为一类而构成。作业中心的设立以同质作业为原则,是相同的成本动因引起的作业的集合,它可由一项作业或一组作业组成。从其形成过程看,作业成本库是归集所耗费的各种资源而形成的。资源成本库与作业成本库的关系如图13-1所示。

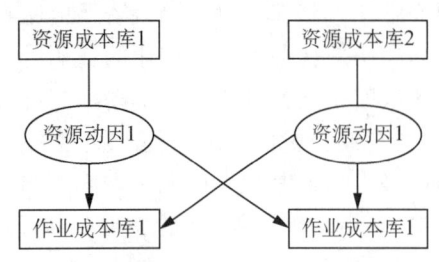

图13-1 资源成本库与作业成本库的关系

第二节 作业成本法的基本原理及应用

一、作业成本法的基本原理

作业成本法是以"成本驱动因素"理论为基本依据,根据产品生产或企业经营过程中发生和形成的产品与作业、作业链和价值链的关系,对成本发生的动因加以分析,选择"作业"为成本计算对象,归集和分配制造费用的一种成本计算方法。

(一)作业成本法的基本逻辑

作业成本法的基本逻辑是:产品消耗作业,作业消耗资源。

(1) 企业是通过完成各种作业而制造产品的,因此产品成本应由消耗作业的成本累计形成。产品的加工方式和加工工艺各不相同,决定了不同产品会消耗不同数量的作业。消耗的作业数量越多,负担的成本就应越高。

(2) 每一项作业的完成必须以消耗各种资源为代价,而资源是企业有偿取得的,是构成成本的物质基础。资源是从投入角度对成本的量化,而作业则从产出的角度量化了各种资源消耗。完成的作业量越多,表明产出的效率越高。

若从价值补偿的全过程来衡量,客户接受的是产品或劳务。从这一意义上讲,作业本身还不是最终产出,如果说资源反映企业为从事生产经营活动而付出的代价,那么作业至少可以表明企业利用所消耗的资源做了哪些事,作业量的多少可以作为衡量作业中心业绩好坏的依据。

在作业成本法下,作业是成本计算的核心和基本对象,尽管产品成本或服务成本是实际耗用企业资源成本的终结,但从成本控制和管理的角度看,真正有价值的信息是作业的成本。企业可以通过控制作业的成本动因,如减少订单次数、压缩仓储面积、减少加工时间等,控制成本的发生,从而降低成本。

根据作业及作业成本信息可以计算的不仅仅是产品的成本。从财务会计对外提供会计报表的角度看,需要的是产品成本的信息。但从管理会计为管理者提供信息的角度看,成本计算对象就不一定局限于产品。例如,实行顾客组合管理的企业,为了评价不同顾客的盈利能力,需要计算出不同顾客对象的成本。又如,实行流程改进的企业,有必要了解某个流程涉及的作业成本,以便比较流程改进前后企业盈利能力方面发生的变化,这时又可以将流程作为成本计算对象。

(3) 在分配间接费用时,作业成本法采用的是多重分配标准,每项作业都选定其特有的资源消耗动因,单独计算其分配率,在此基础上形成不同的作业成本库。每种作业成本库归集的作业成本再以不同的作业成本动因为基础,分配到每一种产品。资源成本分配与作业成本分配如图 13-2 所示。

作业成本法对成本的分配注重产品与其所消耗的资源之间的因果关系,建立这种因果关系的纽带就是成本动因。成本动因不只是传统成本方法中的数量动因,它体现的是各项资源和作业被最终产品消耗的原因,因此相对于传统成本计算,作业成本法在理论上实现了本质突破。它克服了传统成本计算严重扭曲成本信息、成本指标不能真实反映不同产品费用消耗的缺陷。

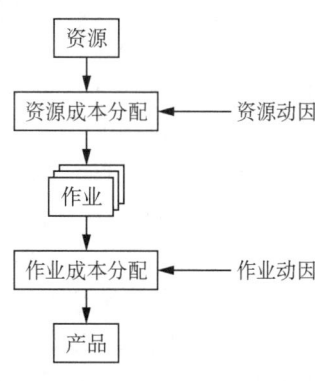

图 13-2 资源成本分配与作业成本分配

(二) 作业成本法的基本步骤

作业成本法的基本步骤是:先将企业提供的各种资源向各作业进行分配,然后将各项作业所耗用的资源向产品(或其他成本计算对象,如服务、客户等)分配。具体来说,在作业成本法下,产品成本的计算分为以下五个步骤。

1. 确认各类资源,并设立相应的资源成本库

企业在生产产品或提供服务过程中会消耗各种资源。如前所述,企业所消耗的资源大致分为货币资源、材料资源、人力资源、动力资源及厂房设备资源等几大类。企业应分别为各项资源设立相应的资源成本库,并将一定会计期间内消耗的资源价值加以计量,将计量结果归集到各资源成本库中。

2. 确认主要作业,并设立相应的成本库

确认主要作业,即将企业发生的作业进行分类。从理论上讲,作业的划分可以从产品设计开始,到物料供应,再到工艺流程的各个环节、总装、质检直至发运销售的全过程。作业类别如表 13-1 所示。

表 13-1 作业类别

产品设计	物料搬运	包装	装运
订单处理	机器调试	销售	收账
采购	设备运行	开发货单	售后服务
储存	质量检验	发货	人员培训

基于成本效益的考虑,以及成本管理对成本信息的需要,表 13-1 中所列的各项作业可按重要性和同质性的要求进行合并或细分。如果"发货"作业和"装运"作业均与销售批次有关,且管理上不需要对"发货"作业成本和"装运"作业成本单独进行分析,就可以将

"发货"作业和"装运"作业合并为一项作业,为其建立一个作业成本库。

3. 确定资源动因,并将各资源成本库汇集的价值分配到各作业成本库

资源动因是把资源库价值分配到各作业成本库的依据。不同资源的资源动因会有所不同,如"电力资源"可以选择"消耗的电力度数"作为资源动因,而"人力资源"则往往选择"工人人数"或"生产工时"作为资源动因。资源成本库汇集的价值除以资源动因数,可以得到单位资源价值。根据各项作业所消耗的资源动因数,可将各资源成本库汇集的价值分配到各作业成本库。

4. 选择作业成本动因,并计算出各成本动因的分配率

作业动因是引起产品成本变动的因素,是把作业成本分配到产品的标准。在实际工作中,并非影响企业产品成本的所有因素都被确定为成本动因。在确定作业成本动因数目时,应考虑以下几个主要因素:①作业成本动因与作业成本的相关程度。②产品成本精确度的要求。对产品成本的精确度要求越高,作业成本动因的数目应越多。③产品组合的复杂程度。产品组合的复杂程度越低,所需要的作业就越简单,作业成本动因数目就可以越少。

选定成本动因后,可将各作业成本库汇集的成本除以成本动因单位数,计算出各成本动因的分配率。

5. 计算每种产品的总成本和单位成本

根据产品所耗用的成本动因单位数和各该作业的成本动因分配率,可以计算该产品应负担的作业成本。

将某种产品应负担的各项作业成本进行汇总,可以得到该种产品的总成本。将总成本除以产量,即该产品的单位成本。

作业成本法下产品成本计算原理如图 13-3 所示。

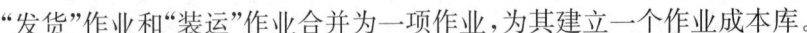

图 13-3 作业成本法下产品成本计算原理

二、作业成本法的应用

【例 13-1】 丰城制造厂生产甲、乙、丙三种产品,20××年甲产品产销量稳定,每批生产 5 000 件,甲产品年产量为 60 000 件;乙产品每批生产 50 件,年产乙产品 30 000 件;丙产品每批生产 5 件,年产丙产品 6 000 件。三种产品的直接材料和直接人工资料如表 13-2 所示。

表 13-2 直接材料和直接人工资料

20××年   单位:元

产品名称	直接材料	直接人工
甲产品	300 000	120 000
乙产品	180 000	60 000
丙产品	48 000	42 000
合计	528 000	222 000

13-1 作业成本法 Excel 智能核算

依据作业成本库归集的制造费用如表13-3所示。

表13-3 依据作业成本库归集的制造费用表

20××年　　　　　　　　　　　　　　　　　　　　　　　　单位：元

制造费用项目	金额
间接人工：	
采购人员	132 000
材料处理人员	140 360
准备工作	163 080
检验人员	135 000
产品分类人员	70 200
车间管理人员	80 000
小计	720 640
其他制造费用：	
热和照明	40 000
厂部折旧	120 000
材料处理设备折旧	40 000
机器维修	70 560
小计	270 560
合计	991 200

有关的成本动因资料如下：

(1) 单位甲、乙、丙产品的生产工时比例是1∶1.5∶3.5。

(2) 每批次产品需要一次标准的整备工作。

(3) 每批产品的标准检验量是：甲产品每批50件、乙产品每批5件、丙产品每批2件。

(4) 甲、乙、丙产品每批材料移动次数分别是25次、50次和100次。

(5) 甲、乙、丙产品每次购货订单数分别是100份、200份和700份。

(6) 甲、乙、丙产品每种产品分类次数分别是50次、75次和200次。

(7) 维持作业层面成本以直接成本（直接人工和直接材料）为分配基础。

按照作业成本法，该企业的甲、乙、丙产品的单位成本计算过程如下：

(1) 单位作业层次包括直接材料、直接人工和机器维修成本。计算过程如表13-4所示。

表13-4 机器维修成本分配表

20××年　　　　　　　　　　　　　　　　　　　　　　　金额单位：元

产品名称	数量（件）	单位产品生产工时（工时）	产品生产总工时（工时）	分配率	分配金额
甲产品	60 000	1.0	60 000	0.56	33 600
乙产品	30 000	1.5	45 000	0.56	25 200

(续表)

产品名称	数量（件）	单位产品生产工时（工时）	产品生产总工时（工时）	分配率	分配金额
丙产品	6 000	3.5	21 000	0.56	11 760
合计	—	—	126 000	—	70 560

（2）批别作业层次包括检验成本、材料处理成本和准备成本。计算过程如表13-5至表13-7所示。

表 13-5　检验成本分配表

20××年　　　　　　　　　　　　　　　　　　　　　　　金额单位：元

产品名称	批量（批）	每批检验量（件）	检验总单位（件）	分配率	分配金额
甲产品	12	50	600	22.5	13 500
乙产品	600	5	3 000	22.5	67 500
丙产品	1 200	2	2 400	22.5	54 000
合计	—	—	6 000	—	135 000

表 13-6　材料处理成本分配表

20××年　　　　　　　　　　　　　　　　　　　　　　　金额单位：元

产品名称	批量（批）	每批移动次数（次）	移动总次数（次）	分配率	分配金额
甲产品	12	25	300	1.2	360
乙产品	600	50	30 000	1.2	36 000
丙产品	1 200	100	120 000	1.2	144 000
合计	—	—	150 300	—	180 360

注：材料处理成本＝材料处理人工工资＋材料处理设备折旧＝180 360(元)。

表 13-7　准备成本分配表

20××年　　　　　　　　　　　　　　　　　　　　　　　金额单位：元

产品名称	每批准备次数（次）	分配率	分配金额
甲产品	12	90	1 080
乙产品	600	90	54 000
丙产品	1 200	90	108 000
合计	1 812	—	163 080

（3）产品作业层次包括采购成本和产品分类成本。计算过程如表13-8和表13-9所示。

表 13-8　采购成本分配表

20××年　　　　　　　　　　　　　　　　　　　　　　　金额单位:元

产品名称	购货订单数量(份)	分配率	分配金额
甲产品	100	132	13 200
乙产品	200	132	26 400
丙产品	700	132	92 400
合计	1 000	—	132 000

表 13-9　产品分类成本分配表

20××年　　　　　　　　　　　　　　　　　　　　　　　金额单位:元

产品名称	分类次数(次)	分配率	分配金额
甲产品	50	216	10 800
乙产品	75	216	16 200
丙产品	200	216	43 200
合计	325	—	70 200

(4)维持作业层次:能量成本以直接成本(直接材料＋直接人工)作为分配基础,计算过程如表 13-10 所示。

表 13-10　能量成本分配表

20××年　　　　　　　　　　　　　　　　　　　　　　　金额单位:元

产品名称	直接成本	分配率	分配金额
甲产品	420 000	0.32	134 400
乙产品	240 000	0.32	76 800
丙产品	90 000	0.32	28 800
合计	750 000	—	240 000

注:能量成本＝热和照明＋厂部折旧＋车间管理人员工资＝240 000(元)。

综合上述计算结果,根据作业成本法,各种产品的总成本和单位成本汇总如表 13-11 所示。

表 13-11　产品生产成本表

20××年　　　　　　　　　　　　　　　　　　　　　　　单位:元

成本项目	甲产品		乙产品		丙产品	
	单位成本	总成本	单位成本	总成本	单位成本	总成本
单位作业层次						
直接材料	5.000	300 000	6.00	180 000	8.00	48 000
直接人工	2.000	120 000	2.00	60 000	7.00	42 000

(续表)

成本项目	甲产品 单位成本	甲产品 总成本	乙产品 单位成本	乙产品 总成本	丙产品 单位成本	丙产品 总成本
机器维修	0.560	33 600	0.84	25 200	1.96	11 760
小计	7.560	453 600	8.84	265 200	16.96	101 760
批别作业层次						
检验成本	0.225	13 500	2.25	67 500	9.00	54 000
材料处理成本	0.006	360	1.20	36 000	24.00	144 000
准备成本	0.018	1 080	1.80	54 000	18.00	108 000
小计	0.249	14 940	5.25	157 500	51.00	306 000
产品作业层次						
采购成本	0.220	13 200	0.88	26 400	15.40	92 400
产品分类成本	0.180	10 800	0.54	16 200	7.20	43 200
小计	0.400	24 000	1.42	42 600	22.60	135 600
维持作业层次						
能量成本	2.240	134 400	2.56	76 800	4.80	28 800
小计	2.240	134 400	2.56	76 800	4.80	28 800
合计	10.449	626 940	18.07	542 100	95.36	572 160

三、作业成本法的特点、局限性及适用范围

(一) 作业成本法的特点

1. 以制造费用发生的成本动因分别设立作业中心

按作业中心建立制造费用成本库,正确地反映了制造费用与半成品或产成品的关系,有利于提高成本信息质量,消除传统成本分配的人为主观因素的影响,有利于现代生产系统的作业管理,为作业管理提供必需的成本信息。

2. 制造费用采用多个分配标准

制造费用分配标准由单标准改为多标准,提高了产品成本中制造费用项目的准确性,有利于分析成本升降的原因,采取相应措施,扩大增值作业,消除或减少不增值作业,改进预算控制,从而完善成本责任管理,建立一套新的责任会计体系,以作业中心取代成本中心。对作业中心的考核拓宽了责任会计的运用,按作业中心来划分和考核责任中心的业绩更为切实可行。

在作业成本法下,一个车间发生的制造费用细分为各成本动因的费用,各成本动因按各自的标准进行分配。例如,质量检验费以送检数量和次数为标准分配;设备调整、维修费用以调整、维修的工时为标准分配;设备耗用电费、机油等则以机器工时为标准分配。

3. 作业成本法是更广泛的完全成本法

在作业成本法下,对于营销、产品设计等领域发生的成本,只要与特定产品相关就可

以通过作业分配至有关产品(或其他成本对象),而不同于传统的完全成本法将其列为期间费用,一次性扣除。同时,某些原先被视为变动成本的成本在作业成本法下,它们虽然不随产量增加而增加,但会随其他因素的变化而改变,因此均被视为变动成本。

4. 可以与品种法、分批法、分步法结合使用

由于作业成本法仅仅是更准确地分配制造费用,对于直接材料和直接人工项目仍要以产品为对象进行归集。对于多步骤生产,仍要在全厂范围内采用其他成本计算方法,才能计算出产品的生产成本。因此,成本计算对象从全厂范围来讲,仍是最终的完工产品或半成品,只是制造费用分配的对象是作业中心。成本计算期和是否计算在产品成本、半成品成本也依据所采用的全厂成本计算方法而定。

(二) 作业成本法的局限性

作业成本法的局限性包括以下几个方面:

(1) 仍以历史成本为基础,对未来企业战略决策缺乏直接的相关性。未能完全消除主观分配因素,如计提折旧、无形资产摊销等。

(2) 需要选择很多成本动因和搜集大量的数据,做许多基础工作,导致计算过程繁重复杂,工作量大大增加,实施成本高。

(3) 成本动因的选择带有主观性,且有一定难度,甚至可能出现随意性;有些作业费用的成本动因往往很难按产品来划分,这必将会影响到这部分费用的分配,如广告费、外部审计费、商誉摊销等。

(4) 作业成本法的应用范围受到较大限制,有相当的限制条件,要求有严格的适时生产系统和高素质的人员,尚不具备条件的企业难以实施。

(5) 无法提供各个生产部门的成本信息。

(三) 作业成本法的适用范围

作业成本法并非适用于各种类型的企业,对它的选择必须考虑企业的技术条件和成本结构。一般来说,作业成本法适用于以下类型的企业。

1. 制造费用在产品成本结构中比重较大

制造费用在产品成本中所占的比重越大,采用传统成本法分配制造费用,就会使成本信息受到严重的歪曲,进而影响成本决策的正确性。如果采用作业成本法,则会提高成本信息的精确度,使成本决策更具相关性。

2. 企业规模大,产品种类多

产品种类繁多的企业,通常存在制造费用在不同种类产品之间进行分配的问题,传统成本法笼统地将不同质的制造费用采用统一的标准进行分配,显然会使成本信息不可靠。而作业成本法则以作业为中心,区分不同质的费用采用不同的动因进行分配,能更准确地将成本追踪到各种产品。

3. 产品工艺过程复杂,作业环节多且容易辨认

作业环节越多,制造费用的发生与传统成本法的单一分配标准不相关的可能性越大,采用单一的分配标准对成本信息的扭曲越大。同时,作业环节越多,不增值作业的可能性越大,这时可以采用作业成本法进行分析,消除不增值作业,降低产品成本。

4. 生产准备成本较高,各次投产数量相差较大

生产准备成本通常与投产批次相关,而与每批的投产数量关系不大,若将这种成本按

传统标准分配到各产品,则会导致分配结果的不准确。而作业成本法则将该成本按各产品对调整作业的消耗次数分配到各产品,显然可以提高分配的准确性。

5. 计算机技术较高

作业成本法的计算过程较复杂,并且对计算结果的准确性要求高,可以利用计算机收集数据、通过相关程序处理信息。

复习思考题

1. 什么是作业?什么是作业成本法?
2. 作业成本法的基本程序是什么?
3. 什么是资源动因?什么是成本动因?两者有何区别和联系?
4. 作业成本法和传统成本法有何区别?
5. 作业成本法有哪些局限性?如何克服?

同步测试题

请扫描二维码,完成本章同步测试题。

第十三章同步测试题

第十四章 CHAPTER 14
成本预测与成本决策

学习目的

- 了解成本预测与成本决策的内容。
- 掌握成本预测与成本决策的基本方法。

第一节 成本预测

一、成本预测的含义

成本预测是依据成本的有关数据、可能发生的环境变化及可能采取的措施,利用一定的科学方法,对未来成本水平及其变动趋势做出预计。通过成本预测,掌握未来的成本水平和变动趋势,有利于加强成本管理,提高经营决策水平,减少决策的盲目性。成本预测是成本管理的首要环节。成本预测为制定生产经营决策、实施成本计划、进行成本控制提供了目标和方向,对提高经济效益具有十分重要的意义。

二、成本预测的程序

正确进行成本预测,需要先建立一套科学的预测分析的程序。成本预测包括以下几个步骤:

(1)确定预测对象和目标。预测对象即预测什么,预测目标即预测所要达到的目的。有明确的预测对象和目标,才能有目的地收集资料并选择恰当的预测方法,从而使预测结果符合未来的成本变化趋势。

(2)调查、收集和整理资料。有效地收集和分析资料是进行成功预测的基础。通过广泛的社会调查,了解预测对象的市场状况和竞争能力、国内外同类产品的成本水平等情况。同时,收集本企业历年产品产量、收入、成本、单耗和废品等资料,进行必要的整理,并进行鉴别、取舍、加工、归纳,最终形成具有稳定结构的系列性资料。

(3)选择预测方法,建立预测模型进行预测。预测过程中,根据不同的预测项目,选择适当的预测方法。采用定性和定量相结合,各种方法综合使用,相互验证。

(4)分析预测误差,纠正预测结果。将每项预测结果与实际结果进行比较,以发现和确定误差大小。所有预测报告都应当定期且不断地用最新的数据资料去复核。运用定性预测方法对定量预测结果进行修正,以保证预测目标顺利实现。此外,由于预测本身需要一定时间,在此期间,若内部和外部发生了不同于过去的重大事件或出现了新的影响因素,必须据以调整已有的预测结果。

三、成本预测的方法

成本预测方法一般可分为定性预测和定量预测两大类。

(一)定性预测方法

定性预测是指成本预测人员根据专业知识和实践经验,对产品成本的形成、发展趋势和可能达到的水平所作的分析和推断。也就是说,由熟悉情况和业务的专家根据过去的经验进行分析、判断,提出预测意见,或者通过实地调查了解成本耗用的实际情况,然后采用多种方式(如座谈会、函询、调查征集意见等)进行综合整理,作为预测的主要依据。这种方法主要是在没有历史资料(如新产品成本)或主客观条件有了很大的改变且不可能根据历史资料来判断的情况下进行应用。

(二)定量预测方法

定量预测方法主要是利用历史成本,以及成本与影响因素之间的数量关系,运用一定的数学方法进行科学的加工处理,充分揭示有关变量之间规律性的联系,作为预测的依据。

常用的成本定量预测方法主要有以下几种。

1. 高低点法

高低点法是指以历史成本资料中产量最高和最低两个时期的成本数据为依据,推算成本的固定部分和变动部分,用来预测计划期内产量变化条件下的总成本水平的方法。其数学模型为:

$$Y = a + bX$$
$$b = (Y_{高} - Y_{低}) \div (X_{高} - X_{低})$$
$$a = Y_{高} - bX_{高} = Y_{低} - bX_{低}$$

式中:Y 为总成本;X 为产品产量;a 为固定成本总额;b 为单位变动成本;$Y_{高}$ 为高点产量的成本;$Y_{低}$ 为低点产量的成本;$X_{高}$ 为高点产量;$X_{低}$ 为低点产量。

采用高低点法一般有三个步骤:

(1)通过最高和最低两个时期产量变动差额与成本变动差额的比较,确定单位产品的变动成本。

(2)根据所求得的单位产品变动成本计算固定成本总额。

(3)根据已知变动成本和固定成本总额和计划期的产品产量,预测该产品计划期的总成本数额。

采用高低点法的前提是企业产品成本的变动趋势较为稳定。如果企业各期成本变动幅度较大,采用此法可能会造成较大的误差。

【例14-1】 宏运制造公司只产销 A 产品,该公司20××年上半年的产量与成本的有关资料如表 14-1 所示,企业该年 7 月计划 A 产品的产销为 960 件。试利用高低点法预测该年 7 月 A 产品总成本。

表 14-1　产量与成本

20××年　　　　　　　　　　　　　　　　　　　金额单位:元

月份	产量(件)	总成本
1 月	400	18 000
2 月	500	20 000
3 月	900	28 500
4 月	850	27 000
5 月	650	24 000
6 月	800	26 500

14-1 成本预测 Excel 智能计算

$$b = \frac{28\,500 - 18\,000}{900 - 400} = 21$$

$$a = 28\,500 - 21 \times 900 = 18\,000 - 21 \times 400 = 9\,600$$

20××年 7 月的总成本(Y) $= a + bX = 9\,600 + 21 \times 960 = 29\,760$(元)

2. 回归分析法

回归分析法是研究变量之间相互关系的一种数理统计方法。它先从变量的资料中,找出变量之间的内在联系,加以模型化,形成经验公式,即回归方程,再运用这个方程,根据自变量的变化预测变量的数值。

回归分析法按照回归方程所含变量的多少,可分为一元回归分析、二元回归分析和多元回归分析;按照回归线的性质,可分为线性回归分析和非线性回归分析。在经济预测中,常用的是一元线性回归分析,即处理一个自变量 X 和一个因变量 Y 之间线性关系的方法。其数学模型为:

$$Y = a + bX$$

式中:Y 为因变量;X 为自变量;a 为常数;b 为常数(回归直线的斜率)。

在实际工作中,以成本总额为因变量 Y,以业务量为自变量 X,并假定成本变化趋势可以近似地用一条直线 $Y = a + bX$ 来描述。从数学观点看,全部观测数据点与该直线的误差平方和最小的直线为最合理的成本直线。数学上把误差平方和最小的直线称为"回归直线"。

直线方程 $Y = a + bX$ 中的两个常数 a、b 可以用下列公式计算:

$$a = \frac{\sum Y - b \sum X}{n}$$

$$b = \frac{n \sum XY - \sum X \sum Y}{n \sum X^2 - (\sum X)^2}$$

【例 14-2】　方兴机械厂是一家小型机器生产厂,该厂产销一种饲料加工机器,20××年

1—6月该产品的产量与成本如表14-2所示,该年7月计划生产50台饲料加工机器。试利用回归分析法预测7月该产品的总成本和单位成本。

表14-2 产量与成本

20××年　　　　　　　　　　　　　　　　　　　　　　　　　　　金额单位:元

月份	产量(台)	总成本	月份	产量(台)	总成本
1月	10	600	4月	20	1 100
2月	40	1 200	5月	50	2 000
3月	30	1 350	6月	30	1 300

根据上述资料,回归分析法的计算如表14-3所示。

表14-3 回归分析法的计算表

20××年　　　　　　　　　　　　　　　　　　　　　　　　　　　金额单位:元

月份(月)	产量(台)	总成本(Y)	XY	X^2
1	10	600	6 000	100
2	40	1 200	48 000	1 600
3	30	1 350	40 500	900
4	20	1 100	22 000	400
5	50	2 000	100 000	2 500
6	30	1 300	39 000	900
$n=6$	$\sum X=180$	$\sum Y=7\,550$	$\sum XY=255\,500$	$\sum X^2=6\,400$

将表14-3的有关数据代入回归分析法计算公式,分别计算 b 和 a 的值:

$$b=\frac{n\sum XY-\sum X\sum Y}{n\sum X^2-\left(\sum X\right)^2}=\frac{6\times 255\,500-180\times 7\,550}{6\times 6\,400-180\times 180}=29$$

$$a=\frac{\sum Y-b\sum X}{n}=\frac{7\,550-29\times 180}{6}=388.33$$

20××年7月该产品的总成本$(Y)=a+bX=388.33+29\times 50=1\,838.33$(元)

20××年7月该产品的单位成本$=\dfrac{1\,838.33}{50}=36.77$(元)

3. 趋势预测分析法

趋势预测分析法是根据积累的历史资料,分析有关指标过去的发展过程及其规律性,并且估计这种规律性在将来仍然起作用,据此预测有关指标在将来一定时期的数值的方法。趋势预测分析法主要有加权平均法、指数平滑法和移动平均趋势法。

1) 加权平均法

当企业具备比较详细的成本资料,并且已经详知固定成本总额和单位变动成本的资料时,可利用加权平均法预测企业未来期间的产品总成本。其计算公式如下:

$$Y(\text{预测未来期间总成本}) = \frac{\sum af}{\sum f} + \frac{\sum bf}{\sum f}X$$

式中:Y 为预测未来期间总成本;a 为固定成本总额;b 为单位变动成本,f 为权数;X 为产量。

2) 指数平滑法

指数平滑法是根据本期的实际数和以前对本期的预测数来确定下期预测数的一种方法,它是以过去的发展规律来反映未来的变化趋势。其计算公式如下:

$$F_t = F_{t-1} + a(A_{t-1} - F_{t-1}) = aA_{t-1} + (1-a)F_{t-1}$$

式中:F_t 为下期成本预测值,F_{t-1} 为本期成本预测值;a 为加权因子或平滑系数,取值范围为 $0 \sim 1$,A_{t-1} 为本期实际成本值。

从上述计算公式中可以看出,F_t 表示第 t 期的指数平滑值,a 为平滑系数,同理:

$$F_{t-1} = aA_{t-2} + (1-a)F_{t-2}$$

则:

$$\begin{aligned}F_t &= aA_{t-1} + (1-a)F_{t-1} = aA_{t-1} + (1-a)[aA_{t-2} + (1-a)F_{t-2}] \\ &= aA_{t-1} + a(1-a)A_{t-2} + (1-a)^2 F_{t-2} \\ &= aA_{t-1} + a(1-a)A_{t-2} + a(1-a)^2 A_{t-3} + a(1-a)^3 A_{t-4} + \cdots + (1-a)^t F_0\end{aligned}$$

各项系数之和:$a + a(1-a) + \cdots + a(1-a)^{t-1} + (1-a)^t = 1$

上式说明,各期的数据离本期实际成本值越远,它的系数就越小,因而它对预测值的影响也越小。这说明指数平滑法所考虑的近期数据的影响较远期数据大,这正是指数平滑法的意义所在。

加权因子 a 的取值范围一般要根据经验确定,通常采用较小的平滑系数,可以反映出预测值变动的长远趋势;而采用较大的平滑系数,则能反映近期预测值的变化趋势。$a=1$,说明下期成本预测值与本期实际成本相等;$a=0$,说明下期成本预测值等于本期成本预测值。

【例 14-3】 星光制造厂在 20×× 年 8 月的实际成本为 600 万元,7 月对 8 月预测的成本值为 680 万元,假定 $a=0.2$,则 20×× 年 8 月的成本预测值计算如下:

$$F_8 = 0.2 \times 600 + (1 - 0.2) \times 680 = 664(\text{万元})$$

指数平滑法的主要优点是:连续预测时,只需储存最低限度的数据,只要有了本期的实际数据及预测值,就可以推算出下期的预测值。

3) 移动平均趋势法

移动平均趋势法是将过去的历史资料移动平均,并且假定预测期的数值与它相连续时期的数值最为接近,以此为基础,运用一定的数学方法预测未来期间成本值和变化趋势。

一次移动加权平均法的计算公式如下:

$$M_t^{(1)} = \frac{Y_t + Y_{t-1} + \cdots + Y_{t-N+1}}{N}$$

式中：$M_t^{(1)}$ 是第 t 期的一次移动加权平均值；Y_t 是第 t 期的观测值；N（步长）是移动平均的期间数，计算每一期移动平均数时使用的数据个数。

成本预测公式如下：

$$Y_{t+1} = M_t^{(1)}$$

【例 14-4】 鼎盛制造厂 20×1 年 12 个月的成本资料如表 14-4 所示，要求按移动平均趋势法预测该厂 20×2 年 1 月的成本。

表 14-4 鼎盛制造厂成本预测表

20×1 年　　　　　　　　　　　　　　　　　　　　　　金额单位：万元

月份(月)	总成本	$N=3$			$N=5$		
		三期均值	预测值	绝对值误差	五期均值	预测值	绝对值误差
1	7 320						
2	8 340						
3	6 480	7 380					
4	6 930	7 250	7 380	450			
5	7 500	6 970	7 250	250	7 314		
6	6 300	6 910	6 970	670	7 110	7 314	1 014
7	6 120	6 640	6 910	790	6 666	7 110	990
8	6 360	6 260	6 640	280	6 642	6 666	306
9	7 590	6 690	6 260	1 330	6 774	6 642	948
10	6 900	6 950	6 690	210	6 654	6 774	126
11	6 720	7 070	6 950	230	6 738	6 654	66
12	7 410	7 010	7 070	340	6 996	6 738	672
			7 010			6 996	
				505.56			588.86

分别取移动期间数 $N=3$ 和 $N=5$，计算移动平均值 $M_t^{(1)}$，并预测成本 Y_{t+1}。

取 $N=3$ 时，$M_3^{(1)} = \dfrac{Y_1+Y_2+Y_3}{3} = \dfrac{6\,480+8\,340+7\,320}{3} = 7\,380$（万元）。

所以，$Y_4 = 7\,380$。其他计算依次类推，具体如表 14-4 所示。

由表 14-4 可知，$N=3$ 时，预测期间的预测成本为 7 010 万元；$N=5$ 时，预测期间的预测成本为 6 996 万元。

需说明的是：移动期间数 N 的选择是成本预测的关键。一般情况下，N 的取值范围为 3～6，如果历史成本数据显示成本波动大，N 应取较大值，以消除成本波动的干扰；如果成本波动不大，成本趋势比较平稳，N 可以取较小值。表 14-4 中，当 $N=3$ 时，平均绝对误差为 505.56 万元；当 $N=5$ 时，平均绝对误差为 588.86 万元。因此，以 $N=3$ 时的成本预测值为最终预测结果。

第二节 成本决策

一、成本决策的含义

成本决策是在取得大量有关信息资料的基础上,借助一定的手段、方法进行计算和判断,比较各种可行方案的不同成本,从中选定一个技术先进、经济合理的最佳方案的过程。

二、成本决策的程序

成本决策的程序包括以下几个方面:

(1) 提出决策的目标。成本预测是对成本发展趋势的预见,回答未来成本发展趋势可能是什么的问题。成本决策是对成本管理方案的选择,回答"怎么办"的问题。这当中首先要明确对什么问题"怎么办",即首先必须明确对什么进行决策和达到什么目标。

(2) 提出决策的备选方案。通过收集大量与问题(或目标)有关的技术和经济资料,采用科学的方法制定可供选择的多种方案。

(3) 决策分析和评价。对备选方案进行分析和研究,从技术和经济两方面论证备选方案所能达到的成本水平和经济效益,为决策的实施提供依据。

(4) 进行成本决策。成本决策是在备选方案中选出最优方案,做出最优化的决策,并按照最优方案实施生产和经营。

三、经营决策相关成本概念

相关成本是指与决策有关联的成本,也就是在决策分析时必须认真加以考虑的各种形式的未来成本,如差量成本、机会成本、估算成本、可避免成本等。非相关成本是指过去已经发生,或者虽未发生但对未来决策没有影响的成本,也就是在决策分析时可予舍弃、无须加以考虑的成本,如不可避免成本、沉没成本等。

(一) 付现成本与沉没成本

付现成本是指那些由某项未来决策所引起的需要在将来运用现金支付的费用。企业在经营决策中遇到本身的货币资金比较拮据,而筹措资金又有困难时,对付现成本的考虑往往比对总成本的考虑更为重视,并会选择付现成本最小的方案来代替总成本最低的方案。

沉没成本是指那些由过去的决策所引起并已经支付款项的成本,它实质上与"历史成本"是同义语。这类成本是无法由现在或将来的任何决策所能变更的成本,因此在决策时无须考虑。

(二) 差量成本与边际成本

差量成本是指一个备选方案的预期成本与另一个备选方案的预期成本之间的差额数,也称差别成本或差额成本。不同方案的经济效益一般可通过差量成本的计算明显地反映出来,因此计算不同方案的差量成本有助于我们进行决策分析,确定最优方案。

边际成本是指成本对于产量无限小变化的部分。在实际活动中,产量无限小变化,最小只能小到一个单位。边际成本的实际计量,就是产量增加一个单位所引起的成本变动。在决策分析中,边际成本可用来判断增减产量在经济上是否合算。当企业的生产能量有富裕时,任何增加产量的销售单价只要略高于单位边际成本,就能增加企业的利润。

(三) 机会成本与估算成本

机会成本是指在决策中,选择某个方案而放弃其他方案所丧失的潜在利益。由于每项资产往往会有多种使用的机会,将其用在某一方面,就不能同时用在另一方面。在某一方面的所得,正是因为放弃另一方面的机会而产生的。因此,在决策中,必须把已放弃的方案可能获得的潜在收益,作为被选用方案的机会成本,才能正确判断被选方案是否真正最优。尽管机会成本不构成企业的实际支出,也无须记入账簿中,但它终究是进行决策分析必须认真加以考虑的现实因素。忽视了机会成本,往往造成决策的失误。

估算成本是指与某项经济活动有关联,需要通过估计和推算才能确定的机会成本,也作为"假计成本"。由于一般的机会成本比较容易计量,而估算成本则需要进行比较复杂的估计、推算,故估算成本属于机会成本的特种形态。例如,企业用货币资金购进商品,它的成本通常只应包括购价、运输费用、仓储费等;由于货币资金如投放到其他方面,就可产生利息,因此无论其资金是自有的还是外借的,都必须把利息视同机会成本进行估算。

(四) 专属成本与共同成本

专属成本是指可以明确归属于某种、某批或某个部门的成本。例如,专门为生产某种零件、某批产品而使用的机床的折旧费用、保险费等。

共同成本是指那些需由几种、几批或有关部门共同分担的成本。例如,企业管理人员职工薪酬、车间的照明费用,以及需由各联产品共同负担的联合成本等都属于共同成本。

(五) 可避免成本与不可避免成本

可避免成本是指通过管理当局的决策行动可改变其数额的成本。例如,方通公司需要的甲零件可自制也可外购,自制时会发生直接材料、直接人工和制造费用,而外购时会发生外购成本;当管理当局决定放弃自制采用外购时,自制的直接材料、直接人工等成本就不会发生,因而属于可避免成本。

不可避免成本是指通过管理当局的行动很难改变其数额的成本。

四、成本决策的方法

成本决策的目的不同,其应用的具体方法也各异。

(一) 差量分析法

差量分析法又称差额成本法,是指将两个或两个以上备选方案成本进行比较,计算出不同方案的成本差量,从中选出最优方案的方法;或者当两个备选方案具有不同的预期收入和预期成本时,比较不同方案间的差量收入和差量成本后求得差量损益,以此分析选择最优方案的方法。不同备选方案之间的差别叫作差量。不同备选方案预期收入的差异称为差量收入;不同备选方案预期成本的差异称为差量成本;差量收入与差量成本的差异称为差量损益。当差量收入大于差量成本时,其差异为差量收益;当差量收入小于差量成本时,其差异为差量损失。

在某些企业里,经常会面临出售已经部分完成的半成品,或者进一步加工后再出售完工产品的选择问题。对这类问题的决策,可采用差量分析法。但应注意的是,半成品在进一步加工前所发生的成本,无论是变动成本还是固定成本,在决策分析中均属于无关成本,不必加以考虑。问题的关键在于分析研究半成品加工后所增加的收入是否超过进一步加工过程中所追加的成本。如果前者大于后者,则进一步加工的方案较优;反之,则出售半成品的方案较优。

【例 14-5】 运通制造厂每年生产甲产品 3 000 件,每件单位变动成本为 4 元,售价为 8 元。如果把甲产品进一步加工为乙产品,售价可提高到 12 元,但需追加单位变动成本 3.5 元,不需要增加任何固定成本。要求做出是直接出售还是进一步加工的成本决策。

采用差额成本法进行分析:

$$差量收入 = (12-8) \times 3\ 000 = 12\ 000(元)$$
$$差量成本 = 3.5 \times 3\ 000 = 10\ 500(元)$$

12 000 - 10 500 = 1 500(元),1 500 > 0,说明进一步加工是合算的。

(二)决策表分析法

决策表分析法就是将各种自然状态所分别采取的不同方案以表格的形式列示,然后从中选取最优成本方案的决策方法。常用的有"大中取小"法。

大中取小法是根据支出情况进行决策的,即在计算各种方案的支出基础上,确定每种行动方案遇到的各种支出时,根据稳健性原则,应以各种方案的最大支出为选择对象,在最大支出中选取最小者作为行动方案的成本决策方法。

【例 14-6】 云峰制造厂在火车站储存石灰 1 000 包,每包 30 元,共计 30 000 元,存放 30 天后运走。如果露天存放,则遇到下小雨损失 70%,下大雨损失 90%;如果租赁篷布每天租金 250 元,则遇到下小雨损失 10%,下大雨损失 30%;若用临时敞棚,需投资 15 000 元,下小雨不受损失,下大雨损失 12%,当地 30 天内天气情况不明。试问企业应当如何决策?

在分析计算支出(损失)值时,要考虑两个方面的问题:一是该备选方案的支出;二是该备选方案可能带来的损失。据此编制决策表,如表 14-5 所示。

表 14-5 决策表

20××年 单位:元

备选方案	支出价值			最大支出（损失）
	不下雨	下小雨	下大雨	
露天存放	—	21 000	27 000	27 000
租用篷布	7 500	10 500	16 500	16 500
搭建敞棚	15 000	15 000	18 600	18 600
最大支出中最小值				16 500
最优方案				租用篷布

在决策表分析法中,是以"最不利"的情况作为必然出现的自然情况来对待的,在具体的决策上,却是从"最不利"的情况中选取支出(损失)最小的"最有利"的方案。所以,决策表分析法是一种稳健的成本决策方法。

（三）本量利分析法

本量利分析法是指通过对备选方案的业务量、成本、利润之间的依存关系进行分析，确定特定情况下哪个方案最优的方法。本量利分析法的关键是确定成本无差别点，也称成本平衡点。成本无差别点是指两个备选方案的预期成本相等时的业务量。确定了成本无差别点，可以明确在某个业务量范围内哪个方案最优。本量利分析法可用于零部件是自制还是外购的决策和采用不同工艺进行加工的决策等。

1. 零部件是自制还是外购的决策分析

【例 14-7】达通制造厂需用 F 零件 90 个，一直依靠外购，购买价格为每个 12 元。现公司有不能移作他用的剩余生产能力可以用于生产这种零件，每年将增加固定成本 420 元。自制的单位变动成本为 6 元。要求做出是自制还是外购的成本决策。

设 X 为年零件需要量，则：

$$外购成本 = 12X$$
$$自制成本 = 420 + 6X$$

计算两种成本相等时的年需要量，亦即成本分界点：

$12X = 420 + 6X$，$X = 70$（个），自制或外购成本决策如图 14-1 所示。

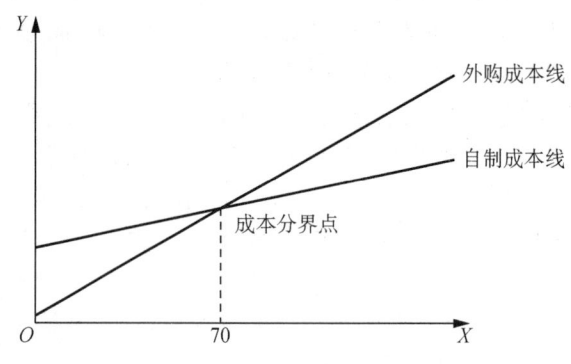

图 14-1　自制或外购成本决策

所以，年零件需要量在 70 个以内，应该外购；超过 70 个，应该自制。本例中年需要量为 90 个，所以应该自制。

2. 采用不同工艺进行加工的成本决策分析

企业的同一种产品或零件，按不同的工艺方案进行加工生产，其成本往往相差较大。采用先进的工艺方案，产量与质量当然会大大提高，但它需要使用高级的专用设备，单位变动成本较低，而固定成本较高。采用一般的工艺方案，往往只需用普通的简易设备，单位变动成本可能较高，但固定成本较低。由此可见，不同工艺方案的选择必须同产品加工的批量和大小联系起来进行分析研究，才能作出正确的决策。

【例 14-8】鼎盛制造厂决定生产 A 产品，现将该产品的加工任务交给生产部门。经调查，该部门有甲、乙、丙三种型号的生产设备都可加工 A 产品。产品有关资料如表 14-6 所示。要求做出 A 产品应由哪种型号的设备进行加工的成本决策。

表 14-6　产品有关资料

20××年　　　　　　　　　　　　　　　　　　　　　　　　　　　　　　单位:元

摘要	每次调整准备费	每件产品加工费
甲型机床	80	2.0
乙型机床	120	1.2
丙型机床	200	0.4

假设采用甲、乙、丙型机床加工的成本分别为 Y_a 元、Y_b 元、Y_c 元,A 产品每批的需要量为 X 件,则:

$$\begin{cases} Y_a = 80 + 2.0X \\ Y_b = 120 + 1.2X \\ Y_c = 200 + 0.4X \end{cases}$$

解该方程组,得:

$$X = 50 \text{ 或 } 75 \text{ 或 } 100$$

以上计算结果表明:A 产品的加工批量若在 50 件以下,则用甲型机床加工较为有利;若在 75 件以上、100 件以下,则用乙型机床加工较为有利;若在 100 件以上,则用丙型机床加工较为有利。

1. 什么是成本预测？其程序包括哪些？
2. 成本预测的方法有哪些？
3. 什么是成本决策？其程序包括哪些？

请扫描二维码,完成本章同步测试题。

第十四章同步测试题

第十五章 CHAPTER 15

成本计划、控制及考核

学习目的

- 了解成本控制的内容和程序。
- 理解并计算直接材料的价格差异与数量差异,直接人工费用价格差异与数量差异区别。
- 理解并计算变动性制造费用和固定性制造费用的差异,能熟练地应用标准成本法的基本原理解决企业的成本控制,并依据企业的不同环境选择适合企业的成本控制方法。

第一节 成本计划

一、成本计划的含义

成本计划是指以货币形式预先规定企业计划期内产品生产耗费和各种产品成本水平的书面文件。成本计划既是企业管理的组成部分,又是企业成本管理的重要环节。在市场经济条件下,企业是按照一定的决策目标组织生产经营活动的,为了实现决策目标,企业必须通过预测目标利润和目标成本,制订切实可行的成本计划,将生产经营活动纳入可控的范围。因此,编制成本计划,对加强成本管理、降低产品成本、提高经济效益具有重要的意义。

二、成本计划的编制程序

成本计划的内容主要包括费用预算、主要产品单位成本计划、全部产品成本计划等。其中,企业全部产品成本计划按产品类别分为可比产品成本计划和不可比产品成本计划。可比产品是指企业以前正式生产过的、有历史成本资料的产品;不可比产品是指企业以前从未生产过的、没有历史成本资料的产品。

1. 搜集和整理资料

搜集和整理资料是编制成本计划的基础工作。应搜集的资料主要包括:成本计划编制的各项规定和要求;计划期各种直接材料、直接人工消耗定额和工时定额;企业测算的目标成本;可比产品上期成本计划执行情况及其分析资料;同类企业、同类产品成本水平资料等。

2. 分析上年成本计划执行情况

在编制当期成本计划之前,先对上年成本计划执行情况展开预测分析,全面总结经验,精准定位问题,深入剖析成本升降的原因,探寻降低成本的规律,充分挖掘内部潜力,从而使成本计划既先进合理,又切实可行。

3. 进行计划年度成本降低指标的测算

在完成以上两步骤工作的基础上,根据各项成本降低措施,测算计划年度成本可能降低的幅度,再结合计划年度内各种因素的变化和准备采取的增产节约措施,反复修订、测算。

4. 正式编制成本计划

在成本降低指标测算的基础上,财务部门可在其他部门配合下,正式编制企业的成本计划,并经企业领导批准后组织实施。

三、成本计划的编制方法

根据各项消耗定额、费用预算等资料,按照成本组成项目,采用一定的成本计算方法,详细计算各种产品的计划成本,然后汇总编制产品成本计划。这种方法适用于企业的各项消耗定额和计划资料较齐全的情况。

大中型企业一般实行分级核算,在编制成本计划时,一般先由各车间根据财务部门下达的控制数字,编制车间成本计划,再由财务部门汇总编制全厂成本计划。

分级编制法程序如图 15-1 所示。

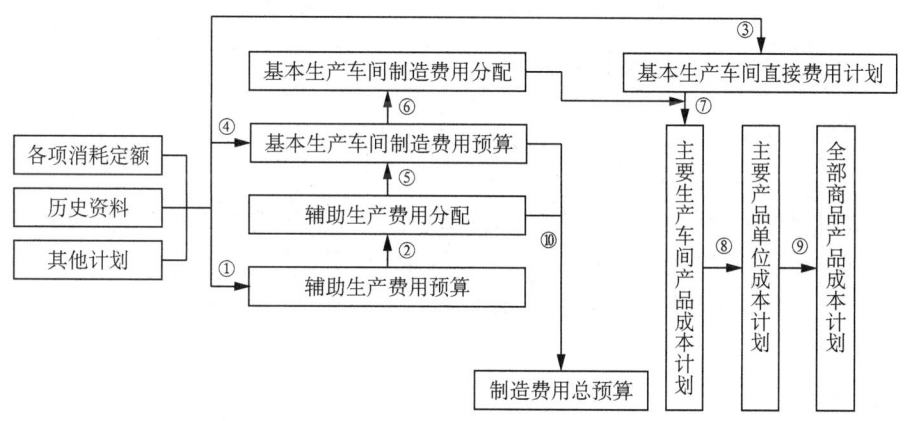

图 15-1 分级编制法程序

(一) 车间成本计划的编制

车间成本计划包括辅助生产车间成本计划和基本生产车间成本计划两种。

1. 辅助生产车间成本计划的编制

编制辅助生产车间费用预算是为了适应编制全厂制造费用预算的需要,各项费用一般按成本项目编制,同时需要按费用要素来反映。

(1) 对于有消耗定额的费用项目,可按计划期的计划产量、单位产品(劳务)消耗定额和计划单位计算,如原材料、燃料及动力等直接材料费用,以及直接人工费用。

(2) 如果没有消耗定额和开支标准,可根据上年资料和计划年度节约费用的要求进行匡算,如低值易耗品等。

(3) 如果规定了开支标准,则按有关标准计算编制,如劳动保护费等。

(4) 辅助生产车间耗用其他辅助生产车间提供的劳务或产品,其数额可以根据计划消耗量和内部结算价格计算确定。

(5) 对于固定费用性质的项目,可根据上年预计实际数和计划期节约费用的要求来确定,如办公费、水电费等。

辅助生产车间费用预算编制完成后,应将全部费用分配给各有关受益单位。分配方法是先计算辅助生产车间所提供的产品或劳务的计划单位成本,再根据各受益单位的基本生产车间、部门需要的计划产品或劳务数量,计算各受益单位应分配的辅助生产车间的辅助生产费用。

2. 基本生产车间成本计划的编制

基本生产成本计划要区分各车间来编制。各基本生产车间在编制成本计划时,应先按产品类别编制直接费用计划,再按费用项目编制制造费用预算,并按一定标准(如定额工时、直接人工等)在各产品之间进行分配,然后编制车间产品成本计划。

1) 直接费用计划的编制

对可比产品耗用的直接材料费用(包括原材料、辅助材料、配件、外购半成品、燃料及动力等),应根据各项消耗定额及厂内计划价格,结合计划期的生产任务量进行编制。对于不可比产品,则可根据其他企业同种产品或本企业相近似老产品的单位消耗定额,结合本计划年度产量和计划单价进行编制。直接职工薪酬应按计划期劳动定额及职工薪酬率或固定计价职工薪酬,并结合计划期的生产任务进行计算编制。

2) 车间制造费用预算的编制

基本生产车间制造费用预算包括两部分:一是辅助生产车间分配过来的制造费用;二是基本生产车间发生的制造费用。这两部分制造费用合起来就是应分配给产品的制造费用。

制造费用预算按费用项目来反映,其编制方法主要有固定预算法和弹性预算法。对于办公费、车间管理人员人工费用等项目采用固定预算法。

制造费用一般按照计划工时或生产工人人工费用、机器工时等标准分配,各企业根据实际情况选择。

3) 车间产品成本计划的编制

根据基本生产车间直接费用计划和制造费用预算数可确定基本生产车间产品成本计划数,通过编制"基本生产车间产品成本计划表"来反映。

(二) 制造费用总预算的编制

制造费用总预算是在各车间制造费用预算基础上编制而成的,依据辅助生产车间、各基本生产车间的制造费用预算资料,按明细项目反映的数额进行分项汇总列示。在汇总编制时,应注意扣除内部转账部分,即各车间相互分配重复计算的部分。编制制造费用总预算,能够为控制和监督未来制造费用发生额提供标准,将实际制造费用与制造费用预算数额进行比较,可以对制造费用实际支出情况作出评价,进而查明费用超支或节约的原因。

(三) 全厂成本计划的编制

全厂成本计划是在各车间成本计划编制基础上编制的,由企业财务部门负责编制,包括主要产品单位成本计划、全部产品成本计划。主要产品单位成本计划需依据各基本生产车间成本计划,按照产品类别和成本项目汇总编制。

在采用逐步结转分步法时,最后一个基本生产车间产品的计划单位成本即该产品的计划单位成本。如果需要按原始成本项目反映产品成本,则要将最后一个车间的计划成本中的"自制半成品"项目逐步分解后再编制。在采用平行结转分步法时,将各基本生产车间同一产品的单位成本的相同项目相加即该产品的计划单位成本。

全部产品成本计划的编制,通常有两种方法:一是按照"主要产品单位成本计划表"的内容,分成本项目进行编制,能够反映企业产品成本的构成,以及各成本项目的增减变动情况;二是按产品类别进行编制,能够反映各种产品成本计划数,以及可比产品较上年成本升降情况。

四、成本计划的具体应用

【例15-1】 星辰制造厂有两个基本生产车间和一个辅助生产车间(锅炉车间)。该公司生产A产品和B产品。A产品需要顺序经过基本生产第一车间和基本生产第二车间加工后得到完工产品,原材料在每个车间生产开始时一次性投入;B产品只需经过基本生产第一车间加工完成。该公司A产品的成本计算采用平行结转分步法,间接费用按生产工时比例分配。现在公司拟编制下一年度的成本计划,下一计划年度有关资料如下:

计划年度公司继续生产A、B产品,各产品生产计划如表15-1所示,各单位产品材料消耗量定额、工时定额及计划单价如表15-2所示。

表15-1 产品生产计划

20××年　　　　　　　　　　　　　　　　　　单位:件

产品名称	预计销量	期初库存	预计期末库存	计划产量
A产品	490	120	130	500
B产品	190	70	80	200

表15-2 各单位产品材料消耗定额、工时定额及计划单价

20××年　　　　　　　　　　　　　　　　金额单位:元

项目	数量单位	计划单价	单位产品材料消耗定额或工时定额			
			A产品			B产品
			第一车间	第二车间	合计	第一车间
直接材料						
甲材料	千克	15		10	10	
乙材料	千克	12	30		30	

(续表)

项目	数量单位	计划单价	单位产品材料消耗定额或工时定额			
			A产品			B产品
			第一车间	第二车间	合计	第一车间
丙材料	千克	16				20
直接人工	工时		20	30	50	30

注:第一车间和第二车间单位工时计划直接人工费用率分别为6元/小时和4元/小时。

根据上述资料,采用分级编制法编制计划年度成本计划。

1. 车间成本计划的编制

1)辅助生产车间成本计划的编制

该公司锅炉车间的主要任务是为公司内部各部门提供劳务。本年度锅炉车间生产费用计划数额为 75 000 元,计划规定为第一车间服务 15 000 立方米,为第二车间服务 9 000 立方米,为行政管理部门服务 6 000 立方米。辅助生产车间成本计划如表 15-3 所示。

表 15-3 辅助生产车间成本计划

20××年　　　　　　　　　　　　　　　金额单位:元

费用项目	计划数额	辅助生产费用分配			
		受益单位	立方米	分配率	金额
直接材料	30 000	基本生产第一车间	15 000	2.5	37 500
直接人工	25 000	基本生产第二车间	9 000	2.5	22 500
制造费用		行政管理部门	6 000	2.5	15 000
1. 职工薪酬	6 000		30 000	—	75 000
2. 劳动保护费	1 000				
3. 折旧	10 000	计划单位成本 = 费用计划数额 / 立方米计划数			
4. 低值易耗品	1 000	某部分应承担的费用 = 耗用立方米数 × 计划单位成本			
5. 办公费	2 000				
合计	75 000				

2)基本生产车间成本计划的编制

首先,编制各车间直接费用计划;其次,编制各车间的制造费用预算,并在各产品之间进行分配;最后,编制各车间的产品成本计划。

(1) A、B产品基本生产第一车间直接费用计划分别如表 15-4 和表 15-5 所示;基本生产第一车间制造费用预算和制造费用分配分别如表 15-6 和表 15-7 所示;基本生产第一车间产品成本计划如表 15-8 所示。

表 15-4　基本生产第一车间直接费用计划

产品：A产品　　　　　　　　　　　　　20××年　　　　　　　　　　　　　金额单位：元

项目	数量单位	单价 ①	单位成本			总成本	
			消耗量 ②	金额 ③=①×②	产量 ④	消耗量 ⑤=④×②	金额 ⑥=⑤×①
直接材料							
乙材料	千克	12	30	360	500	15 000	180 000
直接人工	工时	6	20	160	500	10 000	60 000
合计							240 000

表 15-5　基本生产第一车间直接费用计划

产品：B产品　　　　　　　　　　　　　20××年　　　　　　　　　　　　　金额单位：元

项目	数量单位	单价 ①	单位成本			总成本	
			消耗量 ②	金额 ③=①×②	产量 ④	消耗量 ⑤=④×②	金额 ⑥=⑤×①
直接材料							
丙材料	千克	16	20	320	200	4 000	64 000
直接人工	工时	6	30	180	200	6 000	36 000
合计							100 000

表 15-6　基本生产第一车间制造费用预算表

20××年　　　　　　　　　　　　　　　　　　　　　　　　　　　单位：元

明细项目	职工薪酬	办公费	折旧费	供热费	检验费	消耗材料	其他	合计
金额	22 500	2 000	10 000	37 500	2 000	5 000	1 000	80 000

表 15-7　基本生产第一车间制造费用分配表

20××年　　　　　　　　　　　　　　　　　　　　　　　　　金额单位：元

产品名称	单位产品工时定额	计划完工产量（件）	总工时（小时）	分配率	制造费用
					本期数
A产品	20	500	10 000	5	50 000
B产品	30	200	6 000	5	30 000
合计			16 000	—	80 000

表15-8 基本生产第一车间产品成本计划

20××年　　　　　　　　　　　　　　　　　　　　　　　金额单位:元

项目	A产品(计划产量500件)		B产品(计划产量200件)		计划总成本
	单位成本	总成本	单位成本	总成本	
直接材料	360	180 000	320	64 000	244 000
直接人工	120	60 000	180	36 000	96 000
制造费用	100	50 000	150	30 000	80 000
合计	580	290 000	650	130 000	420 000

(2) A产品基本生产第二车间直接费用计划如表15-9所示;基本生产第二车间制造费用预算如表15-10所示;基本生产第二车间产品成本计划如表15-11所示。

表15-9 基本生产第二车间直接费用计划

产品:A产品　　　　　　　　　　　20××年　　　　　　　　　　　金额单位:元

项目	数量单位	单价②	单位成本			总成本		
			消耗量①	金额③=①×②	产量④	消耗量⑤=④×②	金额⑥=⑤×①	
直接材料								
甲材料	千克	15	10	150	500	5 000	75 000	
直接人工	工时	4	30	120	500	15 000	60 000	
合计							135 000	

表15-10 基本生产第二车间制造费用预算表

20××年　　　　　　　　　　　　　　　　　　　　　　　单位:元

明细项目	职工薪酬	办公费	折旧费	供热费	检验费	消耗材料	其他	合计
金额	5 000	1 000	8 000	22 500	1 000	5 000	500	43 000

表15-11 基本生产第二车间产品成本计划

20××年　　　　　　　　　　　　　　　　　　　　　　　金额单位:元

项目	A产品(计划产量500件)		计划总成本
	单位成本	总成本	
直接材料	150	75 000	75 000
直接人工	120	60 000	60 000
制造费用	86	43 000	43 000
合计	356	178 000	178 000

2. 制造费用总预算的编制

制造费用总预算如表15-12所示。

表15-12 制造费用总预算表

20××年　　　　　　　　　　　　　　　　　　　　　　单位:元

明细项目	辅助生产车间	第一车间	第二车间	减内部转账	合计
职工薪酬	6 000	22 500	5 000		33 500
劳动保护费	1 000				1 000
折旧	10 000	10 000	8 000		28 000
低值易耗品	1 000				1 000
办公费	2 000	2 000	1 000		5 000
供热费		37 500	22 500	60 000	0
检验费		2 000	1 000		3 000
消耗材料		5 000	5 000		10 000
其他		1 000	500		1 500
合计	20 000	80 000	43 000	60 000	83 000

3. 全厂成本计划的编制

全厂成本计划包括主要产品单位成本计划和全部产品成本计划。财会部门对各车间编制的成本计划进行审查后,综合编制全厂成本计划。

主要产品单位成本计划是根据各基本生产车间的产品成本计划汇总编制的。A、B产品主要产品单位成本计划分别如表15-13和表15-14所示。

表15-13 主要产品单位成本计划

产品名称:A产品
计划产量:500件　　　　　　　　　20××年　　　　　　　　　金额单位:元

| 成本项目 | 行次 | 单位成本 | | 降低额 | 降低率 |
		上年预计平均	本年计划		
直接材料	1	570	510	60	10.53%
直接人工	2	270	240	30	11.11%
制造费用	3	194	186	8	4.12%
产品成本	4	1 034	936	98	9.48%

表 15-14 主要产品单位成本计划

产品名称：B 产品
计划产量：200 件　　　　　　　　　　20××年　　　　　　　　　　金额单位：元

成本项目	行次	单位成本		降低额	降低率
		上年预计平均	本年计划		
直接材料	1	380	320	60	15.79%
直接人工	2	200	180	20	10.00%
制造费用	3	164	150	14	9.09%
产品成本	4	744	650	94	12.75%

全部产品成本计划是根据各种产品单位成本计划，结合计划产量而编制的。其既可按成本项目编制，也可按产品类别编制。对于可比产品，需要根据上年平均单位成本和计划年度的计划单位成本，计算出可比产品的计划成本降低额和降低率指标。全部产品成本计划如表 15-15 所示。

表 15-15 全部产品成本计划（按产品类别）

　　　　　　　　　　20××年　　　　　　　　　　　　　　　　　　　单位：元

产品名称	计划产量	单位成本		总成本		降低额	降低率
		上年预计平均	本年计划	按上年预计平均单位成本计算	按本年计划单位成本计算		
	(1)	(2)	(3)	(4)=(2)×(1)	(5)=(3)×(1)	(6)=(4)-(5)	(7)=(6)÷(4)
可比产品							
其中：A 产品	500	1 034	936	517 000	468 000	49 000	9.48%
B 产品	200	744	650	148 800	130 000	18 800	12.63%
不可比产品							
全部产品成本				665 800	598 000		

第二节　成本控制

一、成本控制的含义

从企业管理的角度看，控制就是企业在动态的环境中检查、监督、调节、纠正各项活动，以保证它们按计划进行的过程。成本控制就是在成本形成过程（可能性空间）中，对各项成本活动进行监控，及时发现偏差，采取纠正措施，确保成本目标的实现。成本控制有广义和狭义之分。

狭义成本控制亦称日常成本控制或过程控制,是指在成本形成过程中,按预定的成本目标,对生产耗费进行严格的计量、监督和指导,并对发生的偏差及时分析原因,加以纠正和控制。所以,狭义的成本控制仅指成本的过程控制。

广义成本控制包括事前成本控制、事中成本控制和事后成本控制。事中成本控制即日常成本控制或过程控制。事前成本控制是在产品正式投产之前,对产品成本进行系统性规划,即通过成本决策,选择最佳成本方案,规划未来一段时间的目标成本,编制成本预算,确保成本控制能够有效实施。事后成本控制是在产品成本形成之后,对其展开综合分析与考核。其目的是深入剖析实际成本脱离目标成本的原因,查明导致差异的主客观因素,并为下一个成本循环提出切实可行的改进。

二、成本控制的基本程序

1. 制定成本控制标准

制定成本控制标准是成本控制的起点。成本的控制标准一般针对直接材料费、直接人工费和制造费用分别制定。每一项控制标准的制定都要考虑到数量和单价两个基本要素。

2. 执行成本控制标准

依据各项成本指标,对费用开支和资源消耗情况进行细致审核,全流程监督成本的形成过程。

3. 确定成本差异

将实际发生的费用与制定的成本标准进行比对,分析成本差异的程度,判断差异的性质,确定成本差异形成的原因,明确责任的归属。成本差异的计算与分析,通常按照直接材料、直接人工和制造费用这三个项目分别进行。一旦发现例外情况,应及时上报,同时展开进一步分析,找出产生差异的根源,并明确相关责任者,从而进行针对性的处理。

4. 成本反馈

在成本控制中,若出现成本差异的情况,应及时将相关信息反馈给有关部门,便于挖掘降低成本的潜力,提出降低成本的措施,或者给出成本标准的修订建议。

三、成本控制方法

成本控制是成本管理的核心环节。成本控制方法是指对日常生产成本的控制方法,并非指广义的成本控制方法。日常生产成本控制方法主要有定额法成本控制和标准成本法控制。定额法在前面已经讲述,这里仅对标准成本法进行简要阐述。

标准成本法是指根据历史成本资料,对企业生产过程进行调查、测定、核实、分析后制定标准成本,用标准成本与实际成本进行比较,核算和分析成本差异的一种产品成本计算方法,也是加强成本控制、评价经济业绩的一种成本控制制度。

(一)标准成本的制定

产品的生产成本包括产品在生产中耗用的直接材料、直接人工和制造费用。与此相对应,制定标准成本也按照直接材料、直接人工和制造费用三大项分别进行。其基本计算形式是,用"数量"标准乘以"价格"标准,得出结果。其基本公式如下:

$$标准成本 = 标准数量 \times 标准价格$$

其中,"数量"标准由工程技术部门研究确定;"价格"标准由会计部门会同采购、人事等责任部门研究确定。

1. 直接材料标准成本的制定

直接材料的标准成本是将产品的各种材料消耗量标准,分别与对应的各种材料价格标准相乘,再把所得各乘积值加总而得。其中,直接材料消耗量标准的确定以正常生产条件下形成产品实体的材料数量和正常范围内允许发生的损耗及不可避免的废品所耗费的材料数量为依据;直接材料价格标准是指取得某种材料所应支付的单位材料价格,包括买价和采购费用。

直接材料标准成本计算公式如下:

$$某产品直接材料标准成本 = 直接材料数量标准 \times 直接材料价格标准$$
$$= 单位产品材料标准消耗量 \times 计划单价$$

在制定产品直接材料的标准成本时,主要考虑材料数量标准。企业能够有效控制材料数量消耗,这属于企业可以控制的成本内容;而材料价格标准是由市场供求决定的,企业对其无法控制。

2. 直接人工标准成本的制定

在计件工资形式下,直接人工的标准成本就是计件单价。

在计时工资形式下,直接人工的标准成本等于直接人工数量标准与直接人工价格标准的乘积。其中,直接人工数量标准是在现有生产技术条件下生产单位产品需用的工作时间,包括工艺过程的时间与必要的间歇或停工时间及不可避免的废品损失时间;直接人工价格标准是指依据现行工资福利标准确定的单位工作时间的直接人工费用率。

直接人工标准成本计算公式如下:

$$某产品直接人工标准成本 = 直接人工数量标准 \times 直接人工价格标准$$
$$= 单位产品标准工时 \times 单位工时标准直接人工费用率$$

在直接人工标准成本制定中,应将重点放在直接人工数量标准上。企业生产产品所需时间一般由工艺决定,企业能够对其进行干预和控制,而直接人工费用率则是由职工与企业签订的契约确定的。

3. 制造费用标准成本的制定

制定单位产品制造费用标准同样需要考虑制造费用的数量标准和价格标准两个因素。其中,制造费用数量标准指生产单位产品所耗用的人工工时或机器工时,一般通过技术方法确定;制造费用价格标准是指单位标准工时应分摊的制造费用,也被称作分配率。

制造费用预算额分为固定性费用预算和变动性费用预算两部分。有关计算公式如下:

$$固定性制造费用单位工时标准分配率 = 固定性制造费用预算 \div 标准总工时$$
$$变动性制造费用单位工时标准分配率 = 变动性制造费用预算 \div 标准总工时$$
$$单位产品固定性费用标准成本 = 单位产品标准工时 \times 固定性制造费用单位工时标准分配率$$
$$单位产品变动性费用标准成本 = 单位产品标准工时 \times 变动性制造费用单位工时标准分配率$$

单位产品的标准成本是在直接材料标准成本、直接人工标准成本、制造费用标准成本的基础上汇总而成的。其计算公式如下：

单位产品标准成本＝直接材料标准成本＋直接人工标准成本＋制造费用标准成本

【例 15-2】 大通制造厂计划期生产量标准工时为 6 000 小时，直接人工费用总额为 12 000 元，工厂制造费用总额为 9 000 元（其中变动费用预算总额为 4 800 元）。假定制造每件产品的直接人工标准工时为 20 小时，直接材料标准消耗量为 40 千克，计划单价为 5 元/千克，则甲产品的单位产品标准成本计算如表 15-16 所示。

表 15-16　单位产品标准成本计算表

产品名称：甲产品　　　　　　　　　　20××年　　　　　　　　　　金额单位：元

成本项目	标准单位	标准数量	标准成本
直接材料	5.0 元/千克	40 千克	200
直接人工	2.0 元/小时	20 小时	40
制造费用			
其中：			
变动性制造费用	0.8 元/小时	20 小时	16
固定性制造费用	0.7 元/小时	20 小时	14
标准单位成本	—	—	270

其中：

单位工时标准直接人工费用率＝12 000÷6 000＝2.0
变动性制造费用单位工时标准分配率＝4 800÷6 000＝0.8
固定性制造费用单位工时标准分配率＝4 200÷6 000＝0.7

（二）标准成本差异的计算和分析

在标准成本制度下，对成本的事中控制是通过成本差异的计算和分析来进行的。标准成本差异是指实际成本与标准成本之间的差额。实际成本高于标准成本的差异为超支差异，也被称作不利差异，用正数表示；实际成本低于标准成本的差异为节约差异，也被称作有利差异，用负数表示。通过对成本差异进行分析评价，找出形成的原因和责任主体，进而采取相应措施，强化有利差异，消除不利差异，以此实现对产品成本的有效控制。

标准成本差异总额主要由直接材料成本差异、直接人工成本差异和制造费用成本差异构成，其中每一项成本项目差异又可细分为数量差异和价格差异两类。

1. 直接材料成本差异的计算和分析

直接材料成本差异是指产品的直接材料实际成本与标准成本之间的差额。其计算公式如下：

直接材料成本差异＝直接材料实际成本－直接材料标准成本
　　　　　　　　＝实际消耗量×实际价格－标准消耗量×标准价格

其中，标准消耗量为实际产量乘以材料消耗量标准。

确定总差异后，便可对差异额进行分析。差异额分析方法通常有两因素分析和三因素分析两种。

1) 两因素分析

按两因素分析时，直接材料成本差异由材料数量差异和材料价格差异构成。

（1）直接材料数量差异是直接材料实际消耗量同标准消耗量之间的差异。其计算公式如下：

$$\text{直接材料数量差异} = \sum(\text{实际消耗量} - \text{标准消耗量}) \times \text{标准价格}$$

（2）直接材料价格差异是指直接材料的实际价格同标准价格之间的差异。其计算公式如下：

$$\text{直接材料价格差异} = \sum(\text{实际价格} - \text{标准价格}) \times \text{实际消耗量}$$

2) 三因素分析

按三因素分析时，直接材料成本差异由直接材料产出差异、直接材料结构差异和直接材料价格差异构成。

在纺织、化学、钢铁等行业的制造企业中，通常需要按一定比例混合使用几种材料生产产品。如果实际配料比例与标准配料比例不同而产生差异称为直接材料结构差异；实际配料比例投入后的产出量与标准配料比例投入后的产出量之间也会产生差异，这种差异被称为直接材料产出差异。直接材料结构差异和直接材料产出差异均为直接材料数量差异的表现形式。

三因素分析的计算公式如下：

$$\text{直接材料数量差异} = \text{直接材料结构差异} + \text{直接材料产出差异}$$

$$\text{直接材料结构差异} = \left(\text{实际配料比例计算的平均标准价格} - \text{标准配料比例计算的平均标准价格}\right) \times \text{材料实际消耗量}$$

$$\text{直接材料产出差异} = \left(\text{材料实际消耗量} - \text{材料标准消耗量}\right) \times \text{标准配料比例计算的平均标准价格}$$

$$\text{材料价格差异} = \left(\text{实际配料比例计算的平均实际价格} - \text{实际配料比例计算的平均标准价格}\right) \times \text{材料实际消耗量}$$

$$= \sum(\text{实际价格} - \text{标准价格}) \times \text{材料实际消耗量}$$

15-1 直接材料三因素分析 Excel 智能计算

【例 15-3】 鸿云制造厂生产丁产品，其单位产品直接材料标准成本如表 15-17 所示。

表 15-17 单位产品直接材料标准成本表

产品名称：丁产品　　　　　　　　　20××年　　　　　　　　　金额单位：元

材料名称	配料消耗量标准（千克/件）	标准价格（元/千克）	标准成本
C 材料	3.6	10	36.0
D 材料	6.0	9	54.0
E 材料	2.4	6	14.4
合计	—	—	104.4

该企业丁产品实际产量为 275 件,其耗用的直接材料实际成本如表 15-18 所示。

表 15-18　直接材料实际成本表

产品名称:丁产品　　　　　　　　　20××年　　　　　　　　　金额单位:元

材料名称	实际价格(元/千克)	实际消耗量(千克)	实际成本
C 材料	11.5	1 280	14 720
D 材料	9.0	1 440	12 960
E 材料	5.0	480	2 400
合计	—	3 200	30 080

$$标准配料比例计算的平均标准价格 = \frac{3.6 \times 10 + 6 \times 9 + 2.4 \times 6}{12} = 8.7(元)$$

$$实际配料比例计算的平均标准价格 = \frac{1\,280 \times 10 + 1\,440 \times 9 + 480 \times 6}{3\,200} = 8.95(元)$$

$$实际配料比例计算的实际标准价格 = \frac{1\,280 \times 11.5 + 1\,440 \times 9 + 480 \times 5}{3\,200} = 9.4(元)$$

直接材料结构差异 = 3 200 × (8.95 − 8.7) = 800(元)　　　不利差异
直接材料产出差异 = (3 200 − 275 × 12) × 8.7 = −870(元)　　有利差异
直接材料价格差异 = 3 200 × (9.4 − 8.95) = 1 440(元)　　　不利差异
直接材料成本差异 = 30 080 − 104.4 × 275 = 1 370(元)　　　不利差异
　　　　　　　　= 800 − 870 + 1 440 = 1 370(元)

材料价格差异形成的原因主要有:供应单位和供应价格发生变动;材料运输方式和运输线路发生变动;材料采购批量发生变动;材料质量发生变化;使用代用材料等。

材料数量差异形成的原因主要有:产品设计和工艺的变更;工人技术操作水平和责任心的变化;材料质量的变化;废品、次品数量的变化;加工设备的变化等。

材料的数量差异主要由生产部门负责,但如因材料质量低劣而增加了废品,或者材料的规格不符合要求而大材小用等引起材料数量的超支差异,应由采购部门负责;如因材料仓储保管不善而造成材料的损坏变质,则应由仓储部门负责。材料的价格差异应由采购部门负责,但因市场供求变动而引起材料供应价格的变动,超出了采购部门的控制范围;因生产上的临时需要而进行小批量采购或紧急采购,因不能享受折扣或改变运输方式而引起价格的超支差异,不应由采购部门负责,而应由造成这种临时需要的生产部门负责。

2. 直接人工成本差异的计算和分析

直接人工成本差异是指产品的实际直接人工费用与标准直接人工费用之间的差额。其计算公式如下:

直接人工成本差异 = 直接人工实际成本 − 直接人工标准成本

或:$直接人工成本差异 = \left(\begin{array}{c}实际产量\\实际工时\end{array} \times \begin{array}{c}单位工时\\实际直接人工\\费用率\end{array}\right) - \left(\begin{array}{c}实际产量\\标准工时\end{array} \times \begin{array}{c}单位工时\\标准直接人工\\费用率\end{array}\right)$

对直接人工成本差异的分析通常采用以下两种方法。

1）两因素分析

两因素分析是把直接人工成本差异分为直接人工数量差异和直接人工价格差异两方面。

（1）直接人工数量差异又称效率差异，是直接人工实际工作时数同其标准工作时数之间的差异。其计算公式如下：

$$\substack{\text{直接人工} \\ \text{数量差异}} = \sum \left(\frac{\text{实际产量}}{\text{实际工时}} - \frac{\text{实际产量}}{\text{标准工时}} \right) \times \substack{\text{单位工时} \\ \text{标准直接人工费用率}}$$

（2）直接人工价格差异又称直接人工费用率差异，是实际直接人工费用率与标准直接人工费用率之间的差异。其计算公式如下：

$$\substack{\text{直接人工} \\ \text{价格差异}} = \sum \left(\frac{\text{单位工时}}{\text{实际直接人工费用率}} - \frac{\text{单位工时}}{\text{标准直接人工费用率}} \right) \times \frac{\text{实际产量}}{\text{实际工时}}$$

2）三因素分析

在实际生产中，一种产品的生产可能要由不同工资等级的工人来完成。在一定量的总工时中，由于不同等级的人工完成的工时所占比重的变动而产生的差异叫直接人工结构差异。实际工人等级比例工时投入所获得的产出量与标准工人等级比例工时投入的产出量的差异叫直接人工产出差异。直接人工结构差异和直接人工产出差异均为直接人工数量（效率）差异的表现形式。

$$\substack{\text{直接人工} \\ \text{结构差异}} = \left(\substack{\text{实际工人等级比例} \\ \text{单位工时平均标准} \\ \text{直接人工费用率}} - \substack{\text{标准工人等级比例} \\ \text{单位工时平均标准} \\ \text{直接人工费用率}} \right) \times \frac{\text{实际产量}}{\text{实际工时}}$$

$$\substack{\text{直接人工} \\ \text{产出差异}} = \left(\frac{\text{实际产量}}{\text{实际工时}} - \frac{\text{实际产量}}{\text{标准工时}} \right) \times \substack{\text{标准工人等级比例} \\ \text{单位工时平均标准} \\ \text{直接人工费用率}}$$

$$\substack{\text{直接人工} \\ \text{价格差异}} = \left(\substack{\text{实际工人等级比例} \\ \text{单位工时平均实际} \\ \text{直接人工费用率}} - \substack{\text{实际工人等级比例} \\ \text{单位工时平均标准} \\ \text{直接人工费用率}} \right) \times \frac{\text{实际产量}}{\text{实际工时}}$$

15-2 直接人工三因素分析 Excel 智能计算

【例15-4】 达明制造厂生产丙产品，本期实际生产丙产品100件，单位产品直接人工标准成本如表15-19所示，直接人工实际成本如表15-20所示。

表15-19 单位产品直接人工标准成本表

产品名称：丙产品　　　　　　　　　　20××年　　　　　　　　　　金额单位：元

工人级别	单位工时标准直接人工费用率	标准工时（小时）	标准成本
一级	12	21	252
二级	10	35	350
三级	9	14	126
合计	—	70	728

表 15-20　直接人工实际成本表

产品名称：丙产品　　　　　　　　　　20××年　　　　　　　　　　金额单位：元

工人级别	单位工时实际直接人工费用率	实际工时（小时）	实际成本
一级	13.5	2 720	36 720
二级	9.5	3 060	29 070
三级	8.0	1 020	8 160
合计	—	6 800	73 950

标准工人等级比例单位工时平均标准直接人工费用率
$= (21 \times 12 + 35 \times 10 + 14 \times 9) \div 70 = 10.4$

实际工人等级比例单位工时平均标准直接人工费用率
$= (2\,720 \times 12 + 3\,060 \times 10 + 1\,020 \times 9) \div 6\,800 = 10.65$

实际工人等级比例单位工时平均实际直接人工费用率
$= (2\,720 \times 13.5 + 3\,060 \times 9.5 + 1\,020 \times 8) \div 6\,800 = 10.875$

直接人工结构差异 $= 6\,800 \times (10.65 - 10.4) = 1\,700$ 元（元）　　不利差异

直接人工产出差异 $= (6\,800 - 100 \times 70) \times 10.4 = -2\,080$（元）　　有利差异

直接人工价格差异 $= 6\,800 \times (10.875 - 10.65) = 1\,530$（元）　　不利差异

直接人工成本差异 $= 73\,950 - 728 \times 100 = 1\,150$（元）　　不利差异
$\qquad = 1\,700 - 2\,080 + 1\,530 = 1\,150$（元）　　不利差异

产生直接人工数量（效率）差异的原因主要有：企业劳动组织和人员配备情况；工人的技术熟练程度和责任感；机器设备的运转情况；工具配备情况；动力供应情况；材料的质量、规格和供应的及时性等。

产生直接人工价格差异的原因主要有：企业工资的调整、工资等级的变更；奖金和津贴的变更；对工人安排、使用的变化；工人的技术等级与工作要求的技术等级的变化等。

直接人工数量差异基本上应由生产部门负责，也可能有一部分应由其他部门负责。直接人工价格差异通常由负责安排工人工作的劳动人事部门或生产部门负责。

3．制造费用成本差异的计算和分析

制造费用的构成中一部分与当期生产量有关，而大部分则与企业的生产规模有关。因此，对其差异要分别针对变动性制造费用与固定性制造费用进行计算和分析。

1）变动性制造费用差异

变动性制造费用差异指变动性制造费用实际发生额同标准发生额之间的差异，也由数量差异和价格差异两部分组成。

（1）变动性制造费用数量差异也称效率差异，是指实际工时脱离标准工时，多用或少用工时导致的变动性制造费用增加或减少。其计算公式如下：

$$\begin{matrix}\text{变动性制造}\\\text{费用数量差异}\end{matrix} = \left(\begin{matrix}\text{实际产量}\\\text{实际工时}\end{matrix} - \begin{matrix}\text{实际产量}\\\text{标准工时}\end{matrix}\right) \times \begin{matrix}\text{变动性制造费用}\\\text{单位工时}\\\text{标准分配率}\end{matrix}$$

（2）变动性制造费用价格差异也称耗费差异，是指变动性制造费用的实际发生额与按

实际工时和变动性制造费用标准分配率计算的预算数之间的差。其计算公式如下:

$$\begin{matrix}\text{变动性制造}\\\text{费用耗费差异}\end{matrix} = \left(\begin{matrix}\text{变动性制造费用}\\\text{单位工时}\\\text{实际分配率}\end{matrix} - \begin{matrix}\text{变动性制造费用}\\\text{单位工时}\\\text{标准分配率}\end{matrix}\right) \times \begin{matrix}\text{实际产量}\\\text{实际工时}\end{matrix}$$

【例 15-5】 星光制造厂生产乙产品,20××年5月单位产品标准工时为2小时,变动性制造费用标准分配率为2.5元,单位产品标准成本为5元;本期实际产量为5 000件,实际耗用工时为12 000小时,实际发生的变动性制造费用为24 000元。

变动性制造费用单位工时实际分配率=24 000÷12 000=2
变动性制造费用耗费差异=(2-2.5)×12 000=-6 000(元) 有利差异
变动性制造费用效率差异=(12 000-5 000×2)×2.5=5 000(元) 不利差异
变动性制造费用总差异=5 000-6 000=-1 000(元) 有利差异

2) 固定性制造费用差异

固定性制造费用数额大小一般与一定的生产规模相联系。固定性制造费用差异是指固定性制造费用实际发生额同标准发生额之间的差异,由数量差异(包括效率差异和生产能力利用差异)和价格差异两部分组成。

(1) 固定性制造费用效率差异是指实际产量实际工时与实际产量计划工时之间的不一致造成的差异。其计算公式如下:

$$\text{固定性制造费用标准分配率} = \frac{\text{固定性制造费用预算总额}}{\text{预算标准总工时}}$$

$$\begin{matrix}\text{固定性制造费用}\\\text{效率差异}\end{matrix} = \begin{matrix}\text{实际产量实际工时}\\\text{标准固定性制造费用}\end{matrix} - \begin{matrix}\text{实际产量标准工时}\\\text{标准固定性制造费用}\end{matrix}$$

$$= \left(\begin{matrix}\text{实际产量}\\\text{实际工时}\end{matrix} - \begin{matrix}\text{实际产量}\\\text{标准工时}\end{matrix}\right) \times \begin{matrix}\text{固定性制造费用}\\\text{单位工时}\\\text{标准分配率}\end{matrix}$$

(2) 固定性制造费用生产能力利用差异是指实际产量实际工时与计划产量标准工时之间的不一致造成的差异。实际产量实际工时与计划产量标准工时之间的差异,实质上反映了实际生产能力利用程度与预算规定的水平的差异。其计算公式如下:

$$\begin{matrix}\text{固定性制造费用}\\\text{生产能力利用差异}\end{matrix} = \begin{matrix}\text{固定性制造费用}\\\text{预算额}\end{matrix} - \begin{matrix}\text{实际产量实际工时}\\\text{标准固定性制造费用}\end{matrix}$$

$$= \left(\begin{matrix}\text{计划产量}\\\text{标准工时}\end{matrix} - \begin{matrix}\text{实际产量}\\\text{实际工时}\end{matrix}\right) \times \begin{matrix}\text{固定性制造费用}\\\text{单位工时}\\\text{标准分配率}\end{matrix}$$

(3) 固定性制造费用价格差异也称耗费差异,是指固定性制造费用的实际发生额与预计充分利用生产能力预算额之间的差额。其计算公式如下:

固定性制造费用价格差异
=固定性制造费用实际发生额-固定性制造费用预算额
=固定性制造费用实际发生额-计划产量标准工时×固定性制造费用单位工时标准分配率

【例 15-6】 星光制造厂生产乙产品,单位产品标准工时为 2 小时,预算固定性制造费用总额为 25 920 元,预算标准总工时为 10 800 小时。实际发生的固定性制造费用为 23 760 元,20××年 5 月乙产品实际产量为 5 000 件,实际耗用工时为 12 000 小时。

该企业本期固定性制造费用实际发生额如表 15-21 所示,固定性制造费用预算总额如表 15-22 所示。

表 15-21　固定性制造费用实际发生额

20××年 5 月　　　　　　　　　　　　　　　　　　　单位:元

实际数	管理人员工资及福利	5 000
	固定资产折旧	15 000
	其他费用	3 760
	合计	23 760

表 15-22　固定性制造费用预算总额

20××年 5 月　　　　　　　　　　　　　　　　　　　单位:元

预算数	管理人员工资及福利	6 000
	固定资产折旧	16 500
	其他费用	3 420
	合计	25 920

固定性制造费用差异分析如下:

固定性制造费用单位工时标准分配率＝25 920÷10 800＝2.4
固定性制造费用效率差异＝(12 000－5 000×2)×2.4＝4 800(元)　　不利差异
固定性制造费用生产能力利用差异＝25 920－12 000×2.4＝－2 880(元)　不利差异
固定性制造费用价格差异＝23 760－25 920＝－2 160(元)　　　　　有利差异
固定性制造费用总差异＝4 800－2 160－2 880＝－240(元)　　　　有利差异

固定性制造费用耗费差异产生的原因主要有:工资率等资源价格的变动,资源数量相对于预算数量的增减变化,广告费、职工培训费等费用因管理上的新决策而发生变动。固定性制造费用效率差异的形成原因与直接人工效率差异的原因相同。固定性制造费用能力利用差异主要是由于产品定价过高、材料供应不足等影响了产销量。

(三)标准成本法与定额法的比较

1. 标准成本法与定额法的相同点

标准成本法与定额法实施的目的都是实现成本控制及业绩的考评。采用标准成本法或定额法时,各项成本在生产过程中的转移,均以标准成本或定额成本为依据,同时进行成本差异的归集和分配,达到计算产品成本、控制成本费用发生及业绩考评的目的。因此,标准成本法与定额法没有本质的区别。这两种方法都需要预先确定成本控制标准,也都要在核算中按照成本要素将实际成本耗费与控制标准进行比较,及时揭示实际成本与标准(或定额)成本之间的差异,并对产生差异的原因进行分析,采取相应的控制措施。

2. 标准成本法与定额法的不同点

1）制定成本的依据及稳定性不同

在定额法下，各成本项目定额成本按现行定额及计划单位成本制定，因而任何一项生产技术有所变化时，现行定额都应予以修订。也就是说，定额是可能变化的，要设计一套严密的定额变动计算方法。

在标准成本法下，标准成本一旦制定，一般在一个会计年度内是固定不变的。标准成本分为变动成本与固定成本，并对每一成本要素的差异都区分数量差异与价格（费用率）差异，这有利于从成本性态和成本责任上对成本加以控制。

2）会计账户登记方法不同

在定额法下，"基本生产成本"总账是按实际成本记账的，实际成本与定额成本之间的差异反映在产品成本计算单上。

在标准成本法下，"基本生产成本"总账是按标准成本记账的，实际成本与标准成本之间的差异单独设立会计账户反映。

3）计算实际成本的方式不同

在定额法下，需要计算产品的实际成本。其中，直接费用的定额差异需按产品分别计算，间接费用差异则要在不同产品之间进行分配计算，计算工作量比较大。

在标准成本法下，不要求计算产品的实际成本，成本差异不必按产品分别计算。这样，企业能够将成本差异核算的重点转移到各个责任中心，并分别按照差异发生的原因进行反映。

4）差异的处理方法不同

在定额法下，各种产品的成本差异若数额较大，则将差异在完工产品和在产品之间进行分配；若差异数额不大，则可不进行分配，直接计入完工产品的成本。因而，"库存商品"账户借方反映完工产品的实际成本。

在标准成本法下，本期生产发生的各种成本差异一般不在完工产品与在产品之间分配。因而，"库存商品"账户借方反映完工产品的标准成本。当期各种成本差异全部转入"主营业务成本"账户，从而将已经销售产品的标准成本调整为实际成本。这样，产品销售成本就分为标准成本和成本差异两部分，利润表中的产品销售利润分为产品销售成本调整前利润和调整后利润两部分。调整前利润即销售产品按标准成本计算的利润，调整后利润即销售产品按实际成本计算的利润。

第三节 │ 成本考核

一、成本考核的含义

成本考核是指在财务报告期结束时，通过把报告期成本完成数额与计划指标、定额指标、预算指标进行对比，来评价成本管理工作成效及成本管理水平的一项工作。成本考核是成本管理的最后一个环节，也是检验成本管理目标是否达成的关键节点。

对成本进行考核，通常将成本指标分解落实到各个责任部门，以责任成本的形式对各责任部门的成本进行考核,以此来贯彻经济责任制,明确各级管理人员的成本目标。通过责任成本落实企业经济责任制,需要具备两个前提:一是企业需持续下放日常决策,提升决策的有效性,助力企业以分权管理的现代模式高效运作。二是设立各责任中心,确保各责任部门在充分享有经营决策权的同时,实现责、权、利的有机统一。将各责任部门及责任人的业绩与利益机制紧密挂钩,从而调动全体管理人员和职工的工作热情与责任感,促使企业不断降低产品成本,提高经济效益。

二、责任成本

责任成本会计考核是集核算、控制、监督和考核四大职能于一体的一种内部经济责任制度。

(一)责任成本概述

1. 责任成本的概念

责任成本是根据"谁负责谁承担"的原则,以责任单位作为计算对象所归集的成本,它反映的是责任单位与各种生产耗费的关系。这种责任单位承担着与其经营决策权相适应的经济责任,也被称为"责任中心"。

2. 责任成本的划分

在计算责任成本前,必须将成本划分为可控成本与不可控成本。确定可控成本的条件包括三个方面:一是可以预计;二是可以控制;三是可以计量。否则均为不可控成本。

某成本中心的各项可控成本之和构成该中心的责任成本。

3. 责任成本与产品成本的区别

责任成本与产品成本的主要区别包括:一是核算原则不同。责任成本根据企业内部责任原则进行核算,产品成本则是根据统一核算原则进行核算。二是核算对象不同。责任成本的核算对象是成本责任单位,产品成本的核算对象是产品。三是核算目的不同。责任成本核算是为了将成本与厂部、车间、班组,以及供应、销售等各分支公司的经济责任挂钩,从而对这些部门的工作进行考核,而产品成本核算是为了计算利润、定价。四是核算内容不同。责任成本主要核算可控费用,而产品成本核算全部费用。

(二)责任成本的内容

责任成本的内容取决于企业的生产特点。不同的企业有各自的生产特点,因而不同企业的责任中心的责任成本不相同。

(1) 技术部门的责任成本,包括由于产品工艺问题而造成的损失、浪费和产品设计不合理在生产中造成的损失、浪费及其他原因造成的损失等。

(2) 供应部门的责任成本,包括扣除客观因素后材料采购的成本差异,因材料(物资)供应不上或质量问题而造成停工或废品损失,由于超储积压而发生的材料损失及超储费用等。

(3) 生产部门的责任成本,包括按内部转移价格计算的材料费用,生产工人工资,扣除客观因素(如采用加速折旧法)后的各项制造费用,自身原因造成的各项损失等。

(4) 销售部门的责任成本,包括因销售组织问题而增加的坏账损失,因销售合同问题而发生的销售纠纷费用,因销售不及时而造成产品积压所发生的费用等。

(三)责任成本考核

责任成本考核的目的是促使责任中心控制和降低各种耗费,借以控制和降低各种产品的生产成本。责任成本考核工作通常分为以下三步。

1. 编制和修订责任成本预算

责任成本预算是各责任中心业绩控制和考核的重要依据。它通常根据预定的生产量、生产消耗标准和成本标准,采用弹性预算方法,编制各责任中心的预算责任成本。按预定的业务量标准编制好责任成本预算后,还需要按实际的业务量进行调整。

2. 确定各责任中心的责任成本

责任成本是成本考核的一种成本形式,由各责任中心直接控制和调节的"可控成本"组成。某责任中心责任成本计算公式如下:

某责任中心责任成本＝该责任中心生产成本－该责任中心不可控成本
　　　　　　　　　　＋其他责任中心转来的责任成本

责任成本考核一般按工段、车间、厂部自下而上逐级汇总。

工段的责任成本由工段长负责,每月编制工段的实绩报告交给车间主任。实绩报告中要列举该工段可控成本的实际数及预算数。

车间的责任成本由车间主任负责,每月编制本车间的实绩报告交给工厂厂长。实绩报告中要汇总本车间所属各工段的责任成本,再加上直接属于车间的可控成本,还要列举车间可控成本的实际数及预算数。

工厂的责任成本由工厂厂长负责,每月编制一份全厂的实绩报告汇总本厂所属各车间的责任成本,再加上工厂的可控间接成本,并列举本厂可控成本的实际数及预算数。

各层次责任成本计算公式如下:

工段责任成本＝可控直接材料成本＋可控直接人工成本＋可控制造费用
车间责任成本＝各工段责任成本＋车间可控制造费用
工厂责任成本＝各车间的责任成本之和＋工厂的可控制造费用

3. 确定成本考核指标

用于成本考核的指标有两种:一是目标成本节约额;二是目标成本节约率。
目标成本节约额计算公式如下:

目标成本节约额＝预算成本－实际成本

目标成本节约率计算公式如下:

$$目标成本节约率 = \frac{目标成本节约额}{目标成本} \times 100\%$$

【例15-7】 光大制造厂生产A、B、C三种产品,每种产品需经过甲、乙、丙三个生产部门加工,20××年×月整个企业在生产过程中发生直接材料消耗185 000元,直接人工费用86 000元,制造费用125 000元,根据料、工、费耗用的原始凭证及有关的分配表,各责任中心和各产品该月成本计算如表15-23所示。

表 15-23　责任成本和产品成本计算表

20××年×月　　　　　　　　　　　　　　　　　　　　　　　　　　　金额单位：元

成本项目	合计	责任成本			产品成本		
		甲	乙	丙	A	B	C
直接材料	185 000	90 000	50 000	45 000	45 000	75 000	65 000
直接人工	86 000	32 000	24 000	30 000	24 000	30 000	32 000
制造费用	125 000	40 000	48 000	37 000	38 000	48 000	39 000
总成本	396 000	162 000	122 000	112 000	107 000	153 000	136 000

如果甲、乙、丙三个责任中心的责任成本预算分别为 158 000 元、104 000 元和 120 000 元，则甲、乙、丙三个责任中心的目标成本节约额和节约率如下：

目标成本节约额（甲）＝158 000－162 000＝－4 000（元）　　不利

目标成本节约额（乙）＝104 000－122 000＝－18 000（元）　　不利

目标成本节约额（丙）＝120 000－112 000＝8 000（元）　　有利

目标成本节约率（甲）＝－4 000÷158 000×100％＝－2.53％

目标成本节约率（乙）＝－18 000÷104 000×100％＝－17.31％

目标成本节约率（丙）＝8 000÷120 000×100％＝6.67％

4．业绩评价

评价一个责任中心的业绩，需要同时考核目标成本节约额和目标成本节约率两个指标。在考核过程中，综合考量各个方面因素的影响，合理、公正地进行业绩评价。

复习思考题

1．什么是成本计划？编制成本计划的程序是什么？
2．狭义成本控制与广义成本控制有什么区别？怎样才能充分发挥成本控制的作用？
3．成本控制应遵循怎样的程序？
4．什么是责任成本？其内容有哪些？
5．责任成本如何计算？
6．如何进行成本考核？

同步测试题

请扫描二维码，完成本章同步测试题。

第十五章同步测试题

第十六章 CHAPTER 16
成本报表与成本分析

学习目的

- 了解企业成本报表的作用和种类,以及各种成本报表的结构。
- 了解成本分析的概念、作用。
- 掌握报表编制的方法。
- 掌握成本分析的基本方法。

第一节 成本报表

一、成本报表的含义及特点

成本报表是根据成本管理的需要,依据日常成本核算资料和其他有关资料编制的,用来反映和控制企业在一定时期内生产费用与产品成本的水平、构成要素及成本升降变动情况,据以考核和分析企业成本计划执行情况和最终结果的报告文件。正确、及时地编制成本报表,是成本会计的一项重要内容。

成本报表属于企业内部成本管理报表,编报的目的是向企业管理者提供有关成本信息,便于管理者进行成本分析和成本决策。相对于财务报表来说,成本报表具有以下三个特点:

(1) 成本报表是为满足企业内部生产经营管理需要而编制的,具有及时性、灵活性、多样性和实用性的特点。

(2) 成本报表与企业生产特点和管理要求密切联系,不同企业的成本报表可以有不同的形式和内涵,具有个性化的特点。

(3) 成本报表是企业会计资料与其他技术和经济资料相结合的产物,所提供的信息具有综合性和全面性的特点。

二、成本报表的作用

成本报表是会计报表体系的重要组成部分,对企业加强成本管理、提高经济效益具有重要的作用。

1. 综合反映报告期内的产品成本水平

成本报表综合反映了企业在一定时期内成本费用水平、构成要素及成本升降情况,将成本报表中的实际数与计划数进行对比,能够及时反映企业在生产、技术、管理、质量等方面取得的成效及存在的问题。

2. 评价和考核成本计划的完成情况

利用成本报表资料,经过对相关指标的计算、分析,可以了解企业成本管理状况,明确有关部门和人员在执行成本计划中的成果和责任,从而总结经验、吸取教训,提高企业成本管理水平。

3. 作为成本分析的依据

企业通过深度剖析成本报表资料,揭示成本差异对成本升降的影响程度,而后将工作重点集中在那些异常且对成本有重要影响的关键差异上,查明其背后的原因,采取针对性措施来管控成本,从而实现企业既定的成本管理目标。

4. 为编制成本计划提供重要依据

计划期的成本计划是建立在报告期的成本报表基础之上的。编制成本计划需以报告年度成本报表资料为重要依据,结合计划年度可能发生的各种有利或不利因素来制订新年度的成本计划。

三、成本报表的分类

成本报表服务于企业内部的经营管理活动,因此成本报表的编报项目、报送时间、报送对象及报表的格式,都可由企业根据自身生产经营过程的特点、成本管理的要求来设定,并可根据实际情况的变化加以调整。根据不同的标志,成本报表可作以下分类。

1. 按报表反映的内容分类

(1) 反映成本水平的报表,主要包括产品成本表、主要产品单位成本表等。

(2) 反映费用支出情况的报表,主要包括制造费用明细账、销售费用明细账、管理费用明细账和财务费用明细账等。

(3) 反映成本管理专题的报表,主要包括责任成本报表、质量成本报表等。

2. 按报表编制的时间分类

(1) 定期报表,是指需按规定期限编报的成本报表,一般可分为月报、季报和年报。此外,如果内部管理有特殊需要,也可按日、按周、按旬编报。

(2) 不定期报表,是指针对成本管理中出现的某些较大或亟待解决的问题而随时按要求编制的成本报表。例如,发生金额较大的内部故障成本,需立即将信息反馈至有关部门而编制的质量成本报表等。

3. 按报表编制的范围分类

(1) 企业(全厂)成本报表,是指反映全厂范围成本费用状况的报表。

(2) 车间成本报表,是指反映车间范围成本费用状况的报表。

(3) 工段成本报表,是指反映工段范围成本费用状况的报表。

四、成本报表编制的依据和要求

(一) 成本报表编制的依据

企业编制成本报表主要依据以下资料:报告期产品成本的账簿资料,包括总账和相关的明细账;本期成本计划和费用预算资料;以前年度的成本报表资料;本企业内与成本管理有关的统计资料、生产技术资料等其他资料。

(二) 成本报表编制的要求

1. 资料真实可靠

成本报表应客观、真实地反映企业成本费用水平。有关数据必须真实、可靠。成本报表必须在账账、账实核对的基础上,根据账簿资料如实编制。如果报表资料有假,不仅不能发挥报表应有的提供信息的作用,而且会误导报表的使用者。

2. 数据计算正确

成本报表的原始资料来源于日常成本核算资料、成本计划、费用预算和有关历史资料,只有经过汇总、计算、分析和综合,才能揭示成本的深层次问题。因此,有关计算必须正确无误,才能保证成本报表的质量。

3. 内容全面完整

成本报表应能反映企业成本费用管理的全貌,满足报表使用者对成本费用管理资料的需要。因此,成本报表中应填报的指标、内容、说明等有关要素必须根据资料进行加工计算后填报,做到内容完整、指标齐全,便于报表使用者利用成本报表资料进行成本分析。

4. 编制报表及时

成本报表应按规定期限编制、报送给报表使用者。时效性是信息的主要特征之一,只有及时报送报表,才能在第一时间发现问题并采取措施加以解决。否则,无论成本报表多么真实、正确、全面、完整,若编报不及时,等到时过境迁,对报表的使用者都无价值可言。

五、成本报表的编制

(一) 产品成本表

产品成本表是指反映工业企业在报告期内(月、季、年)全部产品总成本和单位成本及成本计划完成情况的报表。产品成本表能够反映企业报告期内全部产品的实际成本资料及成本计划的完成情况。借助此表,还可以分析可比产品成本降低任务的完成情况,并据以对企业的成本工作进行一般的评价。产品成本表是成本报表体系中的主要报表,它由表首、基本内容和补充资料三部分构成。按分类标准不同,产品成本表可分为按成本项目反映的产品成本表和按产品品种反映的产品成本表两种。

1. 按成本项目反映的产品成本表

按成本项目反映的产品成本表由生产费用和产品生产成本两部分构成,是根据成本计算表、产品生产成本明细账及成本计划等有关资料计算填列的。其格式如表16-1所示。

表16-1 产品成本表(按成本项目反映)

编制单位:鸿通制造厂　　　　　20××年12月　　　　　　　　　　　单位:元

项目	上年实际	本年计划	本月实际	本年累计实际
生产费用				
直接材料	103 500	143 150	15 360	147 600
直接人工	77 900	111 130	11 520	109 500
制造费用	50 600	75 620	8 050	75 320
生产费用合计	232 000	329 900	34 930	332 420
加:在产品、自制半成品期初余额	2 200	2 300	2 300	2 200
减:在产品、自制半成品期末余额	2 000	2 200	2 500	2 000
产品生产成本合计	232 200	330 000	34 730	332 620

表16-1有关栏目的填制方法如下:

(1) 上年实际,根据上年年末该表"本年累计实际"填列。

(2) 本年计划,根据本年成本计划资料填列。

(3) 本月实际,根据各产品本月成本计算表或产品生产成本明细账按成本项目分别汇总填列。

(4) 本年累计实际,根据上期该表"本年累计实际"加上"本月实际"计算填列。

(5) 在产品、自制半成品的期初、期末余额,根据各种产品生产成本明细账和自制半成品明细账期初、期末余额分别汇总填列。

2. 按产品品种反映的产品成本表

按产品品种反映的产品成本表由基本报表和补充资料两部分构成,是依据报告期产品成本计算表或库存商品明细账计算填列的,如表16-2所示。表中将全部产品区分为可比产品和不可比产品两部分。可比产品是指以前年度正式生产过的,并有较完备的资料可以进行比较的产品。不具备上述条件的产品为不可比产品。

编制单位：鸿通制造厂　　　　　　　　　　表 16-2　产品成本表（按产品品种反映）　　　　　　　　　　金额单位：元
20××年 12 月

产品名称	规格	数量单位	实际产量			单位成本			本月总成本			本年累计总成本		
			本月实际	本年累计	上年实际平均	本年计划	本月实际	本年累计实际平均	按上年实际平均单位成本算	按本年计划单位成本算	本月实际	按上年实际平均单位成本算	按本年计划单位成本算	本年实际
序号			①	②	③	④	⑤=⑨÷①	⑥=⑫÷②	⑦=①×③	⑧=①×④	⑨	⑩=②×③	⑪=②×④	⑫
可比产品成本				2 380				51.50	26 860	25 400	25 700	242 660	229 200	234 220
其中：A 产品	略	台	280		52	50	50.00				14 000	123 760	119 000	122 570
B 产品		台	300	2 900	41	38	39.00	38.50	14 560	14 000	11 700	118 900	110 200	111 650
不可比产品成本									12 300	11 400				
C 产品		台	420	4 800	—	21	21.50	20.50	—	8 820	9 030	—	100 800	98 400
									—	8 820	9 030	—	100 800	98 400
全部产品生产成本									26 860	34 220	34 730	242 660	330 000	332 620

补充资料：(本年累计实际数)（略）：

1. 可比产品成本降低额　　　　　　(本年计划成本降低额为　　　　　　)。
2. 可比产品成本降低率　　　　　　(本年计划成本降低率为　　　　　　)。
3. 按现行价格计算的产品产值　　　　　　(本年计划计算的产品产值　　　　　　元。
4. 产值成本率　　　　　　(本年计划产值成本率为　　　　　　)。

基本报表部分有关栏目的填列方法如下:

(1) 产品名称,应根据企业生产的产品分可比产品和不可比产品,按品种列示,并列明规格和数量单位。

(2) 实际产量,分为两栏反映。其中,"本月实际"根据本月成本计算单或产品生产成本明细账填列;"本年累计"根据产品生产成本明细账或产品成本表上期该栏的数量加本月实际产量计算填列。

(3) 单位成本,分为四栏反映。其中,"上年实际平均"根据上年年末产品成本表中"本年累计实际平均数"填列,"本年计划"根据本年度成本计划资料填列;"本月实际"根据各种产品成本计算单的资料直接填列;"本年累计实际平均"根据自年初起至本月末止的成本计算单资料或账簿资料计算填列。

(4) 本月总成本,分为三栏反映。其中,"按上年实际平均单位成本算"和"按本年计划单位成本算"两栏是以本月实际产量分别乘以上年实际平均单位成本和本年计划单位成本后填列;"本月实际"则根据本期成本计算单填列。

(5) 本年累计总成本,分为三栏反映。其中,"按上年实际平均单位成本算"和"按本年计划单位成本算"两栏只需以本年累计实际产量分别乘以上年实际平均单位成本和本年计划单位成本后填列;而"本年实际"则根据上期产品成本表此栏数字加上本月实际总成本填列。

补充资料部分有关数据的计算公式及填列方法如下:

(1) 可比产品成本降低额的计算公式如下:

$$\text{可比产品成本降低额} = \text{按上年实际平均单位成本计算的可比产品本年累计总成本} - \text{本年可比产品累计实际总成本}$$

(2) 可比产品成本降低率的计算公式如下:

$$\text{可比产品成本降低率} = \frac{\text{可比产品成本降低额}}{\text{按上年实际平均单位成本计算的可比产品本年累计总成本}} \times 100\%$$

(3) 按现行价格计算的产品产值根据有关统计资料填列。

(4) 产值成本率的计算公式如下:

$$\text{产值成本率} = \frac{\text{产品总成本}}{\text{产品产值}} \times 100\%$$

(二) 主要产品单位成本表

主要产品是指企业经常生产的、在企业全部产品中所占的比重较大,能概括反映企业生产经营面貌的那些产品。主要产品单位成本表是指反映工业企业在报告期内(月、季、年)生产的各种主要产品单位成本构成情况的报表。它能够反映各种主要产品的实际成本水平与构成,考核各种主要产品单位成本计划的执行情况,分析成本升降原因,提供各项消耗量指标的变化资料,有助于与同行业同类产品成本进行对比,进而找出差距、挖掘潜力、降低成本。

主要产品单位成本表是按成本项目反映单位产品成本水平的,它是产品成本表的补充报表,由产量、单位生产成本和主要技术经济指标三部分构成,主要根据成本计算表和日常积累的经济技术资料填列。其格式如表16-3所示。

表16-3 主要产品单位成本表

编制单位:鸿通制造厂　　　　　　　20××年12月　　　　　　　金额单位:元

产品名称	A产品	本月计划产量	320
规格	××	本月实际产量	280
数量单位	台	本年计划产量	2 420
销售单价	60	本年累计实际产量	2 380

成本项目	历史先进水平	上年实际平均	本年计划	本月实际	本年累计实际平均
直接材料	22.50	24.00	22.00	21.00	23.00
直接人工(小时)	16.50	18.00	17.00	21.00	19.00
制造费用	9.00	10.00	11.00	10.00	9.50
产品单位生产成本	48.00	52.00	50.00	50.00	51.50
主要经济技术指标	用量	用量	用量	用量	用量
1. 甲材料	0.95 千克	1.10 千克	1.00 千克	1.00 千克	1.00 千克
2. 乙材料	4.00 千克	5.00 千克	5.00 千克	4.20 千克	4.50 千克
3. 工时	1.80 小时	2.40 小时	2.00 小时	2.20 小时	2.50 小时

主要产品单位成本表各栏目填列方法如下:

(1)"本月计划产量"和"本年计划产量"项目,分别根据本月和本年产品产量计划填列。

(2)"本月实际产量"和"本年累计实际产量"项目,分别根据统计提供的产品产量资料或产品入库单填列。

(3)"历史先进水平"栏各项目,根据有关年度的资料填列。

(4)"上年实际平均"栏各项目,根据上年年末主要产品单位成本表"本年累计实际平均"栏资料填列。

(5)"本年计划"栏各项目,根据成本计划单位成本资料填列。

(6)"本月实际"栏各项目,根据产品成本明细账有关资料填列。

(7)"本年累计实际平均"栏各项目,根据自年初起至本月末止的有关产品成本明细账资料采用加权平均计算后填列。

(8)"主要经济技术指标"项目,应分别根据实际消耗记录、计划、上年度有关数据等业务技术资料和企业或上级机构规定的指标名称、填列方法计算填列。

(三)制造费用明细账

制造费用明细账是反映工业企业在报告期内发生的制造费用总额及其各项费用明细数额的报表。通过制造费用明细账,能够了解制造费用的实际发生金额、具体构成项目,以及各项费用的增减变动情况,可以据此分析和考核制造费用预算的执行情况,明确预算执行结果,并深入剖析差异产生的原因。制造费用明细账由表首和基本内容两部分构成,基本内容为本年计划、上年同期实际、本月实际和本年累计实际四部分,各部分均按制造费用明细项目逐项反映。制造费用明细账格式如表16-4所示。

表16-4 制造费用明细账

编制单位:鸿通制造厂　　　　　　20××年×月　　　　　　　　　　　单位:元

费用项目	本年计划数	上年同期实际数	本月实际	本年累计实际
人工费用				
折旧费				
修理费				
办公费				
水电费				
机物料消耗				
劳动保护费				
低值易耗品摊销				
设计制图费				
试验检验费				
其他费用				
合计				

制造费用明细账各栏目填列方法如下:
(1) 本年计划,根据本年制造费用预算表资料填列。
(2) 上年同期实际,根据上年该表同期本月实际数填列。
(3) 本月实际,根据"制造费用"账户总账及所属明细账计算填列。
(4) 本年累计实际,根据制造费用明细账自年初起至本月月末止累计数计算填列。

(四) 其他成本报表

企业除了需按时编报上述几种成本费用报表,有时还要按照成本管理的要求和责任会计的要求,编制一些其他成本报表,服务于企业内部的成本控制,如责任成本表、质量成本表、材料成本考核表、人工成本考核表、生产损失报告表等。其他成本报表形式多样,不同企业可以有不同的设计,现仅介绍几种常用的其他成本报表,以供参考。

1. 责任成本表

责任成本表是指根据责任中心(部门)的成本核算资料定期进行编制的,用于反映和考核责任成本预算完成情况的内部成本报表。责任成本报表仅供进行责任成本核算的企业使用。

责任成本以部门或个人作为成本计算和控制对象,根据"谁负责谁承担"的原则来归集和分配可控成本,达到分清责任、考核业绩的目的。责任成本表的核心内容是反映各级成本责任中心所能控制的成本项目的执行情况,揭示差异,编报的具体内容取决于各成本中心(工段、车间、厂部)控制成本的责任范围。责任范围大的成本中心,其报表可涉及若干项成本内容;责任范围小的成本中心,其报表内容可能只涉及某项用料、用工标准的执行情况。责任成本报表的繁简程度应服从于各级成本管理人员的信息需求。责任成本表通常可分工段、车间、厂部三级编制,其格式如表 16-5 至表 16-7 所示。

表 16-5　甲工段责任成本表

20××年×月　　　　　　　　　　　　　　　　　　　　　金额单位:元

项目	预算成本	实际成本	差异额	差异率	原因分析
直接材料					
直接人工					
返工费用					
可控成本合计					

表 16-6　第一车间责任成本表

20××年×月　　　　　　　　　　　　　　　　　　　　　金额单位:元

项目	预算成本	实际成本	差异额	差异率	原因分析
制造费用					
甲工段					
乙工段					
丙工段					
可控成本合计					

表 16-7　厂部责任成本表

20××年×月　　　　　　　　　　　　　　　　　　　　　金额单位:元

项目	预算成本	实际成本	差异额	差异率	原因分析
第一车间					
第二车间					
供电车间					
可控成本合计					

责任成本表依据责任中心的成本记录编制。表中预算数大于实际数,为有利差异,表明可控成本节约;如实际数大于预算数,为不利差异,表明可控成本超支。作为考核和评价责任中心的依据,责任成本表对于责任中心不可控的成本不予列示。

2. 质量成本表

质量成本表是指根据企业质量管理的需求,按照质量成本的种类和项目,核算企业实际发生的质量成本,用以反映、分析和考核一定时期内质量成本预算执行情况的内部成本报表。质量成本是指企业为保证或提高产品质量所支出的费用和由质量故障所造成的损失的总和。质量成本一般分为预防成本、鉴定成本和故障成本。预防成本是指企业为使产品质量达到既定标准而投入的费用和提高产品质量水平所支出的费用。鉴定成本是指企业为试验、检验及评定产品是否符合规定质量标准而产生的各种费用。故障成本是指企业产品在出厂前后由于质量问题产生故障而追加的费用和造成损失的总和。质量成本还有显性成本和隐性成本之分。对于显性成本,可通过会计方法进行核算;而对于未实际发生的隐性成本,如由于质量事故而造成的停工损失等,需采用统计方法计算确定。因此,需同时采用会计方法和统计方法才能全面正确地计算质量成本。质量成本表也可按不同层次的责任自下而上编制,通常分车间、厂部两级编制,其格式如表16-8和表16-9所示。

表 16-8 车间质量成本表

20××年×月　　　　　　　　　　　　　　　金额单位:元

项目	预算数		实际数		差异数		差异原因
	金额	占总额百分比	金额	占总额百分比	差异额	差异率	
(一)内部质量损失							
1. 废品、次品损失							
2. 返修损失							
3. 停工损失							
4. 复检损失							
5. 其他							
小计							
(二)预防费用							
1. 质量培训费用							
2. 质量资料费							
3. 质量审核费							
4. 各项管理费用							
5. 其他							
小计							
(三)检验费用							
1. 进货检验费用							
2. 工序、产品检验费							
3. 设备检验费							
4. 半成品检验费							
5. 其他							
小计							
合计							

表 16-9　厂部质量成本表

20××年×月　　　　　　　　　　　　　　　　　金额单位:元

类别		项目	质量成本							合计
			第一车间	第二车间	第三车间	质量科	检验科	销售科	其他	
故障成本	内部故障成本	废品、次品损失 返修费用 停工损失 复检损失 其他								
		小计								
	外部故障成本	折价损失 索赔损失 保修费用 退货损失 其他								
		小计								
鉴定成本		进货检验费 工序、产品检验费 设备检验费 半成品检验费 其他								
		小计								
预防成本		质量培训费 质量资料费 质量审核费 各项管理费用 其他								
		小计								
质量成本合计										
本期产品生产总成本										
质量成本率										

3. 材料成本考核表

材料成本考核表是指根据企业对主要材料成本管理的需要，反映和考核主要材料的消耗量及采购成本情况的内部成本报表。它包括材料消耗量月报表、材料耗用成本月报表和材料成本差异分析月报表。这些报表可分别由仓库保管人员和财会部门材料核算人员编制,其格式如表 16-10 至表 16-12 所示。

表 16-10　材料消耗量月报表

仓库：　　　　　　　　　　　　　　　　　　　　　　　　　　　数量单位:千克

材料名称：　　　　　　　　　20××年×月

日期	本日数				本月累计				本年累计			
	实际用量	定额用量	差异	差异率	实际用量	定额用量	差异	差异率	实际用量	定额用量	差异	差异率
1												
2												
⋮												
合计												

表 16-11　材料耗用成本月报表

　　　　　　　　　　　20××年×月　　　　　　　　　　　　　　金额单位:元

部门	计划成本 (实际用量×计划单价)	定额(或标准)成本 (定额用量×计划单价)	差异额	差异率
第一车间				
第二车间				
合计				

表 16-12　材料成本差异分析月报表

　　　　　　　　　　　20××年×月　　　　　　　　　　　　　　金额单位:元

凭证编号	供货单位名称	材料名称	数量单位	采购数量	实际成本		计划成本		成本差异		
					单位成本	总成本	单位成本	总成本	实际总成本	计划总成本	差异率

4. 人工成本考核表

人工成本考核表是指反映报告期内工人工作效率的报表。该表主要用于分析生产工人在生产时间内的工作效率。该表一般采用自下而上逐级编报。其格式如表 16-13 所示。

表 16-13　人工成本考核表

填表单位：　　　　　　　　　20××年×月

工人姓名或工号	实际工时 ①	完成额定工时 ②	工作效率 ③=②÷①
合计			

5. 生产损失报告表

生产损失报告表是指反映报告期内各项生产损失（废品损失、停工损失）详细情况的报表。该表主要用于分析各项生产损失的金额构成及产生原因，以便企业采取有针对性的纠正措施，同时制订预防方案，避免类似损失再次发生。该表可根据"废品损失""停工损失"等账户记录或其他有关资料编制。其格式如表16-14所示。

表16-14 生产损失报告表

20××年×月　　　　　　　　　　　　　　　　　　　　　　　金额单位：元

项目		原因	数量	工时	修复费用				废品净损失						备注
					材料	人工	制造费用	小计	料费	工费	制造费用	小计	回收残料	净损失	
废品损失	可修复														
	不可修复														
	合计														
停工损失					人工费用	办公费		折旧费	水电费		其他		合计		

第二节 | 成本分析

一、成本分析的含义和意义

成本分析是指利用成本核算及相关资料，按照一定的程序，采用专门方法，对成本水平及其构成状况进行分析与评价，认识并把握降低成本费用的规律，揭示影响成本升降的各种因素及其变动原因，挖掘降低成本的潜力，提高企业成本效益的一种管理活动。成本分析是成本管理的重要组成部分。在工业企业，成本分析贯穿于成本管理工作的始终，在产品成本形成前、形成中和形成后都离不开成本分析。成本计划和成本报表是成本信息的主要载体，因此成本分析也就成为主要是对成本计划和成本报表中提供的成本信息进行的分析。

成本分析则是寻求降低产品成本有效途径的重要手段。成本分析在成本管理中具有重要的意义，主要表现在以下三个方面：

（1）为编制成本计划提供依据。企业通过成本分析，可以对成本计划的完成情况进行考核和评价，查明影响成本计划完成的原因，揭示实际成本与计划成本的差距，发现成本管理中的薄弱环节，进而总结经验，为编制下一轮成本计划提供依据。

（2）促使企业完善成本管理责任制。企业通过成本分析，可以揭示影响成本升降的各种原因，分清成本管理中各部门、各环节的成本管理责任，促使企业完善成本管理责任制。

（3）提高企业成本管理水平。企业通过成本分析，可以正确认识和掌握成本变动的规律，为成本预测与决策提供信息依据，为优化成本管理明确方向，助力企业不断提升成本管理水平。

二、成本分析的内容和原则

(一) 成本分析的内容

工业企业成本分析的内容主要包括：①全部产品成本计划完成情况分析；②可比产品成本降低计划完成情况分析；③单位产品成本分析；④技术经济指标变动对产品成本影响的分析；⑤其他成本费用分析。

(二) 成本分析的原则

成本分析的原则是成本分析工作应遵循的规范。企业进行成本分析时，应遵循的一般原则是：以国家的有关财经政策、企业会计准则、企业会计制度及有关规定为依据，以成本计划、目标成本为标准，坚持实事求是的精神，对企业的产品成本及成本效益进行及时分析、正确评价。在分析方法上应注意的原则是：①全面分析与重点分析相结合；②经济分析与技术分析相结合；③成本分析与责任分析相结合；④专业分析与群众分析相结合；⑤数据资料分析与调查研究相结合；⑥事后分析与事前、事中分析相结合。

三、成本分析的评价标准

精准选定成本分析的评价标准，对于发现问题、明确差距，以及客观评价成本现状是非常重要的。成本分析的评价标准主要有历史标准、行业标准和预算（计划）标准三种。

1. 历史标准

历史标准是指以企业过去某一时间的实际成本业绩为评价标准。历史标准可选择企业在正常经营条件下的平均成本水平，也可选择企业在历史上的最高水平。使用历史标准分析成本现状有较强的说服力，因为那是企业曾经达到的水平。其不足之处是，该评价标准比较保守，只能说明企业与历史相比较后的发展变化状况，不能全面分析企业在同行业中的地位和水平。

2. 行业标准

行业标准是指按行业制定的，反映行业基本成本水平，或者体现行业先进成本水平的评价标准。使用行业标准分析成本现状可表明企业在行业中所处的地位与水平。其不足之处是，该评价标准无法确切表明本企业当前的成本状况相较于以往，究竟是取得了进步，还是出现了退步。

3. 预算（计划）标准

预算（计划）标准是指企业根据自身经营状况制定的目标标准。使用预算（计划）标准分析成本现状可考核、评价企业各级各部门的经营业绩，以及其对企业总体目标实现的影响。其不足之处是，该评价标准受人为主观影响较大。

四、成本分析的方法

成本分析采用的技术方法种类较多，有会计方法、统计方法和数学方法。企业应根据已掌握的资料和本企业产品成本费用的特点及管理者对成本分析的要求来确定。常用的方法有以下几种。

(一) 比较分析法

比较分析法是指通过对不同时间或不同情况下的成本指标数据的对比,揭示客观存在的差异,从而进一步分析产生差异原因的方法。常用的指标对比形式如下:

(1) 实际指标与计划指标对比。这种对比方式可以检查和分析成本计划的完成情况,为进一步分析指明方向。

(2) 本期实际指标与上期(或上年同期或历史最高水平)实际指标对比。这种对比方式可以观察企业成本指标的变动情况和变动趋势,有助于总结经验,优化成本管理工作。

(3) 本期实际指标与国内外同行业先进指标对比。这种对比方式可以了解企业成本水平在国内外同行业中所处的地位,在更大范围内揭示差距,激励企业为降低产品成本做出更大的努力。

采用比较分析法,应注意比较指标的同质性,即所对比的指标在内容、计价标准、时间单位、计算方法等方面是可比的。同行业成本指标对比时,只有在客观条件基本接近的前提下,技术上、经济上才有可比性。

比较分析法简单易懂,便于发现问题,但它只能确定成本指标的差异数,不能找到影响指标变动的具体原因。因此,还需采用其他成本分析方法作进一步的分析。

(二) 比率分析法

比率分析法是指通过计算和对比经济指标的比率进行数量分析的方法,常用的比率分析形式如下。

1. 相关比率分析法

相关比率分析法是将两个性质不同但相关的指标进行对比,计算出两者的比率,将实际数与计划数(或前期实际数)进行对比分析,以便从经济活动的内在联系中更深入地认识企业的生产经营状况的方法,如成本利润率、产值成本率等。

2. 构成比率分析法

构成比率分析法是以局部数量(数额)与整体数量(数额)相比,反映局部在总体中所占的比重,通过观察产品成本构成的变动,掌握经济活动的实际情况及其对产品成本的具体影响的方法。例如,计算各成本项目在产品总成本中所占的比重,确定成本构成的变动等。

3. 动态比率分析法

动态比率分析法是将不同时期同类指标的数值进行对比,计算出动态比率并进行分析,以此反映分析对象的增减速度和发展趋势,从中发现企业在生产经营方面的成绩与存在的问题的方法。其具体又分为定基对比和环比对比两种。

(三) 因素分析法

因素分析法是指将某一综合经济指标分解成若干相互联系的原始因素,采用一定的计算方法,确定各因素变动对该项经济指标的影响方向和影响程度的方法。常用的因素分析法种类如下。

1. 连环替代法

连环替代法是因素分析法的基本形式,它将综合性经济指标分解为各个因素,将各因素的实际数值按顺序替换成标准数值(如计划数、前期实际数等),以此来计算各因素变动对该项指标的影响程度。

1) 连环替代法的计算程序

连环替代法有以下四个计算程序：

(1) 将某项经济指标分解成若干原始因素。按一定顺序列出数字关系式，并计算出所有因素都按比较标准(本期计划或前期实际)数值计算的总值。

(2) 以标准指标的数字关系式为基础，依次以各因素的本期实际数值替换该因素的标准数值，每次替换一个因素，并计算出替换后的数据，有几个因素就替换几次，直至将所有因素逐一替换为止。

(3) 将每次替换后计算的新数据与替换前的数据进行比较，其差额即表示该替换因素变动对综合指标的影响程度。

(4) 计算各因素变动影响数额的代数和。这个代数和应等于该指标的实际指标值与标准指标值的差异总数，否则，计算过程中有错误。

设成本指标 M 由 A、B、C 三个因素的乘积组成，其计划成本指标(比较标准)与实际成本指标列示如下：

计划成本：$M_1 = A_1 \times B_1 \times C_1$

实际成本：$M_2 = A_2 \times B_2 \times C_2$

差异额：$D = M_2 - M_1$

以比较标准为基础，依次替换：

第一次替换：$A_2 \times B_1 \times C_1 = M_3$

$M_3 - M_1 = A$ 因素变动对综合指标 M 的影响

第二次替换：$A_2 \times B_2 \times C_1 = M_4$

$M_4 - M_3 = B$ 因素变动对综合指标 M 的影响

第三次替换：$A_2 \times B_2 \times C_2 = M_2$

$M_2 - M_4 = C$ 因素变动对综合指标 M 的影响

计算以上三因素变动影响数的代数和：

$(M_3 - M_1) + (M_4 - M_3) + (M_2 - M_4) = M_2 - M_1 = D$

从上式可以看到，各构成因素变动的差异之和与前面计算的实际成本脱离计划的总差异是相等的。通过因素分析可以确定各因素对成本升降的影响程度，以便采取改进措施。

2) 连环替代法的特点

连环替代法具有以下三个特点：

(1) 因素替换的顺序性，即计算分析时应按各因素排列的先后顺序逐一替换。一般按如下顺序替换：先数量因素，后质量因素；先实物因素，后价值量因素；先基本因素，后从属因素。

(2) 因素替换的连环性，即后一因素的计算分析建立在前一因素的基础之上，在全部因素替换完毕后，才完成对该综合经济指标的因素分析。

(3) 计算条件的假定性，即测算某一因素变动的影响是在某种假定条件下进行的。例如，假定其他因素不变、规定替换顺序，都会造成计算结果在一定程度上的假定性。而这种假定性的分析方法，是在确定事物内部各种因素影响程度时必不可少的。

2. 差额计算法

差额计算法是连环替代法的简化形式，它将各因素的实际数与基数进行比较，计算出

差额,在其他因素不变的假定前提下,分析各因素对综合经济指标的影响程度。其计算程序如下:

(1) 求实际数与标准数的差额。确定各因素的实际数,并与标准数(本期计划数或前期实际数)进行比较,求得两者的差额。

(2) 计算各因素对综合经济指标的影响程度。以各因素的差额乘以数学关系式中排列在该因素前的各因素的实际数和排列在该因素后的各因素的标准数,其结果即该因素对综合经济指标的影响程度。

(3) 求出实际成本脱离标准成本的总差异。将该指标数学关系式中全部因素计算分析完毕后,各因素的影响数值的代数和就是该综合经济指标的实际成本脱离标准成本的总差异。

五、成本计划完成情况的分析

成本计划完成情况的分析,主要是全部产品成本计划的完成情况分析和可比产品成本降低任务及完成情况分析,属于成本事后定期分析。

(一) 全部产品成本计划的完成情况分析

企业的全部产品包括可比产品和不可比产品。可比产品是指企业以前正式生产过的、有历史成本资料的产品;不可比产品是指企业以前从未生产过的、没有历史成本资料的产品。不可比产品没有历史成本资料,因而不能用实际总成本与上年成本比较,只能用实际总成本与计划总成本比较。

全部产品的成本分析,主要是分析成本计划的完成情况,确定本期全部产品的实际成本与计划成本相比较的差异额和差异率,并分析原因,以了解企业完成成本计划的一般情况,为进一步分析指明方向。

对全部产品成本计划完成情况的分析,可按成本项目、产品品种(类别)和成本性态三个方面进行。

1. 按成本项目进行成本计划完成情况分析

这种分析方法是将全部产品总成本按成本项目逐一汇总,与按实际产量调整后的计划总成本对比,确定每个成本项目的降低额和降低率,分析总成本变动的原因。

【例 16-1】 鸿通制造厂按成本项目反映的产品成本分析表,如表 16-15 所示。

表 16-15 产品成本分析表(按成本项目)

编制单位:鸿通制造厂　　　　　　　　20××年12月　　　　　　　　金额单位:元

成本项目	本年实际产量总成本		实际比计划		各项差异对总成本影响的百分比 $⑤ = ③ ÷ \sum ①$
	计划总成本 ①	实际总成本 ②	降低额 ③=②-①	降低率 ④=③÷①	
直接材料	143 200	147 700	-4 500	-3.14%	-1.36%
直接人工	111 200	109 600	1 600	1.44%	0.48%
制造费用	75 600	75 320	280	0.37%	0.08%
产品成本	330 000	332 620	-2 620	-0.79%	-0.79%

计算结果说明,负数表示成本增加;正数表示成本节约。

由表 16-15 可知,鸿通制造厂全部产品的实际制造成本超支 0.79%,主要是由于直接材料成本超支 4 500 元,比计划增加 3.14%,而直接人工和制造费用则都比计划成本有所降低,形成成本的有利差异。对于直接材料的超支,企业应作进一步分析,了解变动因素是由主观因素还是客观因素所致,并采取相应的措施。

2. 按产品品种进行成本计划完成情况分析

这种分析方法所依据的资料是全部产品成本表和按产品品种编制的全部产品成本计划。通过编制产品成本分析表,计算确定可比产品、不可比产品和全部产品成本的降低额和降低率。其计算公式如下:

$$成本降低额 = 实际总成本 - 计划总成本$$
$$= \sum [实际产量 \times (实际单位成本 - 计划单位成本)]$$
$$成本降低率 = \frac{成本降低额}{\sum (实际产量 \times 计划单位成本)} \times 100\%$$

计算结果说明:正数表示成本节约;负数表示成本增加。

【例 16-2】 鸿通制造厂生产 A、B、C 三种产品,其中 A、B 产品为可比产品,C 产品为不可比产品,20××年 12 月产品成本如表 16-2 所示;按产品品种反映的全部产品成本分析如表 16-16 所示。

表 16-16 产品成本分析表(按产品品种)

编制单位:鸿通制造厂　　　　　　　20××年 12 月　　　　　　　　　　　单位:元

产品名称	实际产量		实际比计划的差异		各产品的成本差异对总成本影响的百分比
	计划总成本 ①	实际总成本 ②	降低额 ③=②-①	降低率 ④=③÷①	⑤=③÷∑①
可比产品合计					
其中:A 产品	119 000	122 570	-3 570	-3.00%	-1.08%
B 产品	110 200	111 650	-1 450	-1.32%	-0.44%
不可比产品合计					
C 产品	100 800	98 400	2 400	2.38%	0.73%
全部产品	330 000	332 620	-2 620	-0.79%	-0.79%

由表 16-16 可知,鸿通制造厂全部产品成本实际总成本比计划总成本超支 2 620 元,超支率为 0.79%。

全部产品成本计划完成不好。从产品品种上看,成本计划完成情况不平衡:可比产品中 A 产品实际成本比计划成本增加了 3 570 元,成本超支率为 3.00%;B 产品实际成本比计划增加了 1 450 元,成本超支率为 1.32%;而不可比产品降低了 2 400 元,节约率为 2.38%。因此,应进一步分析 A、B 产品成本上升的原因。

3. 按成本性态进行成本计划完成情况分析

这种分析方法是将全部产品成本按成本性态划分为变动成本和固定成本,确定变动成本和固定成本的降低额和降低率。

【例 16-3】 承[例 16-2],根据表 16-2 及有关成本资料,按成本性态反映的全部产品成本分析如表 16-17 所示。

表 16-17 全部产品成本分析表(按成本性态)

编制单位:鸿通制造厂　　　　　　20××年 12 月　　　　　　　　　　　单位:元

成本项目	本年实际产量总成本		实际比计划		各项差异对总成本影响的百分比
	计划总成本 ①	实际总成本 ②	降低额 ③=②−①	降低率 ④=③÷①	⑤=③÷∑①
变动成本					
其中:直接材料	143 200	147 700	−4 500	−3.14%	−1.36%
直接人工	111 200	109 600	1 600	1.44%	0.48%
变动制造费用	51 900	51 700	200	0.39%	0.06%
固定成本					
其中:固定制造费用	23 700	23 620	80	0.34%	0.02%
产品成本	330 000	332 620	−2 620	−0.79%	−0.79%

由表 16-17 可知,鸿通制造厂全部产品的实际制造成本超支 0.79%,主要是由于直接材料超支 4 500 元,比计划增加 3.14%,而变动成本的其他项目和固定成本都比计划成本有所降低,形成成本有利差异。对于变动成本中材料成本超支状况,有关部门应作进一步剖析,以便采取相应措施,加以控制。

(二)可比产品成本降低任务及完成情况分析

企业在正确划分可比产品和不可比产品的基础上,还需进一步分析可比产品成本降低任务的完成情况。

1. 可比产品成本计划完成情况分析

可比产品成本计划完成情况指可比产品的计划成本比上年全年平均成本降低的数额和幅度,具体包括计划降低额和计划降低率两个指标。其计算公式如下:

$$\text{可比产品成本计划降低额} = \sum[\text{计划产量} \times (\text{上年实际单位成本} - \text{本年计划单位成本})]$$

$$\text{可比产品成本计划降低率} = \frac{\text{可比产品成本计划降低额}}{\sum(\text{计划产量} \times \text{上年实际单位成本})} \times 100\%$$

计划降低额和计划降低率大于零,表示预期今年比上年全年平均成本降低的幅度;计划降低额和计划降低率小于或等于零,表示预期今年比上年全年平均成本并不能降低,可能会上升。

2. 可比产品成本实际完成情况分析

可比产品成本实际完成情况指可比产品的本年实际成本比上年全年平均成本降低的

数额和幅度,具体包括实际降低额和实际降低率两个指标。其计算公式如下:

$$\text{可比产品成本实际降低额} = \sum[\text{实际产量} \times (\text{上年实际单位成本} - \text{本年实际单位成本})]$$

$$\text{可比产品成本实际降低率} = \frac{\text{可比产品成本实际降低额}}{\sum(\text{实际产量} \times \text{上年实际单位成本})} \times 100\%$$

实际降低额和实际降低率大于零,表示今年实际成本比上年全年平均成本降低的幅度;实际降低额和实际降低率小于等于零,表示今年实际成本比上年全年平均成本并未降低,反而可能上升了。

3. 可比产品成本降低任务完成情况分析

可比产品成本降低任务完成情况指可比产品成本实际降低额和实际降低率与计划降低额和计划降低率差异,即超计划降低额和超计划降低率。其计算公式如下:

$$\text{超计划降低额} = \text{实际降低额} - \text{计划降低额}$$

$$\text{超计划降低率} = \text{实际降低率} - \text{计划降低率}$$

如果超计划降低额或超计划降低率大于零,则表示与上年实际成本相比,该企业实际降低的幅度大于预期计划降低的幅度,超额完成任务,可进一步分析超额完成任务的具体影响因素。

如果超计划降低额或超计划降低率小于或等于零,则表示与上年实际成本相比,该企业实际降低的幅度未达到预期计划降低的幅度,尚需进一步分析未按预期计划完成任务的具体影响因素。

【例16-4】 鸿通制造厂生产A、B两种可比产品,有关成本资料如表16-18和表16-19所示。

表16-18 可比产品计划成本资料

编制单位:鸿通制造厂　　　　　　　20××年12月　　　　　　　金额单位:元

可比产 品名称	计划 产量(台)	单位成本		总成本		成本降低指标	
		上年实际	本年计划	按上年实际 单位成本算	按本年计划 单位成本算	降低额	降低率
A产品	2 420	52	50	125 840	121 000	4 840	3.85%
B产品	2 700	41	38	110 700	102 600	8 100	7.32%
合计				236 540	223 600	12 940	5.47%

表16-19 可比产品实际成本资料

编制单位:鸿通制造厂　　　　　　　20××年12月　　　　　　　金额单位:元

可比产 品名称	实际 产量(台)	单位成本		总成本		成本降低指标	
		上年实际	本年实际	按上年实际 单位成本算	按本年实际 单位成本算	降低额	降低率
A产品	2 380	52	51.5	123 760	122 570	1 190	0.96%
B产品	2 900	41	38.5	118 900	111 650	7 250	6.10%
合计				242 660	234 220	8 440	3.48%

超计划降低额＝实际降低额－计划降低额＝8 440－12 940＝－4 500(元)
超计划降低率＝实际降低率－计划降低率＝3.48％－5.47％＝－1.99％

从上述资料可以看出,可比产品的生产成本计划降低额为 12 940 元,实际降低额为 8 440 元,计划降低率为 5.47％,实际降低率为 3.48％。超计划降低额或降低率小于零,表示该企业今年未达到预期计划降低成本的幅度,尚需进一步分析未超额完成任务的具体影响因素。

(三) 可比产品成本降低任务完成情况因素分析

影响可比产品成本的因素主要有三种,即产量因素、产品品种结构因素和单位成本因素。通过对这三个因素逐一替换计算,能够深入剖析可比产品成本降低的原因。

1. 产量变动因素的影响

成本计划降低额是根据各种产品的计划产量制定的。实际产量发生变动,必然会影响到成本降低额。当产品的品种结构和单位产品成本不变时,单纯的产量变动只影响产品成本的降低额,而不影响产品成本的降低率。其计算公式如下:

$$\text{产量变动对成本降低额的影响} = \sum\left[\left(\text{实际产量} \times \text{上年实际单位成本}\right) \times \text{计划成本降低率}\right] - \text{计划降低额}$$

$$\text{计划降低额} = \sum\left[\text{计划产量} \times \left(\text{上年实际单位成本} - \text{本年计划单位成本}\right)\right]$$

【例 16-5】 承[例 16-4],产量变动对成本降低额的影响计算如下:

$$(2\,380 \times 52 + 2\,900 \times 41) \times 5.47\% - 12\,940 = 333.5(元)$$

在生产实践中,产量因素的变化往往会引起产品品种结构的变动。

2. 产品品种结构变动因素的影响

全部可比产品成本降低率实质上是在各种产品的个别成本降低率的基础上计算出来的。由于各种产品的成本降低程度不同,当产品品种结构发生变化时,成本降低额、成本降低率也会随之发生变化。一般情况下,产品成本降低率高的产品在全部可比产品产量中所占比例比计划有所提高,全部可比产品成本降低率就会提高,成本降低额也会随之增加;反之,产品成本降低率就会降低,成本降低额也会减少。其计算公式如下:

$$\text{产品品种结构变动对成本降低额的影响} = \sum\left(\text{实际产量} \times \text{上年实际单位成本}\right) - \sum\left(\text{实际产量} \times \text{本年计划单位成本}\right) - \sum\left(\text{实际产量} \times \text{上年实际单位成本}\right) \times \text{计划成本降低率}$$

$$\text{产品品种结构变动对成本降低率的影响} = \frac{\text{产品品种结构变动对成本降低额的影响金额}}{\sum(\text{实际产量} \times \text{上年实际单位成本})} \times 100\%$$

【例 16-6】 承[例 16-4],产品品种结构变动对成本降低额、降低率的影响计算如下:

产品品种结构变动对成本降低率的影响
$= (2\,380 \times 52 + 2\,900 \times 41) - (2\,380 \times 50 + 2\,900 \times 38) -$
$\quad (2\,380 \times 52 + 2\,900 \times 41) \times 5.47\%$
$= 186.5(元)$

$$\text{产品品种结构变动对成本降低率的影响} = \frac{186.5}{2\,380 \times 52 + 2\,900 \times 41} \times 100\% = 0.08\%$$

3. 单位成本变动因素的影响

可比产品计划成本降低额和实际成本降低额都是以上年成本为计算基础。因此,可比产品成本降低任务的完成程度,实际上是各种产品单位成本发生变化的结果。产品实际单位成本比计划单位成本升高或降低,都会引起成本降低额和降低率的变动。其计算公式如下:

$$\text{单位成本变动对成本降低额的影响} = \sum \left[\text{实际产量} \times \left(\text{计划单位成本} - \text{实际单位成本} \right) \right]$$

$$\text{单位成本变动对成本降低率的影响} = \frac{\text{单位成本变动对成本降低额的影响金额}}{\sum \left(\text{实际产量} \times \text{上年实际单位成本} \right)} \times 100\%$$

【例 16-7】 承[例 16-4],单位成本变动对产品成本降低额、降低率的影响计算如下:

单位成本变动对成本降低额的影响 $= 2\,380 \times (50 - 51.5) + 2\,900 \times (38 - 38.5) = -5\,020(\text{元})$

单位成本变动对成本降低率的影响 $= \dfrac{-5\,020}{2\,380 \times 52 + 2\,900 \times 41} \times 100\% = -2.07\%$

最后,综合各种因素对可比产品成本降低任务完成情况的影响程度,如表 16-20 所示。

表 16-20 各因素影响可比产品成本降低程度汇总表

编制单位:鸿通制造厂　　　　　　　　　　20××年12月　　　　　　　　　　单位:元

因素	影响程度	
	降低额	降低率
产品产量	333.50	
产品品种结构	186.50	0.08%
单位成本	-5 020.00	-2.07%
成本降低额完成情况	-4 500.00	-1.99%

由表 16-20 可知,该企业今年未按预期计划完成成本降低任务的主要原因在于单位产品成本的上升。

六、产品单位成本的分析

对企业全部产品成本降低情况进行总结分析,可以得出企业产品成本及其升降的总括情况。单位产品成本是影响可比产品成本降低任务的主要因素,企业应进一步对各主要产品的单位成本进行分析,寻找影响单位产品成本水平变动的具体原因。

单位产品成本计划完成情况分析的内容主要包括:产品单位成本计划完成情况分析;单位产品成本项目完成情况分析;主要技术经济指标变动对单位产品成本影响的分析。

(一)产品单位成本计划完成情况分析

产品单位成本计划完成情况分析是将分析对象的各成本项目的实际数与计划数进行

对比,确定差异额和差异率,以及各成本项目变动对产品单位成本计划的影响程度,查明造成产品单位成本升降的原因。

【例16-8】 鸿通制造厂A产品是该厂的主要产品之一,且本年度成本超支,现按成本项目分析,如表16-21所示。

表16-21 产品单位成本计划完成情况分析表

产品:A产品　　　　　　　　　　　20××年12月　　　　　　　　　　金额单位:元

成本项目	单位成本			与上年实际比		与本年计划比	
	上年实际	本年计划	本年实际	成本降低额	成本降低率	成本降低额	成本降低率
直接材料	24	22	23.0	1.0	4.17%	−1.0	−4.55%
直接人工	18	17	19.0	−1.0	−5.56%	−2.0	−11.76%
制造费用	10	11	9.5	0.5	5.00%	1.5	13.64%
合计	52	50	51.5	0.5	0.96%	−1.5	−3.00%

从资料分析看,A产品本年实际单位成本比计划超支了1.5元,主要是直接材料费用超支1元,直接人工费用超支2元,影响单位成本降低任务的完成,因此还应对直接材料和直接人工费用作进一步分析。

(二) 单位产品成本项目完成情况分析

单位产品成本项目分析,可按每个成本项目逐一进行分析,也可有选择地对某些成本项目进行重点分析。

1. 直接材料项目的分析

直接材料是直接用于产品生产的原材料,生产一种产品往往要耗用多种原材料。直接材料项目分析应根据耗用的各种原材料进行分析,分析单位产品各种材料的消耗量和相应的材料单价两个因素。其计算公式如下:

$$单位产品直接材料费用 = \sum(直接材料消耗量 \times 材料单价)$$

$$单位产品直接材料差异额 = 单位产品直接材料实际成本 - 单位产品直接材料计划成本$$
$$= 单位产品直接材料数量差异 + 单位产品直接材料价格差异$$

$$单位产品直接材料数量差异 = \sum\left[\left(\begin{matrix}实际\\消耗量\end{matrix} - \begin{matrix}计划\\消耗量\end{matrix}\right) \times 计划单价\right]$$

$$单位产品直接材料价格差异 = \sum\left[\left(\begin{matrix}实际\\价格\end{matrix} - \begin{matrix}计划\\价格\end{matrix}\right) \times 实际消耗量\right]$$

影响材料消耗量变动的因素主要有:①材料质量的变化。质量高的材料,可以减少材料消耗量;反之,会增加材料消耗量。②产品生产工艺改变和新技术的采用。一般改进生产工艺、采用新技术会提高材料的利用率,降低材料消耗。③代用材料的使用或配料比例的变化。在保证质量的前提下,用廉价的普通材料代替高价的贵重材料。④原材料的综合利用。

影响材料单价变动的因素主要有:①材料采购价格的变动。在市场经济条件下,由于供求关系的影响,在不同的时间、不同的地点采购,乃至不同或相同质量的材料,都可能出现不同的单价。②采购费用变动。由于采购地点、运输工具、交货方式等不同,采购费用的变动都会受到影响。③采购批量的大小。④采购部门的管理水平。

2. 直接人工项目的分析

单位产品直接人工费用的变动,主要受劳动生产率和人工费用水平两个因素的影响。其计算公式如下:

单位产品直接人工费用＝单位产品工时定额×单位工时直接人工费用率

单位产品直接人工差异＝单位产品直接人工实际成本－单位产品直接人工计划成本
　　　　　　　　　　＝单位产品直接人工数量差异＋单位产品直接人工价格差异

单位产品直接人工数量差异＝(单位产品实际工时－单位产品计划工时)
　　　　　　　　　　　　×单位工时计划直接人工费用率

单位产品直接人工价格差异＝(单位工时实际直接人工费用率－
　　　　　　　　　　　　单位工时计划直接人工费用率)×
　　　　　　　　　　　　单位产品实际工时

其中,单位产品消耗工时数的多少体现劳动生产率(人工效率)的高低。劳动生产率越高,单位产品消耗的工时越少,人工费用就能降低;反之,就会超支。影响劳动生产率变动的因素主要有生产技术工艺、劳动组织、生产工人的熟练程度、材料质量等。直接人工费用率体现平均人工费用水平的高低,它取决于生产工人职工薪酬总额和生产工时总数。

3. 制造费用项目分析

单位产品制造费用的变动主要受单位产品计划工时和制造费用分配率的影响。其计算公式如下:

单位产品制造费用＝单位产品工时定额×单位工时制造费用分配率

单位产品制造费用差异额＝单位产品实际制造费用－单位产品计划制造费用
　　　　　　　　　　　＝制造费用效率差异＋制造费用耗费差异

制造费用数量差异＝(单位产品实际工时－单位产品计划工时)×
　　　　　　　　单位工时计划制造费用分配率

制造费用价格差异＝(单位工时实际制造费用分配率－单位工时计划制造费用分配率)×
　　　　　　　　单位产品实际工时

【例 16-9】 鸿通制造厂 A 产品单位成本资料如表 16-22 所示。

表 16-22　A 产品单位成本资料

编制单位:鸿通制造厂　　　　　　　　　20××年12月　　　　　　　　　　金额单位:元

成本项目	计划金额	实际金额
直接材料	22.00	23.00
直接人工	17.00	19.00
制造费用	11.00	9.50
合计	50.00	51.50

(续表)

主要技术经济指标	计划			实际		
	数量	单价	金额	数量	单价	金额
1. 甲材料	1.0千克	8.00	8.00	1.0千克	9.50	9.50
2. 乙材料	5.0千克	2.80	14.00	4.5千克	3.00	13.50
3. 直接人工	2.0工时	8.50	17.00	2.5工时	7.60	19.00
4. 制造费用	2.0工时	5.50	11.00	2.5工时	3.80	9.50
合计			50.00			51.50

由表16-22可知，A产品单位成本实际数比计划数超支额为1.5元，超支率为3%。具体原因分析如下：

(1) 直接材料项目分析。直接材料项目指标分析如下：

直接材料差异额＝23－22＝1(元)

材料数量差异＝(1－1)×8＋(4.5－5)×2.8＝－1.4(元)

材料价格差异＝(9.5－8)×1＋(3－2.8)×4.5＝2.4(元)

A产品单位成本中直接材料超支了1元，主要由于乙材料消耗量减少，节约了1.4元，而甲、乙材料的价格提高，超支了2.4元。

(2) 直接人工项目分析。直接人工项目指标分析如下：

直接人工差异额＝19－17＝2(元)

直接人工数量差异＝(2.5－2)×8.5＝4.25(元)

直接人工价格差异＝(7.6－8.5)×2.5＝－2.25(元)

A产品单位成本直接人工超支了2元，主要由于人工效率降低，超支了4.25元，而人工费用率降低，节约了2.25元。

(3) 制造费用项目分析。制造费用项目指标分析如下：

制造费用差异额＝9.5－11＝－1.5(元)

制造费用数量差异＝(2.5－2)×5.5＝2.75(元)

制造费用价格差异＝(3.8－5.5)×2.5＝－4.25(元)

A产品单位成本制造费用节约了1.5元，主要由于工时消耗量增加，超支了2.75元，而制造费用分配率降低，节约了4.25元。

对于通过因素分析计算出来的数据，有关部门和管理人员应作进一步的调查和分析，巩固有利差异，加强对不利差异的控制。

(三) 主要技术经济指标变动对单位产品成本影响的分析

技术经济指标变化对产品成本变动有重要的影响，深入分析技术经济指标的变动，才能了解产品单位成本变动的原因，找到降低产品成本的有效途径。不同行业企业的生产经营活动及管理方法各具特点，因此不同行业企业的技术经济指标各不相同。下面就经常遇到的若干技术经济指标对成本的影响展开分析。

1. 原材料消耗量变动对单位产品成本影响的分析

1) 原材料利用率变动对产品成本影响的分析

原材料利用率是反映原材料利用程度的相对指标，不同类型的企业对其有不同的表达方法,通常用投入原材料的重量与实际利用原材料的重量的比率来表示。原材料利用率提高说明单位产品的材料消耗量降低,材料消耗量降低就能使单位产品成本降低。其计算公式如下:

$$原材料利用率 = \frac{单位产品中某种原材料的净重}{单位产品某种原材料的投料重量} \times 100\%$$

$$\begin{matrix}原材料利用率变动对单位\\产品成本的影响率\end{matrix} = \left(\frac{变动前原材料利用率}{变动后原材料利用率} - 1\right) \times \begin{matrix}变动前原材料成本占\\单位产品成本的比重\end{matrix}$$

$$\begin{matrix}原材料利用率变动对单位\\产品成本的影响额\end{matrix} = \begin{matrix}原材料利用率变动对单位\\产品成本的影响率\end{matrix} \times 单位产品成本$$

【例 16-10】 鸿通制造厂 A 产品上年实际单位成本为 52 元,其中直接材料成本为 24 元。上年原材料利用率为 78%,本年原材料利用率为 80%。如果其他条件不变,分析原材料利用率变动对产品成本的影响如下:

$$原材料利用率变动对单位产品成本的影响率 = (78\% \div 80\% - 1) \times (24 \div 52) \times 100\%$$
$$= -1.2\%$$

$$原材料利用率变动对单位产品成本的影响额 = 52 \times (-1.2\%) = -0.62(元)$$

由于原材料利用率的提高,A 产品单位成本比上年降低了 1.2%,共计 0.62 元。

2) 改进产品设计对产品成本影响的分析

在生产、管理、技术水平较高的企业,想要较大幅度地降低产品成本,提高市场竞争力,必须通过改进产品设计,在保证质量的前提下,使产品的体积变小、重量变轻、结构简化,采用代用材料及消除产品的不必要的功能等来节约原材料的耗费,降低产品材料成本。其计算公式如下:

$$\begin{matrix}改进产品设计对单位\\产品成本的影响额\end{matrix} = \begin{matrix}改进产品设计\\后的材料成本\end{matrix} - \begin{matrix}改进产品设计\\前的材料成本\end{matrix}$$

$$改进产品设计对单位产品成本的影响率 = \frac{改进产品设计对单位产品成本的影响额}{改进产品设计前的单位产品成本} \times 100\%$$

【例 16-11】 鸿通制造厂 B 产品上年实际单位成本为 41 元,其中直接材料成本为 19 元。为降低产品成本,本年改进了产品设计,单位产品直接材料成本降为 17 元,如其他条件不变,分析改进产品设计对产品成本的影响如下:

$$改进产品设计对单位产品成本的影响额 = 17 - 19 = -2(元)$$
$$改进产品设计对单位产品成本的影响率 = (-2) \div 41 \times 100\% = -4.88\%$$

改进产品设计使该产品单位成本降低 2 元,降低幅度为 4.88%。

3) 原材料综合利用对产品成本影响的分析

企业对原材料或生产过程中产生的废气、废水、废渣等进行综合利用,既可以减少对环境的污染,变废为宝,节约有限的资源;又可以在生产主产品的同时,生产出副产品,分摊主产品的部分原材料成本,使主产品的原材料成本相应降低。原材料综合利用对产品成本影响的计算公式如下:

原材料综合利用对单位产品成本的影响＝原材料成本降低额＋加工费用变动额

原材料成本降低额＝(1－综合利用后的费用分配率)×综合利用前原材料在单位成本中的比重×综合利用前的单位产品成本

加工费用变动额＝[1－(1＋加工费用增加率)×综合利用后的费用分配率]×综合利用前加工费用在单位成本中的比重×综合利用前的单位产品成本

2. 产品产量变动对产品成本影响的分析

产品成本按其习性分类，可分为固定成本和变动成本，在其他条件不变的情况下，产量与变动成本呈正比例关系，与固定成本呈反比例关系。也就是说，当产量增加时，固定消耗利用率(如生产设备利用率)提高，使单位产品分摊的固定费用减少；反之，则使单位产品分摊的固定费用增加。其计算公式如下：

$$\text{产品产量增加对单位产品成本的影响率} = -\left(1 - \frac{1}{1+\text{产量增长率}}\right) \times \text{单位产品成本中固定费用的比重} \times 100\%$$

【例 16-12】 鸿通制造厂 A 产品上年实际产量为 2 200 件，平均单位成本为 52 元，其中固定制造费用为 10.4 元，本年实际产量为 2 380 件，如其他条件不变，A 产品产量增加，则产品成本降低。具体计算过程如下：

$$\text{产品产量增长率} = (2\,380 - 2\,200) \div 2\,200 \times 100\% = 8.18\%$$

$$\text{产品产量增加对单位产品成本的影响率} = -[1 - 1 \div (1 + 8.18\%)] \times (10.4 \div 52) \times 100\%$$
$$= -1.51\%$$

产品产量增加对单位产品成本影响金额＝52×(－1.51％)＝－0.79(元)

产量增加，使单位产品成本降低 0.79 元，降低率为 1.51％。

3. 工人劳动生产率变动对产品成本影响的分析

工人劳动生产率提高，意味着单位工作时间的产量增加或单位产品的工时消耗减少。劳动生产率直接影响单位成本中的直接人工成本。影响直接人工成本变动的因素包括工人劳动生产率和工人平均人工费用。只有劳动生产率的增长超过平均人工费用的增长，才能形成人工成本的降低。其计算公式如下：

$$\text{劳动生产率变动对单位成本的影响率} = -\left(1 - \frac{1+\text{平均人工费用增长率}}{1+\text{劳动生产率增长率}}\right) \times \text{直接人工占产品单位成本的百分比}$$

$$\text{劳动生产率变动对单位成本的影响额} = \text{上年(计划)单位成本} \times \text{劳动生产率变动对单位成本的影响率}$$

【例 16-13】 鸿通制造厂 B 产品上年实际单位成本为 41 元，其中直接人工成本为 13 元，本年实际产量为 2 900 件，生产工人劳动生产率实际比上年提高 10％，生产工人平均人工费用比上年增长 8％。因劳动生产率提高，超过生产工人平均人工费用的增加形成的成本降低率和降低额计算如下：

$$\text{劳动生产率变动对单位成本的影响率} = -\left(1 - \frac{1+8\%}{1+10\%}\right) \times \frac{13}{41} \times 100\% = -0.57\%$$

劳动生产率变动对单位成本的影响额＝41×(－0.57％)＝－0.24(元)

劳动生产率提高的幅度超过生产工人平均工资增长的幅度,使单位产品成本降低了0.24元,降低率为0.57％。

4. 产品质量变动对产品成本的影响分析

在生产消耗水平不变的条件下,产品质量提高可以使产品成本中废品损失项目的含量降低。同样数量的原材料、直接人工能生产出更多的合格品,从而达到降低产品单位成本的目的。反映产品质量的指标主要有废品率、合格品率、等级品率和返修率等。这里以不可修复废品的废品率为例,将废品率变动前后产品单位成本中的废品损失进行比较,可得出废品率变动对成本的影响。其计算公式如下：

$$废品率=\frac{废品数量}{合格品数量+废品数量}\times 100\%$$

$$废品损失占单位成本的百分比=\frac{废品率\times(1-废品残料价值占废品成本的百分比)}{1-废品率}$$

【例16-14】 鸿通制造厂B产品上年合格品产量为2 700件,废品数量为100件,单位成本为41元,废品残料价值占废品成本的2％;本年合格产品为2 900件,废品数量为104件,废品率变动对产品成本的影响如下：

$$上年废品率=\frac{100}{2\ 700+100}\times 100\%=3.57\%$$

$$上年废品损失占单位成本的百分比=\frac{3.57\%\times(1-2\%)}{1-3.57\%}=3.63\%$$

$$本年废品率=\frac{104}{2\ 900+104}\times 100\%=3.46\%$$

上年产品单位成本中含废品损失金额＝41×3.46％＝1.42(元)

假定其他条件不变,废品率的变动对成本的影响如下：

$$本年废品损失占单位成本的百分比=\frac{3.46\%\times(1-2\%)}{1-3.46\%}=3.51\%$$

本年产品单位成本中含废品损失金额＝41×3.51％＝1.44(元)

根据以上计算可以看出,本年的废品率由上年的3.57％降低为3.46％,使单位产品成本中废品损失的比重由上年的3.63％降低为3.51％,但所含废品损失金额却增加了0.02元(1.44－1.42)。

复习思考题

1. 什么是成本报表？成本报表有哪些特点？
2. 请试述成本报表的作用和编制要求。
3. 请分述成本报表三种不同的分类。

4. 什么是产品成本表？它有几种编制方法，各起到什么作用？
5. 什么是主要产品单位成本表？它有哪些作用？它与产品成本表的关系如何？
6. 企业有哪些其他成本报表？请分述这些成本报表的定义。
7. 什么是成本分析？成本分析有哪些意义？
8. 成本分析主要包括哪些内容？
9. 请详述影响产品成本的因素。
10. 成本分析有哪些评价标准？请分述各种评价标准的定义及优缺点。
11. 什么是比较分析法？请试述其优缺点及适用性。
12. 什么是比较率分析法？它有哪些常用的比率分析形式？
13. 什么是因素分析法？常用的因素分析法有哪些？
14. 请简述连环替代法的计算程序及特点。
15. 从哪些方面进行全部产品成本分析？如何进行分析？
16. 从哪些方面进行可比产品成本分析？如何进行分析？
17. 为什么要进行产品单位成本分析？如何进行分析？
18. 产品成本技术经济指标分析有哪些？
19. 如何计算各类技术经济指标变动对单位产品成本的影响？

 同步测试题

请扫描二维码，完成本章同步测试题。

第十六章同步测试题